1999年度中央高校教育教学改革专项（对外经济贸易大学精品教材建设项目）
2020年度在京中央高校市级人才培养项目（优质本科教材课件建设）

3rd edition

Insurance Economics

保险经济学（第三版）

王国军 编著

北京大学出版社
PEKING UNIVERSITY PRESS

图书在版编目(CIP)数据

保险经济学/王国军编著. —3 版. —北京：北京大学出版社，2022.1
ISBN 978-7-301-32688-6

Ⅰ. ①保… Ⅱ. ①王… Ⅲ. ①保险学—经济学 Ⅳ. ①F840

中国版本图书馆 CIP 数据核字(2021)第 216649 号

书　　　　名	保险经济学（第三版）
	BAOXIAN JINGJIXUE（DI-SAN BAN）
著作责任者	王国军　编著
责 任 编 辑	徐　冰　杨许乐
标 准 书 号	ISBN 978-7-301-32688-6
出 版 发 行	北京大学出版社
地　　　　址	北京市海淀区成府路 205 号　100871
网　　　　址	http://www.pup.cn
微信公众号	北京大学经管书苑（pupembook）
电 子 信 箱	em@pup.cn
电　　　　话	邮购部 010-62752015　发行部 010-62750672　编辑部 010-62752926
印 　刷　 者	三河市北燕印装有限公司
经 　销 　者	新华书店
	787 毫米×1092 毫米　16 开本　17.5 印张　393 千字
	2006 年 7 月第 1 版　2014 年 8 月第 2 版
	2022 年 1 月第 3 版　2022 年 8 月第 2 次印刷
定　　　　价	49.00 元

未经许可，不得以任何方式复制或抄袭本书之部分或全部内容。
版权所有，侵权必究
举报电话：010-62752024　电子信箱：fd@pup.pku.edu.cn
图书如有印装质量问题，请与出版部联系，电话：010-62756370

第三版序

庚子年春,瘟疫流行,在这场全球性的公共卫生事件中,保险能够做什么?又做到了什么呢?首先,我国的社会保险基金承担了所有新冠肺炎的检测和救治费用,对确诊患者和疑似患者个人负担的费用实行财政兜底。中国用了二十几年的时间构筑起来的这个全世界最大的医疗保障网络发挥了巨大的作用,使我国的抗疫工作自始至终没有受到资金的困扰。"兵马未动,粮草先行",在这场战役中,保险机制提供了最大的后勤保障且"深藏功与名"。其次是商业保险。抗疫过程中,保险公司捐款、捐物、捐保险。截止到2020年4月初,保险行业捐款、捐物总额达3.69亿元。保险公司为抗击疫情的一线工作人员,包括医护人员、公安民警、媒体记者、社区志愿者等捐赠保险,保障责任涵盖因罹患新冠肺炎导致的身故、残疾、重疾、住院津贴等多项责任。累计计算,一线医护人员因罹患新冠肺炎导致身故等风险可相应获得的人均保障额度超过600万元,其中烈士李文亮医生所获赠保单的受益人获得了1060万元的保险金给付。50多家险企、超过500款保险产品将原重疾险、医疗险、意外险的保险责任扩展至新冠肺炎,行业抗疫专属理赔累计达12.2万件,累计赔付金额1.8亿元。保险行业在疫情中向社会捐赠的保险保障金额为11.58万亿元——这些都是中国商业保险行业为抗疫所做的贡献。

没有比较就没有鉴别。同样是社会保险或商业保险机制,不同国家的保险市场却大不相同:有的国家所谓的"全民健保"在重大疫情面前不堪一击;有的国家不同族裔患者新冠肺炎的死亡率大相径庭;有的国家要拔掉老人的呼吸机为年轻人增加生存的机会;有的国家需要通过总统和保险公司的谈判让保险公司承担被保险人的检测费用,保险公司仅同意在检测结果为阳性的情况下才支付所发生的检测费用,在高额的检测费用面前,检测与不检测成为人们的两难选择;有的国家商业保险计划可以支付被保险人80%左右的治疗费用,但自负部分仍需患者自己支付;还有的国家的保险公司甚至明确新冠肺炎为除外责任……

效率与公平是经济学永恒的主题。全球疫情提醒我们重新审视保险机制的作用及保险市场的公平与效率,重新审视保险市场的供给、需求与均衡,重新审视保险机制的价值,重新审视保险市场上经济机制与社会道德和文化的关系,从国际贸易、国际比较和保险监管的视角去重新审视保险的过去、现在和未来。

基于此,本次《保险经济学》的修订试图从传统的微观分析更进一步地向中观和宏观的方向拓展,对一个国家和社会而言,保险的意义究竟是什么?它仅仅是一盘生意,还是现代社会人与人在危难中合作互助的核心机制,防患于未然的社会风险管理的核心机制,重大灾害中的全球救援机制、先行赔付机制和事后补偿机制?保险市场究竟该如何配置资源?总之,保险业该怎样做,才能更好地帮助人类应对自然灾害、意外事故和重大疫情?本教材致力于引导读者在掌握保险经济学基本原理的基础上,能够贴进实践、向更宏观的层面思考,这也是对立德树人、知行合一教育理念的努力践行,是思政教育与专业知识的一种深度融合。

特别感谢庹国柱教授和陈欣教授为本书的写作提供了很多资料和有价值的建议;特别感谢这套教材的责任编辑徐冰女士,无论是初版、再版还是第三版,她都付出了辛勤的汗水,她的敬业精神和职业素养一直都令人敬佩。

对外经济贸易大学保险学院

2021 年 10 月 1 日

第二版序

在我多变的研究兴趣中,保险经济学是最持久的一个。1996—1999年,在庹国柱教授的主持下,我们历时三年翻译了卡尔·博尔奇(Karl Borch)的名著《保险经济学》(Economics of Insurance)(1999年商务印书馆出版)。2003—2005年,我又用了近三年的时间带领研究生翻译了由乔治·迪翁(Georges Dionne)和斯科特·哈林顿(Scott Harrington)选编的保险经济学经典论文集《保险经济学基础》(Foundations of Insurance Economics)(2005年中国人民大学出版社出版)。而我编写的供本科生使用的《保险经济学》(2006年北京大学出版社出版)所耗的时间恰好也是三年。其后,我还参与了魏华林、朱铭来和田玲三位教授主编的普通高等教育"十一五"国家级规划教材《保险经济学》(2011年高等教育出版社出版)的写作,而我为研究生编写的《高级保险经济学教程》也将在2014年出版。

保险经济学这个领域具有强大的吸引力。保险经济学是经济学帝国中的一个重镇,保险市场因信息不对称而存在(如果保险人和投保人能够对彼此的风险完全了解和掌控,保险交易也就不存在了),也因信息不对称而烦恼(道德风险、逆向选择和信息不对称条件下的交易成本增加是保险经营的三大障碍),所以保险领域特别适合博弈论和信息经济学的驰骋。同时,保险市场交易的东西本质上就是风险,而将风险放入分析框架的经济学才是真正的经济学,保险市场的分析才更能贴近风险无处不在的现实,经济学的实用价值也因此而得以体现。保险市场上的信息不对称和风险吸引了无数研究者的目光,众多的学者在这片土地上"揭竿而起",然后在经济学帝国里纵横捭阖,成为赫赫有名的"上将"。这本教材希望让读者能够从中管窥到保险经济学这片土地上的旖旎风光。

近年来,国内保险经济学的教学与科研日渐繁荣,越来越多的高等院校在专本硕博各个层次开设了相关课程,各种类型的保险经济学教材相继面世,但仍满足不了学生的需要。

在给本科生和硕士及博士研究生讲授保险经济学课程的过程中,卡尔·博尔奇的著作,乔治·迪翁、斯科特·哈林顿主编的三本论文集,以及国外经济学杂志刊载的各个时期的保险经济学文献是我们最重要的教学参考资料,是学生了解西方保险经济学知识体系的窗口。这些著述可以是很好的参考资料,但显然还不能作为讲课的教材,因为它们太理论化、太枯燥,其中利用保险经济学理论对保险市场进行实证分析的部分又离中国保险业的现实太过遥远,难以激发学生的学习兴趣并使之对保险经济学的实证分析形成清晰、系统的感性认识。我们仍缺少容易被我国保险和相关专业学生所接受的、难度适中的保险经济学教材。为了满足市场需要,我在2006年出版了这本教材;而为了做到与时俱进,这本保险经济学教材也到了该修订再版的时候。

这次修订没有改变初版的整体结构,只是更新了数据,丰富了内容,并改正了初版中的一些错误之处。我要特别感谢庹国柱教授和陈欣教授,两位教授为本书的写作提供了很多资料和有价值的建议;感谢香港浸会大学黄安妮女士和其他读者提出的修改建议;特别感谢这套教材的责任编辑徐冰女士,无论是初版还是再版,她都付出了辛勤的汗水,她的敬业精神和职业素养一直都令人敬佩。

对外经济贸易大学保险学院

2014年2月6日

初版序

1996—1999年,在庹国柱教授的主持下,我们历时三年完成了卡尔·博尔奇(Karl Borch)的名著《保险经济学》(Economics of Insurance)的翻译工作,并于1999年在商务印书馆出版。2003—2005年,我又用了近三年的时间带领研究生翻译了由乔治·迪翁(Georges Dionne)和斯科特·哈林顿(Scott Harrington)选编的保险经济学经典论文集《保险经济学基础》(Foundations of Insurance Economics),作为对外经济贸易大学"现代保险经典译丛"的一部分,也已于2005年9月在中国人民大学出版社出版。

在给本科生和研究生讲授保险经济学课程的过程中,这两本书是我们最重要的教学参考资料,成为学生了解西方保险经济学知识体系的窗口。但可惜的是,这两本书可以是很好的参考资料,但不能作为讲课的教材。因为它们太理论化、太枯燥,其中利用保险经济学理论对保险市场进行实证分析的部分又离中国保险业的现实太过遥远,难以激发学生的学习兴趣并使之对保险经济学的实证分析形成清晰、系统的感性认识。我们仍缺少一本容易被我国保险和相关专业学生所接受的、难度适中的保险经济学教材。

2005年年初,在对外经济贸易大学陈欣教授和北京大学出版社经济与管理图书事业部主任林君秀女士的策划下,我们和北京大学出版社编写"21世纪经济与管理规划教材·保险学系列"的工程正式启动,《保险经济学》有幸被定为这套教材出版的第一本书。动笔之前,我面临两个选择:其一,把我们翻译的两本书和手中收集的保险经济学文献编译一下,加上章节目录,就会成为一本"看上去很美"的教材。因为无论是知识体系,还是数学化的程度、严谨性和正确性都将无懈可击,而且,满篇的数学公式和复杂推导足以令人诚惶诚恐,莫测高深。其二,根据自己对西方经济学,特别是保险经济学的理解,按照西方保险经济学的体例,融汇西方保险经济学的现有成果,编写一本和中国保险业实际发展情况比较贴近的、本土化的保险经济学教材。这样做风险很大,因为没有现成的东西可以参考,加之自己的知识水平有限,错讹之处不可能全部避免,即使殚精竭虑,也难以做到无懈可击。但经过仔细斟酌,我还是选择了后者,因为一个学科要发展,仅仅机械地把别国的东西拿来是远远不够的,让学生接受知识,首先要激发他们的兴趣,然后才能逐渐形成一个借鉴国际、立足本土的知识体系。学生学到的东西,应该是活生生的、和现实联系紧密的知识以及国际主流的分析范式,特别是在西方经济学的一些理论已经难以解释中国层出不穷的实际问题的情况下,更应如此。

至于语言文字风格,我希望是曼昆(N. Gregory Mankiw)式的。当读到曼昆的《经济学原理》(*Principles of Economics*)和《宏观经济学》(*Macroeconomics*)时,我才知道我读书期间所使用的经济学教材是多么呆板枯燥,它们把很有意思的学习过程变成了一件非常痛苦的事情;而曼昆的教材则生动活泼、深入浅出、引人入胜,令人读起来趣味盎然,丝毫不感到乏味,每次翻阅都有不忍释卷之感。这本保险经济学教材的写作可以说是我在这个方向上作出的一些尝试,但遗憾的是远不能达到曼昆的境界。

此外,需要说明的是,这本教材主要适合保险专业本科生使用。在编写过程中,我们剔除了其中比较数学化的内容,并将其放在我们专门为保险专业研究生编写的《高级保险经济学教程》里。

作者要特别感谢度国柱教授和陈欣教授,两位教授为本书的写作提供了很多资料和有价值的建议,感谢北京大学出版社的林君秀主任和陈莉副主任,还要特别感谢这套教材的责任编辑徐冰女士,她的敬业精神、出众才华和出色的工作令人印象深刻。

对外经济贸易大学保险系
保险法与经济学研究中心
2006 年 5 月 31 日

目 录

第一章　绪论 …………………………………………………………… (1)

第二章　效用、风险与风险态度 ……………………………………… (17)
　　引　言 ………………………………………………………………… (19)
　　第一节　风险、不确定性与风险管理 ……………………………… (19)
　　第二节　风险汇聚、大数法则与中心极限定理 …………………… (28)
　　第三节　期望效用与风险偏好 ……………………………………… (33)

第三章　保险市场：需求、供给与价格 ……………………………… (47)
　　引　言 ………………………………………………………………… (49)
　　第一节　保险市场的概念与分类 …………………………………… (49)
　　第二节　保险市场的需求与供给 …………………………………… (51)
　　第三节　费率厘定和保险定价 ……………………………………… (64)

第四章　道德风险 ……………………………………………………… (77)
　　引　言 ………………………………………………………………… (79)
　　第一节　道德与道德风险 …………………………………………… (79)
　　第二节　投保人的道德风险 ………………………………………… (81)
　　第三节　保险人的道德风险 ………………………………………… (85)
　　第四节　道德风险下的博弈均衡 …………………………………… (88)
　　第五节　分析实例：中国医疗保险制度中的道德风险与费用控制 … (90)

第五章　逆向选择与统计歧视 ………………………………………… (101)
　　引　言 ………………………………………………………………… (103)
　　第一节　逆向选择的界定 …………………………………………… (103)
　　第二节　逆向选择的信息经济学基础 ……………………………… (104)
　　第三节　保险市场逆向选择的效应 ………………………………… (106)
　　第四节　逆向选择与保险统计歧视 ………………………………… (112)

第六章　市场结构与组织形式 …… (119)
　　引　言 …… (121)
　　第一节　保险市场的结构 …… (121)
　　第二节　保险市场的垄断结构与垄断行为 …… (126)
　　第三节　保险企业的组织形式 …… (134)

第七章　国际保险贸易的经济福利分析 …… (147)
　　引　言 …… (149)
　　第一节　国际保险贸易 …… (149)
　　第二节　国际保险贸易的理论纷争 …… (158)
　　第三节　税收对国际保险贸易的影响 …… (164)

第八章　保险招标投标 …… (173)
　　引　言 …… (175)
　　第一节　招标、投标与拍卖 …… (175)
　　第二节　保险交易的招标与投标 …… (178)

第九章　保险监管的经济分析 …… (187)
　　引　言 …… (189)
　　第一节　保险业的繁荣与危机 …… (189)
　　第二节　保险市场的监管 …… (202)
　　第三节　声誉、哈定悲剧与保险监管 …… (209)
　　第四节　保险业监管的内容和边界 …… (215)

附录 1　中华人民共和国保险法 …… (231)

附录 2　中华人民共和国投标招标法 …… (249)

附录 3　中华人民共和国招标投标法实施条例 …… (256)

主要参考文献 …… (266)

21世纪经济与管理规划教材

保险学系列

第一章

绪　论

"经济"一词在古汉语中是"经世济国""经邦济世"的缩略语,其本意在于"治国平天下"。有学者考证,"经济"一词最早见于东晋初期著名的医药学家和炼丹术家葛洪①的著作《抱朴子》的《地真篇》。有趣的是,葛洪在《地真篇》中并不是讲授如何治理国家,而是把治国和道家的养生之道进行类比,用治国的道理来说明如何养生。②

而西方的经济学"economics"一词来源于希腊语"oikonomia",其意为"管理一个家庭的人"。③ 据经济史学家考证,是古希腊哲学家色诺芬在《经济论》中论述以家庭为单位的奴隶制经济管理时最先使用这一术语的。其词根写成英文是"econ-",含有多种意思:(1) 家庭治理;(2) 修建、建设;(3) 管理、筹建;(4) 计算、斤斤计较;(5) 节约。可见西方传统里的经济学在根本上就是从"齐家"或所谓的"家庭经济管理"发展而来的。④

从家庭经济管理拓展到社会决策,现代西方经济学分为宏观经济学和微观经济学,逐渐兼具了齐家、治国、平天下之意。越到后来,经济学的内容越庞杂,理论体系越丰富,涉及的领域越广泛,用经济学思路和方法去分析日常生活中的各种事情渐成时尚。"行为经济学""法经济学""健康经济学""制度经济学""卫生经济学""信息经济学""产权经济学""劳动经济学"等都能自成体系,并在现代西方经济学大厦中占据重要地位。经济学的发展进入了一个日新月异的时代,新的理论层出不穷,新的方法不断涌现。经济学被称为"社会科学皇冠上的明珠",数学方法的引入使之推理严谨、逻辑连贯,连诺贝尔奖都把经济学囊括在内,经济学似乎已无所不能,所谓的"经济学帝国"已经初具雏形。这期间,博弈论(game theory)和信息经济学为经济学的发展提供了更强大的工具和方法,而复杂学的研究则把经济学再次集成到自然科学和社会科学交叉融合的大系统中。

博弈论研究的是在互动情形下人们的理性决策行为,而信息经济学则是研究在信息不对称(asymmetric information)的情形下人们的决策问题。有一点似乎已成为共识:博弈论和信息经济学是一枚硬币的两面,博弈论是方法论导向的,它实质上是分析问题的一种方法,而信息经济学是问题导向的,它研究的是非对称信息条件下的决策问题。信息经济学和博弈论已经成为主流经济学最重要的组成部分,它们开创了经济学发展的新时代。

复杂学则致力于用一种全新的观点理解自然、经济和社会系统中的复杂关系。复杂

---

① 葛洪(公元 284—364 年)为东晋道教学者、炼丹家、医药学家,字稚川,自号抱朴子,晋丹阳郡句容(今江苏句容县)人。三国方士葛玄之侄孙,世称"小仙翁"。他曾受封为关内侯,后隐居罗浮山炼丹,是预防医学的倡导者,著有《肘后备急方》,意思是可以常常备在肘后(带在身边)的应急书,是应当随身常备的实用书籍。元末明初王蒙绘《葛稚川移居图》为著名古画,现藏于故宫博物院。

② 晋葛洪《抱朴子》之《地真篇》写道:"以聪明大智,任经世俗之器,而修此事,乃可必得耳。浅近庸人,虽有志好,不能克终矣。故一人之身,一国之象也。胸腹之位,犹宫室也。四肢之列,犹郊境也。骨节之分,犹百官也。神犹君也,血犹臣也,气犹民也。故知治身,则能治国也。夫爱其民所以安其国,养其气所以全其身。民散则国亡,气竭即身死,死者不可生也,亡者不可存也。是以至人消未起之患,治未病之疾,医之于无事之前,不追之于既逝之后。民难养而易危也,气难清而易浊也。故审威德所以保社稷,割嗜欲所以固血气。然后真一存焉,三七守焉,百害却焉,年命延矣。"

③ MANKIW N G. Principles of economics [M]. Fort Worth: The Dryden Press, 1998: 3.

④ 汪丁丁."经济"原考[J].读书,1997,2:59—61.

学最重要的研究基地是1984年在美国成立的圣塔菲研究所(Santa Fe Institute),这里汇聚了自然科学和社会科学各个领域的顶尖学者,如默里·盖尔曼(Murray Gell-Mann)、斯图亚特·考夫曼(Stuart Kauffman)、哈罗德·莫罗维茨(Harold Morowitz)、布莱恩·亚瑟(Brian Arthur)、约翰·霍兰德(John Holland)等。在将复杂学的理论应用于经济分析的过程中,学者们扬弃了古典和新古典经济学中完全理性、全知全能的"经济人"假设,取而代之的是能够学习和适应环境的、运用归纳法决策的"有限理性人"。同时,复杂学用"规则"代替计算来给每一个个体建模,不再墨守研究一个系统各个组成部分的行为然后推导出整个系统行为这样简单的还原论思维,而是把经济系统看成由若干相互作用的个体进行复杂交互运动的复杂系统。此外,在方法论上,复杂学扬弃了纯粹的数学推理方法,代之以日益先进的计算机模拟技术。复杂学的发展为各个学科的研究提供了全新的思路和方法,也预示着经济科学可能出现的另一次飞跃。

从古典经济学确定条件下的最大化行为理论,到诺伊曼-摩根斯坦恩不确定条件下的行为理论,再到博弈论,到复杂学,经济学的这些新进展、新成果似乎越来越适合于对保险业的分析,不仅仅因为保险市场的信息不对称是一个普遍的问题,是经济学家研究风险和信息问题最愿意涉足的领域,更因为保险市场本身就是众多投保人(applicant)分担风险的一种机制,而这个机制的运行恰恰是人与人之间在首先考虑风险的情况下相当复杂的交易行为。

* * *

从本质上看,经济学是研究社会中的个人、厂商、政府和其他组织如何进行选择以及这些选择如何决定社会资源被怎样利用的科学。① 资源有限而人类的欲望无穷,经济学被用以分析稀缺资源如何被配置才能满足人们的各种欲望。

保险经济学是经济学的一个分支,是用一般经济理论研究有关保险领域问题的一门学科,研究的是保险市场上各个参与主体如何根据自己的资源禀赋做出选择。

保险是现代经济生活中的一个重要组成部分,但要给保险下一个简短而又令人完全满意的定义并不容易。保险文献中许许多多关于保险的定义或者太冗长、太繁复,或者会对某些险种不太适用。鉴于此,挪威的经济学家卡尔·博尔奇在20世纪60年代末给出了一个保险的经典定义。② 即使到今天,这个定义依然简短而完美,得到学界比较普遍的认同。

博尔奇将保险合同用下面两个要素来描述:

(1) $P=$签订保险合同时投保人所支付的保险费。

(2) $x=$在保险合同的有效期间,如果约定的事件发生,受益人(beneficiary)得到的补偿。显然,x是一个随机变量,并且由概率分布$F(x)$来描述。

保险以确定性的费用代替不确定的损失,通过分散风险、补偿经济损失和减少忧虑

---

① STIGLITZ J E. Economics[M]. New York: Norton of Company, Inc., 1993: 10.
② BORCH K H. Economics of insurance[M]. Amsterdam: North-Holland, 1990: 1.

来增加效用。保险理论的主要目的是确定这两个要素之间的关系,即费率 P 如何随概率分布 $F(x)$ 的变化而变化。由此可见,保险经济学的核心就是研究社会中的个人、企业、保险公司、政府及其他组织如何在保险市场上进行选择,如何有效配置各种风险条件下的稀缺资源,包括物质资源和人力资源及其时间资源等,从而使这些资源的配置在满足自己效用方面达到最优。

有效的保险机制是由环环相扣的五个环节构成的:① 保险人对人身、财产、责任和信用风险进行识别与评估,对风险事故发生的频率和造成的损失程度进行科学的评价。保险公司将自己进行风险评估的结果或发布给社会,作为政府、企业、个人和家庭进行防灾防损的重要依据,或者作为公司自己设计保险产品的基础。② 基于风险评估的结果根据可保风险的理想条件和扩展条件设计相应的保险产品。③ 根据保险产品的客户定位进行营销,与投保人签订约束双方权利义务关系的保险合同,把分散的风险聚焦到保险公司的风险池中,然后在时间和空间的维度上将风险分散开去。④ 利用保险公司收取的保险费形成的保险基金进行投资,实现资金融通的职能,并用投资收益回馈保险消费者。⑤ 在保险合同约定的保险事故发生之后进行赔偿和给付,实现"千家万户保一家"的保险职能。具体到保险市场的运行而言,对保险供给而言,是提供什么样的产品、数量多大、产品如何开发与销售;对保险需求、是什么样的个人、家庭或社会组织需要什么样的产品;对保险市场监管而言,是保险市场需要什么样的监管方式,如何监管会更有效率。

* * *

保险与经济学有着深厚的历史渊源。人们也许并没有意识到自己的决策和风险管理(risk management)有什么关系,但风险无疑是任何时代、任何决策都要考虑的内容,因为风险无时不在,风险影响着决策的实施和成败。

现代保险制度的出现远远早于现代经济学的研究。且不论公元前 2200 年古埃及和古巴比伦时期保险制度的早期萌芽,单单是以 14 世纪文艺复兴时期在意大利和欧洲大陆城市诞生的现代商业保险(commercial insurance)制度与现代经济学的滥觞做比较,保险制度也要比现代经济学"古老"得多(见案例与资料 1-1)。因为直到 1615 年,安·德·蒙克莱田(Antoine de Montchrétien)写《献给国王和王后的政治经济学》时,"政治经济学"(political economy)这一名称才出现,而代表现代经济学兴起的亚当·斯密(Adam Smith)《国民财富的性质和原因的研究》(简称《国富论》)一书的出版,已经是 1776 年的事了。

经济学家对保险的论述也恰从亚当·斯密的《国富论》开始,作为现代经济学的奠基人,他对保险有如下的论述:保险费必须足以补偿通常的损失、支付管理费,并提供一份同额资本在任何通常的贸易中所能获得的相等的利润。[①] 保险交易给个人财产以极大的安全,通过将能使个人陷入灭顶之灾的损失分散到大量的投保人中,保险容易依靠整个

---

① SMITH A. Wealth of nations[M]. Edinburgh,1776:Book 1,Chapter 10.

社会减轻损失。然而,为了给予这种安全,保险人必须拥有雄厚的资本。①

亚当·斯密的这些论述在今天依然是保险业的主题。首先,为做到收取的保险费和保险公司的支出相抵,精算(actuarial)技术应运而生并迅猛发展。20世纪中叶崛起的计算机技术为寿险精算和非寿险精算提供了强大的支持,非线性规划和模拟方法的使用使得保险公司建立在若干假定基础上的计算前所未有地精确。其次,保险分散风险、保障经济安全的功能在日益加强,而以保险公司破产或持续经营为研究对象的"风险理论"(保险人安全的资本量问题)得到了长足发展,保证偿付能力(solvency)逐渐成为世界保险业管理和政府保险监管的核心目标,其最终指向仍然是保证保险公司拥有雄厚的资本和足够的资产,能够满足被保险人的索赔(claim)需要。

亚当·斯密之后的古典经济学和新古典经济学因为把风险作为一个既定的外生变量,同时把信息对称作为所有分析的基本假设,所以保险关系很少进入古典经济分析的视野,即使有所涉猎也大多浅尝辄止。比如,剑桥学派的阿尔弗雷德·马歇尔(Alfred Marshall)简单地讨论过保险费的问题,认为重要经济决策的决策者们总是厌恶风险的,保险费是为摆脱灾害的不确定性(uncertainty)所支付的价格。再比如,洛桑学派的利昂·瓦尔拉斯(Léon Walras)虽然意识到了风险和保险在经济决策中的重要性,但他却非常巧妙地回避了风险问题,把保险作为消除经济活动中的不确定性的手段,从而得出了不考虑风险的一般均衡理论,即瓦尔拉斯均衡。对保险论述稍深入一些的是同时代的奥地利学派,奥地利学派奠基人卡尔·门格尔(Carl Menger)的学生欧根·庞巴维克(Eugen Böhm-Bawerk)的博士论文论述了意外损失补偿的代价问题,证明意外损失的补偿价值或曰"对价"是可以计算的。其后,奥地利和法国的精算师们据此创立了"风险理论"。

1947年,现代效用理论的创始人约翰·冯·诺依曼(John von Neumann)和奥斯卡·摩根斯坦恩(Oskar Morgenstern)提出了期望效用(expected utility)函数理论。1948年,米尔顿·弗里德曼(Milton Friedman)和伦纳德·萨维奇(Leonard Savage)对人们的风险态度进行了分析。肯尼思·J.阿罗(Kenneth J. Arrow)在1953年、吉拉德·德布鲁(Gerard Debreu)在1959年完成了不确定条件下的一般均衡分析。1964年,约翰·W.普拉特(John W. Pratt)深入研究了风险厌恶问题。1962年,博尔奇提出了关于帕累托最优风险交易的博尔奇定理。1968年,简·莫森(Jan Mossin)提出了"莫森悖论"。由此,保险经济学的研究一步步走向深入。1973年,国际保险经济学研究会(日内瓦协会)成立,这标志着保险经济学已经自成体系,并在经济学的大厦之中占据了一席之地。

20世纪70年代之后是保险经济学的快速发展期。博弈论、信息经济学和复杂学方法的引入以及精算技术和计算机技术的发展为保险经济学的研究提供了强劲的动力。

2002年,普林斯顿大学心理学系丹尼尔·卡伊曼(Daniel Kahneman)教授与乔治·梅森大学的实验经济学家弗农·史密斯(Vernon Smith)教授分享了当年的诺贝尔经济学奖,以此表彰他们对经济学的贡献。其中,卡伊曼教授的主要工作是探讨不确定条件下人的决策行为。他和阿莫斯·特沃斯基(Amos Tversky)教授发现在不确定条件下,人

---

① SMITH A. Wealth of nations[M]. Edinburgh, 1776:Book 5, Chapter 1.

并不依据概率规则,而是利用一些其他捷径来做出决策。他们的理论被认为向传统经济学家所依据的"人是利益驱动的,且理性地做出决策"这一经济学分析前提提出了挑战,动摇了经济学的微观基础。作为经济学发展前沿上的一个重要支脉,保险经济学的研究也因此而山重水复、柳暗花明。

2017年的诺贝尔经济学奖颁给了理查德·塞勒(Richard Thaler)。与卡伊曼一样,塞勒也是行为经济学的大家,著名的"心理账户"理论和"禀赋效应"就是塞勒的研究成果。

因为将心理学引入经济学的分析当中,行为经济学对保险经济学的发展已经起到了很大的推动作用。比如,心理账户理论帮我们认识到了保险业所宣扬的"双十规则"的威力及其背后的心理学和经济学基础,也让我们很容易地勘破"双十规则"的误区,更加理性地进行保险消费;而前景理论、框架效应和禀赋效应等理论则有助于我们理解人们面对各类风险时的选择行为,如人们系统性地夸大低风险并经常性忽略高风险的情景,从而为消费者设计出更符合人们消费心理并提升经济效率的保险产品。

※ ※ ※

随着全球一体化的进程和中国的崛起,中国在融入世界,世界也在容纳中国。作为金融服务业的一个重要组成部分,中国保险业在快速发展的同时,也在为本国经济的发展、社会风险的管理、投资、就业和国际贸易等提供着保障。

自中国2001年加入世界贸易组织以来,在金融五业中,保险业的开放是最全面、最彻底的。无论是商业存在(commercial presence)、自然人流动(movement of personnel)、境外提供、跨境消费,还是保险行业的监督与管理,中国保险业和国际保险业都有着越来越充分的交流,中国保险业和国际保险业从再保险到原保险都在一步步走向融合,渐成一体。2018年4月以来,中国保险业再一次加速开放的激流涌动。2019年10月,国务院修改了《中华人民共和国外资保险公司管理条例》,取消申请设立外资保险公司的外国保险公司应当经营保险业务30年以上,且在中国境内已经设立代表机构2年以上的条件;允许外国保险集团公司在中国境内投资设立外资保险公司,允许境外金融机构入股外资保险公司。同年12月,银保监会发布了《中华人民共和国外资保险公司管理条例实施细则》。两次配套政策的发布,落实了放宽人身险公司外方股比限制至51%和外资公司30年经营年限等准入条件,并确认了全面放开股比的时间点。其后,安联(中国)保险控股有限公司宣布正式开业,成为我国首家外资独资保险控股公司;工银安盛资产管理有限公司、交银康联资产管理有限公司、中信保诚资产管理有限公司和大韩再保险有限公司先后正式开业;恒安标准养老保险有限责任公司和招商信诺资产管理有限公司开始筹建。2019年12月,法国安盛集团收购安盛天平财产保险有限公司剩余50%股权,后者随即成为中国最大的外资独资财险公司。2020年5月,汇丰保险(亚洲)有限公司收购国民信托有限公司所持有的汇丰人寿保险有限公司50%股权,汇丰人寿保险有限公司成为其全资控股子公司。2020年7月,恒安标准人寿保险有限公司收购标准人寿保险(亚洲)有限公司100%股权,后者正式成为其全资子公司。从2020年1月1日开始,外资保险设立寿险公司须采取合资形式的限制退出历史舞台。2021年2月,安联(中国)保险控股有限公司与中信信托有限责任公司达成产权转让协议,将收购后者所持有的中德安联人寿保险有限公司49%的股权,中德安联人寿保险有限公司因此将彻底实现外资化。中国银保监会的数据显示,截至2021年上半年,境外保险机构在华共设立66家外资保险机构、85家代表处和17家保险专业中介机构,外资保险公司总资产1.94万亿元。保险业开放的潮流浩浩荡荡,势不可挡,而这一潮流的引领者和接续者都将是大量国际化的保险专业人才。

国际化保险专业人才不但需要丰富的实践经验,还需要较高的理论修养,因此提升保险专业学生的理论素质就显得十分必要。唯其如此,我们培养出的学生才能够和发达国家的已经具备一定理论修养的保险业同行进行同一语境下、同一平台上的交流,才能够适应社会的需要。而相应的,保险经济学课程的开设和相应教材的编写对提高学生的理论水平具有重要意义。

保险经济学是保险专业的一门核心课程。要培养学生以经济学的方法和思路分析保险领域中的各种问题,此门课程的学习是一个关键环节。在保险市场和保险教育比较发达的国家,保险经济学是很多高等院校风险管理与保险专业和精算学专业教育中的必修课程。若缺乏对这门课程的学习,保险专业学生的知识体系将是不完整的,因为学生在运用以前所学过的一般经济学知识分析保险领域中的问题时,很难从感性认识上升到理性认识,理论层次不易提高。而且,基于信息不对称的特性,保险领域的经济分析将应用到相当多的西方经济学的最新理论,特别是信息经济学和博弈论,而多数保险专业的学生这方面的知识还比较欠缺,非常需要一个专门的课程结合保险专业的具体特点加以补足,保险经济学恰恰可以起到这样的作用。

目前,我国保险从业人员约1000万人,然而系统地接受过保险教育的人并不多,多数人接受过比较零散的职业培训,但这些培训大多是实务性的,对保险的系统理论缺乏了解。毋庸讳言,在金融五业中,保险业从业人员的素质整体上是较低的。保险公司和中介公司的一些管理者,甚至保险监管部门的一些决策者,一方面忽略保险经济学、保险精算学、保险法学、保险市场营销和保险企业经营管理等广博而综合的理论知识体系,秉持"保险没有理论"的奇谈怪论,一直轻视保险理论;另一方面则背离保险学的一些最基本的原则,坚持着一些感性、片面甚至错误的经营管理理念,将保险业引入一个个的误区和陷阱中,使保险业的声誉(reputation)遭到不应有的破坏,动摇着保险业持续、健康发展的根基。为什么从诞生之日就是一种人与人互助机制的保险尚没有充分展示其最美好的一面?保险这朵人类文明的奇葩为什么还没有绽放其最美丽的光彩?困扰整个保险行业的误区又在哪里?其实这些困扰着中国保险业从业者的问题,保险经济学早就给出了答案。

目前,我国的保险业是一个受到多种误区困扰着的行业,而保险实务中的这些误区几乎都和从业者欠缺保险经济学知识有着直接的关系。以保险公司的客户定位战略为例,曾有一家重量级的保险公司重金聘请了一家国际著名的咨询公司设计了一整套的发展战略,其中该咨询公司建议保险公司采用大客户定位战略,其核心思想是:社会财富分配有一个"二八"规律,即社会上80%的财富集中在20%的富裕家庭,而剩下的20%的财富则为其他80%的家庭所占有,因此一家保险公司只需要把客户定位在这20%的富裕家庭上,配置所有资源在其中,努力挖掘,就可以以最低的成本获得最大的收益,并可以很快成为保险业的佼佼者。幸运的是,经过激烈的争论,这种战略最终被总裁室否定了。

其实,保险经济学的最基本原理早已给出了答案:仅从盈利的角度,金融业中银行业、证券业、信托业、基金业都可以"嫌贫爱富",而唯独保险业不能。因为保险业经营的是一种非常特殊的东西——风险。社会经济发展到一定阶段之后,人们购买保险的意愿主要不是取决于收入水平,而是取决于人们对待风险的态度。

保险是转嫁风险的一种财务安排。按照著名的贝努利原理,一个风险厌恶者(risk averter)投保后的期望效用才有可能大于不投保时的期望效用,而对于风险爱好者(risk lover),即使保险公司不收取任何管理费用,也不赚取利润,他投保后的期望效用也小于不投保时的期望效用。因此,风险爱好者是没有购买保险的积极性的。

富裕人群和风险爱好者的重合,决定了保险客户不能只定位于富人。富裕人群和风险爱好者相重合的情况在资本原始积累阶段或经济转轨时期更为突出。中产阶级、白领阶层、普通市民才是支撑保险消费的中流砥柱。基于统计数据的保险经济学实证研究也验证了这一理论:随着收入的提高,人群中购买保险者的比例会出现拐点,并迅速下降到一个比较低的水平。现实中,一些超级富豪对保险毫无兴趣,却热衷于做风险投资或干脆投资于保险业,似乎也是对这一理论的印证。

由此,保险经济学的理论早已证明,保险业在客户定位上、在经营理念上、在具体服务上,应该更加贴近普通百姓的心,真正做到为人们服务、为大众服务。

另一个典型的例子是,个险盈利、团险亏损的情况在我国保险公司中比较普遍,其中一个重要原因仍然是客户定位战略出现了偏差。保险公司以个险的营销理念去销售团险,最终只能走向以"关系"取胜的误区。实际上,仍然是保险经济学的最基本原理指明了团险客户定位战略的方向:在保险经济学中,公司客户被界定为风险中性者(risk neutral)。按照贝努利原理,风险中性者是不会从保险公司购买保险产品的,因为风险中性者仅仅愿意支付精算公平保险费,而不愿意为保险公司的营运费用埋单。那么,风险中性的公司为何仍然以高于精算公平保费的价格购买保险?保险经济学家从所有权集中度、公司各相关利益方的风险态度、保险公司提供的专业风险管理服务等七个方面给出了解释。

如果保险公司的管理者知道公司保险需求的这些基点,那么他就会很自然地从这些方面分析公司保险需求的诱因,完全从消费者的角度而不是再从供给者的角度去提供产品和服务。比如,通过全面提高保险公司的风险管理水平、以强大的风险管理能力和完善的客户风险管理流程赢得公司客户;通过分析公司客户的产权、所在行业的性质等洞悉客户的需要;等等。如果每个保险从业人员都明白了个中道理,整个保险业从"供给导向"到"需求导向"的转变就会成为一个很自然的过程。

* * *

保险经济学的研究主要集中在期望效用、风险与风险态度,保险需求,保险和资源配置,道德风险(moral hazards),逆向选择(adverse selection),市场结构与组织形式,保险定价,保险监管等方面的经济分析。通过阅读以下文献可以概览保险经济学研究的大致轮廓。

有关期望效用、风险与风险态度方面的文献有:

马克·J.马金纳 《不确定下的选择:已解决和尚未解决的问题》

(Mark J. Machina, *Choice under Uncertainty: Problems Solved and Unsolved*)

约翰·W.普拉特 《小范围和大范围的风险厌恶》

(John W. Pratt, *Risk Aversion in the Small and in the Large*)

迈克尔·罗思柴尔德、约瑟夫·斯蒂格利茨 《递增风险:一个定义》

(Michael Rothschild and Joseph E. Stiglitz, *Increasing Risk I: A Definition*)

有关保险需求方面的文献有:

简·莫森 《论保险的理性购买行为》

(Jan Mossin, *Aspects of Rational Insurance Purchasing*)

哈里斯·施莱新格、尼尔·A.多赫提 《不完全保险市场:概论》

(Harris Schlesinger and Neil A. Doherty, *Incomplete Markets for Insurance: An Overview*)

戴维·迈耶斯、小克利福德·W.史密斯 《个人投资组合决策与保险需求的相关性》

(David Mayers and Clifford W. Smith, Jr., *The Interdependence of Individual Portfolio Decisions and the Demand for Insurance*)

艾萨克·埃利希、加里·S.贝克尔 《市场保险、自行保险和自我保护》

(Isaac Ehrlich and Gary S. Becker, *Market Insurance, Self-Insurance, and Self-Protection*)

戴维·迈耶斯、小克利福德·W.史密斯 《企业的保险需求》

(David Mayers and Clifford W. Smith, Jr., *On the Corporate Demand for Insurance*)

菲利普·J.库克、丹尼尔·A.格雷厄姆 《对保险和风险防范的需求:不可替代品的情况》

(Philip J. Cook and Daniel A. Graham, *The Demand for Insurance and Protection: The Case of Irreplaceable Commodities*)

有关保险和资源配置方面的文献有:

肯尼思·J.阿罗 《保险、风险和资源配置》

(Kenneth J. Arrow, *Insurance, Risk and Resource Allocation*)

卡尔·H.博尔奇 《再保险市场的均衡》

(Karl H. Borch, *Equilibrium in a Reinsurance Market*)

阿瑟·雷维吾 《最优保单的设计》

(Arthur Raviv, *The Design of an Optimal Insurance Policy*)

理查德·E.基尔斯兆姆、阿尔文·E.罗斯 《风险厌恶与保险合同的协商》

(Richard E. Kihlstrom and Alvin E. Roth, *Risk Aversion and the Negotiation of Insurance Contracts*)

有关道德风险方面的文献有:

史蒂文·沙维尔 《道德风险与保险》

(Steven Shavell, *On Moral Hazard and Insurance*)

史蒂文·沙维尔 《判决无法执行的问题》

(Steven Shavell, *The Judgment Proof Problem*)

桑福德·J. 格罗斯曼、奥利弗·D. 哈特 《委托—代理问题分析》

(Sanford J. Grossman and Oliver D. Hart, *An Analysis of the Principal-Agent Problem*)

有关逆向选择方面的文献有：

迈克尔·罗思柴尔德、约瑟夫·斯蒂格利茨 《竞争性保险市场的均衡：不完备信息经济学评论》

(Michael Rothschild and Joseph Stiglitz, *Equilibrium in Competitive Insurance Markets: An Essay on the Economics of Imperfect Information*)

B. G. 达尔比 《逆向选择和统计歧视：加拿大汽车保险市场分析》

(B. G. Dahlby, *Adverse Selection and Statistical Discrimination: An Analysis of Canadian Automobile Insurance*)

拉塞尔·库珀、贝丝·海斯 《多期间保险合约》

(Russell Cooper and Beth Hayes, *Multi-Period Insurance Contracts*)

乔治·迪翁 《逆向选择和重复保险合约》

(Georges Dionne, *Adverse Selection and Repeated Insurance Contracts*)

霍华德·昆路塞、马克·保利 《私有知识条件下的市场均衡：以保险为例》

(Howard Kunreuther and Mark Pauly, *Market Equilibrium with Private Knowledge: An Insurance Example*)

基斯·J. 克罗克、阿瑟·斯诺 《保险行业分类歧视的效率影响》

(Keith J. Crocker and Arthur Snow, *The Efficiency Effects of Categorical Discrimination in the Insurance Industry*)

有关市场结构与组织形式方面的文献有：

保罗·L. 约斯克 《财产与责任保险业的卡特尔垄断、竞争和监管》

(Paul L. Joskow, *Cartels, Competition and Regulation in the Property-Liability Insurance Industry*)

J. 戴维·卡明斯、杰克·万德黑 《浅论财产—责任保险营销体系的效率》

(J. David Cummins and Jack Van Derhei, *A Note on the Relative Efficiency of Property-Liability Insurance Distribution Systems*)

戴维·迈耶斯、小克利福德·W. 史密斯 《各类财产—意外险业务的所有权结构》

(David Mayers and Clifford W. Smith, Jr., *Ownership Structure across Lines of Property-Casualty Insurance*)

有关保险定价方面的文献有：

N. 比格、Y. 卡亨 《保险费率厘定中的风险因素》

(N. Biger and Y. Kahane, *Risk Considerations in Insurance Ratemaking*)

尼尔·A. 多赫提、詹姆斯·R. 伽文：《财产和责任保险的价格管理：或有要求权方

法》

（Neil A. Doherty and James R. Garven, *Price Regulation in Property-Liability Insurance：A Contingent-Claims Approach*）

J.戴维·卡明斯 《保险保证基金的风险基础保费》

（J. David Cummins, *Risk-Based Premiums for Insurance Guaranty Funds*）

J.戴维·卡明斯、J.弗朗索瓦·奥特里维拉 《财产与责任保险承保周期的国际分析》

（J. David Cummins and J. Francois Outreville, *An International Analysis of Underwriting Cycles in Property-Liability Insurance*）

斯科特·哈林顿 《责任保险市场中的价格和利润》

（Scott E. Harrington, *Prices and Profits in the Liability Insurance Market*）

有关保险监管方面的文献有：

乔奇·费辛吉、马克·V.保利 《保险公司的准备金水平和准备金监管》

（Jörg Finsinger and Mark V. Pauly, *Reserve Levels and Reserve Requirements for Profit-Maximizing Insurance Firms*）

帕特里夏·穆奇、丹尼斯·E.斯莫尔伍德 《财产和责任保险业的偿付能力监管：实证研究》

（Patricia Munch and Dennis E. Smallwood, *Solvency Regulation in the Property-Liability Insurance Industry：Empirical Evidence*）

斯科特·哈林顿 《车辆险费率监管的影响》

（Scott E. Harrington, *A Note on the Impact of Auto Insurance Rate Regulation*）

以上文献大多被收入乔治·迪翁和斯科特·哈林顿主编的两本《保险经济学》的经典论文集中，这两本论文集可以作为读者深入学习保险经济学的读物。

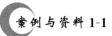

保险的起源与发展

1. 东西方古代保险思想的萌芽

人类历史的长河沿着时代的河道向前奔涌，现代社会的人们总想逆流而上，去探寻保险制度这一脉细流的源头，然而岁月的冲刷却使这种探寻异常艰辛。

1901年，伊朗苏兹地区的一片荒原上，法国的一支考古队意外地发现了一根高2.5米、周长1.5米的黑色玄武岩石柱，柱上刻着颁布王令的国王和密密麻麻的法令。这便是迄今为止发现的世界上最古老的法典《汉谟拉比法典》。这一发现令保险学界的学者们欣喜若狂，他们认为自己已经从这部条文达282条之多的法典中寻到了保险制度的滥觞。

公元前2200年,位于幼发拉底河沿岸的古巴比伦王朝,其国王曾命令僧侣、官员及村长向居民征收税资作为救济火灾及旱灾灾民的基金。此后,随着巴比伦王国走向强盛以及对外贸易的扩展,大约到了公元前1792年,六世国王汉谟拉比在他所颁布的《汉谟拉比法典》中,对火灾救济基金的收集及货物运输中的风险转嫁做了一些规定。其中之一是,商人可以雇用专人去国外的任何一个港口销售货物,若销售人员平安返回,商人与销售人员各分一半的销售利润;如果销售人员不幸身亡,商人应免除其所欠债务;但如果只是货物被劫掠而销售人员平安返回却不能偿还货款与利润时,商人有权没收其财产乃至妻小,甚至可以判处销售人员的死刑,此时销售人员可以免受处罚的唯一途径是有当事人证明且宣誓,货物确实是被海盗、原始人或半自治区的首领抢劫,而且销售人员绝无纵容或过失行为,这样销售人员的个人债务才可以免除,而由整个商队共同承担销售人员的损失,这可以说是西方保险思想的最早萌芽。

几百年后,这些保险的最初思想传入了地中海东岸的以航海业闻名的腓尼基帝国(今天的黎巴嫩境内)。海上贸易商把这些保险思想引入航海业,逐渐形成了共同海损分摊的习惯做法,即在船舶航行中发生危及船货共同安全的危险时,船长可以抛弃部分货物以保全余下货物与船员的共同安全,但由此而引起的货物损失必须由获救的船货共同分担。当这一做法在海上贸易中广泛流传几个世纪以后,公元前916年,在路得岛国王制定的《罗地安海商法》及再后来的罗马法典中才把共同海损分摊的做法以法律的形式确定下来,这就是海上保险制度的萌芽。历史进入中世纪封建社会,在欧洲各国的城市中出现了各种行会,如工匠行会、商人行会、村落行会、宗教行会、社交行会等。这些行会或多或少都带有相互扶助的性质,扶助范围涉及死亡、贫困、疾病、衰老、伤残、火灾、盗窃、海难、监禁及诉讼等不幸事件的发生对人身及财产所造成的损失。这些行会所体现的互助精神构成了社会保险(social insurance)的雏形,它为现代保险制度的产生奠定了基础。

人类文明的成果如浩瀚繁星,在世界的东方与西方交相辉映,历史的星河迸发着夺目的光彩。与古巴比伦、古希腊、古埃及的文明社会相呼应,在世界的东方,炎黄子孙们也在创造着辉煌的历史。远在公元前3000年,在扬子江上运输货物的中国商人就已开始运用保险的最基本原理,他们把每个商人的货物分装在同一船队的不同帆船上,从而分散风险和分担损失。

公元前2500年,中国的《礼记·礼运》就曾描述过古人对"大同时代"的理想,其间就有丰富的传统保险思想:"大道之行也,天下为公。选贤与能,讲信修睦,故人不独亲其亲,不独子其子,使老有所终,壮有所用,幼有所长;矜寡孤独废疾者皆有所养。"这可以说是中国古代社会保险思想的最早萌芽。

几乎与此同时,中国古代储粮备荒赈民的制度也开始出现,《逸周书·文传解》指出:"天有四殃,水旱饥荒,其至无时,非务积聚,何以备之?"《夏箴》里说:"小人无兼年之食,遇天饥,妻子非其有也。大夫无兼年之食,遇天饥,臣妾舆马非其有也。国无兼年之食,遇天饥,百姓非其有也。"由此看来,在中国的上古时代,人们就已看到积聚与救灾的重要性,而且已身体力行了。

这种荒政思想在中国源远流长。公元前 1100 年左右的西周时期就已建立了最早的仓储制度，即"委积"制度。春秋战国时期，各路诸侯为国家稳定及备战的需要，纷纷设立仓廪。这一时期，传统的保险思想也十分活跃，其中孟子的"敛发"与"调粟"主张及李悝的"平籴"主张都颇具特色。

孟子"敛发"思想的主题是，在丰年百姓不珍惜粮食时，政府应该多征粮并储存起来；在荒年百姓无粮可食时，再由政府以赈济的形式发放回去。而"调粟"思想则可用《孟子》中的一句话概括："河内凶，则移其民于河东，移其粟于河内；河东凶亦然。"

李悝的"平籴"思想比孟子又前进了一大步，他提出了"谷贱伤农"的思想以及种植应"多种经营"的主张，即政府应建立粮食储备制度，在粮食丰产、粮价下跌的年份，收购多余的粮食以备灾年，并保持较高水平的粮食价格；灾年时，政府再拿储备粮来赈济灾民。种植业应该种植多种作物，以备自然灾害破坏了某一种作物，还可以从其他作物上获得收成，从而避免种植单一作物使农业生产者颗粒无收、陷入饥饿。随着社会的发展，中国古代的仓储制度进一步完善，汉朝的"常平仓"制度、隋唐的"义仓"制度、宋朝的"广惠仓"制度以及明清的"社仓"制度等，即使到了今天亦有一定的借鉴意义。

然而，遗憾的是，虽然中国古代保险思想的萌芽相当早，荒政思想很完善，仓储制度也十分系统，但由于中国以农业为主要产业的封建社会历时太长，商品经济发育迟缓，所以这些传统的保险思想与做法并没有演进成现代的商业保险与社会保险制度，乃至中国的保险制度到了 19 世纪中叶才从西方"舶来"。

2. 海上保险的诞生与发展

保险思想运用于海上贸易，共同海损原则便因之而生。共同海损原则是海上保险的萌芽状态，而海上借贷即抵押借款制度则构成了海上保险的雏形。在 11 世纪末叶，欧洲"十字军"东征后，意大利商人控制了东方与西欧的中介贸易。意大利的北部城市，如热那亚、佛罗伦萨、比萨与威尼斯等地，因地处地中海上运输要冲，云集众多货商、海运商与高利贷者，海上贸易非常繁荣。海上贸易的发展，催生了抵押借款制度。

抵押借款制度最初起源于船舶出外航行急需用款时，船长以船舶和货物向当地商人抵押借款，以获得继续航海的资金。后来它逐渐演变为具有保险性质的一种借款安排，也就是说，如果船舶安全到达，海运商人须偿还所贷资金的全部本利；如果运输途中遇到自然灾害和意外事故造成船货损失，债务人可以免还部分或全部贷款。由于债权人承担了船舶航运中的部分风险，因此，它的利息比一般贷款利息高出数倍，高出部分实质上就是最早形式的海上保险费。

抵押借款制度到公元前 800 年时已经很流行，而且在古希腊、古罗马至中古时代都一直盛行不衰，只是到了 13 世纪中叶，由于罗马教皇格雷戈里九世于 1237 年颁布了《禁止利息法》，才使长期繁荣的抵押贷款制度开始萎缩。由于《禁止利息法》强烈地抵制海上抵押借款制度，从而也抑制了海上贸易的发展，经过一段时间的斗争之后，教皇对海上贸易的借贷方式做了一些变通，形成了著名的假装买卖方式。所谓假装买卖，就是在航运开始之前作为债权人的货币所有者，向作为债务人的航运经营者以支付本金的形式买进船舶与货物，当船舶安全到达目的地时，事先订立的买卖合同自动解除,船运经营者把事先接受的贷款加上高额的定金与利息归还贷款人;若航运中途遇难,有船货损失,贷款人在接受航运经营者支付定金的前提下,对航运经营者遭受的意外损失进行赔偿,在这里高额的定金其实就是一笔保险费。原来抵押借贷的风险转嫁关系已被假装买卖的损失补偿关系代替。到此为止,海上保险已具雏形。

1347年10月23日,迄今为止世界上发现的最古老的保险单在意大利诞生了。这是一张航程保单,承担"冬·克勒拉"号商船从热那亚至马乔卡的保险,这张保单以书面的形式列明了船东与海运商所承担的义务及拥有的权利。然而,由于这张保单没有列明海运商承担的风险种类,所以这张保单尚不具有现代意义。时光又过去了37年,1384年冬,世界上第一份具有现代意义的保险契约——比萨保单——诞生了,它标志着海上保险乃至整个现代保险制度终于产生了。

3. 现代保险的形成

14世纪以后,资本主义商品经济在欧洲各国产生并发展起来。为了掠夺原料及占领海外市场,西欧各国掀起了探寻新航路和殖民掠夺的热潮。同时,与海上贸易相配套的保险业也逐渐西移到新兴的英法等西欧发达国家。

为规范海上保险行为及解决保险纠纷,1435年,以预防保险欺诈和给本国船东优待为目的的西班牙《巴塞罗那法典》诞生了;1468年,威尼斯制定了关于法院如何保证保单实施及防止欺诈的法令;1523年,佛罗伦萨总结了以往海上保险的经验,制定了一部比较完善的海上保险条例并规定了标准保单格式。这些保险立法大大推进了海上保险的发展进程。

哥伦布发现美洲大陆以后,海上贸易中心逐渐从地中海沿岸移至大西洋沿岸的西班牙、葡萄牙及北欧的许多城市。1556年,西班牙国王腓力二世颁布法令对保险经纪人加以管理,确立了经纪人制度,借此,保险业的发展又向前迈进了一大步。

18世纪以后,英国日益强大起来,其大规模的掠夺扩张促进了英国海上保险的发展。当今世界最大的保险垄断组织——劳合社——便是在此时于伦敦的泰晤士河河畔成长起来的。

1683年,一个名叫爱德华·劳埃德(Edward Lloyd)的商人在泰晤士河河畔的塔街开办了一家咖啡馆。颇有经济头脑的劳埃德发现泰晤士河码头附近聚集着大批的货商、高利贷者、海运商人、经纪人、保险商及海员。他想,如果能把这些人吸引到自己的咖啡店来,那么自己咖啡店的生意必定会红火起来。然而,用什么办法把这些人吸引来呢?劳埃德发现这些人最感兴趣的是有关海上航运的船舶与货物的信息。于是他把自己咖啡店的墙壁涂成大海的蔚蓝色,并在店内树起一面巨大的信息板,上面记录着最新的海上航运消息。劳埃德咖啡馆顿时顾客盈门。到了1696年,劳埃德又把信息板改为小报《劳埃德新闻》,这便是当今闻名世界的《劳合动态》的前身,劳埃德咖啡馆从此更是声名远扬。在劳埃德逝世后61年的1774年,咖啡馆的主顾们组成了海上保险团体——劳合社保险人协会,从此,劳合社的大名也就传播开来。

海上保险诞生200多年之后的1591年,德国汉堡市酿造业者依海上保险的原理创办了火灾合作社。1676年,46家火灾合作社联合成立了汉堡火灾保险局,这就是公营火灾保险的开始。1666年9月2日,伦敦发生了一场毁灭性大火,四天四夜烧毁了全城85%的房屋,20多万人无家可归。次年,医生尼古拉·巴蓬创立了凤凰火灾保险公司,从此,近代私营火灾保险便迅速发展起来。

此后,随着资本主义商品经济的发展与科学技术的进步,海上保险从海上拓展到了陆地与航空领域,发展成为险种齐全、制度日趋完善的货物运输保险,火灾保险也由单纯的承保火灾的保险演进为包括家庭财产保险、企业财产保险在内的广义的火灾保险。货物运输保险与广义的火灾保险以及20世纪之后迅速发展起来的责任保险、信用保证保险合在一起构成了当今财产保险的庞杂体系。至于与财产保险相对应的人身保险,其思想萌芽虽也较早出现,但真正的人身保险却到了16世纪末才在欧洲出现,而具有现代意义的人身保险的诞生则是以英国天文学家哈雷1693年制成世界上第一张死亡表为标志的。其后,伴随着工业革命机械工业的发展,人身意外伤害险应运而生,它与人寿保险、医疗保险、失业保险等一起构成了人身保险的体系。

第二章

效用、风险与风险态度

引　言

风险无处不在、无时不在。当 2003 年本教材的书稿被作者一个字、一个字地敲到电脑上的时候，SARS 病毒正在中华大地上肆虐。而 18 年后的 2021 年，在本教材第三版的修订接近尾声的时候，新型冠状病毒肺炎疫情已持续两年，与 SARS 相比传播范围更大。中国一次次地控制住了局部疫情，维护了广大人民的生命安全与社会的稳定秩序；全球 200 多个国家也在不停地与小小的冠状病毒搏杀。历史几乎是在重演：人们留在家里，互联网上一片繁忙；大街上几乎没有行人，只要外出人们都戴着口罩，行色匆匆；各家保险公司迅速将新的疫病列为保险责任，并抓紧时间开发有针对性的产品，保险机构纷纷捐款，利用公司所拥有的医疗资源协助政府全力对抗疫情……在社会大众极力避免感染风险的同时，另一些人却在冒险：2003 年，中国、美国、瑞士、法国、韩国、尼泊尔、日本等 7 个国家的登山队员在 SARS 流行期间，冒着生命危险攀上了珠穆朗玛峰的峰顶；2020 年 3 月，瑞士有一个叫莉亚的女主播居然跑到公共场所去舔路边的栏杆、公交车上的按钮，甚至垃圾桶和某喜剧演员的手，随后终于如愿以偿被确诊为新冠肺炎。

为什么人类一边在避险，一边又在冒险？是因为他们所面临的风险有着本质区别，还是不同的风险带给人类的效用各异，抑或是人们对待风险的态度迥然不同？

以色列籍心理学家、普林斯顿大学教授卡伊曼把心理学研究和经济学研究结合在一起，从另外一套假设出发，对人的行为尤其是不确定条件下的判断和决策行为提出了崭新的解释，并因此获得了 2002 年诺贝尔经济学奖。他的研究发现，风险决策后的输赢结果对人而言是不对等的，减少 100 元带给人的效用损失远远大于增加 100 元带给人的效用增加。由此得出的基本结论是，人们更在乎的是他们已经得到的东西，占有的时间越长，失去的痛苦越大。而保险恰恰是投保人以少量确定的保险费支出换取约定的保险事故发生后保险人给予的大量保险金的一种风险转嫁活动，同时保险也是对人们已经占有东西的一种保护机制。那么，卡伊曼的理论对保险业意味着什么呢？

对这些问题的解答以及保险经济学的诸多领域都涉及三个基本概念：效用、风险和风险态度，因此关于效用、风险和风险态度的讨论是本章的主要内容。

第一节　风险、不确定性与风险管理

一、风险与不确定性

迄今为止，风险(risk)并没有一个为学术界和实业界所普遍接受的定义。但随着时间的推移，人们对风险的认识已经逐渐从感性过渡到理性、由浅层概括过渡到深入归纳。比如，早期的学者，如约翰·汉尼斯(John Haynes)[1]和 A. H. 威雷特(A. H. Willett)[2]，

---

[1] HAYNES J. Risk as an economic factor[J]. The Quarterly Journal of Economics, 1895, 9(4): 409—449.
[2] WILLETT A H. The economic theory of risk and insurance[M]. Homewood, IL: Richard D. Irwin, Inc., 1951: 1—103.

倾向于把风险看作"损害发生的可能性或不确定性"。而当代的学者,如 T. 普雷切特(T. Pritchett)①和 D. 斯基珀(D. Skipper)②,则认为风险是"实际结果和预期结果的相对差异"。显然,后者的风险概念更为全面也更为科学。风险一旦被定义为实际结果与预期结果的变异程度(variation),风险就不再仅仅和损失相联系,即它既可以带来损失,也可以带来收益。我们日常所言"风险越大,收益越大"中的"风险"便与这样的定义相吻合。

然而,在保险领域,保险的作用是损失补偿,所以保险关心的主要是能够带来损失的风险。为方便起见,在保险理论中,风险又被划为两类:如果一种风险同时包括带来损失和带来收益的两种可能性,则称之为"投机风险"(speculative risk);而只会带来损失不能带来收益的风险称之为"纯粹风险"(pure risk)。③ 保险理论尽量把它的研究范围划定在纯粹风险之中。④

在经济学中,风险和不确定性常常被不加区分地互用,但严格来说,两者是有区别的。斯基珀认为,不确定性是人们在风险条件下,对无法预测的未来的困惑,它来自风险的存在。I. 普菲尔(I. Preffer)认为,即使有风险存在,但当人们没有认识到它时,不确定性也是不存在的。比如,吸烟损害健康的风险从人类开始吸烟的时候就有了,但只有当人们认识到了吸烟与健康损害之间的因果联系时,吸烟者才感觉到吸烟对自己身体是否造成损害及损害程度大小不确定性的疑虑。人们经常说"无知者无畏",这句谚语正好表述了风险与不确定性之间的关系,他的"无畏"可能是因为他感受到的不确定性很小或者根本感受不到,并不代表风险不存在。吃过几次亏、了解到了风险之后的"无畏"才是真正与"勇敢"同义的"无畏"。

总结经济学家的观点,风险与不确定性的区别主要有以下两点:

第一,风险是客观存在(a state of world),而不确定性是心理状态(a state of mind)。⑤

第二,风险是可以测定的(measurable),其发生有一定的概率,而不确定性是不能测定的(immeasurable)。⑥

在保险学中,曾有客观风险(objective risk)和主观风险(subjective risk)的划分⑦,在某种意义上,客观风险就是我们这里所定义的风险,而主观风险就是这里所定义的不确定性。

风险的重要性在于它能给人们带来损失或收益,而不确定性的重要性则在于它影响着个人、公司和政府的决策过程。

---

① PRITCHETT T, SCHMIT J, DOERPINGHAUS H, et al. Risk management and insurance [M]. 7th edition. St. Paul, MN: West Publishing Company, 1996: 5.
② SKIPPER H D, Jr. International risk and insurance: an environmental-managerial approach. [M]. New York: McGraw—Hill, 1998.
③ MOWBRAY A, BLANCHARD R, WILLIAMS C. Insurance [M]. 6th ed. New York: McGraw-Hill, 1969: 518—519.
④ 一些保险公司的创新险种已经开始把特定的投机风险纳入保障范围,如掉期损益保险等。
⑤ PEFFER I. Insurance and economic theory [M]. Homewood, IL: Richard D. Irwin, Inc., 1956: 41—42.
⑥ KNIGHT F H. Risk, uncertainty, and profit [M]. New York: Harper & Row, 1965(1921): 347.
⑦ Greene M R. Risk and insurance [M]. 4th ed. Nashville, TN: Southwestern Pub. Co., 1977: 2.

二、风险的管理

(一) 风险的度量

风险既然是可以测定的,那么必然会有人发明出度量风险的方法。同时,既然风险被定义为"预期结果与实际结果的相对差异",那么数理统计和概率论中衡量差异程度的变量就可以用来度量风险的大小,常用的变量有概率(probability)、期望值(expected value)、标准差(standard deviation)、方差(variance)和离散系数(deviation coefficient)等;除了度量风险的大小外,还有一些变量用来衡量风险和损失分布的性质或风险之间的关系,如偏度(skewness)和协方差(covariance)等。

1. 概率

在一般情况下,事件 A 在 n 次试验中出现 m 次,则比值

$$f(A) = \frac{m}{n}$$

称为 A 在 n 次试验中出现的频率。当试验的次数逐渐增多时,事件出现的频率逐渐稳定于某个常数 p,定义此常数 p 为事件 A 发生的概率:

$$P(A) = \lim_{n \to \infty} \frac{m}{n} = p$$

概率可以度量风险事件发生或造成损失的可能性。概率分布(probability distribution)则可以描述风险事故可能导致的所有可能出现的结果和各种结果出现的概率。

2. 期望值

随机变量以其取值的概率为权数的加权平均就是随机变量的数学期望,简称期望值或平均值。

设离散的随机变量 X 的概率分布分别为:

$$P(X = x_i) = p_i, \quad i = 1, 2, \cdots$$

若级数 $\sum_{i=1}^{\infty} x_i p_i$ 绝对收敛,则 X 的期望值为:

$$E(X) = \mu = \sum_{i=1}^{\infty} x_i \cdot p_i$$

对于连续随机变量 X,其概率密度函数为 $f(x)$,若积分 $\int_{-\infty}^{+\infty} x f(x) \mathrm{d}x$ 绝对收敛,则 X 的期望值为:

$$E(X) = \int_{-\infty}^{+\infty} x f(x) \mathrm{d}x$$

对未来风险事故所造成损失的推测通常用风险损失的期望值表示。在数学计算上,期望值是每种可能损失与其发生概率乘积的加总,亦即风险事故发生导致的平均损失程度,即平均而言,可能的损失会出现在何处。

3. 方差

风险度量更常用的变量是方差。随机变量 X 的取值与作为分布中心的平均值间的离差,其平方的数学期望用以描述随机变量取值的分散程度,它被定义为 X 的方差,一般

用 $\text{Var}(X)$ 或 σ^2 表示。

对于离散的随机变量,有:

$$\text{Var}(X) = \sum_{i=1}^{\infty}[x_i - E(X)]^2 P(X = x_i)$$

$$= \sum_{i=1}^{\infty} x_i^2 P(X = x_i) - [E(X)]^2$$

对于连续的随机变量,有:

$$\text{Var}(X) = \int_{-\infty}^{+\infty}[x - E(X)]^2 f(x)\mathrm{d}x = \int_{-\infty}^{+\infty} x^2 f(x)\mathrm{d}x - [E(X)]^2$$

风险概率分布的方差等于每一次损失与期望值之差的平方的平均数。

4. 标准差

标准差是方差的平方根,其好处是可以使用初始的度量单位。标准差意味着,就平均而言,每个观测值大约偏离期望值 σ 个单位。

$$\sigma = \sqrt{\text{Var}(X)}$$

5. 离散系数

标准差与期望值的比值称为离散系数,用 τ 表示。离散系数越小,损失分布的相对危险越小。

$$\tau = \frac{\sigma}{\mu}$$

6. 偏度

概率分布的偏度是描述某变量取值分布对称性的统计量,在风险的衡量中,表示的是损失分布的对称性,用 Sk 表示。高于均值的损失额和概率与低于均值的损失额和概率如果是对称的,损失分布就是无偏的,否则即是有偏的。$Sk=0$ 时,分布形态与正态分布偏度相同;$Sk>0$ 时,正偏差数值较大,为正偏或右偏,长尾巴拖在右边;$Sk<0$ 时,负偏差数值较大,为负偏或左偏,长尾巴拖在左边。

$$Sk = \frac{1}{n-1}\sum_{i=1}^{n}(x_i - \bar{x})^3/\sigma^3$$

Sk 的绝对值越大,则损失分布形态偏移程度越大。

7. 协方差

$$\text{Cov}(X,Y) = \sum_{i=1}^{n} P_i(x_i - \mu_x)(y_i - \mu_y)$$

在风险管理过程中,协方差用来衡量两个风险之间的相关关系。

8. 相关系数(correlation coefficient)

$$\rho(X,Y) = \frac{\text{Cov}(X,Y)}{\sigma_X \cdot \sigma_Y}$$

下面以一个数字化的例子来说明这些变量是如何被用来衡量风险的。

例 2-1 假设汤姆和米奇各有一辆北京现代汽车公司生产的索纳塔牌轿车。根据以前若干年的开车经验,可以推测本年度汤姆开车时发生意外事故的可能性为2%,这个"2%"就是汤姆的车本年度发生意外事故的概率。再假设,汤姆的车发生风险事故时仅有三种可能的损失结果:0.4%的可能是全损,损失20万元;0.9%的可能是半损,损失10万元;0.7%的可能是1/4损,损失5万元。假设米奇的车本年度发生意外事故的概率为4%,米奇的车发生风险事故时也仅有三种可能的损失结果:1%的可能是全损,损失20万元;1%的可能是半损,损失10万元;2%的可能是1/4损,损失5万元。那么,表2-1和图2-1表示的就是两车意外事故损失额的概率分布。

表 2-1 损失额的概率分布

损失(万元)	汤姆概率(%)	米奇概率(%)
20	0.4	1
10	0.9	1
5	0.7	2
0	98	96

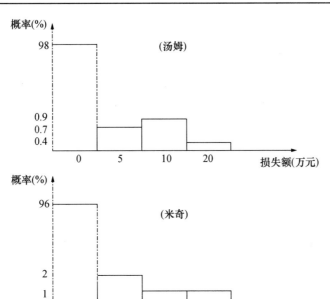

图 2-1 损失的概率分布图

汤姆的损失的期望值是:

$$E(X) = \mu = \sum_{i=1}^{\infty} x_i \cdot p_i$$
$$= (20 \times 0.4\%) + (5 \times 0.7\%) + (10 \times 0.9\%) + (0 \times 98\%)$$
$$= 0.205(万元)$$

米奇的损失的期望值是:

$$E(X) = \mu = \sum_{i=1}^{\infty} x_i \cdot p_i$$
$$= (20 \times 1\%) + (5 \times 2\%) + (10 \times 1\%) + (0 \times 96\%)$$
$$= 0.4(万元)$$

汤姆的意外损失的方差、标准差和离散系数为：

$$\mathrm{Var}_1 = \sum p_i(x_i - \mu_1)^2 = 2.6331$$

$$\sigma_1 = 1.62$$

$$\tau_1 = \frac{\sigma_1}{\mu_1} = \frac{1.62}{0.205} = 7.90$$

米奇的意外损失的方差、标准差和离散系数为：

$$\mathrm{Var}_2 = \sum p_i(x_i - \mu_2)^2 = 5.34$$

$$\sigma_2 = 2.31$$

$$\tau_2 = \frac{\sigma_2}{\mu_2} = \frac{2.31}{0.4} = 5.78$$

方差和标准差表达的信息是分布出现的结果与期望值偏差的可能性和偏差的大小。方差和标准差大则说明实际结果可能远离期望值，结果更不易预测，风险更大。当两个分布的期望值相同的时候，方差和标准差大则意味着风险大；但期望值不相同的两个损失分布是不能根据方差和标准差的大小来判断风险大小的，比如，不能说一个损失期望值仅 1 元、方差很小的损失分布比一个期望值为 1 万元、方差很大的损失分布代表更小的风险。

比较期望值不相同的两个损失分布代表的风险大小用的是离散系数。在这里，汤姆损失的离散系数是 7.90，大于米奇损失的离散系数 6.15，所以汤姆面对的风险大于米奇。

现在变换一下分析的角度，从比较两个风险的大小转为分析两个风险之间的相关关系。假设汤姆和米奇做着同样的工作，总是在一起开车，形影不离。他们同时发生意外事故的概率比较大，甚至有时一辆车出事是另一辆出事的原因，则他们的损失分布就会显示一定的相关性。可以用以下两个公式来计算协方差和相关系数，从而衡量汤姆和米奇意外损失风险之间的相关性，也就是分析一下汤姆发生意外事故和米奇发生意外事故之间是否有相关关系。

$$\mathrm{Cov}(X,Y) = \sum_{i=1}^{n} P_i(x_i - \mu_x)(y_i - \mu_y)$$

$$\rho(X,Y) = \frac{\mathrm{Cov}(X,Y)}{\sigma_X \cdot \sigma_Y}$$

在现实生活中，汽车发生意外事故可能造成的损失额绝对不仅仅是以上假设的这样间断的几种情况，而是 0—20 万元之间的任意值，是个连续的随机变量。而且，零损失和全损的概率很小，而部分损失的概率很高。这时，其概率分布如图 2-2 所示。

钟形的曲线可以理解为连接着无数个柱形顶部的曲线，只是这些柱形的宽度很窄，直至窄到一条直线而已。由于米奇的损失比汤姆有更高的期望值，所以其分布曲线向右平移了一些。根据离散系数的定义，两个方差相同的损失分布，期望值越高，即分母越大，那么离散系数越小，风险相对较小，所以，米奇的车面对的风险要小于汤姆的。

当然，损失的概率密度曲线也可能不像上面这样是很规则的钟形曲线，而是存在一定的偏度。偏度衡量的是分布的对称性，如果分布是对称的，则没有偏度。如果发生低额损失（5 万元以下）的概率比较大，而发生高额损失的概率比较小，则曲线的形状如图

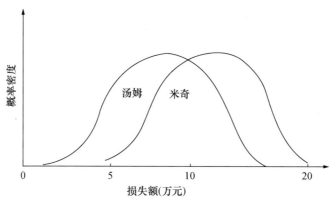

图 2-2 钟形概率分布图

2-3 所示。

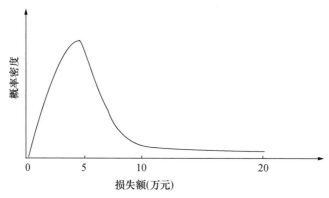

图 2-3 具有偏度的概率分布图

(二) 风险管理

衡量风险的目的是要对风险进行管理。为保持连贯性,在这里有必要简单地介绍一下风险管理的基本概念和主要内容。

风险管理是通过风险的识别、衡量和控制,以最小的成本将风险导致的各种不利后果减少到最低限度的科学管理方法,是组织、家庭或个人用以降低风险负面影响的决策过程。风险管理过程可简要概括为表 2-2。

表 2-2 风险管理过程概要及风险管理矩阵

1. 设定目标	(1) 与组织和个人的整体目标相一致。 (2) 重点强调风险与收益之间的平衡。 (3) 考虑安全性的态度及风险接受意愿。
2. 识别问题	(1) 问题是风险事故、保险标的(exposure)及风险因素的结合。 (2) 需要运用多种手段进行识别。 (3) 识别对于有效管理而言是关键问题。

(续表)

3. 评价问题	(1) 衡量损失的频度和强度。 (2) 与组织的特性和目标相关。 (3) 利用概率分析。 (4) 考虑最有可能发生的事和最大可能的损失。
4. 识别与评价可选方案	(1) 基本选择:避险、损失控制、损失融资。 (2) 损失控制,包括防损和减损。 (3) 损失融资,包括转移和自留。 (4) 一般运用不止一种方式。 (5) 基于成本、对损失频度和强度的影响以及风险的特性作出评价。
5. 选择方案	(1) 运用决策规则在可选方案中作出选择。 (2) 选择应基于第 1 步所设定的目标。
6. 实施方案	(1) 有技巧地处理问题。 (2) 成功地对方案进行全局性的评估。
7. 监督系统	(1) 重返第 1 步,重新评价过程中的每一因素。 (2) 选择是在动态环境下做出的,要求持续的评价。

资料来源:普雷切特,等. 风险管理与保险[M]. 孙祁祥,等译. 北京:中国社会科学出版社,1998:21—25。

风险的管理手段主要有以下几种:

1. 避免

回避损失发生的可能性,实际上是对风险单位(exposure unit)的回避,是风险管理中的消极技术。其缺陷有三:第一,没有风险也就没有收益;第二,风险不可能完全避免,因为风险实际上是无法完全规避的;第三,规避一种风险时另一种新的风险可能就会出现,因为人不可能不从事任何活动,而活动必然带来风险。

2. 自留

自我承担风险的损害后果。在风险管理中是处理风险残余的方法。

3. 预防

消除风险因素,降低损失的概率与损失程度。预防风险的主要方法包括以小威廉·哈顿(William Haddon, Jr.)的能量释放理论为基础的工程物理法和以 H. W. 海因里希(H. W. Heinrich)的骨牌理论为基础的人类行为法。

4. 抑制

损失发生时或之后采用的降低损失程度的措施。

5. 转嫁

将损失及与损失有关的财务后果转嫁出去。风险转嫁的方式主要有公司、合同安排(包括保证条款、贸易或运输合同、财产委托合同、租借协定、担保合同)、基金制度、保险等。

不同的风险类型宜采用不同的风险管理手段,一般规则如表 2-3 所示。

表 2-3　风险管理手段及其一般条件

类型	损失概率	损失程度	其他条件	风险管理手段
1	高	高	处理风险时其成本大于其产生的收益	避免
2	低	低	最大损失对企业或单位而言不影响其财务稳定	自留
3	低	高	—	预防
4	—	高	损失程度高且风险无法避免和转嫁	抑制
5	低	高	可以转嫁	转嫁

以上的风险管理措施可以用银行在网点柜台上为客户准备的签字笔为例加以说明。银行柜台上的签字笔经常会被客户有意无意地带走，对银行来说，日积月累下来也是一笔损失。如果银行干脆不在柜台上为客户准备签字笔，这就属于"避免"风险，但忘了带笔的客户填写单据时找不到笔的那种不悦消费体验终将会给银行造成损害，部分客户用脚投票给银行造成的损失，会远大于银行丢几支签字笔的成本，从成本收益的角度考虑，这种风险几乎是不能避免的。

丢几支签字笔显然不会影响银行的财务稳定，因此银行的选择会是风险"自留"和风险"预防"。所以在现实中，我们观察到了几十年来银行管理签字笔的历史演进过程：银行先是让柜台的服务人员发放并收回客户使用的签字笔，这样成本显然太高；于是银行开始用细线拴住签字笔，这化解了客户无意中带走签字笔的风险；但签字笔还是会被部分占小便宜的客户有意带走。于是细线变粗，最后成为很碍事的粗绳和劣质的签字笔，客户的消费体验变差。近几年，新材料技术改变了一切，目前一种可以牢固地吸附在柜台上、扯不断且带有相当大弹性的塑料线成了银行签字笔的标准配置。在管理签字笔丢失的风险方面，银行做得非常成功。

签字笔丢失的风险不易抑制，即使银行服务人员眼睁睁地看到客户将签字笔放入衣袋中，也不能大吼一声去制止，那样让客户太没有面子了，为了一只签字笔得罪一个客户的傻事银行是不会做的。银行将签字笔丢失的风险转嫁给保险公司？银行为此交给保险公司的保费可能比签字笔还贵，显然"签字笔丢失保险"不是一笔划算的买卖！

表 2-3 还可以简单地表示成图 2-4。

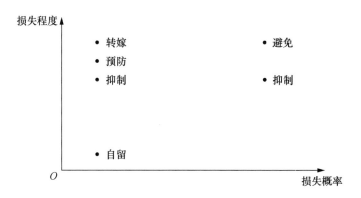

图 2-4　风险管理技术选择矩阵

由此看来，保险仅仅是风险管理手段中风险转嫁措施的一种选择而已，但就是这种选择的存在,衍生出了一个朝气蓬勃的保险行业,也衍生出了保险学这样一门有价值的学科。

第二节 风险汇聚、大数法则与中心极限定理

一、风险汇聚的效果

当风险是相互独立的时候,汇聚安排可以抑制风险,风险管理的价值因此而显现出来。下面仍沿用前面数字化的例子来解释这一有点复杂的问题:

假设汤姆和米奇下一年度发生20万元损失的概率都为20%,且两者的事故损失不相关(见表2-4)。

表2-4 损失额的概率分布

	汤姆	米奇
损失额为20万元的概率	20%	20%
损失额为0的概率	80%	80%
各自的期望损失	$0.2\times 20+0.8\times 0=4$	
标准差	$\sigma=\sqrt{0.8(0-4)^2+0.2(20-4)^2}=8$	

如果汤姆和米奇决定在他们之间进行风险汇聚,也就是说,不论谁发生意外,两个人同意平均承担发生的损失,这时来看期望损失和标准差如何变化,如表2-5所示。

表2-5 风险汇聚后损失额的概率分布

可能结果	总损失(万元)	每人承担的损失(万元)	概率
1. 汤姆和米奇都未发生意外事故	0	0	$0.8\times 0.8=0.64$
2. 汤姆发生意外事故,米奇没有	20	10	$0.2\times 0.8=0.16$
3. 米奇发生意外事故,汤姆没有	20	10	$0.2\times 0.8=0.16$
4. 汤姆和米奇都发生了意外事故	40	20	$0.2\times 0.2=0.04$

各自的期望损失 $(0.64\times 0)+(0.16\times 10)+(0.16\times 10)+(0.04\times 20)=4$

标准差 $\sigma'=\sqrt{0.64\times(0-4)^2+0.16\times(10-4)^2+0.16\times(10-4)^2+0.04\times(20-4)^2}=5.66$

可以看到,风险汇聚虽然不能改变每个人的期望损失,但却能将平均损失的标准差由8万元减小到5.66万元,使事故损失变得更容易预测,因此风险汇聚降低了每个人的风险。

不难证明,当风险汇聚的加入者增多时,平均损失的标准差会进一步减少,出现极端损失(非常高的损失和非常低的损失)的概率不断降低,风险变得更易预测。而且随着加入者数量的增加,每个人支付的平均损失的概率分布逐渐接近于钟形曲线。

当参加风险汇聚的人足够多,达到一定的大数时,每个参加者成本(=纯保费=期望损失)的标准差将变得接近于零,因此每位加入者的风险将变得可以忽略不计。这就是

保险经营最重要的数理基础——大数法则(law of larger numbers)。

二、大数法则

概率论中用来阐明大量随机现象平均结果稳定性的一系列定理统称大数法则。它是一种表现必然性与偶然性之间辩证关系的规律,即在随机现象的大量重复出现中,偶然性相互抵消而往往呈现几乎必然的规律。在保险经营中运用较多的大数法则主要有:

1. 切贝雪夫(Chebyshev)不等式和切贝雪夫大数法则

随机变量 X 的方差 $\text{Var}(X)$ 表示的是 X 在其数学期望 $E(X)$ 的周围取值的分散程度。因此,对任意的正数 ε,事件 $\{|X-E(X)|\geqslant\varepsilon\}$ 的概率应该与 $\text{Var}(X)$ 有一定的关系。简言之,如果 $\text{Var}(X)$ 越大,那么 $P\{|X-E(X)|\geqslant\varepsilon\}$ 也会大一些,用数学式子表示出来,就是切贝雪夫不等式。

设随机变量 X 的方差 $\text{Var}(X)<+\infty$,那么,对于任意正数 ε,恒有不等式

$$P\{|X-E(X)|\geqslant\varepsilon\}\leqslant\frac{\text{Var}(X)}{\varepsilon^2}$$

成立。该不等式表明,方差越小,X 的取值越集中在常数 $E(X)$ 附近,即远离 $E(X)$ 的可能性 $P\{|X-E(X)|\geqslant\varepsilon\}$ 越小。

证明 若 X 为连续型随机变量,且其密度函数为 $f(x)$,则:

$$P\{|X-E(X)|\geqslant\varepsilon\}=\int_{|X-E(X)|\geqslant\varepsilon}f(x)\mathrm{d}x$$

$$\text{Var}(X)=\int_{-\infty}^{+\infty}[x-E(X)]^2 f(x)\mathrm{d}x$$

利用积分关于积分区间的可加性,有:

$$\int_{-\infty}^{+\infty}[x-E(X)]^2 f(x)\mathrm{d}x$$

$$=\int_{|X-E(X)|\geqslant\varepsilon}[x-E(X)]^2 f(x)\mathrm{d}x+\int_{|X-E(X)|<\varepsilon}[x-E(X)]^2 f(x)\mathrm{d}x$$

由于 $[x-E(X)]^2 f(x)$ 非负,所以上式的第二个积分不小于零;而第一个积分,在集合 $\{x:|x-E(X)|\geqslant\varepsilon\}$ 上,被积函数 $[x-E(X)]^2 f(x)\geqslant\varepsilon^2 f(x)$,因此有:

$$\int_{|X-E(X)|\geqslant\varepsilon}[x-E(X)]^2 f(x)\mathrm{d}x\geqslant\varepsilon^2\int_{|X-E(X)|\geqslant\varepsilon}f(x)\mathrm{d}x$$

$$=\varepsilon^2 P(|X-E(X)|\geqslant\varepsilon)$$

$$\text{Var}(X)=\int_{-\infty}^{+\infty}[x-E(X)]^2 f(x)\mathrm{d}x$$

$$\geqslant\int_{|X-E(X)|\geqslant\varepsilon}[x-E(X)]^2 f(x)\mathrm{d}x\geqslant\varepsilon^2 P(|X-E(X)|\geqslant\varepsilon)$$

$$P\{|X-E(X)|\geqslant\varepsilon\}\leqslant\frac{\text{Var}(X)}{\varepsilon^2}$$

Q. E. D.

设 $X_1,X_2,\cdots,X_n,\cdots$ 是由两两相互独立的随机变量所构成的序列,每一随机变量都有有限方差,并且它们有公共的上界:$\text{Var}(X_1)\leqslant C$,$\text{Var}(X_2)\leqslant C$,$\cdots$,$\text{Var}(X_n)\leqslant C$,$\cdots$,则对于任意的 $\varepsilon>0$,都有:

$$\lim_{n\to\infty} P\left\{\left|\frac{1}{n}\sum_{k=1}^{n}X_k - \frac{1}{n}\sum_{k=1}^{n}E(X_k)\right| < \varepsilon\right\} = 1$$

在保险经营中，经常用到的是这一法则的特例：

$$E(X_1) = E(X_2) = \cdots = E(X_n) = \cdots = p$$

这时有：

$$\mathrm{Var}(X_k) = p(1-p) \leqslant 1/4 \quad (k=1,2,\cdots,n,\cdots)$$

因为在保险经营中往往假定某一类标的具有相同的损失概率，在这一特例的情况下，切贝雪夫大数法则的形式可以简化为：

对于任意的 $\varepsilon > 0$，都有：

$$\lim_{n\to\infty} P\left\{\left|\frac{1}{n}\sum_{k=1}^{n}X_k - \mu\right| < \varepsilon\right\} = 1$$

切贝雪夫大数法则说明，当 n 足够大时，平均每个被保险人实际获得的赔偿金额与每个被保险人获得的赔偿金额的期望值之间的差异很小，或者说，平均每个人获得的赔款与赔款的期望值之差的绝对值小于 ε 这一事件，在 $n \to \infty$ 时是个必然事件。而保险公司从投保人那里收取的纯保费（不包括保险公司的管理费用、税收和利润等）应等于每个被保险人获得的赔偿金的期望值。切贝雪夫大数法则又指明了期望值在 $n \to \infty$ 时等于实际赔偿额的平均值。尽管实际赔偿额的平均值事先是无法知道的，但保险人可以根据以前的统计资料知道同类损失的平均值是多少。所以，当 n 足够大时，保险人从投保人那里收取的保险费应该是以前损失的平均值。这就是保险公司从投保人那里收取多少保险费的基本依据，如果风险汇聚的加入者达不到一定的"大数"，保险公司就无从知道应该向每个投保人收取多少保险费，保险也就失去了最基本的精算基础。

2. 辛钦(Khinchin)大数法则

设 $\{\xi_k\}$ 为相互独立、同分布的随机序列，具有有限的数学期望 $E\xi_k = a$（a 为常数），则 $\{\xi_k\}$ 服从大数法则。

证明 因 $\xi_1, \xi_2, \cdots$ 同分布，故有相同的特征函数 $\varphi(t)$，又 $E\xi_k = a = \dfrac{\varphi'(0)}{i}$，将 $\varphi(t)$ 在 $t=0$ 处展开，有：

$$\varphi(t) = \varphi(0) + \varphi'(0)t + 0(t) = 1 + iat + 0(t)$$

由 $\xi_1, \xi_2, \cdots$ 相互独立，得 $\eta_n = \dfrac{1}{n}\sum_{k=1}^{n}\xi_k$ 的特征函数为：

$$g_n(t) = \left[\varphi\left(\frac{t}{n}\right)\right]^n = \left[1 + ia\frac{t}{n} + 0\left(\frac{t}{n}\right)\right]^n$$

对于任意 $t \in R^1$，$\lim_{n\to\infty} g_n(t) = \lim_{n\to\infty}\left[1 + ia\frac{t}{n} + 0\left(\frac{t}{n}\right)\right]^n = e^{iat}$，由德莫佛定理知 $\eta_n \xrightarrow{L} a$，得 $\eta_n \xrightarrow{P} a$，即 $\{\xi_k\}$ 服从大数法则。

3. 贝努利(Bernoulli)大数法则

假设某一事件以概率 P 发生，μ_n 表示此事件在 n 次试验中发生的次数，μ_n/n 为事件发生的频率，则贝努利大数法则的一般形式是：

对于任意的 $\varepsilon > 0$，有：

$$\lim_{n\to\infty}P\left\{\left|\frac{\mu_n}{n}-P\right|<\varepsilon\right\}=1$$

贝努利大数法则显然是辛钦大数法则的特例。贝努利大数法则说明，以损失的比率来代替损失发生的概率，在 $n\to\infty$ 时是可以的。在保险经营中，当相互独立的风险单位满足一定的大数要求时，保险公司就可以用以往损失频率的统计数据来推测未来同一损失发生的概率，因为大数法则令两者近乎相等。比如，保险公司可以用去年本公司投保车辆的损失频率推测今年投保车辆发生损失的概率，从而预测今年的事故损失和赔付额。

4. 泊松（Poisson）大数法则

当试验的组数无限增加时，每一次试验中特定事件发生的概率 $P_1,P_2,\cdots,P_n$ 会有所不同，若仍用 μ_n 表示此事件在 n 次试验中发生的次数，则根据泊松大数法则，对于任意的 $\varepsilon>0$，有：

$$\lim_{n\to\infty}P\left\{\left|\frac{\mu_n}{n}-\frac{p_1+p_2+\cdots+p_n}{n}\right|<\varepsilon\right\}=1$$

泊松大数法则的意义是，当试验的次数无限增加时，其平均概率与观察结果所得的比率近似相等。

在保险经营中，尽管相互独立的风险单位的损失概率可能各不相同，但只要标的足够多，仍可以在平均意义上求出相同的损失概率。保险公司由此可以把性质相似的各分类的标的集中在一起，求出一个整体的费率，再加以调整，从而在整体上保证收支平衡。比如，尽管同一档次的众多车辆所面对的风险可能各不相同，但仍可以把它们放在同一个风险集合之内进行风险汇聚，只要这些车的总量满足一定的大数要求即可。

但风险汇聚的加入者究竟有多少才算是"足够多"呢？这取决于损失分布曲线的形状，就大致而言，在分布的偏性不明显的情况下，加入者不应少于25。[①]

三、中心极限定理（central limit theorem）

当风险汇聚的加入者足够多时，平均损失的分布接近于正态分布，就可以用正态分布的概率值来估计结果超过某给定值的概率。这就是中心极限定理。中心极限定理是由数学家 A. 德莫佛（A. De Moivre）于18世纪初期提出的，其后 P. P. 列维（P. P. Lévy）和 J. W. 林德伯格（J. W. Lindberg）进一步发展了中心极限定理。

设随机变量 $X_1,X_2,\cdots$ 的和为 $Y_n=\sum_{k=1}^{n}X_k$，若对任意的实数 x，有：

$$\lim_{n\to\infty}P\left\{\frac{Y_n-E(Y_n)}{\sqrt{\mathrm{Var}(Y_n)}}\leqslant x\right\}=\int_{-\infty}^{x}\frac{1}{\sqrt{2\pi}}e^{-\frac{x^2}{2}}\mathrm{d}x=\phi(x)$$

则称 $X_1,X_2,\cdots$ 服从中心极限定理。常用的中心极限定理有：

1. 德莫佛-拉普拉斯定理（De Moivre-Laplace theorem）

在 n 重贝努利试验中，事件 A 在每次试验中出现的概率为 $p(0<p<1)$，μ_n 为 n 次试验中 A 出现的次数，则对任意 $x\in R^1$，一致地有：

[①] 霍萨克，等. 非寿险精算基础[M]. 王育宪，等译. 北京：中国金融出版社，1992：83.

$$\lim_{n\to\infty} P\left\{\frac{\mu_n - np}{\sqrt{npq}} < x\right\} = \frac{1}{\sqrt{2\pi}} \int_{-\infty}^{x} e^{-\frac{t^2}{2}} dt$$

德莫佛-拉普拉斯定理在实际的数值计算中具有重要作用,主要表现在:

(1) 较为精确地估计出用频率估计概率的误差。

当 n 充分大时,

$$\beta = P\left\{\left|\frac{\mu_n}{n} - P\right| < \varepsilon\right\} = P\left\{-\varepsilon\sqrt{\frac{n}{pq}} < \frac{\mu_n - np}{\sqrt{npq}} < \varepsilon\sqrt{\frac{n}{pq}}\right\} \approx 2\Phi\left(\varepsilon\sqrt{\frac{n}{pq}}\right) - 1$$

ε,β,n 中已知其二,可求另一个。

(2) 较好地解决了二项分布的近似计算问题。

当 $\xi \sim B(n,p)$ 而 n 较大时,无论 p 是否接近 0 或 1,均有:

$$P\{x_1 < \xi < x_2\} = P\left\{\frac{x_1 - np}{\sqrt{npq}} < \frac{\xi - np}{\sqrt{npq}} < \frac{x_2 - np}{\sqrt{npq}}\right\}$$

$$\approx \Phi\left(\frac{x_2 - np}{\sqrt{npq}}\right) - \Phi\left(\frac{x_1 - np}{\sqrt{npq}}\right)$$

$$\lim_{n\to\infty} P\left\{\frac{Y_n - np}{\sqrt{np(1-p)}} \leqslant x\right\} = \Phi(x)$$

2. 列维定理(Lévy theorem)

设 $X_1, X_2, \cdots$ 相互独立,且服从同一分布,有有限的期望和方差,即

$$E(X_k) = \mu, \quad D(X_k) = \sigma^2 \neq 0, \quad k = 1, 2, \cdots$$

则随机变量 $Y_n = \sum_{k=1}^{n} X_k$ 近似服从正态分布 $N(n\mu, n\sigma^2)$,即对任意的 x,有:

$$\lim_{n\to\infty} P\left\{\frac{Y_n - n\mu}{\sqrt{n}\sigma} \leqslant x\right\} = \phi(x)$$

当 n 很大时,近似地有:

$$P\{Y_n \leqslant x\} = P\left\{\frac{Y_n - n\mu}{\sqrt{n}\sigma} \leqslant \frac{x - n\mu}{\sqrt{n}\sigma}\right\} \approx \phi\left(\frac{x - n\mu}{\sqrt{n}\sigma}\right)$$

对于任意的实数 $a < b$,有:

$$P\{a \leqslant X \leqslant b\} \approx \phi\left(\frac{b - n\mu}{\sqrt{n}\sigma}\right) - \phi\left(\frac{a - n\mu}{\sqrt{n}\sigma}\right)$$

在德莫佛-拉普拉斯定理中,由于 μ_n 可看作独立同贝努利分布的一列随机变量的部分和,因此列维定理是德莫佛-拉普拉斯定理的特例。在处理近似计算时,列维定理比德莫佛-拉普拉斯定理有更广泛的应用。在实际应用中,只要 n 较大,便可把独立同分布的随机变量之和近似当作正态变量。这种处理方法对于解决大样本问题非常方便。常用的近似计算式为:

$$P\left\{x_1 \leqslant \sum_{k=1}^{n} \xi_k \leqslant x_2\right\} = P\left\{\frac{x_1 - na}{\sigma\sqrt{n}} \leqslant \frac{\sum_{k=1}^{n}(\xi_k - a)}{\sigma\sqrt{n}} \leqslant \frac{x_2 - na}{\sigma\sqrt{n}}\right\}$$

$$\approx \Phi\left(\frac{x_2 - na}{\sigma\sqrt{n}}\right) - \Phi\left(\frac{x_1 - na}{\sigma\sqrt{n}}\right)$$

例 2-2 若某类机动车辆的保险赔款的平均规模为 400 元,标准差为 1 000 元,计算 85 笔相互独立的赔款之和大于 49 000 元的概率。

解 利用独立随机变量的均值和方差的可加性,可知预期总赔款的均值为:
$$85 \times 400 = 34\,000(元)$$
其方差为:
$$85 \times (1\,000)^2 = 85\,000\,000$$
因此,根据中心极限定理,总赔款之和大于 49 000 元的概率为:
$$1 - \phi\left(\frac{49\,000 - 34\,000}{\sqrt{85\,000\,000}}\right) = 0.051$$
由此,中心极限定理在保险分析中的作用可见一斑。

第三节 期望效用与风险偏好

一、效用与投资风险

效用(utility)是人们在某一特定时期、从某一特定组合中获得满足的程度,效用有基数效用和序数效用之分。

效用函数描述的是人们面对各种选择的时候,某种选择和选择所导致的特定结果——财富水平、闲暇时间、社会声望、荣誉感、安全感等——带来的生理和心理满足程度之间的关系。

首先,从一个有关投资的数字化的例子分析投资者的选择和选择所带来的效用。

例 2-3 假设某投资者的初始财富为 1 000 元,可以在 1 年之内进行投资,有三种选择,三种选择对应着三种结果:

- 持有现金,年末 1 000 元;
- 存入银行,年末 1 030 元(以 3% 的利率获取确定利息);
- 投资于指数基金——若指数高于大盘指数(比如上证综合指数或深证成份股指数)回报率为 40%,低于大盘指数则回报率为 −20%。

则其预期回报为:
$$EV = \sum P_i \cdot X_i = 0.5 \times 1\,400 + 0.5 \times 800 = 1\,100(元)$$

如何判断投资者怎样进行选择,最早是假定投资者的选择服从期望值规律(expected value rule)。期望值规律是由数学家布莱斯·帕斯卡尔(Blaise Pascal)提出来的。皮埃尔·德·费马(Pierre de Fermat)将期望值规律用于对投资收益的分析,期望值规律在相当长的时期内在消费理论和投资理论中占据统治地位。它的主要内容是:

假定在一次赌博中,分别以概率$(p_1,\cdots,p_n)$获得收益$(x_1,\cdots,x_n)$,那么该项赌博的吸引力由该赌博获得的期望收益 $x = \sum x_i p_i$ 决定。

期望值规律是说投资者总是选择期望值最高的投资方式,这样的假设符合人们的直觉和一般情境。在本例中,投资于指数基金得到的期望值为最高,据此,理性的投资者会选择投资于指数基金。

但现实果真如此吗？未必，因为长期的实践证明，人们通常所运用的期望值规律并不总是适用。

比如，1738年贝努利提出的"圣·彼得斯伯格悖论"(St. Petersburg Paradox)就是最著名的反论。

二、圣·彼得斯伯格悖论

悖论(paradox)是逻辑学和数学中的"矛盾命题"，指一种尽管从可接受的假设中推导出来但其核心是自相矛盾的论断。《辞海》中悖论的定义为：一个命题A，如果承认A，可推得非A，反之，如果承认非A，又可推得A，则称命题A为一个悖论。

"悖论"一词来源于希腊语"paradoxon"，原意是"与期望相冲突"(conflicting with expectation)。其中，词根"para-"表示"超过"，"dox"的意思是"观点"，有"超越一般观点"之意。逻辑学中的悖论很多，比如说谎者悖论、罗素悖论和美诺悖论等。①

1738年，贝努利做过一个试验，表明在一些情况下，期望值规律不能准确预测个人行为，即所谓的圣·彼得斯伯格悖论。

两人设定一个赌局，游戏规则是：首先，甲与乙各投入一定数额的赌注，然后由第三方来投掷质地均匀的硬币。如果第一次投掷就出现反面，甲给乙2英镑，游戏结束；如果第一次出现正面，游戏继续，投掷第二次。投掷第二次时出现反面，甲给乙$4(2^2)$英镑，游戏结束；如果第二次仍出现正面，游戏继续，投掷第三次。第三次投掷出现反面，甲给乙$8(2^3)$英镑，游戏结束；如果第三次仍出现正面，游戏仍然继续，投掷第四次……以此类推，第n次投掷出现反面，甲给乙2^n英镑，游戏结束；如果第n次仍出现正面，游戏仍然继续，投掷第$n+1$次……一直到出现反面为止。在这一赌局中，乙赢钱的期望值是：

$$EV = \sum_{i=1}^{\infty} \left(\frac{1}{2}\right)^i \times 2^i = 1+1+1+\cdots = \infty$$

但实际上，在乙的位置上甚至没有一个人愿意出十几英镑或更多的钱去冒险参加这样一个期望值可以达到无穷大的赌局。

如果我们假设乙的期望效用值是财富的自然对数，这是一个和厌恶风险的人的期望效用拟合得很好的函数形式。现在用一个数字化的例子再展示一下圣·彼得斯伯格悖论：

$$EU = \sum_{i}^{\infty} p_i \times U(X_i) = \sum_{i=1}^{\infty} \left(\frac{1}{2}\right)^i \times U(2^i)$$

$$= \sum_{i=1}^{\infty} \left(\frac{1}{2}\right)^i \times \ln(2^i) = \ln(2) \sum_{i=1}^{\infty} \left(\frac{1}{2}\right)^i \times (i)$$

$$= \ln(2) \times 2 = \ln(2^2) = \ln(4)$$

由此可见，乙参加这样一个赌局，他所愿意出的赌注仅仅是4英镑，而不是无穷大。

---

① 说谎者悖论——一个人说："我正在说的这句话是谎话。"
罗素悖论——一个理发师说："我给所有不给自己理发的人理发。"
美诺悖论——美诺问苏格拉底："科学研究能做什么？"——一个人既不能研究他所知道的东西，也不能研究他所不知道的东西。因为如果他所研究的是他已经知道了的东西，他就没有必要去研究；而如果他所研究的是他所不知道的东西，他就不能去研究，因为他根本不知道他所要研究的是什么。

如何解释圣·彼得斯伯格悖论呢？期望效率理论提供了答案,也把效用理论从古典推到了现代。期望效率理论认为,不确定性条件下的效用也是不确定的,最终的效用水平取决于不确定事件的结果。比如,购买彩票的效用最终取决于是否中奖,而购买保险的效用水平最终取决于保险事故是否发生以及保险人对损失的赔付比例。在保险经济学中,对不确定性条件下的效用研究采用的是期望效用函数。

约翰·冯·诺依曼(John von Neumann)[①]和奥斯卡·摩根斯坦恩(Oskar Morgenstern)[②]是期望效用函数的创始人,所以期望效用函数也称冯·诺依曼-摩根斯坦恩效用函数,其一般形式是:

$$U(c_1, c_2, \pi_1, \pi_2) = \pi_1 U(c_1) + \pi_2 U(c_2)$$

消费者的期望效用是效用函数 $U(c_1)$ 与 $U(c_2)$ 的加权和,权数 π_1 和 π_2 是产生两种消费状态的概率。消费函数和相应的消费状态可以从两个拓展到多个,函数形式和性质不发生变化。

$$EU = \sum_{i=1}^{n} \pi_i U(c_i)$$

如果仍假设效用函数是财富量的自然对数,则例 2-3 中,投资者把钱存在银行,以 3%的利率获取确定利息所得到的期望效用为:

$$EU_2 = 1.0 \times U(1\,030) = 1.0 \times \ln(1\,030) = 6.9373$$

而投资于指数基金的期望效用为:

$$EU_3 = 0.5 \times U(1\,400) + 0.5 \times U(800)$$
$$= 0.5 \times \ln(1\,400) + 0.5 \times \ln(800) = 6.9644$$

显然,投资于指数基金的期望效用大于把钱存在银行所获得的期望效用,所以投资者的最佳选择是把钱投资于指数基金。

但如果投资者的效用函数不是如假设而言,不是财富量的自然对数,结果就会发生显著的变化。那么是什么决定了投资者的效用函数呢？是投资者的风险偏好。

三、风险偏好

人们对待风险的态度是不同的。有的人天生喜欢冒险,而有的人却处事稳健,甚或谨小慎微,尽量远离危险。并不是所有的人都喜爱极限运动,也不是所有的人都喜爱赌博。"好人一生平安""平平安安过一生"等祝愿反映了多数人的愿望仍是在低风险状态中生活。

1. 风险偏好的分类与定义

根据人们对待风险的态度,经济学中把人分成三类:风险爱好者、风险厌恶者和风险中性者。下面以购买彩票为例给它们下一个数学化的定义:

假设世界杯足球赛中巴西队和阿根廷队冠亚军决赛时猜巴西队赢的彩票中奖概率是 p,彩票购买者中奖后的财富量是 W_1,而未中奖的财富量是 W_2。彩票(p, W_1, W_2)的期望值是每一种结果与其发生的概率的乘积的总和。

[①] 诺依曼是 20 世纪杰出的数学家,他对物理学、计算机技术和经济理论都有贡献,也是博弈论创始人之一。
[②] 摩根斯坦恩,经济学家,普林斯顿大学教授,博弈论创始人之一。

$$E(W) = pW_1 + (1-p)W_2$$

如果一个彩票购买者期望值的效用等于彩票的期望效用,即若

$$U[E(W)] = U[pW_1 + (1-p)W_2] = pU(W_1) + (1-p)U(W_2)$$

说明他仅对期望值感兴趣,对风险是不在意的,则称他为风险中性者。其效用函数曲线如图 2-5 所示,从中可以看出风险中性者效用函数具有以下性质:

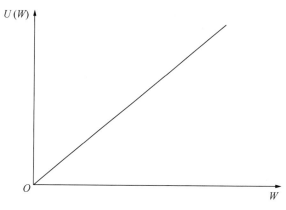

图 2-5 风险中性者的效用函数曲线

(1) 财富数量的增加使满足程度上升。

(2) 边际效用恒定。

如果一个彩票购买者期望值的效用大于彩票的期望效用,即若

$$U[E(W)] = U[pW_1 + (1-p)W_2] > pU(W_1) + (1-p)U(W_2)$$

说明他宁愿要一种确定结果,而不要具有相同期望值的不确定的结果,他对风险是在意的,$d^2U/dW^2 < 0$,其效用函数是严格凹性的,则称他为风险厌恶者。风险厌恶者的效用函数满足以下两个假设:

(1) 财富数量的增加使满足程度上升。

(2) 边际效用递减(law of diminishing marginal utility)。

风险厌恶者的效用函数曲线如图 2-6 所示。

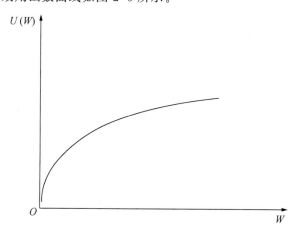

图 2-6 风险厌恶者的效用函数曲线

相反,如果一个彩票购买者期望值的效用小于彩票的期望效用,即若
$$U[E(W)] = U[pW_1 + (1-p)W_2] < pU(W_1) + (1-p)U(W_2)$$
说明他对买彩票这件事本身而不是对游戏的期望值更感兴趣,他可能是喜爱游戏所带来的风险感受,$d^2U/dW^2 > 0$,其效用函数是严格凸性的,则称他为风险爱好者。其效用函数曲线如图2-7所示。

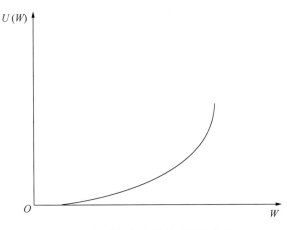

图 2-7 风险爱好者的效用函数曲线

例 2-4 假设米奇有10万元的财富,正考虑参与赌博,赚5万元的概率为50%,赔5万元的概率也是50%,这次赌博的预期值是10万元。米奇是风险厌恶者还是风险爱好者,其效用函数曲线(见图2-8)是不同的,他偏好的东西(过程还是结果)也就不一样。

风险厌恶者:赌博的预期值的效用$U(10)$大于预期效用$0.5U(5)+0.5U(15)$,他偏好的是预期值而非赌博本身。

风险爱好者:赌博的预期值的效用$U(10)$小于预期效用$0.5U(5)+0.5U(15)$,他偏好的是赌博本身而非预期值。

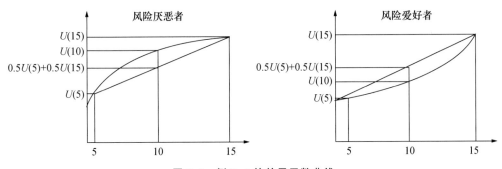

图 2-8 例 2-4 的效用函数曲线

当然人们对待风险的态度不是绝对的。对于同一个人,在某些情况下是一个风险厌恶者,而在另一些情况下也可能变成一个风险爱好者。一个"安分守己"的人到拉斯维加斯也可能要试一试老虎机、轮盘赌或别的什么赌博游戏。尽管社会上大多数人在总体上属于风险厌恶者,但从中国体育彩票和福利彩票开始发行以来,很少有人没买过几注试

试运气,彩票业已经成为一个巨大的产业。风险厌恶到风险爱好的转变需具备一定的条件,也就是超出 W_0 所对应的拐点,风险态度才会发生逆转。比如,买彩票的付出足够少($W<W_0$),而一旦中奖后得到的又足够多($W_2 \gg W$)的情况下(见图2-9),承担买彩票的风险、希冀以微小的代价彻底摆脱生活困境的做法就成为可能。

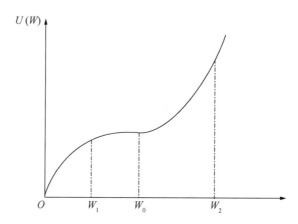

图 2-9　风险态度的变化的效用函数曲线

2. 风险偏好的度量

即使都属于风险厌恶者,其风险厌恶的程度也是不同的。而效用函数二阶导数的符号仅表明了风险态度的性质,在线性变换的情况下,二阶导数的大小是恒定的,因此无法表明风险爱好或厌恶程度的高低。这样,人们就需要用一些指标来衡量风险偏好。

阿罗-普拉特绝对风险厌恶程度(absolute risk aversion,ARA)是用效用函数二阶导数和一阶导数的比率来计算:

$$ARA = -\frac{U''(W)}{U'(W)} = -\frac{\mathrm{d}\ln U'(W)}{\mathrm{d}W}$$

ARA 为正,表明具有此效用函数的投资者或者消费者是风险厌恶者;ARA 为负,表明具有此效用函数的投资者或者消费者是风险爱好者;ARA 为零,表明具有此效用函数的投资者或者消费者是风险中性者。其绝对值的大小表明风险厌恶或爱好的程度。

阿罗-普拉特相对风险厌恶程度(relative risk aversion,RRA)是用绝对风险厌恶程度 ARA 乘以财富值 W 来计算:

$$RRV = -\frac{U''(W) \cdot W}{U'(W)} = -\frac{\mathrm{d}\ln U'(W)}{\mathrm{d}W} \cdot W$$

阿罗-普拉特相对风险厌恶程度测度指标事实上就是用冯·诺依曼-摩根斯坦恩效用函数的凹度来度量风险厌恶程度。两者在原理上是一致的。

后来的行为金融理论则采取与风险衡量具有内在一致性的方法衡量消费者或投资人对风险的态度,在代数式 $\mathrm{Prob}(w<s) \leqslant b$ 中(其中 Prob 为概率符号,w 代表财富,s 为可以维持目前效用的财富水平),投资人对风险的态度体现在 b 和 s 上。如果投资人是风险爱好者,则 b 较大;反之,如果投资人厌恶风险,则 b 较小。s 也体现出投资人对风险的态度,其值大,则投资人可能难以忍受较大风险;反之,则爱好风险。

3. 风险偏好与保险决策

有效的投资组合可以在一定程度上规避投资者的风险,而保险机制则可以把一方的风险转嫁给另一方。

通过保险机制转嫁风险需要满足一个基本条件,即投保人投保后的期望效用必须大于不投保时的期望效用。贝努利认为这个基本条件的满足取决于保险费率的厘定,这就是著名的贝努利定理(Bernoulli principle):

只要保险是按照精算公平费率(actuarially fair premium,AFP)提供的,对一个风险厌恶的投保人来说,投保后的期望效用总是大于不投保时的期望效用。

何为精算公平保费?首先需要对保险人收取的保险费进行分解。

一张保单反映了保险人和投保人各自的权责关系。对投保人来说,其责任是缴纳保险费,权益是在保险事故发生时获取保险金;对保险人来说,其权益是获取保险费收入及由保险费集聚形成的保险基金的投资收益,责任是在保险合同约定的保险事故发生后向受益人支付保险金。

保险人和投保人作为保险合同的利益主体,都必须遵循权责对等的原则,即保险人从投保人处收取的保险费应至少满足保险金的支付。一般而言,我们把恰能满足保险金支付的保险费称作"纯保费"或"净保费"。但对于保险人来说,其支出并不仅局限于支付保险金,保险人经营各项业务必然会发生各种各样的费用,比如代理人的佣金(commission)、办公费用、精算和研发费用等,显然,这些费用正是由于保险人承保投保人的风险而产生的。

除了这些经营费用之外,保险人以风险作为经营的对象,其自身的经营不可避免地带有一定的风险性,如利率的波动、死亡率的变动、退保(surrender)率的变动、经营费用的变动等,所以,保险人在精算的过程中会适当地在保险费中进行风险加成,以防范保险人本身较大的财务风险对保险经营的冲击。此外,保险人在经营过程中还要承担各种税赋,以履行一个商业企业的社会责任,并在此基础上获得正常的社会平均利润。因此,风险加成、税收和利润因素都构成保险人向投保人收取的保险费的组成部分。

保险人从投保人这里收取的实际金额,即总保险费(gross premium)不仅要满足对保险金支付的需要,还要满足对费用支付的需要,以及对风险加成、税收和利润的需要,除纯保费外,其余部分统称为"附加保费"(premium loading)。这样,保险人向投保人收取的总保险费就由两部分组成:纯保费和附加保费。其组成结构如图2-10所示。

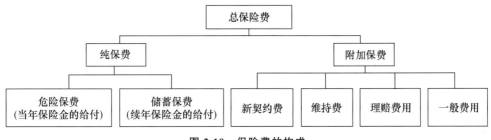

图2-10 保险费的构成

新契约费(acquisition expenses)是指与新保单有关的所有费用,包括销售费用(比如佣金、广告、人员招聘费用、单证印刷和记录费用等)和风险分类费(比如体检与核保费用)等。

维持费(maintenance expenses)是指后续各年保单的维持费用,包括费用催收与会计费用、合同变更费用、联络费用和固定资产折旧等。

理赔费用(settlement)是与理赔有关的费用,包括死亡调查费用、法律纠纷中发生的费用、给付手续费等。

一般费用(general expenses)是指保险公司在日常营运过程中发生的各种费用,包括研究开发费用、精算费用、税金、员工工资和福利费用,以及租金、执照等办公费用。

而贝努利定理中所指的精算公平保费是指和损失的期望值相等的保险费,也就是图 2-10 中的纯保费。

例 2-5 假设汤姆的别墅总值为 200 万元,此外还有 50 万元的其他财产。假设别墅发生火灾并造成全损的概率是 1%,汤姆可以选择在保险公司投保火灾保险,一旦发生房屋全损就可以获得保险公司的全额赔偿。这时的精算公平保费就等于:

$$EV = 0.01 \times 2\,000\,000 + 0.99 \times 0 = 20\,000$$

汤姆的选择如下:

(1) 投保,保险费为 20 000 美元。$EV_1 = 1\,980\,000$。

(2) 不投保,$EV_2 = 0$ 或 $2\,000\,000$。

投保和不投保的期望效用分别为:

$$EU_1 = U(1\,980\,000)$$

$$EU_2 = 0.01 \times U(0) + 0.99 \times U(2\,000\,000)$$

如图 2-11,只要投保人是一个风险厌恶者,不投保时的两个效用点之间的连线代表了这两个点的所有线性组合,该直线和财富期望值相交的 P 点代表不投保时的期望效用。在 P 点,期望效用和财富期望值的大小是相同的,因为用以计算财富期望值和期望效用的权数是一样的。投保后的期望效用大于不投保时的期望效用($T > P$),符合贝努利定理。

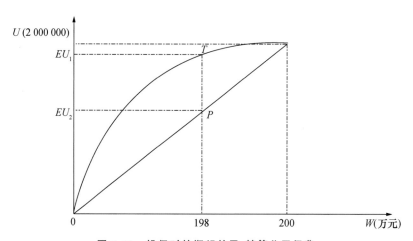

图 2-11 投保时的期望效用:精算公平保费

在贝努利定理中,要求投保人必须是一个风险厌恶者,因为只有风险厌恶者的效用函数曲线才是凹形的,才符合简森不等式(Jensen's inequality):对于任何随机变量 X 和任何严格的凹性函数 $f(X)$,$f(X)$ 的期望值总是严格小于 X 的期望值的函数值。

$$E[f(X)] < f[E(X)]$$

贝努利定理将保险费限制在精算公平保费之内,没有包括附加费用,这和现实是大相径庭的。贝努利定理之所以成立,是因为投保人投保后的期望效用要大于不投保时的期望效用,保险给投保人带来了效用溢价。但随着保险公司收取保费的数量逐渐高于精算公平保费,投保人的效用溢价就随之减少,直到效用溢价达到 0 时,投保人投保后的期望效用和不投保的期望效用相等为止。

投保和不投保这两种选择之间的效用溢价对应着的财富差额称为"风险保费",在图 2-12 中是 T' 与 198 之间的差额,表示一个投保人愿意付出的超过精算公平保费的最大金额。

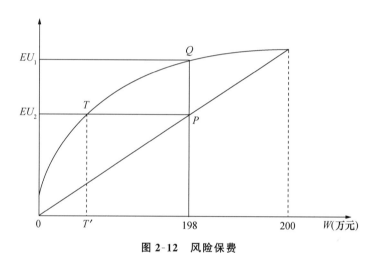

图 2-12 风险保费

由此可以看到,保险人从投保人那里收取的保险费一定不会超过损失的期望值和风险保费之和。由于人们对风险的态度存在差异,效用曲线的凹度就不同,所以风险保费就不同,损失的期望值和风险保费之和也就存在差异,这就是为什么面临同样风险的人有的人会买保险、有的人不买保险的理论根源。当然,决定保险需求的因素除了风险态度之外还有其他的因子,比如个人的资源禀赋等。

4. 财富得失及保险决策:丹尼尔·卡伊曼的例证

2002 年,诺贝尔经济学奖获得者丹尼尔·卡伊曼是一位拥有以色列和美国双重国籍的心理学家,其贡献在于把心理学研究和经济学研究结合在一起,对人的行为,尤其是不确定条件下的判断和决策行为提出了崭新的解释。

丹尼尔·卡伊曼的一个研究结论是:人们面对风险时,更多在意的是赢还是输,成功还是失败,是财富的变化,而不是最终财富的多少。通常来讲,已经得到的东西又失去,同没得到某物相比,前者的痛苦要远大于后者。

对这套理论,丹尼尔·卡伊曼在精心设计的试验研究和复杂推导之外,给出了一个著名的例证:

丹尼尔·卡伊曼经常往返于以色列和美国两地。一次，他从以色列首都一个酒店打的去机场，到达机场后司机要求付 100 元，丹尼尔·卡伊曼和他的朋友都认为太高了，不合理。结果出人意料的是司机没讨价还价，又把车开回酒店，让他们下车："你们重新打车再去吧，看看是不是这个价！"司机的这种做法究竟是为什么呢？用经济学的观点解释，风险决策后的输赢结果对人而言是不对等的，减少 100 元带给人的损失远远大于增加 100 元带给人的收益。由此得出的基本结论是：人们最在乎的是他们已经得到的东西，占有的时间越长，失去的痛苦越大。

保险保障的恰恰是人们现有的资源，包括物质资源（财产、利益和信用）和人力资源（人的生命和身体），所以保险带给人们的效用也会大于保险费带来的效用。当前，其前提条件仍然是仅针对风险厌恶者。

例 2-6 • 假设汤姆拥有 10 万元的财产，下一年度存在 50% 的可能损失掉 2 万元，则他面临不买保险和支付 1 万元保险费购买全额保险两种选择：

当他购买全额保险并有损失发生，保险公司的赔付可以使他的财富从 8 万元提高到 9 万元（扣除保费后保险公司实际赔付 1 万元）。购买保险带来的预期效用增加值是：

$$U(9)-U(8)$$

当他购买全额保险但没有损失发生时，保险费的交纳使他的财富从 10 万元下降到 9 万元。购买保险带来的预期效用减少值是：

$$U(10)-U(9)$$

仍假设汤姆是风险厌恶者，则其预期效用曲线如图 2-13 所示。

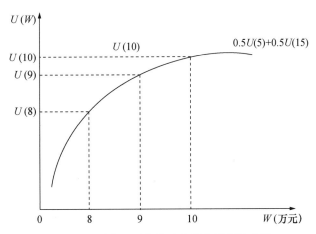

图 2-13 风险厌恶者的财富得失及保险决策

从风险厌恶者的凹形预期效用曲线来看，保险带来的预期效用增加值要大于预期效用减少值，所以汤姆的理性选择应是购买保险。

如果汤姆是风险爱好者或者风险中性者，则不符合这种情况：对于预期效用曲线是直线的风险中性者来说，保险带来的预期效用增加值等于预期效用减少值，买不买保险都没有关系；对于预期效用曲线凸形的风险爱好者来说，保险带来的预期效用增加值小于预期效用减少值，不买保险是他的理性选择。

案例与资料 2-1

丹尼尔·卡伊曼的不确定性经济学

丹尼尔·卡伊曼对经济学的贡献在于将心理学的前沿研究成果引入经济学研究中,特别侧重于研究人在不确定情况下进行判断和决策的过程。而弗农·史密斯则奠定了实验经济学的基础,为经济学家们提供了在实验室条件下观察人类行为倾向的思路。

实验经济学研究的兴起在很大程度上归功于心理学家丹尼尔·卡伊曼和阿莫斯·特沃斯基,他们对偏离理性行为的系统研究迅速超越了心理学层面,大大影响了其他领域,包括管理学、金融学、投资学和消费经济学。最近,他们的工作甚至已经开始影响政治心理学、国际关系和政治学的其他领域,下面主要介绍他们对判断和决策的研究。

判断:启发式判断与偏差

判断包含着对一件事发生的概率和频率的估计。卡伊曼和特沃斯基的研究认为,人们依赖一些有限的感知捷径和启发式的判断(所谓"启发式"是指直接影响行为人决策的、行为人具有的关于事件发生概率的片段性认识)简化了在不确定的世界中评估概率这一复杂任务。三种最重要的启发式判断是代表性策略、可能性策略、锚定与调整策略。虽然这些启发式判断常常是有效的,但它们忽略了和概率相关的重要信息,所以可能导致系统的潜在的严重错误。

代表性策略指的是,基于一个事物或事件和某个集合元素的相似性来评估一个事物或事件属于这个集合的可能性。比如,在一个实验中,请 30 名参与者判断一个陌生人珍妮是工程师还是律师。在判断之前,先给参与者两类信息:第一,珍妮是从一个由 70 名工程师和 30 名律师组成的群体中随机抽取的;第二,对珍妮个性的简单描述——36 岁,女性,正直,喜欢社交。结果,30 名参与者中有 80% 判断珍妮是律师,20% 判断珍妮是工程师。然后再请另外 30 名参与者判断珍妮的职业,但这次告诉实验参与者的信息略有变化:珍妮是从一个由 30 名工程师和 70 名律师组成的群体中随机抽取的,对珍妮个性的描述不变。然而判断的结果大致相同,仍是 80% 左右的参与者判断珍妮是律师,20% 左右的参与者判断珍妮是工程师。按照贝叶斯定理,对概率的理性评估应该包含先验概率(基于工程师和律师的相对比重)和现在的信息(基于个性的描述)的结合,两个实验下不同的先验概率必然导致不同的概率评估。然而,研究对象评估的概率几乎一致,表现出重视代表性和相似性、忽视先验概率和基础概率的倾向,在无数其他的实验中也出现了类似的情况。

概率结合率说明:给定事件 A 和 B,A 和 B 同时发生的概率不会超过它们单独发生的概率。但由于代表性判断策略的存在,实验中的判断结果却并不一定符合概率结合率。比如,在另一个实验中,卡伊曼和特沃斯基给研究对象如下的描述:"琳达,31岁,单身,坦率,聪明伶俐。她的专业是哲学。作为一个学生,她密切关注歧视和社会公平问题,而且参加'反原子能'游行。"然后要求参与者对琳达从下列两个选择之中作出判断:(1)"琳达是银行出纳员";(2)"琳达是银行出纳员并且是女权主义者"。85%以上的实验参与者选择了(2)。

可能性策略比较常见,比如机动车辆发生交通事故的概率为千分之几,而空难的概率为百万分之几,但一些人总觉得乘飞机比乘汽车的风险更大,其主要原因大概在于新闻媒体对空难的报道比统计证据更能影响人们对风险的判断。

锚定与调整策略是指人们的第一印象对判断结果的影响较大,而后期对第一印象的调整则比较缓慢。人们修正第一印象的速度大大慢于贝叶斯模型的预测,修正的概率与真实值的趋同是非常缓慢的。

期望理论

在经济学领域,卡伊曼和特沃斯基在期望理论方面的研究比在判断方面的工作更有影响。预期效用理论在决策理论中一直占据主流地位,但卡伊曼和特沃斯基通过实验表明人们会系统地偏离预期效用理论给出的预测,并构造了期望理论。

期望理论的核心是认为人们更在乎资产相对于一个基准点的变化,而不是净资产水平本身,人们更重视他们已经拥有的东西,失去现在所拥有的东西的痛苦要大于未来再获得同样多东西的快乐。此外,个人对损失的强烈厌恶,特别是对那些感到比较确定的损失的厌恶,可能导致他们为了避免损失而冒险,即使结果可能是一个更大的损失,或者冒险带来的期望收益小于确定的损失。

期望理论可以解释一些传统经济学所不能解释的问题:比如,为什么一些国家的领导人不去努力提高他们的声望,而仅仅是采取行动维持他们现有的地位和支持率?面对一个碌碌无为的领导者和一个为公众利益而冒险失败的领导者,为什么民众对前者更宽容?为什么法律普遍规定作为的错误比疏忽和不作为的错误的惩罚要严厉?为什么合同法和侵权法都区分导致的损失和未实现的收益?相对于损失而言,为什么法官对补偿未实现的收益漠不关心?

期望理论还可以解释一些关于战略性相互关系和讨价还价的命题:比如,阻止对手收益要比阻止对手恢复他们的损失或者强迫他们接受损失容易得多。再比如,对于政治行动者来说,合作分配收益比分配损失要容易得多,因为最小化他们在损失中的份额要比最大化他们在收益中的份额要冒更大的风险,并且讨价还价会更困难。

思考题

1. 从保险经营者的角度出发,如何判断一个人是风险厌恶者、风险爱好者还是风险中性者?
2. 什么是贝努利悖论和贝努利定理?
3. 试举几个现实生活中类似于丹尼尔·卡伊曼例证的例子,并分析其与保险之间的关系。

 实践讨论

讨论一个人的风险态度会受到哪些因素的影响。比如,年龄(人生阶段)、职业、教育水平、婚姻状况、家庭状况、宗教信仰、收入水平、社会地位……并讨论这些因素对保险需求有什么样的影响。

 辅助阅读资料与相关网站

1. 博尔奇. 保险经济学[M]. 庹国柱,王国军,丁少群,等译. 北京:商务印书馆,1999.
2. HENDERSON J M, QUANDT R E. Microeconomic theory: a mathematical approach[M]. NY: McGraw-Hill Book Co., 1958.
3. http://www.egrie.org/(欧洲风险与保险经济学家协会)
4. https://www.abi.org.uk/(英国保险人协会)
5. https://www.genevaassociation.org/(日内瓦协会)
6. https://www.aria.org/(美国风险与保险学会)
7. https://www.nber.org(美国国家经济研究局)
8. https://www.scicollege.org.sg/(新加坡保险学院)
9. https://huebnerfoundation.com/(赫伯纳保险教育基金会)

第三章

保险市场：需求、供给与价格

引　言

保险市场是保险交易的载体。有的国家或地区的保险市场供需旺盛,有的国家或地区的保险市场长期低迷。有的保险市场声誉很好,交易成本很低,市场效率很高;有的保险市场则声誉低下,交易成本畸高,市场缺乏效率。同是保险市场,但状态不同,所发挥的社会功能也就大相径庭:是通过风险分散、损失补偿来保障社会的稳定和经济的发展,还是成为投机家的提款机、骗赔者的乐园,关键在于市场制度是否完善。

那么,什么是保险市场? 萨缪尔森曾说会说供给和需求的鹦鹉也是经济学家,可见供给和需求之于市场的重要性。因此,了解保险市场也需先从分析保险市场的供求开始。高净值人群的保险需求与普罗大众的保险需求有什么不同,个人家庭的保险需求和企业的保险需求又有什么不同,市场的供给用什么指标来衡量? 这些都是保险经济学的基本内容。

第一节　保险市场的概念与分类

一、保险市场的定义

保险市场是保险供求双方交易关系的总和。保险市场这一概念由其外延和内涵两方面构成的。保险市场的外延指的是它的交易或地域范围;保险市场的内涵指的是与保险交易过程有关的全部条件和交易的结果,包括保险产品的设计和销售、核保、保费缴纳、保险索赔和理赔、保险中介撮合与风险管理服务等。

传统的保险交易一般在某一固定的保险交易场所内或某一地域范围展开,围绕一个或若干核心点形成的保险集中交易的场所。如起源于英国泰晤士河河畔爱德华·劳埃德咖啡馆的劳合社,昙花一现的美国纽约保险交易所[①],纽约巨灾保险交易所,2010年后顺应奥巴马医改而在十个州成立的州立健康保险交易所(Health Insurance Exchange),2016年6月揭牌的上海保险交易所,以及跨国保险公司扎堆经营的伦敦保险市场和纽约保险市场,等等。随着现代科技的发展和经济全球化的进程,世界保险市场已经实现了从传统外延型保险向现代内涵型保险市场的转变。

现代意义上的保险市场已完全突破了有形市场的束缚,囊括了所有有形和无形的保险商品交易关系,既包括保险人、再保险人等保险商品的供给者,政府、企业和个人家庭等保险产品和服务的需求者,也包括保险经纪人、公估人、专业和兼业的保险代理人、保险电子商务平台等保险中介,还包括保险仲裁机构、保险监管机构、保险行业协会等在内的所有保险市场运行要素共同作用所形成的整个保险商品交易关系体系,如图3-1所示。

---

① 美国纽约保险交易所于1980年10月10日成立,是美国仿照伦敦劳合社成立的经营再保险业务的交易所,曾吸收了32个保险承保人和59个经纪人成员,但因交易惨淡而于1987年12月23日中止营业。

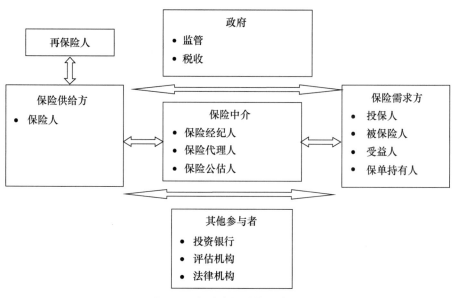

图 3-1 保险市场结构示意图

二、保险市场的分类

按保险人承保方式的不同或保险业务发生的先后顺序,保险市场可以分为原保险市场和再保险市场。原保险(primary insurance)是指投保人和保险人直接订立保险合同,当保险标的发生该保险合同责任范围内的损失时,由保险人直接对被保险人承担经济赔偿责任。再保险(reinsurance)是指原保险人为了减轻自身承担的保险风险和责任而将其不愿意承担或超过自身承保能力的风险和责任,部分转嫁给其他保险人而形成的保险关系。原保险关系形成原保险市场,相应地再保险关系形成再保险市场。

按保险保障的对象或保险标的的不同,保险市场可以分为寿险市场和非寿险市场。人寿保险市场为人的生命和身体提供保障,而非寿险市场为财产、责任和信用提供保障。寿险市场在美国指人寿和健康保险市场,而在欧洲,健康险则归类于非寿险市场;非寿险市场在美国通常指的是财产保险、责任和意外保险(property-liability and casualty insurance)市场,而在英国则指普通保险(general insurance)市场。一般而言,非寿险市场交易的保险产品保障的风险或损失有:(1)财产损失,即房屋、汽车、轮船、飞机等企业和家庭有形财产的损毁;(2)责任损失,即由于职业疏忽、公共责任、产品缺陷、驾驶失误等给第三方造成的民事损害赔偿责任;(3)员工补偿,即雇主因员工生病或残疾而承担的雇主责任。寿险市场交易的保险产品所保障的风险有:(1)死亡,即保险人以被保险人的死亡为给付保险金的条件;(2)生存,即保险人因被保险人生存至某一阶段而承担给付保险金的义务;(3)残疾,即保险人以被保险人的残疾为给付保险金的条件;(4)受伤或患病,即保险人以被保险人受伤或罹患保险责任内约定的疾病为给付保险金的条件。

此外,还可以按投保者性质的不同把保险市场分为个人保险(personal insurance)市场和商务保险(commercial insurance)市场。前者以个人和家庭的人身、财产、责任和信用为保障对象;后者以企业、组织、机关和社团等营利性或非营利性机构的财产、责任、信用和员工的人身风险为保障对象。按保险经营的目的可以把保险市场分为政策性保险市场和非政策性保险市场,政府利用前者以达到某种政策性目标,如扶持和保护农业发展的农业保险(agricultural insurance)市场、以刺激和推动出口为目标的出口信用保险(export credit insurance)市场、以稳定金融业为目标的存款保险市场等。另外,还有按投保方式为分类标准的团体保险市场和个人保险市场等。

第二节 保险市场的需求与供给

保险供给与保险需求的关系,向来就是一种相互依存、相互作用的过程。一方面,保险供给因保险需求的变化而变化,不断满足保险需求的需要,不断提高保险供给的水平;另一方面,保险供给又拉动着保险需求的产生,不断促进保险需求的实现,推动保险需求的发展。保险需求的存在是保险供给得以实现的前提,潜在的保险需求决定着有效保险供给的发展规模。反过来,保险供给是保险需求的实现条件,保险供给能力影响着保险需求的实现程度。

一、保险需求

保险需求是指在特定的历史时期内,社会组织和个人对保险经济保障的需要量。这种需求是以支付能力和购买愿望为前提的。保险需求有两种表现形式:

第一是有形的经济补偿和风险管理,体现在物质层面,即在人们遭受意外事故和自然灾害时,投保的个人或单位所得到的经济补偿和保险给付。一般而言,保险公司都会为客户提供强有力的风险管理服务,常见的如财产保险公司为客户提供的防灾减灾的设施和专家服务,寿险公司向客户提供的定期体检和监测血压、心率、睡眠等健康指标的健康手环等。

第二是无形的经济保障,体现在精神方面,即在获得保险保障之后,投保的个人或单位由于转嫁了意外经济损失风险,而得到的心理上的安全感和财务上的稳定性。

从公司、个人乃至整个社会来说,保险需求无形的经济保障是经常的、大量的,而有形的经济保障则是局部的、少量的。当然,两者都是客观存在和同等重要的。

个人、家庭的保险需求和公司的保险需求有很大不同;高净值人群和普通大众的保险需求也有一定的差别。

(一)个人与家庭的保险需求

个人和家庭因风险态度的不同,其保险需求有很大的差别。对于风险爱好者和风险中性者,因不会支付多于纯费的保费额度,即愿意支付的风险保费为零,所以保险需求为零。而对于风险厌恶者,则基于其风险厌恶程度,愿意支付额度不等的风险保费。按贝努利定理,只要保险是按照精算公平费率提供的,对一个风险厌恶的投保人来说,投保后的期望效用总是大于不投保时的期望效用,所以只要风险保费在一定的限度之内,风险厌恶的投保人就有购买保险的意愿。当然,除了风险态度之外,还有其他影响投保人购买保险的因素,这些因素包括:

1. 文化因素

英国人类学家泰勒(E. B. Tylor)在《原始文化》(*Primitive Culture*)一书中首次给出了"文化"一词科学意义上的定义:文化或文明,是一个复杂的整体,包括知识、信仰、艺术、法律、伦理道德、风俗以及包括作为社会成员的一分子所获得的一切能力与习惯。后来,《大英百科全书》将世界上出现的两百多种关于文化的定义分为两大系列、六个类别:一个系列认为文化是总体的人类社会遗产;另一系列认为文化是一种渊源于历史的生活结构的体系,这种体系往往为集团的成员所共有,包括集团的语言、传统、习惯和制度,包括有激励作用的思想、信仰和价值观,以及它们在物质工具和制造物中的体现。

文化背景对个人和家庭的保险需求有着重要的影响。比如,非洲人和亚洲人的风俗习惯是避讳谈到死亡,所以人们对单纯的死亡险的需求就比较少。非洲的某些宗教认为祈祷和佩戴圣物可以防止损失的发生或有助于找回丢失的物品。另一些宗教则认为,死亡是严肃的事情,灾难的发生是"神的旨意"(the will of God),对死亡投机是对神的亵渎,保险是与上帝打赌,寿险把人的生命变成商品,是篡夺上帝对人的保护权。还有一些宗教认为保险有高利贷和赌博的性质,是与神对抗的……这样的宗教信仰就会抑制保险的需求。图 3-2 为世界宗教信仰人口的比重图。

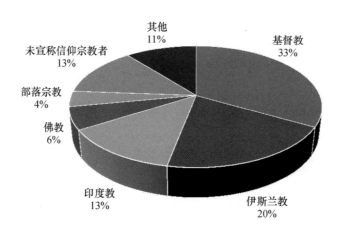

图 3-2　世界宗教信仰人口的比重(%)

资料来源:根据 *The World Almanac and Book of Facts* 及其他资料整理。

此外,一些唯心主义者认为购买保险与发生危险事故之间有着某种神秘的联系,比如经常有某某人购买了保险后不久即发生保险事故的传闻,一些人因此对用自己的生命和身体投保可能会导致生命和身体的损害的说法有一种内在的恐惧,担心购买寿险会加速自己的死亡,这曾是人们拒绝购买寿险的最重要的原因之一。

2. 社会关系因素

具有强大家族或宗族等社会关系的个人和家庭能够更容易地实现群族内的互助,从而降低了对商业保险的需求。一个国家或地区良好的社会保障制度在某种程度上是商业保险的替代品,对商业保险需求形成挤出效应。此外,人口结构,包括年龄结构、性别结构、地域结构和教育结构等人口因素也对人们的保险需求构成较大的影响。比如人口的老龄化就提高了人们对养老保险和健康保险的需求。

S. 雷纳(S. Rayner)利用拓扑学的群(group)、格(grid)变量描述了社会关系。群变量表示个人与社会单元的紧密程度,自己所在的社会单元关系是紧密还是松散的。简单地说,群体现的是社会单元的共性。格变量代表一个社会中的成员们受内在的或外在的分类标准约束的程度。与群相对,格体现的是人的个性。

按照群格拓扑学的分类,人类按社会关系可以划分为 A、B、C、D 四类,分别是个人主义者、社会弱势群体、等级主义者和平等主义者,如图 3-3 所示。哈罗德·斯基珀(Harold Skipper)和塔拉·斯基珀(Tara Skipper)认为四类群体处理风险的方式明显不同。社会弱势群体处理风险的方式是消极被动的,自留和避免风险是首选的风险管理手段;等级主义者处理风险时服从高层意见;个人主义者处理风险时会充分利用市场分散和转移风险,保险是管理风险的主要方式;平等主义者则认为人类应该从改善自然和社会环境的层面避免风险,处理风险时应积极主动,预防和抑制风险是首选的风险管理手段。因此,处于不同社会关系中的群体,其保险需求是有很大不同的。

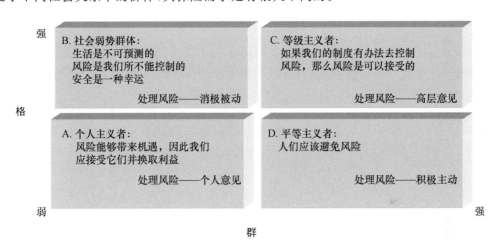

图 3-3 人类社会关系及相应的处理风险方式的群格拓扑图(%)

资料来源:根据雷纳的理论整理。

3. 经济因素

保险的主要作用就是消除经济上的不确定性。因此,从宏观上看,经济发展既是刺激保险需求产生的因素,也是促成保险需求总量扩充的因素。社会财富的增长幅度,特别是可用于购买保险的剩余产品的价值的增长幅度和居民收入增长幅度,是保险需求增长的决定性因素,保险需求总量与国民生产总值的增长成正比。而经济运行的稳定程度,如通货紧缩或通货膨胀等都对人们的保险需求构成影响。从微观上看,个人和家庭的收入水平影响着人们的保险需求量,收入变化和保险需求变化之间的关系用收入弹性来衡量。

此外,保险的价格也影响着保险需求。一般情况下,保险需求量与保险价格成反比关系,这层关系用价格弹性来度量。表 3-1 列出了部分国家主要险种的价格与收入弹性。

表 3-1　部分国家主要险种的价格与收入弹性

国家/险种	价格弹性	收入弹性
德国		
工业火险	−0.2—0.3	2.0—2.5
智利		
火灾险	−0.9—1.2	3.0—4.0
地震险	−1.0	3.0
水　险	−1.0	2.0—2.5
汽车险	−0.8	2.8
日本		
火灾险	−1.0	1.7
美国		
团体寿险	−0.7	2.0—2.5

资料来源:Swiss Reinsurance Co.。

还需要注意的是,高净值个人和家庭的保险需求的目标主要不在于保险金的给付,而在于利用寿险进行财富传承,利用健康险获得保险公司能够提供的高端医疗。

4. 风险因素

保险承保的是风险,风险的存在是保险需求存在的前提,即所谓没有风险就没有保险。保险需求总量与风险的大小成正比:风险发生造成的损害越大,或者损害发生的频率越高,保险需求的总量就越大;反之,保险需求量就越小。

我国是世界上自然灾害最严重的国家之一,自然灾害具有种类多、分布区域广、发生频率高、损失后果严重等特点。近十年来我国每年因自然灾害造成直接经济损失在2 500亿元以上,死亡失踪千人以上。

我国应急管理部的统计数据显示:2019年,我国自然灾害以洪涝、台风、干旱、地震、地质灾害为主,森林草原火灾和风雹、低温冷冻、雪灾等灾害也有不同程度发生。全年相继发生青海玉树雪灾、四川木里森林火灾、山西乡宁和贵州水城山体滑坡、四川长宁6.0级地震、超强台风"利奇马"、主汛期南方多省暴雨洪涝、南方地区夏秋冬连旱等重大自然灾害。2019年,各种自然灾害共造成1.3亿人次受灾,909人死亡失踪,528.6万人次紧急转移安置;12.6万间房屋倒塌,28.4万间严重损坏,98.4万间一般损坏;农作物受灾面积1 925.69万公顷,其中绝收280.2万公顷;直接经济损失3 270.9亿元。

美国学者利用美国的数据所做的实证研究显示,巨灾发生的下一年,遭受巨灾事故的州的人身保险需求高于未遭受巨灾事故的州;与巨灾发生距离越相近的州人身保险需求越高。

除了自然灾害外,发生各种意外事故的风险、发生疾病的风险和老年风险等同样也会刺激人们的保险需求。

5. 市场因素

市场经济是保险业发展的天然温床,而计划经济则与保险制度相互排斥。20世纪50年代之后中国保险业的发展为这一命题提供了一个"经典"范例。现代保险是市场经济不断发展的产物,市场经济是现代保险需求产生的最重要因素。保险经济发展的历史表明,市场经济越发展,保险需求就越大,保险需求量与市场经济发展程度成正比。[①] 此外,良好的保险市场声誉有利于推动人们的保险需求。

此外,其他市场的发展,特别是金融市场其他板块的发展直接或间接地影响到个人家庭的保险需求。保险是个人金融理财的一个渠道,个人和家庭还同时面对着其他金融理财产品,尽管其他渠道和产品不能完全替代保险,但其他产品的价格、功能和回报率也影响着个人和家庭的资金流向。以银行存款为例,如果同期银行利率高于保险利益(insurance interest),资金就会投向银行,保险需求减少;反之,资金则会投向保险公司,从而使保险需求扩大。股票投资回报率和保险需求总量的关系亦然。

6. 人口因素

人口因素对保险需求的影响主要体现在两个方面:第一,社会的抚养率越高,保险的需求越大。因为抚养率高时,家庭内部的抚养负担必须外部化、社会化。在此意义上,世界范围的老龄化趋势为世界保险业的发展提供了巨大的市场空间。第二,在人生的不同阶段,人们的保险需求侧重各有不同。婴儿和儿童阶段,健康险十分必要;少年和青年阶段,教育保险则是最主要的需求;人到中年,各种人身保险和财产保险都不可缺少;而到了中年后期和老年初期,养老和健康险又成为保险需求的主体;而对于意外伤害保险,则人生的各个阶段、各个家庭似乎都不可或缺。

我国的老龄化将为养老保险和健康保险开拓巨大的发展空间。根据联合国秘书处的预测,到2050年,中国60岁以上人群占总人口的比率在将会达到31%以上,而65岁及以上的人口将会达23%以上,60岁以上老人与工作年龄人口(15—59岁)之比会达到58%。中国人口结构变化过程历时将少于其他国家所经历时间的一半,而且转型过程开始之时中国的人均GDP大约只有发达国家的1/5。

而在如何养老的问题上,美国著名智库"战略与国际研究中心"(Center for Strategic and International Studies,CSIS)2012年发布的一份题为《平衡传统与现代:东亚地区退休养老前景》的报告[②]显示:在养老靠谁的问题项下,选择"退休者自己"的比例,中国内地最低(9%),然后是马来西亚(31%)、新加坡(40%)、中国香港(40%)、中国台湾(45%)、韩国(53%);选择"政府"的比例,中国内地最高(63%),然后是马来西亚(39%)、中国香港(37%)、中国台湾(36%)、新加坡(32%)、韩国(31%);选择"成年子女或其他家庭成员"的比例,中国内地最低(4%),然后是韩国(5%)、中国台湾(7%)、中国香港(12%)、马来西亚(14%)、新加坡(22%)。

这个调查结果意味着,在中国内地,人们在思想上希望靠政府养老,但政府的养老资源是非常有限的。[③] 既然政府靠不住,又不想靠子女养老,那么靠第三支柱、靠商业保险就是必然之选了,商业养老与商业医疗保险的发展就有了巨大的空间。

[①] 见孙祁祥,郑伟,王国军,等.保险制度与市场经济:历史、理论与实证考察[M].北京:经济科学出版社,2009;以及孙祁祥、郑伟等主编的2008—2020年各年度《中国保险业发展报告》。

[②] 该报告基于在中国、新加坡、韩国、马来西亚进行的一项问卷调查。问卷的一个问题是谁最应当负责为退休养老提供收入(Who, ideally, should be mostly responsible for providing income to retired people)。

[③] 据研究,我国2037年将首次出现年度收支负值(当年收入不抵当年支出),2048年将出现养老保险基金累积收不抵支,基金枯竭。详见郑伟,陈凯,林山君.中国养老保险制度中长期测算及改革思路探讨:发展中的中国:2010年全国人口普查研究论文集[C].中国保险教育论坛理事会,2013.

7. 政策因素

政策因素对人们的保险需求有着很大的影响。比如,国家或地区的社会保障政策、收入分配政策、税收政策和保险监管政策等都对个人家庭的保险需求构成影响,税优型健康保险和税延型养老保险会促动人们的保险需求;再比如强制保险是国家和政府以法律或行政的手段强制实施的保险保障方式。凡在规定的范围内,不论被保险人是否愿意,都必须参加的保险属于强制保险。强制保险的实施,人为地扩大了保险需求。

需要说明的是,因强制与市场经济自由契约的精神相悖,因此强制保险在市场经济中不可滥用,一般局限在侥幸心理和逆向选择比较严重的巨灾保险领域,如地震保险和洪水保险等,以及第三者责任保险领域,如机动车辆第三者责任保险和旅行社责任保险。即使是机动车辆强制保险,也并不一定要一直强制实施,当大多数车主自愿购买的商业第三者责任保险的保险金额已经远远超出机动车交通事故责任强制保险赔付限额,人们已经了解了第三者责任保险的价值、形成了购买责任保险的消费习惯的情况下,交强险就已经完成了提升公民风险意识和保险意识、促进制度形成的历史使命,可以退出历史舞台了。

8. 科技因素

科技进步可能增加或降低保险需求,比如,基因工程对潜在疾病的确诊或预测可能会在一段时间内增大保险需求。而从更长远的角度,人类控制疾病能力的无限提高可能会彻底消灭人身保险这种经济制度。

此外,保险需求是一个综合的经济现象,其他众多的经济、社会因素都会对它产生相当的影响。比如,经验研究发现,保险需求和个人的教育程度存在正的相关关系,和通货紧缩或通货膨胀乃至社会经济的稳定程度有紧密的联系,和社会保障水平及范围有负向相关关系,和保险业的声誉有正向相关关系,等等。如图3-4所示,瑞士再保险公司的研究从反向角度分析了消费者不购买寿险的主要原因。

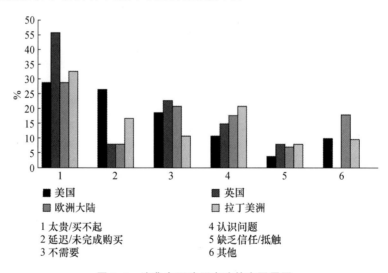

图3-4 消费者不购买寿险的主要原因

资料来源:美国数据来自国际寿险行销研究协会2012年研究报告,欧洲大陆数据来自瑞士再保险2012年研究报告,英国数据来自瑞士再保险2011年研究报告,拉丁美洲数据来自瑞士再保险2013年研究报告。

（二）公司的保险需求

个人对保险的需求源于投保人厌恶风险的态度，而公司作为一个风险中性者，对保险的需求因素则复杂得多。

在经济分析中，公司被界定为风险中性者。而风险中性者的期望效用函数有以下两个特征（如图 3-5，W 为财富数量，U 为期望效用）：

（1）财富数量的增加导致满足程度的上升。

（2）财富增加时财富的边际效用恒定。

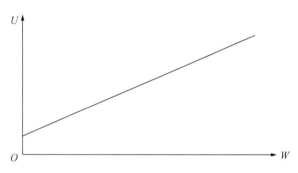

图 3-5　公司的效用函数：风险中性

将公司界定为风险中性者的理论基础是公司的股东可以通过资本市场来分散非系统风险，用不着保险公司，而无法通过资本市场分散的各种系统风险才是公司股东希望转嫁的风险，但系统风险又恰恰不是保险公司的承保对象，风险转嫁的供求关系不存在，所以公司面对保险市场时会表现出风险中性者的特征。

保险经济学阐明，风险中性者仅仅愿意以精算公平费率来支付保费，而不会支付风险保费，所以风险中性者和保险公司无法达成保险交易。但现实的情况却是，大量的公司在保险公司购买了各种各样的保险产品。看来，公司的风险态度已经不能解释它们为什么会购买保险，其他的经济解释应运而生。

对于风险中性的公司为何仍然以高于精算公平保费的价格购买保险，戴维·迈耶斯（David Mayers）、小克利福德·W. 史密斯（Clifford W. Smith, Jr.）和小哈罗德·D. 斯基珀（Harold D. Skipper, Jr.）等经济学家给出了以下几种解释：

1. 所有权集中度与公司通过保险市场分散风险的动机正相关

金融理论认为，所有权高度分散的大型公司能够利用资本市场有效地消除公司特有的风险，即非系统风险。但如果公司的股权并非是高度分散化的，而是集中在少数的大股东手中，大股东将难以在资本市场上有效地分散非系统风险，要求公司购买保险来转嫁风险就可能成为大股东的理性选择，公司的风险态度可能就不再是风险中性，而是体现出大股东个人的风险性格，或厌恶风险或爱好风险。

迈耶斯和史密斯 1990 年的研究结果显示，所有权集中的公司对保险产品的需求高于所有权分散的公司。

总之，所有权集中度越高，股东通过资本市场分散风险的能力就越受到限制，同时，公司的风险性格就越接近于大股东个人的风险性格，公司就越有可能通过购买保险来转嫁风险。

2. 公司其他利益各方的风险态度影响到公司的保险选择

除了股东的风险态度会影响到公司的保险需求之外，公司的管理层、高级技术人员和劳工层的意见都可能影响到公司的保险需求。比如，高科技公司的技术人员一般具有很大的风险管理决策权，因此会影响到保险产品的购买。再比如，公司的高级管理人员可能已经在该公司投入了大量的人力资本，一旦公司倒闭或发生大的财务风险，这些付出就可能无法得到补偿，购买保险就成为理想之选。有研究发现，公司的主要管理者投入到公司的个人的物质和人力资本越多，他们就会越加强公司的风险管理措施，包括购买更全面的保险保障。

3. 购买保险可以部分矫正企业与市场的信息不对称问题

购买保险标志着公司对它的其他权力持有人的承诺。当公司要发放债券却无法取信于债券购买人时，公司购买保险的行为本身就可以向债券购买人传递一种信息：公司的偿债承诺是可靠的。

同样，公司在为获得贷款而取信于银行、同其他单位和个人发生交易行为、招募新员工等情况下，全面的保险计划也昭示着公司良好的经营状况和稳定的经营前景。

4. 公司购买保险可以降低公司财务陷入困境时的成本

当公司陷入财务困境时，为保证生产和再生产的正常进行所发生的直接财务成本，以及借款利率上升和人力物质资源流失、破产造成的间接损失都是相当巨大的。因此，只要保险成本低于财务困境所导致的预期成本，即使按照大于精算公平保费投保，对公司来说也可能是合算的。这也是公司购买保险的一个重要原因。

5. 企业购买保险可以获得保险公司提供的专业风险管理服务

保险公司有着专业的风险管理技术和比较全面的风险及损失数据。公司购买保险之后，就可以免费享受保险公司提供的防灾、防损和法律咨询服务，而这些服务本身也是有着较高价值的。为获得这些服务，公司也可能会考虑购买一些必要的保险保障。

6. 企业购买保险可以合理避税

一些险种的保险费可以记入成本，还有一些险种的保险收入可以推迟纳税期，这些也是影响到公司保险需求的重要因素。

7. 受管制的行业有更高的保险需求

斯基珀的研究认为，在受管制行业中，监管人员往往规定出公司对顾客的收费标准。在制定收费标准时，受管制的公司要提交其预期成本估计，包括对损失成本的估计。由于保险公司精于估测损失分布，许多受管制的公司都认为，直接投保比自己估算成本更省事，更何况监管人员有时还会对他们提交的损失估算结果持怀疑态度。另外，任何保费加成都将被摊进所收费用，而这些成本将合法地直接转嫁给顾客。

8. 法定保险推动了企业的保险需求

和个人家庭的保险需求一样，法定的强制性保险无疑也会增加公司的保险需求。不同的国家或地区有着不同的法定保险的承保范围，如表 3-2 所示。

表 3-2　一些国家或地区法定的强制性保险

险种	巴西	加拿大	德国	日本	韩国	中国台湾	英国	美国
机动车第三者责任保险	V	V	V	V	V	V	V	V
航空责任保险	V		V	V	V	V	V	
船舶油污险			V	V	V			V
核反应堆责任保险	V		V	V	V		V	
火灾责任险			V		V			
员工责任险	V		V	V	V	V		V

资料来源：转引自斯凯博,等.国际风险与保险：环境—管理分析[M].荆涛,等译.北京：机械工业出版社,1999。

二、保险供给

保险供给是指在一定社会经济条件下,各种保险经济组织在一定时期内向社会经济生活各个方面提供的保险产品和服务总量。

保险供给体现在有形的经济补偿和无形的经济保障两个方面。有形的经济补偿是指保险人对遭受损失或损害的投保人,按保险合同的规定,给予约定数量的经济补偿和给付,体现在物质方面。

无形的经济保障,即对投保人提供心理上的安全保障——一旦发生保险合同约定的风险事故,就可以从保险公司获得的赔偿。对投保人来说,参加保险,发生保险责任范围内的事故,可得到补偿和给付,这或多或少减轻了投保人心理上的压力,使他们有更多的精力投入到事业中去。这种心理上的安全感是通过保险组织提供保险产品和服务实现的。

比如,公开的统计数据显示,2018 年我国农业保险的赔款是 394.3 亿元,而农业保险保险金额为 3.5 万亿元,前者是现实的经济补偿,而后者则是按照农业保险合同约定的最高赔偿限额,两者的差距接近 90 倍。

传统的市场经济国家的保险公司是内生于市场经济体制之内的,与风险管理的需要相伴而生,保险供给适应于保险需求。而影响保险供给的因素主要体现在供给主体、市场环境和监管环境三个方面。

1. 供给主体

保险产品和服务是由保险公司和其他保险组织提供的。保险公司经营保险业务首先必须有一定数量的经营资本,其供给市场的总业务量受到资本总额的限制。一般而言,社会上的保险资本量越大,保险供给者的数量越多,保险供给量就越大。截至 2019 年年末,我国保险市场上的人身险公司、财产险公司、保险资产管理公司、保险集团公司、再保险公司和自保公司共有 250 家左右,保险业的资产总额是 20.56 万亿元,净资产是

2.48万亿元,保险公司提供人身保险、财产保险、责任保险和信用保险的上万种保险产品。一个国家和地区保险资本总量的多寡取决于当地的保险业经营利润率。如果保险企业的利润率高于社会平均利润率,即存在超额利润,会诱导投资者投资于保险业,从而扩大保险供给;反之,则会将资本驱逐出保险市场。

保险经营利润率取决于保险业经营的收益和成本。收益取决于保险公司的经营管理水平。保险企业的经营管理需要相当的专业水平和技术水平,集中体现在危险管理、费率厘定和价格确定、条款设计、业务选择、再保险分出分入、准备金提存和投资收益等各个方面。其中任何一项水平的高低,都会影响保险公司的收益。同样,保险供给进一步地受到保险公司成本的制约,保险公司的成本是保险公司实际支付的保险金和经营管理费用的总和。保险成本高,在同等收益条件下,所获利润就少,会影响其扩大保险供给量。所以,保险成本的高低与保险供给之间就有了很重要的关系。一般情况下,保险成本高,保险供给少;反之,保险供给就大。

同时,保险供给者的素质也极为重要。保险供给者素质高,新险种容易开发、推广,促进保险需求,从而扩大保险供给。保险供给者的数量和质量与保险供给成正比例关系。

未来的几十年中,中国保险市场的保险供给主体仍将大幅增加。如果以美国保险市场5 000多家保险市场主体的容量来看,未来30年中国保险市场上有2 000家保险公司开展业务的场景还是值得期待的。

2. 市场环境

市场环境因素包括的内容很多,既包括整体国际国内经济环境,也包括国家财政对保险业的税收优惠、社会保障制度等政策环境,人口数量与结构、人们的风险意识与保险意识、保险市场声誉等社会环境因素,立法、司法和执法等法律环境因素,当然还包括保险市场本身是否存在垄断结构和垄断行为等市场结构因素,以及保险公估、代理和经纪等保险中介机构发展等竞争环境因素。

3. 监管环境

因为保险市场的影响范围广,很多保险产品的保险期限较长,保险投资期限长、数量大,所以无论是发达的市场经济国家,还是发展中的新兴经济体,政府对保险市场的监管都较为严格。

即使各国都严格监管保险市场,但不同国家的宽严程度还是有很大差别的。有的国家事无巨细都要纳入监管部门掌控之下,监管部门被戏称为所有保险机构的全国总公司,相应地,保险公司则疲于应付监管部门的各种检查和报表;有的国家只把保险公司的偿付能力作为监管重点;有的国家则从来不监管保险公司的治理结构。在不同的历史时期,同一国家对保险市场监管的力度也有很大的不同,比如2008年金融危机前后,美国保险市场监管的力度就发生过很大变化。

从历史的纵深来看,保险监管在很大程度上决定着一个国家保险业的现状和未来,决定着保险经营企业的性质和保险市场竞争的形态,也决定保险业的声誉和保险功能是否能够有效发挥。

三、保险市场的供给和需求状况的衡量:以中国为例

衡量一国保险需求的指标主要有三个:一是保费收入的总量;二是保险密度,即按全国人口计算的平均每人交纳的保费;三是保险深度,即保险收入占当年国内生产总值的比例。保费收入、保险深度与保险密度的值越大表示保险需求越大。

1990年全球保费收入仅为14 060亿美元,2018年增加到51 930亿美元,增长了3.69倍。世界保险市场的保险密度从1990年的265.3美元上升到2018年的613美元。2018年世界保险业的保险深度为6.13%,而1980年这一指标仅为2.04%。2018年,发达保险市场的保险密度为3 737美元,保险深度为7.8%;新兴保险市场的保险密度为169美元,保险深度为3.2%。发达保险市场和新兴保险市场的保险密度和保险深度都在大幅增加,虽然新兴市场的发展速度更快,但发达市场和新兴市场的保险密度和保险深度指标差距仍然巨大。

图3-6显示了发达保险市场保险深度和保险密度的总体情况;图3-7显示了新兴保险市场保险深度和保险密度的总体情况。

中国保险业务自20世纪70年代末恢复以来,受到各种供求因素的影响,发展非常迅速,年均保费收入的增长速度在30%左右(见图3-8)。2019年,中国保险业全行业的原保险费收入达到了4.26万亿元,保费规模全球第二,其中财产险1.16万亿元,人身险3.10万亿元;而其赔付的数据分别是1.29万亿元、0.65万亿元和0.64万亿元。

但中国的保险密度和深度与国际保险市场的差距仍十分遥远。2019年年底,中国保险密度仅为428.9美元,保险深度仅为4.30%,低于世界平均水平。这既说明了中国保险市场和发达国家(地区)保险市场的差距,也反映了中国保险市场未来巨大的发展空间。

衡量保险市场供给能力的指标也主要有四个:一是保险公司数量和资本额,二是保险市场的结构,三是保险公司的利润指标,四是保险经营资本所承担的风险的密集程度。

比如,截止到2019年年底,中国共有保险公司226家,保险业的资产总额为20.56万亿元人民币,净资产为2.48万亿元,利润总额为2.43万亿元。根据2019年的数据计算,中国产险市场和寿险市场的市场集中度指数都比较高,仍属于寡头垄断结构。[①]

---

① 参见本书第七章。

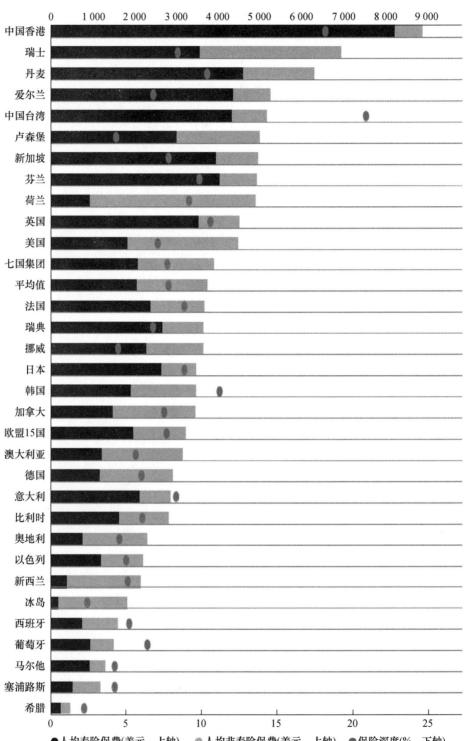

图 3-6 发达保险市场的保险深度和保险密度(2018 年)

资料来源:*Sigma* 2019 年第三期。

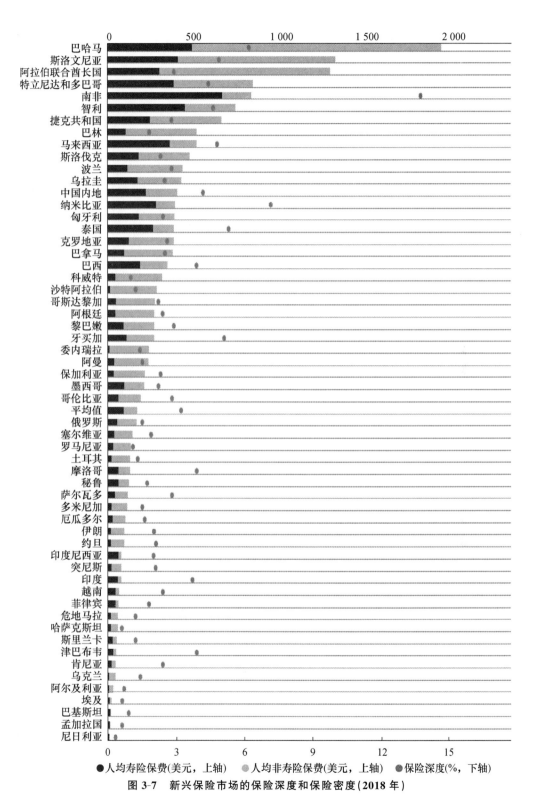

图 3-7 新兴保险市场的保险深度和保险密度(2018年)

资料来源：*Sigma* 2019 年第三期。

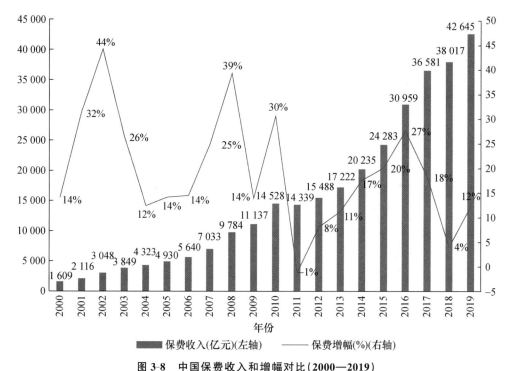

图 3-8　中国保费收入和增幅对比（2000—2019）

第三节　费率厘定和保险定价

在保险市场上，各种因素决定了保险商品的供给和需求，而供给和需求则共同决定了保险商品的价格；反过来，价格又成为指引经济决策、指导资源在保险市场上进行配置的信号。

当保险商品在市场上的供给和需求达成均衡时，就形成了保险商品的均衡价格。但实际上，市场的非均衡状态才是保险市场的常态，保险公司保险费率的厘定和保单价格的确定最终决定了非均衡状态偏离理想均衡状态的程度，也决定了保险资源是否能够得到相对优化的配置。

保险精算的核心业务之一是保险定价。而从精算学[①]的角度，保险价格的确定可以分解为费率厘定和保险定价两个部分。费率厘定是确定充分费率的过程，所谓充分费率是指满足保险公司长期利润目标的费率，即要保证保险公司收入和保险公司支出的长期平衡；而保险公司的收入来源于保费收入（纯保费和附加保费）和投资收入两个部分，保险公司的支出包括保险金支付加上合理的营业费用支出。保险定价则是根据市场环

---

① 保险公司传统精算业务的三大板块包括保险费率厘定和保险定价、准备金的计提和分配以及再保险分出和分入业务安排。但目前防止保险公司偿付能力不足或破产倒闭的保险公司风险管理以及保险投资精算等也已成为精算业务最重要的组成部分。

境①、公司的发展战略②以及保险产品的特性③,在所厘定的充分费率的基础上,设定保险产品在市场上销售的实际价格。因此,保险产品在市场上的销售价格有可能等于充分费率,也可能大于或小于充分费率。

一、保险定价的特殊性

保险定价是保险经营的关键所在,保险公司经营的成败在很大程度上依赖于保险产品价格的确定是否科学。保险定价是一项非常复杂的工作,复杂到需要一门专门的学问——保险精算④——来研究它。一般产品是在产品生产出来之后,厂商根据生产成本和市场行情确定产品的价格;而保险产品的定价却发生在成本确定之前,一张保单的最终成本取决于保单销售出去之后实际发生的保险财产的损失率或被保险人的死亡率、疾病发生率、意外事故发生率、利息率、投资回报率、经营费用率、退保率等因素,而这些因素在保单销售出去的时候还都是未知数,加之保险公司收取保险费和支出保险金可能要间隔很长时间,这么长的时间中变数太多,难以精确把握。保险定价的难点恰在于此,保险公司要根据精算部门基于过去的经验数据和其他信息所做出的预测来确定诸多决定保险最终成本的因素,然后再根据这些假设来确定保险产品的价格,使保险公司收取的保险费的精算现值等于支出的保险金的精算现值以及未来支出的各种经营费用和所得利润的精算现值,保险公司才不至于因定价过低而破产,也不至于因定价过高而在市场上失去竞争优势。

保险商品定价的特点可以总结如下:

(1) 保费的确定在成本发生之前,是对未来发生的成本加以预测和估算。

(2) 保险的涉及面广,若保险公司的偿付能力不足,会对社会造成较大的负面效应,因此,政府主管部门对保险产品的定价监管会比一般商品严格。

(3) 投保人的保险费支付与保险保障是对价的。投保人支付同样的价格,但只有发生保险合同约定的保险事故的被保险人的受益人才能够得到保险金,对没有发生保险事故的投保人来说,似乎存在着收支不对称的问题。但实际上,保险人支付的保险费买的不是"保险金"本身,而是买的风险保障:从保险合同开始生效的那一刻开始,被保险人就处在保险公司提供的风险保障之中,而这种风险保障和保险金一样,为投保人提供了效用。同时,所有投保人支付的纯保费及这些保费按预定利率计算的投资收益与所有受益

---

① 包括市场的供给和需求状况、同业竞争状况、政府的监管约束、保险产品需求的价格和收入弹性、营销体系、边际成本和规模经济等方面。

② 包括追求利润最大化、保持或扩大市场份额、改变公司的风险状态或资产状况等。

③ 包括某种特定保险产品保单选择权的有无,比如缴清保险(paid-up insurance)、展期保险(extended insurance)、自动缴费和保单抵押贷款等条款是否存在,是否具有分红性质,以及与保险的投资收益是否挂钩等。

④ 严格一点的精算定义是指:利用数学、经济学、金融学、人口学、数理统计、人寿保险、非人寿保险、养老基金、投资等理论,对金融、保险、投资等行业中的风险问题提出数量化意见,是未来价值的可能性数量化。精算学并不等于保险精算学,它的范围要宽得多,还有投资精算学和人口精算学等。保险精算学则是专门用来解决保险领域中的问题。保险精算分为寿险精算和非寿险精算两个部分。

人得到的保险金的精算现值①是相等的;每一个投保人支付的保险费和他发生保险损失的概率和损失程度,即风险是对应的。

(4)保险费率的差异性和定价的歧视性在保险定价中是允许的。保险公司可以根据保险标的的风险状况以增加(减少)被保险人年龄、高估(低估)其死亡率的方式收取更多的保险费,同样也可以根据司机的驾龄和索赔记录降低(提高)投保人的保险费。

二、费率厘定:数字化的例子

费率厘定的方法可以分为两类:一是以损失分布的主要参数为基础建立保费函数,保费的厘定是建立在过去损失参数数据的基础上的;二是按照效用理论来构造保险公司的效用函数,然后按照这个效用函数来厘定费率。

尽管寿险费率和财险费率厘定的依据不同,但其基本原理是一样的:根据过去的统计数据,推算出未来保险标的发生风险损失的概率和损失程度,并据此计算出未来支付的保险金的总额,再根据这个总额,向每一位购买这一保单的投保人收取保险费,保险费的总额要等于保险金支出的总额再加上保险公司的管理和营运费用,以及税金和利润等。下面以两个数字化的例子来分别说明寿险和非寿险保险费率的厘定过程。

1. 定期死亡保险费率厘定的数字化例子

在寿险中,费率厘定的主要依据是生命表(mortality table),生命表也称死亡表②,是对相当数量的人口自出生(或一定年龄)开始,直至这些人口全部去世为止的生存与死亡记录。表3-3给出了一个生命表的例子。通常以10万(或100万)人作为0岁的生存人数,然后根据各年中死亡人数、各年末生存人数计算各年龄人口的死亡率、生存率,列成表格,直至此10万人全部死亡为止。当然,现实中生命表的编制绝不是真的要等到10万人全部死亡。那样,生命表的编制将耗费100年以上的时光,即使真的编出来,100年之后,它也已经没有多大应用价值了。现实中,每个年龄组的死亡率是根据同样数量的同龄人口当年的死亡率推算出来的,经过调整和修匀,作为生命表对应年龄的死亡率。

表3-3 中国人寿保险业经验生命表示例(男)

年龄 x	死亡率 q_x	生存人数 l_x	死亡人数 d_x	生存人年数 L_x	累计生存人年数 T_x	平均余命 $\dot{e}_x$
0	0.003037	1 000 000	3 037	998 482	73 641 337	73.64
1	0.002157	996 963	2 150	995 888	72 642 855	72.86
...						
49	0.004784	932 594	4 462	930 363	25 921 884	27.80
50	0.005260	928 133	4 882	925 692	24 991 521	26.93
51	0.005783	923 251	5 339	920 581	24 065 829	26.07

---

① 精算现值是对现值取期望值,在寿险中,它与现值不同的地方在于它考虑了被保险人的生死概率情况。在给定保险金及利息率的情况下,可以求出保险金的现值,再考虑到被保险人的生死概率,就可以求出保险金的精算现值。精算现值和纯保费是相等的。

② 1693年,英国著名数学家、天文学家埃德蒙·哈雷(Edmond Halley)根据布雷斯劳市居民的死亡资料,编制了世界上第一个完整的死亡表,称为Halley's Table。

(续表)

年龄 x	死亡率 q_x	生存人数 l_x	死亡人数 d_x	生存人年数 L_x	累计生存人年数 T_x	平均余命 $\dot{e}_x$
52	0.006358	917 911	5 836	914 993	23 145 248	25.22
53	0.006991	912 075	6 376	908 887	22 230 255	24.37
54	0.007686	905 699	6 961	902 218	21 321 368	23.54
55	0.008449	898 738	7 593	894 941	20 419 149	22.72
56	0.009288	891 144	8 277	887 006	19 524 208	21.91
...						
104	0.479911	438	210	333	446	1.02
105	1.000000	228	228	114	114	0.50

死亡表提供的最主要的信息是一个人群任何年龄的人口的死亡率和生存率。而被保险人的死亡率和生存率决定着保险公司在寿险中（以被保险人的生存或死亡为给付保险金的条件）当年保险金支出的多少（损失概率和损失程度）。

现有一年龄为 50 岁的男子投保 5 年期定期寿险，保险金额为 10 000 元，厘定其趸缴纯保费。

为简化起见，假设共 928 133 个 50 岁的人投保，从《中国人寿保险业经验生命表》中查出年龄 50—54 岁的男性死亡情况，根据生命表的死亡人数计算出各年度预计给付的保险金，考虑到利息因素，要将各年度的保险金折算成投保时（50 岁）的价值，预定利率设定为 2.5%，则有：

年龄	死亡人数（人）	预计给付保险金（元）	折算成 50 岁时价值（万元）
50 岁	4 882	10 000×4 882	$10\,000 \times 4\,882/(1+2.5\%)^1 = 4\,762.93$
51 岁	5 339	10 000×5 339	$10\,000 \times 5\,339/(1+2.5\%)^2 = 5\,081.74$
52 岁	5 836	10 000×5 836	$10\,000 \times 5\,836/(1+2.5\%)^3 = 5\,419.31$
53 岁	6 376	10 000×6 376	$10\,000 \times 6\,376/(1+2.5\%)^4 = 5\,776.34$
54 岁	6 961	10 000×6 961	$10\,000 \times 6\,961/(1+2.5\%)^5 = 6\,152.51$
	合计		27 192.82

所有的投保人交纳的保费总共要达到 27 192.82 万元，才能满足各年度的给付，则每人一次性应交纯保险费 292.98 元（27 192.82 万元/928 133 人）。再加上经营这张 1 万元保额的保单的附加费用 24.02 元，就可以得到应交保费 317 元。

以上例子演示了寿险费率厘定的基本原理，但实际上，精算师按照这些原理推导出了各种寿险险种费率厘定的公式，当然也不必再做诸如"共 928 133 个 50 岁的人投保"这样的假设了，利用一个公式就可以算出任何年龄的人购买保险时所对应的保险费率了。比如，定期寿险趸缴纯保险费费率计算公式的推导过程如下：

x 表示被保险人投保时的年龄，按生命表的表头所列，$\dfrac{d_x}{l_x}$ 表示 x 岁的被保险人参加保险后第一年内的死亡率，$\dfrac{d_{x+1}}{l_x}$ 表示被保险人 $x+1$ 到 $x+2$ 岁之间的死亡率，以此类推，

$\dfrac{d_{x+n-1}}{l_x}$ 表示被保险人在 $x+n-1$ 岁到 $x+n$ 岁之间的死亡率。

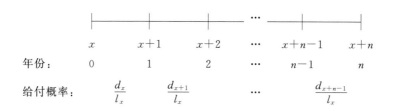

l_x 表示的是被保险人的人数。因为是死亡保险,每一个被保险人死去,保险公司将支付 1 个单位的保险金,第一年有 d_x 这么多的被保险人死去,保险公司支出的保险金是 $d_x \times 1$,若假设保险金在年末支付,则保险公司支出的保险金乘以贴现因子 $v = \dfrac{1}{1+i}$,就算出了保险金折现到投保时的现值,即精算现值。同理,$d_{x+1}v^2$ 是第二年保险公司支付的总保险金贴现到投保时的精算现值……将各年保险金的精算现值加总,得出保险公司支出的总保险金的精算现值,构成下式等号右边的部分。等式的左边是保险公司收到的趸缴保险费,是每个投保人缴纳的保费 $A^1_{x:\overline{n}|}$ 与被保险人总人数的乘积。保险公司收到的纯保险费和支出的保险金的精算现值构成等值方程。等式两边同时除以 l_x,就得出了每个投保人需要缴纳的纯保险费,因设定的保险金是 1 个单位,则 $A^1_{x:\overline{n}|}$ 即等于保险费率。

$$l_x \cdot A^1_{x:\overline{n}|} = d_x \cdot v + d_{x+1} \cdot v^2 + \cdots + d_{x+n-1} \cdot v^n$$

$$A^1_{x:\overline{n}|} = \dfrac{d_x \cdot v + d_{x+1} \cdot v^2 + \cdots + d_{x+n-1} \cdot v^n}{l_x} \cdot \dfrac{v^x}{v^x}$$

精算师根据已经确定下来的生命表,把上式进行简单代换,然后在预定利率已经确定的情况下算出各换算函数的值,做成换算函数表供人查阅,从而将计算过程大大简化。令:

$$C_x = d_x \cdot v^{x+1}$$
$$C_{x+1} = d_{x+1} \cdot v^{x+2}$$
$$M_x = C_x + C_{x+1} + C_{x+2} + \cdots$$
$$D_x = l_x \cdot v^x$$

则有:

$$A^1_{x:\overline{n}|} = \dfrac{d_x v^{x+1} + d_{x+1} \cdot v^{x+2} + \cdots + d_{x+n-1} \cdot v^{x+n}}{l_x \cdot v^x}$$

$$= \dfrac{C_x + C_{x+1} + \cdots + C_{x+n-1}}{D_x} = \dfrac{M_x - M_{x+n}}{D_x}$$

如果现在需要算现年 50 岁的男子投保 5 年期定期寿险,保险金额为 10 000 元的趸缴纯保险费,那么可以根据上面的公式,有:

$$A^1_{50:\overline{5}|} = \dfrac{M_{50} - M_{50+5}}{D_{50}}$$

只需要到精算师提供的换算函数表中找到 M_{50}、M_{55}、D_{50},一减一除就可以得出纯保险费率。把附加费用和风险加成再算进去,总保费率也就出来了。

同样,各类寿险的保险费率的计算公式也都可以这样推导出来。而精算软件可以把运算过程进一步简化,计算保费时只要输入年龄、利率等参数,复杂的运算结果瞬间就可以得到。

2. 财产保险费率厘定的数字化例子

某保险公司过去10年某类财产保险业务保险金额损失率统计资料如表3-4所示,假定第一附加费率按一个标准差计算,第二附加费率按纯费率的20%计算,下面将厘定该类财产保险的保险费率。

表 3-4 某保险公司财产保险业务保额损失率

年度	保额损失率(‰)	年度	保额损失率(‰)
2011	6.4	2016	5.9
2012	6.3	2017	5.7
2013	6.2	2018	5.8
2014	6.1	2019	5.7
2015	6.0	2020	5.9

(1) 纯费率计算

纯费率就是这10年保险金额损失率的经验数据的算术平均数,即

纯费率 = 平均保额损失率

$$= (6.4‰ + 6.3‰ + 6.2‰ + 6.1‰ + 6.0‰ + 5.9‰ + 5.7‰ + 5.8‰ + 5.7‰ + 5.9‰)/10$$

$$= 6.0‰$$

(2) 风险加成费率[①]的计算

风险加成费率是在平均损失率之上所增加的一个均方差。根据下式,这10年经验数据的均方差为:

$$\sigma = \sqrt{\frac{\sum_{i=1}^{n}(X_i - NP')^2}{n}} = \sqrt{\frac{0.54}{10}} = 0.23‰ \text{[②]}$$

[①] 也称第一附加费率,纯费率是一段较长期间(样本期间)保险赔款或社会财产损失的算术平均数(用概率论的语言讲,就是损失率的数学期望)。就其中某一年而言,实际的保额损失率与这一算术平均数一般说来并不相等。对保险人来说,样本期间的各年度实际保险金额损失率对其数学期望的背离程度的大小(方差或均方差的大小)具有重要意义。当背离程度越大,即方差或均方差越大时,经营风险越大。对此,保险人在测算保险财产损失率时,要在期望的基础上增加一个或两个均方差,以提高对损失率(也就是纯费率)预测的可靠性。附加到纯费率上去的这个均方差(一般是1—2个)就是第一附加费率。均方差提供的并不是实际损失率对损失率的期望变动的绝对数量界限,而是一个具有一定可能性的数量界限。一般来说,各年的实际损失率约有68%的可能性发生在($NP' \mp \sigma$)的区间里,约有95%的可能性发生在($NP' \mp 2\sigma$)的区间里,约有99.8%的可能性发生在($NP' \mp 3\sigma$)的区间里。这就是说,作为第一附加费率(均方差σ),增加3个σ,相对来说,保险人的财务最安全。因为在样本期间每年的实际损失率有99.8%落在平均损失率两旁3σ的范围内。但考虑到保险人的负担,保险精算时只增加1—2个σ。

[②] $\sqrt{\frac{(6.4-6.0)^2+(6.3-6.0)^2+(6.2-6.0)^2+(6.1-6.0)^2+(6.0-6.0)^2+(5.9-6.0)^2+(5.7-6.0)^2+(5.8-6.0)^2+(5.7-6.0)^2+(5.9-6.0)^2}{10}}$
$= 0.23‰$

(3) 管理费率①计算

假设管理费率占纯费率的20%,因此

$$管理费率 = 6.0‰ \times 20\% = 1.2‰$$

(4) 总保费率

$$\begin{aligned}总保费率 &= 纯费率 + 风险加成费率 + 管理费率\\ &= 6.0‰ + 0.23‰ + 1.2‰\\ &= 7.43‰\end{aligned}$$

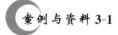

从"专属独立代理人"到"独立代理人"②

保险营销制度的变革是中国保险业未来发展所必须跨越的关口,无论如何都躲不掉,绕不开。

可是怎么改?监管部门乃至整个行业都处于痛苦的两难之中:一步到位地实行真正的独立代理人制度,市场可能会陷入混乱。大公司的几十万代理人团队解散的后果短期内在保险行业内部是否可以消化?从大型保险公司到金字塔式销售组织构架顶层的既得利益如何补偿?独立但松散的700多万的代理人该如何管理?如果不改,当前弊端重重的保险营销制度仍将死死地拖住中国保险业前进的步伐。

"专属独立代理人"应该是一个符合中国国情的过渡性制度安排,是聪明的选择,体现了政策制定者的无奈和良苦用心。

"专属独立代理人"是"专属代理人"和"独立代理人"的混合体,"专属"绑定了保险公司和代理人直接的排他代理关系,"独立"则可以使代理人从金字塔层级结构和增员体制的桎梏中解脱出来,直接对保险公司负责,专门从事专业的保险营销。这个创造试图结合"专属"和"独立"两种优势,另辟蹊径,实现我国保险营销制度改革的艰难破冰。

让我们先通过案例看看"专属"(exclusive agent)的优势。

美国伊利诺伊州的农场主乔治·米彻尔(George Mecherle)退休后又入职了一家小型保险公司做代理人以打发余生。在保险营销的过程中,他看到了农场车辆保险的商机,也深刻了解到当时个人保险代理人制度的一些弊端,并找到了克服这些弊端的销售模式。

1922年,米彻尔创办了自己的保险公司,取名叫State Farm Insurance,翻译成中文是"州农场保险公司",也称"德法集团",其主要业务方向是为伊利诺伊州各农场提供其需要的保险产品。1928年,州农场保险公司最早的三家保险代理人办公室成立,开始向附近居民提供保险产品和服务。

---

① 也称第二附加费率。
② 原文曾发表于《保险文化》2019年第11期。

迄今不到 100 年的时间里,州农场保险公司的专属代理人办公室已经遍布全美,成为专属代理人经营模式的典范。州农场保险公司依靠固定的专属代理人办公室,利用州农场保险公司的信誉取代个人代理人的信誉销售保险,并为附近社区的居民提供丰富的金融理财服务。

州农场保险公司是美国保费收入最高、市场份额最大的财险和意外险公司,人寿保险业务收入也居于美国前十,2018 年位列《财富》世界 500 强第 95 位(2017 年为第 85 位),在美国保险市场上的位次仅次于巴菲特的伯克希尔·哈撒韦公司。美国 23% 的汽车和房屋都是由州农场保险公司承保的,其承保的家庭总数超过了美国全部家庭的 20%,而且其市场份额还在上升,并已经将其保险业务拓展到了邻国加拿大。

州农场保险公司的代理人是"专属"的,只能销售州农场保险公司的产品。公司对在专属代理人办公室里工作的专属代理人的选拔是非常严格的,要么是名牌大学毕业生,要么是在本社区有一定声望、信誉良好的人士。

基于公司良好的声誉,州农场保险公司的专属代理人产能非常高,每个代理人的年平均销售额可以达到 300 万美元。州农场保险公司为专属代理人提供具有竞争力的薪酬和丰富的员工福利计划,这些待遇足以留住任何类型的优秀人才。州农场保险公司与其专属代理人之间形成了牢固的利益共同体,没有专属代理人会欺骗客户或慢待客户,因为那将意味专属代理人会失去在州农场保险公司的这份体面的工作。

州农场保险公司的专属代理人少而精,目前的专属代理人也不过 20 000 名,却有近 20 万内勤人员为其提供后端服务。如同银行网点一样,州农场保险公司的专属代理人办公室均匀分布于美国城乡各个角落。正如其广告语——"Like a good neighbor, State Farm is there"(犹如一个好邻居,州农场保险公司就在那里),州农场保险公司凭借专属代理人机制成为美国保险业的翘楚,这是那些在美国市场经营了两百多年的保险"老店"甚至米彻尔本人都始料未及的。

然后再让我们先看看"独立"的优势。

真正的独立代理人是指可独立地为多家保险公司代理保险业务的代理人,也就是说,独立代理人可同时接受多家保险公司的委托,为多家保险公司代理、销售保险产品,赚取佣金。

独立代理人有点像个体的保险经纪人,其灵活性大,选择产品的范围广泛,不局限于销售单一保险公司的产品,因此更能以客户为中心,贴近客户需求,精挑细选为客户推荐最合适的保险产品,同时也能使自身的收益最大化。在美国、日本和欧洲的很多国家,独立代理人成为各自保险市场上最活跃的因素。

按照银保监会发布的《保险公司发展专属保险代理人管理办法》的征求意见稿,专属独立保险代理人独立展业,无团队隶属,也不发展多层级团队,可以登记为个体工商户或个人独资企业,但日常管理专属某一家保险公司,接受所属保险公司的日常监督管理与指导,可以开设门店,在社区、商圈等地依据保险公司授权开展保险销售业务。

显然,专属独立保险代理人的"独立"并非独立于某个具体的保险公司,而是独立于某个具体的营销团队。专属独立保险代理人直接对保险公司负责,由保险公司负责按一定的标准进行筛选,并对其营销业务进行指导、监督、巡查。对保险公司专属独立保险代理人的违法违规行为,监管部门对所属保险公司同查同处。

华泰财险和阳光财险已从银保监会获批试点专属独立保险代理人模式。而华泰目前的专属代理门店则是美国州农场保险公司专属代理人模式的翻版。截至2018年年底,华泰财险已在全国近200个城市设立了5 000余家专属代理门店,服务300万客户。2018年,专属代理门店保费收入占华泰财险保费的50%以上,在初步成功的基础上,华泰门店网络逐步在向三、四、五线城市以及县域市场延伸,开设在县级及以下行政区划的门店已经占到40%。

华泰专属代理门店的模式是对路的,也许用不了多少年,华泰就会取得美国州农场保险公司的成就。但华泰的模式却是不易仿效的,因为那要付出巨大的成本,而收益要在多年之后才能实现,有多少保险公司的股东和管理层愿意为长期收益而牺牲短期利益呢?

因此,我们期待我国保险市场专属独立代理人的试点可以成功,然后再顺理成章、水到渠成地过渡到真正的"独立代理人"制度。

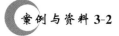

为万能险正本清源①

在当今中国保险市场的语境中,分红保险、万能保险和投资连结保险被归类为投资型的保险产品。人们普遍认为,这些保险产品与传统保险产品的区别就在于,保单持有人可以分享保险公司在相应产品上的投资收益。

这种观念一方面使得投保人对分红保险和万能保险的投资收益充满了期待,也对保险公司不能满足其期望而心存不满乃至怨恨。另一方面也使得保险公司在投资收益上大做文章,却严重忽视了这些产品的保障功能。这样的观念是怎样形成的呢?

事实上,人们已经有意无意地混淆了这三种产品的界限,而保险营销人员则一律以投资收益吸引客户的眼球,罔顾这三种从西方舶来的保险产品的本来含义。

"名不正则言不顺",这些险种的名实不符已经造成了市场的混乱,因此,在万能险费率改革的当口,实在有必要"掉一下书袋",正本清源,辨析一下万能险的本来含义。

美国哈维·W.鲁宾(Harvey W. Rubin)编写的《保险词典》对万能险(universal life insurance)的定义是这样的:万能险是一种基于以下条件的灵活而有弹性的人身保

---

① 原文曾发表于2014年6月25日《金融时报》。

险产品:(1)保费灵活可调而非固定;(2)保障灵活可调而非固定;(3)保险公司的费用和其他费用要明确披露给投保人。因为保单的三个基本要素(投资收益、纯保险金支出和公司费用)要在保险单和给保单持有人的年度报告中分项列出,所以这种保单被认为是一种非绑定式的人寿保险。在第一笔保费支付后,其他保费可以在任何时点支付(通常对每次支付的美元数额会有所限制)。在保费余额计入现金价值并计息之前要对每一笔保费扣除一个确定比例的费用,纯保险金支出每月要从现金价值中扣除。由被保险人选择的身故保险金额可以是一个具体数额加上现金价值,或者包括现金价值的一个具体数额。在支付了所要求的最低额度的初始保费后,再没有合同约定的保费支付时间表(如果现金价值账户余额足以支付每月的纯保险金和其他任何费用。第一个保单年度的费用也可以按均衡费用的形式分摊到后续各年,每年渐次提取相等的金额,其中的销售费用在每次收到保费的时候提取,每月发生的费用按每个保单年度提取)。提供给保单持有人的年度报告显示保单的情况(所选择的身故保险金额、有效保额、现金价值、退保价值和保单年度中保险单项下每月的交易,包括实收保费、收取的费用、计入现金价值账户的保证收益和超额利息、已扣除的纯保险金的支出与现金价值账户余额)。

从这一长串文字的定义,不难看出万能的主要特点在于其灵活性和透明性。缴费灵活,续期保费可以多缴、少缴甚至停缴;保额可调,可以调低,也可以调高;要素分立,透明度高。而且,该定义中几乎没有特别提到万能险的投资收益及其分配问题。

理论上,万能寿险保单可满足一个人生命周期不同阶段的需要。美国学者肯尼思·布莱克(Kenneth Black)和小哈罗德·斯基博等编著的《人寿与健康保险》教材上的一幅图形后来被国内众多学者所引用。这幅图充分展示了分红险的灵活性:一个25岁的大学毕业生,买了一份万能险,因为刚毕业收入有限,27岁之前每年以500美元的保费投入获得了5万美元的身故保额;27岁之后随着收入增加,保费也增加到每年1000美元,身故保险金额也因婚后应对购房贷款而提高到7.5万美元;30岁之后孩子出生,支出增加,保费停交,但保额却可以因为前期现金价值的积累而提高到20万美元;32岁到34岁,太太重新工作,家庭收入增加,保费恢复到每年500美元,保额不变;36岁之后,保费提高到每年1000美元,直到48岁孩子开始读大学,保额一直保持在20万美元不变;从48岁到52岁,孩子读大学支出增加,再一次停交保费,并将保额调低到10万美元,因为读大学的孩子基本上已经不再靠父母生活。52岁之后经济压力再次减小,保费提高到每年1500美元,保险金额却下调到9万美元,目的仅在于为配偶提供一份经济保障,现金价值逐渐积累到65岁退休,并准备在退休后享用积累了40年之久的现金价值,以便有一个物质充裕的老年生活。

"灵活可调有弹性,一张保单保终身",这是万能险的本质,这一本质在英美国家的保险市场上被发扬光大,得到社会大众的认可。数据显示,即使在金融危机肆虐、投资回报率很低的2008—2010年的美国保险市场,万能险的销量仍然保持在一个较高的水平上,低迷的资本市场对其影响很小,这说明美国保险市场的万能险靠的不是投资回报,而是灵活可调的产品特性。

> 橘生淮南则为橘,生于淮北则为枳。在我们的保险市场上,比万能险还宽的是分红险。分红险(participating insurance)中的"participate"是参与、分享的意思,其定义则是"保险公司将其实际经营成果优于定价假设的盈余部分,按一定比例向保单持有人进行分配的人寿保险",显然,其本意在于让保单持有人分享因精算师对未来死亡率、投资回报率和公司费用率预测的误差而出现的"死差益""利差益"和"费差益",并不是将之作为一种所谓的投资型险种而从保险公司获得高额的投资收益,更不是像很多人理解的那样投保人可以像保险公司的股东一样分享整个保险公司的红利。在中国保险市场上,投保人在分红险上分的"红"不过是投保人购买的分红产品的"三差益"的70%以上而已,这里的"分红"和股东的"分红"有着截然的不同。
>
> 看清了万能险和分红险的本质,也就厘清了万能险改革的方向,踏踏实实在万能险的灵活性和透明性上做文章,填埋投资收益方面埋设的陷阱,降低公司的管理费用,还利于民,远比许诺给投保人高额的投资回报率重要得多,也可行可信得多。

思考题

1. 请运用保险市场需求与供给理论分析我国保险市场需求与供给格局。
2. 如果一家公司有 6 个大股东,各占 15% 的股份,请分析一下公司可能的风险偏好。

实践讨论

讨论保险推销对保险需求的影响,保险供给创造需求了吗?在此基础上深入讨论自 20 世纪 90 年代初开始引入中国的个人寿险代理人制度的利弊。

辅助阅读资料与相关网站

1. 迪翁,哈林顿.保险经济学[M].王国军总译校.北京:中国人民大学出版社,2005.
2. CARTER R L. Economics of insurance[M]. Upper Saddle River,NJ:Prentice-Hall,1978.
3. https://isfa.univ-lyon1.fr/en/isfa/welcome-to-isfa(法国金融科学与保险研究所)
4. https://www.swissre.com/institute/research/sigma-research.html(*Sigma*)
5. http://www.stat.go.jp/english/data/nenkan/index.html(可获取日本人口统计数据)

6. https://www.seiho.or.jp/english/statistics/(可获取日本寿险统计数据)

7. http://www.census.gov/(可获取美国人口统计数据)

8. https://www.acli.com/industry-facts/life-insurers-fact-book(可获取美国寿险统计数据)

9. https://www.ons.gov.uk/peoplepopulationandcommunity(可获取英国人口统计数据)

10. https://www.abi.org.uk/(可获取英国寿险统计数据)

11. https://www.singstat.gov.sg/publications/reference/ebook/population/population(可获取新加坡人口统计数据)

12. https://www.mas.gov.sg/statistics/insurance-statistics/annual-statistic(可获取新加坡寿险统计数据)

13. https://www.destatis.de/EN/Themes/Society-Environment/Population/_node.html(可获取德国人口统计数据)

14. https://www.en.gdv.de/en/issues/our-news/insurers-made-considerably-higher-payments-64178(可获取德国寿险统计数据)

15. https://www.censtatd.gov.hk/en/EIndexbySubject.html?pcode=B1010003&scode=380(可获取中国香港地区人口统计数据)

16. https://www.ia.org.hk/sc/infocenter/statistics/market.html(可获取中国香港地区寿险统计数据)

21世纪经济与管理规划教材
保险学系列

第四章

道 德 风 险

引　言

在保险业,由于存在着保险人、投保人、代理人和经纪人之间的信息不对称,道德风险是一个普遍存在的问题。根据国际保险监督官协会的测算,全球每年约有20%—30%的保险赔款涉嫌欺诈,我国车险欺诈在保险欺诈中占比高达80%,欺诈金额保守估计高达每年200亿元。[①] 然而,很长一段时间以来,人们一直将此问题的根源归结为当事人的伦理道德水平,并将消除道德风险的希望寄托于提高人们的道德水平上,而忽视了对道德风险的生成机理以及从制度层面防止道德风险的经济分析。

即使到1963年肯尼思·J.阿罗(1972年度诺贝尔经济学奖获得者)将道德风险的概念引入经济学领域,他仍然把改变当事人的道德水平作为矫正由道德风险导致的保险市场失灵的方法。直到1968年,马克·V.保利(Mark V. Pauly)在《美国经济评论》杂志发表了著名的《道德风险的经济学》一文,才提示人们道德风险在保险领域的普遍存在是非常自然的事情。道德风险,特别是由于当事人疏忽引起的道德风险背后有着"理性人"这样的经济学基础,经济学家也才开始把解决道德风险问题的重心放到改善合约、完善法律和政府干预的层面。比如,有学者试图利用复杂的契约关系来解决保险公司利润约束和道德风险约束下的福利最大化问题[②];还有学者证明了在一定情形下,政府的干预可以提高保险市场的效率[③],等等。

第一节　道德与道德风险

道德是人们共同生活及其行为的准则和规范,道德通过社会舆论对社会生活起约束作用。

一、道德的形成

从博弈论的角度看,道德是一个人类群体经过长期博弈而形成的稳定预期下的共同信念。论及道德的形成过程,一则故事常被引用,虽然显得有些粗糙和牵强,但仍可以作为对这个复杂问题的简单注解[④]:

> 有一群猴子被关在笼子里,在笼子的上方有一条绳子,绳子上拴着一个香蕉,并连着一个机关,机关又与一个水源相连。猴子们发现了香蕉,有猴子跳上去够这个香蕉,当猴子够到香蕉时,与香蕉相连的绳子带动了机关,于是一盆水倒下来,尽管

[①] 金融壹账通,中国保险学会,对外经济贸易大学. 2019年中国保险行业智能风控白皮书[R/OL].（2019-06）[2021-09-03]. https://max.book118.com/html/2019/0814/5020310121002114.shtm.

[②] SPENCE M, ZECKHAUSER R. Insurance, information and individual action [J]. American Economic Review, 1971, 61: 380—387.

[③] HELPMAN E, LAFFONT J-J. On moral hazard in general equilibrium theory [J]. Journal of Economic Theory, 1975, 10(1): 8—23.

[④] 潘天群. 博弈生存[M]. 北京:中央编译出版社,2002:183.

够香蕉的猴子吃到了香蕉,但其他猴子被淋湿了。这个过程重复着,猴子们发现,吃到香蕉的猴子是少数,而其余大多数猴子都会被淋湿。经过一段时间,有一伙猴子自觉地行动起来,当有猴子去抓香蕉时,它们便会愤怒地撕咬那个猴子。久而久之,猴子之间产生了合作,再也没有猴子去取香蕉。在猴群中便产生了"道德"。

人类社会也是一样。在长期的生存斗争中,人们意识到在追求自己利益最大化的过程中,每个个体必然受到他人利益以及群体利益的约束。个人为得到长远利益,必须遵守一定的道德规范。而为保证这样的规范得到执行,人类不仅通过教育、惩戒和奖励等方式树立个体的道德感,而且还创造了国家、军队、警察、监狱、法律等工具。

二、道德的性质

道德有以下五个比较明显的性质:

(1)道德具有鲜明的时代性。比如,在封建时代被奉为圭臬的"三纲五常"在现代已经被看作历史的糟粕。

(2)道德具有明显的地域性。被一个国家或地区的民众所普遍遵从的道德标准,在另一个国家或地区可能就显得滑稽可笑。

(3)道德是有阶级性的,不同阶级的道德规范有所差别。

(4)文化性。文化和道德本身就是相互包容、关系密切的两个范畴,道德具有文化性是很自然的。比如,具有不同宗教信仰的人遵从的道德规范就可能存在很大的差别。

(5)局限性。道德仅仅是社会上层建筑的一个组成部分,群体对个体行为的规范必须依靠道德规范,但仅靠道德规范是不行的,还需要其他制度约束,如法律和利益激励机制。

三、道德规范

康奈尔大学经济学教授考什克·巴苏(Kaushik Basu)将人类的道德行为规范划分为三种:理性限定规范(rational-limiting norms)、偏好变异规范(preference-changing norms)和均衡筛选规范(equilibrium-selection norms)。①

理性限定规范改变当事人面临的选择集。比如,从社会诚信的道德角度看,保险欺诈是不好的,所以,即使有保险漏洞可钻,多数当事人也不会进行保险欺诈,因为道德理性限制了人们的行为。

偏好变异规范改变当事人的偏好。比如,有国家的资料显示,当机动车辆第三者责任保险不是强制性保险时,大约有37%的司机不会购买;后来该国的保险监管部门将机动车辆第三者责任保险规定为机动车拥有者必须购买的强制性保险,3年后又取消了该强制性规定,但机动车辆第三者责任保险的购买率仍保持在70%以上。这说明那些曾不愿购买该险种的司机的偏好已经发生变异,开始主动购买保险了。

均衡筛选规范是协调人们在众多的纳什均衡(Nash equilibrium)中选择某个特定的

---

① BASU K. Prelude to political economy: a study of the social and political foundations of economics [M]. Oxford: Oxford University Press, 2000.

纳什均衡的规范。比如,在医疗保险博弈中,高的免赔额(deductible)对应着低的保险费,不同的免赔额和保险费之间有着无数个组合,每一个组合都是一个纳什均衡,但具体到每一个投保人,其风险态度、心理状态和收入水平等因素决定了他会选择其中一个组合,该组合称为聚点(focal point)。

四、道德风险

无论一个群体的道德规范如何,群体中总会有人因为各种各样的原因违反群体的道德规范。道德之所以成为"风险",是因为有人会为追求自己利益的最大化而违反既定的道德规范,并将成本转嫁给他人且造成他人的损失。

给保险业道德风险进行分类的方法很多,比如以签订保险合约为界,分为事前道德风险和事后道德风险;按风险来源可分为投保人的道德风险、保险人的道德风险、保险代理人和保险经纪人的道德风险等。

阿罗曾经说过,保险单本身就能改变激励方向。一些保单能够改变保险公司是否承保的决定或作为厘定费率依据的风险概率,比如超过房产价值的火灾保险单可能诱致纵火或至少是对保险标的疏于管理。

第二节　投保人的道德风险

一、投保人道德风险分类

投保人一方(包括投保人、保单持有人、被保险人和受益人)的道德风险,即投保人和被保险人故意隐藏重要信息以获取合约,或者签约后通过投保人一方的行为(故意或疏忽)影响保险事故发生概率从而获取保险金的风险。

为方便经济分析,经济学家一般将投保人的道德风险分为事前道德风险和事后道德风险两种。二者区别在于投保人采取的与损失发生有关的行为的时间。但不同的经济学家对事前和事后分界点的理解并不相同:有的学者以保险合同签订的时间为界区分投保人一方事前和事后的道德风险,而有的学者则以保险事故发生的时间为界区分投保人一方事前和事后的道德风险。[①]

以保险合同签订的时间为界区分投保人一方事前和事后的道德风险时,事前道德风险是指投保人在签订保险合同之前隐瞒信息。比如,不如实告知(representation)、陈述(statement),欺骗保险人以获得保险,或者试图以较低的保险费得到保险;而事后道德风险则是指投保人在保险合同签订后,疏于对保险标的的管理,使保险标的处在更大的风险之中,甚至故意制造保险事故,骗取保险金。事前道德风险的主要目的是骗取保险或以更低的保费获得相同的保险保障,而事后道德风险的主要目的则是骗赔或疏于对保险标的的管理,如表4-1所示。

---

① SKIPPER H D, Jr. International risk and insurance: an environmental-managerial approach. [M]. New York: McGraw-Hill, 1998.

表 4-1　以保险合同签订时间为界的事前和事后道德风险

	道德风险
事前	骗保
事后	骗赔、疏忽与放任

以保险事故发生的时间为界区分投保人一方事前和事后的道德风险时，事前道德风险是指保险对投保人一方的防损动机产生的负面影响。比如，投保汽车损失险和第三者责任保险的人可能比未投保时更容易开快车，因为他们知道由于车祸引起的损失可以从保险人那里获得赔偿；有员工赔偿的员工可能比没有员工赔偿的员工更粗心一些。此外，投保人一方故意造成保险事故的发生也在事前道德风险之列。事后道德风险是指保险对投保人一方在发生保险事故之后的减损动机产生的负面影响。比如，在同一场火灾中，没有保险的人可能比有保险保障的人对受损财产采取更有效的施救措施，如表 4-2 所示。

表 4-2　以保险事故发生时间为界的事前和事后道德风险

	道德风险
事前	防损
事后	减损

当今世界，无论是在成熟的保险市场还是不成熟的保险市场上，投保人的道德风险都对保险经营构成很大的威胁。不同之处仅在于，在成熟的保险市场上，投保人的道德风险更加隐蔽，手法更巧妙，也更难以为保险人所觉察，而法律对保险诈骗的惩罚力度更大。

二、投保人道德风险对保险市场的影响

下面以一个数字化的例子来简要说明道德风险对保险市场产生的影响。

例 4-1　假设汤姆当前的资源禀赋是价值为 4 000 美元的家庭轿车和 12 000 美元的现金，假设一次车祸就会导致汽车的全损，汤姆开车出车祸的概率取决于他开车的谨慎程度，这里用开车的速度来表示谨慎程度。开快车全损的概率为 50%，开慢车全损的概率为 20%。但谨慎驾驶是有成本的，这里假设开慢车的时间成本是 1 000 美元。再假定汤姆的效用函数是其财富的平方根，现在来预测汤姆在有保险和没有保险的情况下是否会开慢车。

在没有保险的情况下，汤姆开快车和开慢车的效用分别为：

开慢车时，
$$EU_s = 0.8 \times U(16\,000 - 1\,000) + 0.2 \times U(16\,000 - 4\,000 - 1\,000)$$
$$= 0.8 \times \sqrt{15\,000} + 0.2 \times \sqrt{11\,000} = 118.96$$

开快车时，
$$EU_q = 0.5 \times U(16\,000) + 0.5 \times U(16\,000 - 4\,000)$$
$$= 0.5 \times \sqrt{16\,000} + 0.5 \times \sqrt{12\,000} = 118.02$$

因为开慢车的效用大于开快车的效用,因此汤姆会理性地选择开慢车。

虽然汤姆可以按照精算公平费率购买足额保险(full insurance),但因为存在保险人和投保人信息不对称的问题,保险公司很难把谨慎的汤姆和其他投保人区别开来,所以精算公平费率实际上是很难确定的。如果保险公司相信他会开慢车,则精算公平费率为 $0.2 \times 4\,000 = 800$ 美元;相反,保险公司相信他会开快车,则精算公平费率为 $0.5 \times 4\,000 = 2\,000$ 美元。

现在的问题是保险公司应按哪种费率收取保险费。这就要分析保险作为一种制度对投保人的激励问题。如果汤姆已经用 800 美元买了保险,似乎就不会再花费 1000 美元的时间成本去开慢车,因为开慢车受益的是保险公司而非汤姆本人。考虑到这一点,保险公司相信汤姆出于经济上的考虑不会开慢车,则信息不对称下的道德风险就会导致保险公司按照汤姆开快车的假设收取保险费 2000 美元。

因此,在此保险费条件下,汤姆不会开慢车,因为他已经付出开快车才有的保费成本,那么,他投保后的期望效用为:

$$EU_{INC} = U(16\,000 - 2\,000) = \sqrt{14\,000} = 118.32$$

于是有:

$$EU_q < EU_{INC} < EU_s$$

汤姆将选择开慢车而不是购买保险。因为投保人群体是由无数个汤姆这样的个体组成的,所以自愿性的正常的保险市场也就不存在了。可见,道德风险可以导致正常的风险分散交易在保险市场上无法实现。

三、道德风险的成本

在例 4-1 中,如果汤姆在签订保险合同的时候许诺会开慢车,并且汤姆的诚信状况值得保险公司信任,或者保险公司能够对汤姆是否开慢车进行有效的监督,比如可以用 GPS(全球定位系统)对汤姆的车速进行监控,保险公司就完全可以相信汤姆的许诺并仅向他收取 800 美元的保险费,投保人和保险人之间的帕累托改进就出现了。但这样,保险公司可能又要承担另外的成本——汤姆诚信状况的调查费用或者车速监控系统的安装和使用成本,而这些成本实际上就是道德风险的成本。

道德风险的成本有多大?可以用下列博弈模型进行简单的分析:

仍然是汤姆,他向保险公司支付 L 元的保险费,购买了一张预期赔款为 C 元的车辆损失险保单。保单的条款规定,汤姆必须在燃油中加入一种能够保障车辆安全的添加剂,添加剂的价格为 a 元,添加剂的成本由汤姆支付,并从保险费中扣减,所以其实际保费为 $P(P=L-a)$,预期赔款为 $K(K<C)$。为约束汤姆,保险公司可以检查汤姆是否真的按其承诺使用了添加剂,该项检查的成本是 b 元。

如果检查表明汤姆没有信守承诺使用添加剂,保险公司将对其罚款 Q 元。在汤姆和保险公司的博弈中,汤姆的纯策略是守信或不守信,保险公司的纯策略是信任和不信任(检查),两者的支出矩阵为:

		保险公司	
		信任	检查
汤姆	守信	K $P+a$	$K+b$ $P+a$
	不守信	C P	$C+b-Q$ $P+Q$

两者的收益矩阵为:

		保险公司	
		信任	检查
汤姆	守信	$P-K$ $K-P-a$	$P-K-b$ $K-P-a$
	不守信	$P-C$ $C-P$	$P-C-b+Q$ $C-P-Q$

不难发现,只有在汤姆不守信时被保险公司征取的罚金 $Q>C+a-K$ 时,罚款才具有威慑力,而且罚款 Q 要大于检查的成本 b,否则检查得不偿失。

若博弈是以混合战略的形式出现,即汤姆的战略不再是绝对的守信或不守信,而是守信或不守信的概率是百分之多少,这里假设汤姆不守信的概率是 α,则守信的概率就是 $1-\alpha$;保险公司的战略不再是绝对的信任或检查,而是信任或检查的概率是百分之多少,这里假设保险公司检查的概率是 β,信任的概率就是 $1-\beta$。这时双方的效用将分别是:

汤姆

$$U_t(\alpha,\beta) = (1-\alpha)\beta(K-P-a) + (1-\alpha)(1-\beta)(K-P-a)$$
$$+ \alpha(1-\beta)(C-P) + \alpha\beta(C-P-Q)$$
$$= K-P-a+\alpha(a+C-K-\beta Q)$$

保险公司

$$U_i(\alpha,\beta) = (1-\alpha)\beta(K-P-b) + (1-\alpha)(1-\beta)(P-K)$$
$$+ \alpha(1-\beta)(P-C) + \alpha\beta(P-C+Q-b)$$
$$= P-K+\alpha(K-C)-\beta(b-\alpha Q)$$

与 $(\bar{\alpha},\bar{\beta}) = \left\{\dfrac{b}{Q}, \dfrac{a+C-K}{Q}\right\}$ 相对应的混合战略是一个均衡点,并且是唯一的均衡点,且是博弈的合理解。

保险合同达成的条件是公司的收益必须是正的,因此有:

$$P \geqslant K + \frac{b}{Q}(C-K)$$

K 代表保险合同项下的预期赔款,即纯保费;$\dfrac{b}{Q}(C-K)$ 则代表由于道德风险的存在而必须增加的部分,称为道德风险因子,表示的是道德风险的成本。大于号考虑到了保险公司的利润和运营成本(premium loading),左右用等号相连时,表示收取的保费恰好等于预期赔款。道德风险因子与保险公司的监督费用 b 和安全措施所带来的收益 $C-K$ 成正比,与罚款 Q 成反比,意味着惩罚有助于防止欺骗。

为了应对保险欺诈,各国都在从文化道德、法律制度、科学技术等角度遏制保险欺诈。

第三节 保险人的道德风险

投保人的道德风险是导致保险市场失灵或者增加保险成本的重要因素,而保险人的道德风险则可能导致更大的问题,比如衍生出低声誉的保险市场从而导致市场效率低下,导致保险欺诈和投机盛行,甚或是导致保险制度的崩溃、金融危机的发生,引起社会的动荡。

一、保险人的道德风险博弈

既然经济学在理性人假定基础上认识到道德风险在保险市场上是普遍存在的,而且也认为完善的制度设计可以规避当事人的道德风险,那么,现在就以保险人守信和不守信为标志从经济层面分析保险业信任机制是如何形成的,以及为防止道德风险应该如何完善相应的制度。

(一)一次性博弈(one-shot game)和重复博弈(repeated game)

经济学家认为重复博弈是当事人守信的基础。在重复博弈中,守信是当事人谋求长期利益最大化的手段;相反,一次性博弈将导致当事人双方陷入囚徒困境(prisoners' dilemma),不守信这样的道德风险不可避免(见图 4-1)。

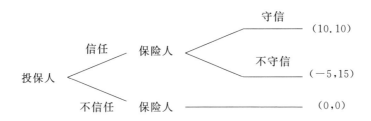

图 4-1 投保人和保险人一次性博弈中的博弈树(game tree)——囚徒困境

在一次性博弈中,投保人有两种选择:信任保险人购买保险或不信任保险人拒绝购买保险;保险人也有两种选择:守信,在保险合同约定的保险事故发生后按合同约定对被保险人进行赔偿;不守信,在保险合同约定的保险事故发生后拒绝按合同的约定对被保险人进行赔偿。投保人不信任保险人则保险合约无法达成,投保人和保险人的支付是(0,0)。一旦投保人信任保险人并签订保险合约,若保险人选择守信,则投保人和保险人的支付为(10,10);若保险人选择不守信,则两者的支付为(-5,15),对保险人来说,不守信获得的收益大于守信获得的收益,所以保险人会选择不守信。关于这个博弈过程,投保人也是知晓的,所以他也可以预测到保险人不守信,所以他最好的选择是不信任保险公司并且不购买保险。因此,投保人不信任保险人、保险人不守信是这个博弈的纳什均衡。

但如果博弈是可以重复的,而且博弈可以以足够大的概率进行下去,则出于长期利益的考虑,原来的囚徒困境就可以打破(见图4-2)。

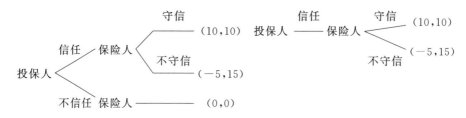

图 4-2 投保人和保险人之间的重复博弈树

在可以重复的博弈中,假设投保人选择的策略是先信任保险人,如果没有受到欺骗,投保人就一直信任保险人,博弈就重复下去,一旦保险人有欺骗行为,投保人将不再信任保险人。这时的保险人有两种选择:不守信,得到的利益是一次性的,为 $S=15$;守信,得到的利益将是长远的,假设利益的贴现因子是 δ,其长期利益将是:

$$\lim_{n\to\infty} H = 10 + 10\delta + 10\delta^2 + 10\delta^3 + \cdots = \frac{10}{1-\delta}$$

只要

$$\frac{10}{1-\delta} = H \geqslant S = 15$$

$$\delta \geqslant 1/3$$

保险人将选择守信,并使博弈维持下去。投保人信任保险人,保险人守信在此重复博弈中是纳什均衡。

(二)存在外在惩罚机制(或道德心理成本)的博弈

以上的假设仅仅是从经济利益的角度考虑,没有考虑到由于社会规范和社会道德在起作用给不守信的当事人造成的心理负担或者说心理成本;同时,也没有考虑到博弈外在的对不守信的当事人的经济惩罚,比如当保险人不守信时,法院依据法律对保险人做出的惩罚性判决。在有外在惩罚机制或者心理成本时的博弈树如图4-3所示。

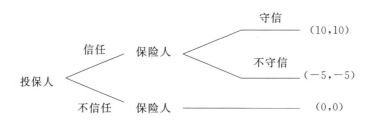

图 4-3 存在外在惩罚机制(或道德心理成本)的一次性博弈树

由于有外在的惩罚机制或道德心理成本,保险人不守信的支付从15变成了-5,所以在具备有效的外在惩罚机制或足够高的道德心理成本的条件下,保险人会由不守信变得守信,博弈也能够长期持续下去。

但如果存在外在的惩罚机制(见图4-4),但惩罚机制却由于法律本身或者法律执行者——法官人为的原因不能有效发挥甚至是扭曲的,情况就会变得相当糟糕。

图 4-4　存在外在惩罚机制(或道德心理成本)的一次性博弈树

由于第三方——法官——介入了博弈过程,情况变得略为复杂:当保险人不守信,而法官给予惩罚时,保险人得不偿失,所以会选择守信;相反,如果法官不惩罚保险人,保险人则不会守信。如果法官收受贿赂,博弈树最上方的分支中法官的支付将不再是0,而是大于0的数。更严重的是,当法官滥用执法权,在保险人守信却仍给予惩罚时(错判或误判),将诱发投保人道德风险的发生。

保险人或执法者纵容或者放任投保人道德风险行为的危害在于:保险人的损失必然要转嫁到其他投保人身上,保险人为生存只能在其他投保人的赔案中惜保、惜赔,结果是非常不公正地对待客户,保险人的形象受到损害;同时,投保人如果能够从道德风险中轻松获益,久而久之,保险市场就会形成一种风气,道德风险盛行,那时保险人的监督成本将高到无法承受,保险公司将被道德风险打垮;此外,保险会成为社会的不稳定因素,对社会财富和公民安全构成极大威胁,严重到整个保险制度都可能会被道德风险毁掉。

二、保险业信任机制建立的基本条件

以上博弈假定的投保人是一个人,但这个假设是不必要的,投保人假定为多人更符合现实的情况,只要保险公司的欺骗行为能够被其他的投保人观察到或从其他的渠道得知,保险公司仍有建立信誉的积极性,即博弈可以是纵向重复也可以是横向重复的。没有重复博弈就没有保险业信任机制的建立,保险交易也就无法持续。因此,信誉是保险业的生命线。这就是保险业讲究"最大诚信(utmost good faith)原则"的原因。根据道德风险下的博弈结果,归纳出保险业信任机制建立的基本条件是:

(1)保险博弈必须是纵向或横向重复的,交易关系必须有足够的概率持续下去。从保险人的层面,保险人必须要有建立信誉机制的产权基础,有足够的耐心,有建立信誉的积极性,即保险公司的长期利益必须能够被保险公司的所有者或管理者分享,保险人具有牺牲短期利益以获取长远利益的积极性。

(2)保险人不守信的行为能够被及时观察到,因此高效率的信息传递系统是必要的,舆论监督和监管信息的透明性以及完善的信息披露制度至关重要。

(3)投保人必须有足够的积极性和可能性对保险公司的欺骗行为进行惩罚。也就是说,惩罚成本不能太高,并且能够得到公正而有效的实施。

第四节 道德风险下的博弈均衡

道德风险是有成本的,防范道德风险也是有成本的。在关于道德风险的经典文献中,一般要区分两种情况来研究道德风险,即保险公司能够监控投保人对保险财产的看护状况,以及保险人无法监控投保人对保险财产的看护状况(可能是技术原因,也可能是成本太高),这实际上仍然是信息是否对称的问题。我们用数字化的例子分析以下两种情况下的博弈结果。

一、对称信息博弈:保险公司可以监控被保险人对保险标的的看护状况

例 4-2 汤姆驾驶的"赛欧"牌汽车价值 12 万元。假设汤姆居住的地方非常不安全,汽车被盗抢的概率非常高。比如,假定当汤姆细心看护自己的汽车时,汽车被盗抢的概率为 0.5;当他疏忽大意时,汽车被盗抢的概率高达 0.75。因为出险的概率大,保险公司要求的保费率也较高,达 0.5,则购买盗抢险支出的保险费为 6 万元,保险事故发生之后,保险公司的赔偿金额是 12 万元。再假设汤姆可以向当地的两家相互竞争的保险公司投保(以上高保险费率的假设仅出于绘图方便,不影响分析结果),图 4-5 的埃奇沃思(Edgeworth)盒形图显示,作为风险中性的保险人,其无差异曲线是斜率为 $-1/1$ 的直线,AA'是高事故概率下保险人的无差异曲线,BB'是低事故概率下保险人的无差异曲线。作为风险厌恶者的投保人汤姆,他在高事故概率下的无差异曲线是 BC_2B',在低事故概率下的无差异曲线是 RC_1R'。C_1 是均衡点,在这一点上,汤姆得到了足额保险合同,同时保险公司的利润为零,是保险公司在竞争中所能提供的最优惠的保险单(无亏损或无倾销状

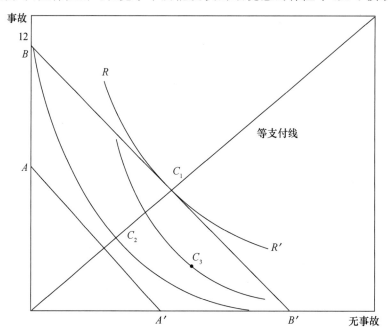

图 4-5 埃奇沃思盒形图:对称信息

态)。足额保险合同是理论上的最优保险合同。

二、非对称信息博弈:保险公司无法监控被保险人对保险标的的看护状况

由于保险公司无法监控被保险人对保险标的的看护状况,所以汤姆的优势策略为采取较低的看护水平,出险概率为0.75,又因为保险公司无法区分哪一个投保人会在社会道德规范的约束下信守承诺,所以保险公司的优势策略是向所有的投保人都收取更高的保险费,把保险费率也提高到0.75。这样在埃奇沃思盒形图中,双方无差异曲线的斜率都减小了,汤姆的无差异曲线围绕图4-6的C_2点旋转,保险公司的无差异曲线围绕B'点旋转。

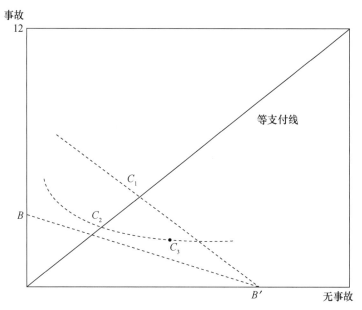

图4-6 埃奇沃思盒形图:非对称信息

显然,C_1点上的保险合同已经变得无法被保险公司接受,因为在该点上保险公司的利润为负。而在具有绝对免赔额(straight deductible)或相对免赔额①的保险合同C_3点(位于在BB'右上方和$B'C_1$的左下方汤姆的无差异曲线上的一点),该点靠左或靠右取决于汤姆对采取较低的看护水平的偏好。

因此,在保险公司无法监控被保险人对保险标的的看护状况的情况下,带有免赔额的保险合同是占优合同,免赔额是保险公司应对道德风险的一种方法。

---

① 免赔额是保险人为了限制保险标的的小额损失所引起的保险金索赔,要求被保险人自行承担部分损失的一种方法。免赔额有绝对免赔额和相对免赔额两种形式。绝对免赔额是指被保险人的损失必须超过保险单规定的金额,保险人在扣除这个规定的金额后才负责赔偿其超过部分,如果被保险人的损失没有超过规定的金额,保险人则不予赔偿。相对免赔额,是指被保险人的损失没有超过规定的比例,保险人一律不予赔偿;但被保险人的损失一旦超出事先规定的比例,则保险人赔偿全部损失。

第五节 分析实例：中国医疗保险制度中的道德风险与费用控制

一、医疗保险的基本矛盾

医疗保险面临的最基本矛盾是道德风险和逆向选择。道德风险在医疗保险上主要表现为隐瞒病情与治疗费用的骗保和骗赔，医、患两方从本身经济利益出发侵犯保险人的利益，当然也有保险人不守信的问题，但保险人的道德风险在医疗保险中并不是主要矛盾。

医疗保险系统由被保险方、保险方与医疗卫生服务提供方构成，三方在医疗保险中的特征加剧了医疗保险的基本矛盾并决定了医疗保险的难度，同时也提供了解决问题的基本思路。

（一）患者（被保险人）一方的特征

1. 乏知性与被动性

首先，与消费者购买其他产品和服务不同，被保险人缺乏对医疗服务质量与数量进行事先判断的知识和能力。在求医时，病人难以准确判断自己的健康状况，对自己身患何疾、严重程度没有明确的了解而完全听从医生的处置，欠缺对所供给的卫生服务的质与量是否符合自己病情的了解的信息，很难控制卫生消费的种类与数量。其次，被保险人接受治疗时不能讨价还价，其偏好和选择同在市场上选购其他物质和服务商品不一样，对卫生医疗服务的选择完全处于一种被动状态。因此，在卫生服务市场中占有很大比重的有效需求是由医生决定的，是在医生诱导下的诱发性需求。

2. 卫生服务需求的不确定性及需求缺乏弹性

若以发病率的高低来反映卫生服务需求的大小，可通过流行病学方法对团体及社区进行预测，但对个人来说，预测发病却非易事。与其他商品需求不同，需方很难事先对自己的卫生服务需求有个准确的估计。疾病的特点是突发性和随机性。此外，卫生服务的需求缺乏价格弹性。卫生服务是必需品，需要就是需要，没有多少回旋余地，缺乏需求价格弹性。美国有关研究表明，医生服务的需求价格弹性为 -0.2 至 -0.1；医院服务的需求价格弹性为 -0.3 至 -0.1。所以，以价格为手段进行需方控制的效果很差。

3. 卫生服务消费的外部性

政府提供的公共卫生服务如对地方病、传染病的预防与治疗显然是一种公共物品（public goods），个人对此类卫生保健的投入具有很高的外部效益，对个人来说是预防生病，而对其他人来说则是切断传染途径，对整个社会来说是防止大面积的疾病传播，维持居民的健康与劳动能力，从而维持社会的稳定与经济的增长。即使个人对不具传染性的疾病进行治疗和预防，也具有一定的外部效益，因为它可以使家庭及单位的工作保持正常运转，减轻社会的负担。

(二)医院和医生(卫生服务提供者)在医疗保险体系中的特征

1. 专业性

它要求卫生服务供方要获得特定资格,医生要受过长期的医学教育才能从事卫生服务,因而卫生服务的供给受医学教育培养能力的限制,受行医许可证制度等法规的限制,医疗机构的成立与撤销必须服从国家与地方的总体卫生规划及社会的需要。卫生服务供方的专业性使其最终能够从立法机构获得法律性垄断地位,供方具有卫生服务供给的排异特权。医疗卫生活动是以人的生命与健康为对象的,未经卫生主管部门许可,任何单位和个人都无权设立医疗卫生机构或私自从事医疗活动。在医疗市场中不允许外行替代提供医疗服务,因而,总体上医疗卫生市场是供方垄断性市场,是不完全竞争市场。

2. 公益性

卫生服务本身是一种公益性服务,医疗卫生机构在中国被定为事业性机构,就是从其公益性考虑的。

(三)社保局(医疗保险机构)在社会医疗保险体系中的特点

1. 福利公益性

福利性是社会医疗保险机构的基本特点,社会医疗保险是社会保障制度的一个分支,体现的是国家、社会对公民健康的基本保障。社会医疗保险与商业医疗保险不同,社会保险机构是一种中介性的服务机构,不以营利为目的,追求的主要是社会效益而非经济效益,其运营的核心是足量筹集、合理使用、高效管理保险基金,使收支达到平衡,保证补偿被保险人在保险责任范围内的卫生服务消费费用,从而维护被保险人的身体健康,维护经济与社会的稳定,促进社会的发展。

2. 风险性

社会医疗保险作为一种保险组织,其风险性是不言而喻的。保险机构依据大数法则的原理把个人的或少数的不确定风险集合起来,形成具有某种概率分布的可确定风险,把个人的、随机的、难以承担的损失转化为可预测、可控制、具有某种概率的损失。对商业性保险来说,经营风险追求的是盈利,而对社会保险来说,资金筹集与运用的基本平衡是保险体系得以持续运作的基本要求,为达到这一要求必须保证风险单位满足一定的大数。

3. 主导性中的被动性

医疗保险机构是整个医疗保险体系的中间链条。医疗保险作为一种社会经济活动以医疗保险资金的流动过程为其主要内容。医疗保险机构既负责保费的筹集又负责费用的支付,因而处于资金流动的中心位置,对医疗保险起控制作用。医疗保险机构为保证保险资金和卫生资源的有效合理利用,以及避免资金的渗漏,必然要担当起对被保险方和卫生服务供给方费用控制的任务。保险机构的这种监督管理作用,在社会医疗保险模式下常常是代理国家执行政府的某种功能,有时甚至完全成为政府政策的执行与管理者。然而,这种主导性却又受到服务供方专业性与垄断性的制约,缺乏与医疗服务提供方相对称的信息,因而在监督控制供方行为时又陷入被动。

医、患、保三方特点决定了医患的供需行为如图4-7所示。

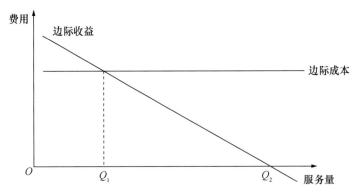

图 4-7　医、患、保三方的供需曲线

假设每增加一单位服务量的边际成本相等,随着服务量的增加,每增加一单位服务量所带来的边际收益下降。对于未参加保险的病人而言,最优服务量是 Q_1,在这一点上边际成本等于边际收益。鉴于医疗服务供方的特征,判别最优服务量的技术属于医生,病人并不知道自己的边际收益,这时一个医德良好的医生就将告诉病人,多少是他最合适的医疗消费(包括检查次数、住院天数、用药数量及质量等)。如果病人也同意按此消费,那么,这时社会边际收益等于社会边际成本,资源达到最有效利用。

假定医生的收入和病人的卫生服务消费量高度相关,而且还假定医生会轻微地违反职业道德(也许仅仅是不站在病人的经济上的角度着想),那么,他可能会建议病人的卫生服务消费量达到 Q_2,这是从技术角度考虑最优值,但对病人来说,是不经济的,此时对他的身体并没有损害,他失去的是一些金钱,得到的仍是健康。但如果医生是一个唯利是图、损人利己的人,这时,他会建议甚至欺骗病人使用超出 Q_2 的服务量,这时就会对病人的健康造成损害,产生医源性损害,使病人的经济和身体受到双重损失,严重的可能会危及病人的生命。

但是,如果病人参加了医疗保险,而且假定医疗保险的免赔额为 0,这时,病人接受医疗服务的边际成本始终为零(与横轴重合),病人希望自己的消费量是 Q_2,一个尽责的医生也会建议病人消费 Q_2 这么多的医疗服务,因为这一点应该是技术最优值,医疗服务的效果最好。但在这一点上,显然已经不是社会最优值,卫生资源因为有了第三方付费的保险机制而出现了浪费现象。

同样,如果医生的收入和病人的卫生服务消费量高度相关,一个不负责任的医生则更有可能促使病人卫生服务的消费量达到 Q_2,因为保险机构的第三方付费将减轻医生的负罪感。

因而,问题的关键在于,医疗保险机构与患者和医院之间的信息是严重不对称的,医疗保险机构在医疗保险系统中的特点决定了它控制能力的有限性。

以上对供给方的研究皆假定需求方是同质的,即病人的边际成本相同,但实际上,这样的假定太严格了,需要放松。现在假定病人的边际成本不同。影响病人边际收益的因素有很多,比如收入、对健康的重视程度、性别、年龄等都会使健康状况相同的人边际收益有所不同。为简单起见,这里仅以收入为例:统计上,高收入者往往比低收入者的边际收益要高,即高收入者比低收入者更加重视医疗保健,因为健康的身体可以使他们的高收入得到持续或者能让他们更能够享受高收入带来的高质量的生活。这样高收入者和低收入者的医疗服务的消费量将会不同,如图4-8所示。

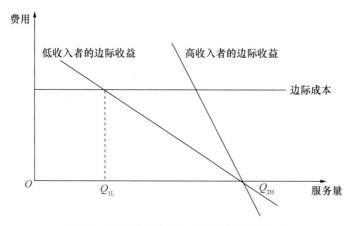

图4-8 不同收入者的边际收益与边际成本

公平分配医疗卫生资源和让每个人享有自由(使其边际成本等于边际收益)这两种要求之间的矛盾是客观存在的。当医疗保险存在时,矛盾将更加突出。因为如果允许高收入者在医疗保险体系中获得更多的医疗服务,将造成参加者之间实质上的"劫贫济富",与社会保险济弱助贫、减小贫富差距的社会再分配功能相悖;相反,若高收入者不能在医疗保险体系中享有基本自由(边际成本等于边际收益),那么保险将失去他们的支持,逆向选择的存在使相对富有者退出医疗保险,剩下的投保人中相对富裕者的连续退出将摧毁整个保险制度。对此,医疗保险机构必须采取相应措施,比如加强医疗保险的强制性,使这种矛盾得到部分缓解。但无论如何,这些矛盾在基本医疗保险的层面上是无法得到有效化解的,因为过高的强制性最终将损失社会效率。市场经济国家近年来的改革实践证明,在基本医疗保险之内化解不了的矛盾需要商业性的补充医疗保险来解决。

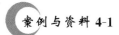

案例与资料4-1

食品安全的保险解法[①]

食品安全是一个热点问题,更是一个难点问题。虽三令五申、法规众多,但收效仍不理想。

梳理发达国家治理食品安全问题的制度链条,不难发现,除了严刑峻法、规则清晰、全民参与,借用商业保险市场的力量来保证食品安全各项制度的执行,已是一个成本低、效率高的必选项。

---

① 原文曾发表于2016年12月29日《中国保险报》。

随着商业保险市场的快速发展，我国一些地方政府部门也在试图利用保险机制实现保障食品安全的目标。比如，南京市鼓楼区市场监管局携手平安财险江苏分公司推出的小龙虾食品安全责任保险就是一次很好的尝试。

2016年，南京小龙虾横纹肌溶解症发病率较往年有大幅度增长，就诊人数达到400余人，消费者常常与商家之间就医疗费用赔偿问题产生纠纷。

小龙虾食品安全责任保险设有累计赔偿限额30万元、70万元和150万元的三种方案供商家选择，基础保费分别为1500元、2500元和3500元。该险种推出后市场反应良好，为各界提供了一个集中讨论食品安全责任保险的舆论环境。

南京市鼓楼区以单一品种食品作为保险的对象，主要是为了使保险条款简洁，商家能够理解，消费者能够看明白如何提出理赔申请，而小龙虾保险恰恰符合这些特点。

政府部门在社会管理方面的积极探索加上保险公司的创新与协作配合，为我国化解食品安全的难题提供了一个前景广阔的保险解。

发达国家的经验显示，食品安全首先倚重立法。而立法相对容易，因为食品安全问题事关每一个人、每一个家庭，也事关当局的"脸面"。因此，无论是发达国家，还是发展中国家，都不缺少食品安全的相关法律，其差别仅在于宽严疏密而已。

有法可依之后，化解食品安全问题的关键环节是监督和执行，监督主要来自三个方面：政府监督、社会监督和市场监督。政府监督最有权威性，但问题是政府未必拥有足够的人力和技术，其积极性也由追责机制的完善与否而有相当大的差异，动力一般难以持久，因此政府需要调动社会监督和市场监督的力量。

社会监督主要包括媒体监督和消费者监督。媒体监督的重要性是不言而喻的，但其作用仍然是查缺补漏性质的，如果一个地区的食品安全问题主要靠媒体揭露，就说明这个地区的食品安全监督存在重大的缺漏。消费者监督应该是社会上最有效的约束力量，因为消费者是食品安全问题的受害者，所以其积极性是最强的，但遗憾的是消费者大多不是食品安全问题的专家，受害后甚至不知道已经受害，或者知道受害却不知道是在哪里消费造成的，取证困难，且在以一己之力和食品企业发生法律抗辩时，常显得力不从心。

接下来是市场监督。发达国家的经验证明，市场监督的力量是最强大的，但却常常被忽视。食品企业对自己本身的问题和上下游的供货商问题最为清楚，彼此监督、相互制衡可以在很大程度上化解食品安全问题。但现实的情况却是，出于内部利益关系及当事者的个人私欲，食品企业之间彼此利用、相互掩盖问题的案例比比皆是。这时就需要有一个强有力的外部市场力量来制衡，而这个外部的市场力量则非保险市场莫属。

在发达国家的保险市场上，一旦食品企业与保险公司签署了产品责任保险合约，保险公司基于降低赔付成本的动机，将不遗余力地通过事前、事中和事后风险管理措施，降低食品安全事故发生的风险。美、英、日、韩等典型国家食品安全责任险的投保率普遍超过60%，美国的十几个州甚至将食品企业购买责任保险作为食品生产与供应的前提条件，形成了事实上的强制责任保险制度。食品安全责任险较高的投保率保证了保险公司可以收到足够的保险费,并有充足的动力组建起各类食品安全方面的专家队伍,利用最好、最新的技术控制企业的食品安全风险。

在美国许多州的食品安全相关法律中,都明确规定了保险公司在企业食品安全风险管理中的权力,加之联邦法律规定了"一人诉讼,所有受害者同等受益"的消费者集体诉讼权,被法院判决存在过失的食品企业将会面临巨额赔偿责任。为了规避巨额赔偿,保险公司也在保险合约中维护了自己监督控制食品企业原料采购、生产、运输、销售中的权利和义务,保险公司的食品安全专家借此可以对食品企业生产和销售过程进行深度监控和风险管理,在大幅降低了赔付概率的同时,也客观上保证了整个食品生产和销售流程上的安全。

因利益攸关,在防控食品安全事故发生方面,保险公司的积极性是政府部门所无法比拟的,为了降低风险、明确责任,保险公司总会采用最新的技术手段,从农场和养殖场等原材料生产地开始,利用物联网技术,通过射频识别、红外感应、全球定位、激光扫描等信息技术手段,对从原料生产、采购、加工、运输到批发、零售、餐饮的每一个环节实施监控,从而把安全可靠的食品输送到消费者的餐桌上。

在我国,保险市场对食品安全的监督作用远远没有被人们意识到,虽然一些保险公司也推出了食品安全责任险,但因为投保率太低且对风险管理重视不够,保险公司缺乏人力和技术资源的积累,业务重点还大多停留在承保—理赔的层面,而未能有效发挥市场监督的作用,现有的食品安全责任险也就因而显得"叫好不叫座"了。数据显示,我国仅有1%的企业(以出口企业为主)购买了食品安全责任险。

需要特别强调的是,食品安全责任险的首要目的不是发生事故之后保险公司的赔付,而是将保险公司作为第三方引入食品安全监管之中,形成一个良性的循环:购买保险的企业得到了保险公司的监管背书,会令消费者放心消费,从而提升了企业的食品安全信用,在市场上胜出;商家在经济效益提升后,就会意识到食品安全信用的价值所在,受此激励将会更加注重提升自己的食品安全信用等级,并在主观上加强食品安全的管理措施,以维护自己的食品安全信用等级,追求良好声誉,遏制潜在的违法冲动。保险公司通过食品安全责任险的经营,将获得良好的社会声誉,并在政府的帮助下组建起技术过硬的食品安全风险管理队伍,从而降低风险、成本和保险费率,最终将保险的保障范围从单一食品扩展到食品安全风险管理的所有领域,为整个社会的食品安全风险管理做出应有的贡献。

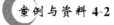

健康保险、费用控制与卫生体制改革[①]

随着人们对自身生命价值和健康的日益重视、物质生活水平的提高,以及企事业

[①] 原文曾发表于《中国卫生经济》2002年第2期。

单位公费、劳保医疗制度保险化改革的推进,商业健康保险作为社会健康保险的重要补充,其潜在的市场规模之大已堪称无与伦比。然而,面对如此诱人的"富矿",保险公司却远没有发掘寿险市场的那股热情。这固然有传统观念上的原因,但健康保险本身费用控制的难度和中国医疗卫生体制所固有的问题却是其发展缓慢的决定性因素。

健康保险中的费用控制迄今仍是一个世界性的难题,也是道德风险问题。而实际上,健康保险的发展水平决定于保险制度安排中费用控制的能力,因为在卫生服务市场上,医疗服务的需方(患者)具有无知性与被动性的特点。所谓"无知性"(less know how),并非日常的贬义概念,而是指医患双方的信息不对称,即患者缺乏对医疗服务质量与数量进行事先判断的知识和能力。在求医时,患者缺乏对卫生服务的提供者(医院和医生)所提供的卫生服务质与量是否符合自己病情的准确信息。其次,患者接受治疗时不能讨价还价,其偏好与选择同在市场上选购其他物品与服务不一样,对卫生医疗服务的选择完全处于一种被动状态,很难控制卫生消费的种类与数量。加之疾病的突发性和随机性决定了卫生服务需求具有不确定性和需求缺乏弹性的特点,患者的被动地位非常明显。相反,医院和医生具有专业性和垄断性的特点。医疗服务较高的专业性使其具有法律性垄断地位,医院具有卫生服务供给的排异特权。"人命关天",在医疗服务中,不允许外行提供医疗卫生服务。

在没有保险公司介入之前,由于双方以上的特点,医生与患者的矛盾可谓由来已久、根深蒂固。在医院和医生的收入与其提供的医疗服务数量相联系的时候,在利益驱动下,医生给患者开大处方、小病大医的情况就是一种必然出现的情况。这固然是人性的弱点,更是制度安排使然。为遏止医方的此类行为,制度变迁应运而生。在国际上,最流行的做法是"医药分家",切断医生与药品销售量之间的联系。然而,这只能在一定程度上有效,因为医生的收入可能还和其提供的卫生服务数量相关。若让医生的收入与其提供的卫生服务数量完全没有关系,比如,像我国改革前实行的医生工资制,医生工作的积极性便难以保证,因为干多干少一个样——这也不是人们所希望看到的。如何解决呢?国际上采用了林林总总的供方控制方法,比如,实行医生工资加奖金制度(医生获得奖金的额度由患者、医院和管理部门根据其医疗效果及其他表现进行年终评议决定);加大对提供不适当服务的医生的惩罚力度,尽量使其得不偿失;对医生的服务和行为进行定期检查;设立对医院和医生的行为进行公正评估的专业机构;等等。除了这些只能在一定程度上奏效的方法,面对这一世界性难题,一种主导性的说法就是把供方控制的任务留给市场去完成,因为和其他产品与服务市场一样,自由竞争的市场自然会淘汰掉提供过量服务的医院和医生。可问题在于,真正自由竞争的市场从哪里来?同时,医疗卫生领域的公益性和福利性决定了一个国家或地区的医疗卫生系统不可能完全市场化,也就是说,医疗卫生服务的外部性决定了其中的一些服务领域具有公共物品的性质(比如,传染病的预防与治疗、国民基本健康保健设施与服务的提供等),在这些领域,市场失灵不可避免,这是一个非常浅显的道理。因此,市场不可能完全解决供方控制的问题。

国际上,对医院的管理被称为管理"白色的迷宫",而中国的医疗卫生领域却更具复杂性。长期实行的与计划经济相适应的卫生管理体制留给我们的主要问题有:

(1) 医药合一,以药养医。财政差额拨款对医院的补偿与医院作为事业单位提供公共卫生服务所需要的资金之间相差悬殊、缺口巨大。医院在小而全、医药合一以及医疗卫生服务和药品价格严重扭曲(医疗卫生服务收费低廉而药品价格高企)的情况下,为了自己的生存,为了给职工谋更多的福利,渠道便自然要转到从多"卖药"、多"化验"上下功夫。大处方、大检验单因此就成为再自然不过的事。

(2) 卫生资源条块分割、配置失衡。与计划经济下的条块分割相一致,中国城市中卫生机构重叠设置、职能交叉、效率低下。单位医院、部门医院、地区医院自成体系。为了生存,城市医疗机构都注重向大规模、高精尖方向发展,而能够为职工提供低成本、适应基本医疗服务的基层医疗机构却相对萎缩。为了获得更高的等级评定(设备、器械的拥有量是决定医院级别的决定性因素之一),从而得到更多的财政补贴、竞争优势和其他利益,各家医院争相上高精尖的设备。比如,拥有300万人口的大连市就拥有14台CT,而伦敦、东京等国际级大都市的CT拥有密度仅为200万人/台。争上高精尖的结果是这些昂贵的设备挤占了开展预防和基本医疗的经费,使得卫生费用激增,而更重要的是,这些设备需要有更多的病人用才能养得起。怎么办?只有多化验、多检查。据统计,我国扫描检查显阳率仅为10%,而世界的平均水平为50%。

(3) 国有医疗卫生部门也像其他国有企业一样,存在着机构臃肿、人浮于事、效率低下、资源浪费的问题,历史包袱十分沉重,而这些机构和人员在财政无力全部承担的情况下,医院生存与发展的空间得靠患者付费来支撑,而一些医生也把"创收"的希望寄托在开"大处方"或者吃药品推销回扣上,药品市场的混乱状况因此难以勘正,药价畸高,居民医疗费用激增是其必然结果,患者和医院的矛盾更加深化。

仅此三点来看,中国卫生管理体制的改革就可谓千头万绪,难度可想而知。而保险的介入(无论是社会健康保险还是商业健康保险)切断了医患双方直接的经济联系,大大化解了两者之间的矛盾,患者不再太在乎医生是否开了太多的药、是否让自己做了太多的检查,医院也没有了财路变窄的危机。因为公费与劳保医疗的患者虽然越来越少,但有健康保险的人却越来越多了,他们共同的特点是不太在乎医疗费用的多少,一些患者甚至还希望医生能多开点药,吃不了可以给家人吃甚至卖掉。患者与医院都"皆大欢喜"。可事实上,矛盾并没有消失,而是大部分转移到了社会保险机构和保险公司那里。此时,保险公司和社会保险机构作为医疗卫生领域的外行,不但要监督控制医院"过度服务"的行为,而且还要面对众多的被保险人在投保之后卫生服务增加的现实以及医患合谋骗取保险费的可能。因此,保险公司和社会保险机构对医院和患者都必须进行有力的费用控制,即健康保险中所谓的"供方控制"和"需方控制"。

保险公司和社会保险机构能够解决费用控制这一世界性难题吗?尤其是在中国医疗卫生体制改革尚未完成、矛盾盘根错节的转轨期,中国的健康保险尚处于探索阶段,总体经验不足,人才匮乏,数据有限,精算技术落后,无论是商业保险公司还是社会保险机构对卫生服务机构的控制能力都极低,市场淘汰机制缺失,等等。在这么多不利条件下,健康保险发展之艰难,可想而知。

我们只能面对如此的条件,因此在现有条件下如何运作才能使健康保险走上良性发展的轨道,便成了人们最关心的问题。从以上有关健康保险的关键点——费用控制,以及中国卫生管理体制存在问题的分析不难看出,中国健康保险的发展应该从宏观和微观两个层面着手。

从宏观的层面说,首要的是国家医疗卫生管理体制的改革。新的卫生管理体制的建立和健康保险制度的全面推开,是国家卫生事业和社会保障事业向与市场经济发展相适应的方向转变的总体方略中相辅相成的两个方面,两者缺一不可,任何一方的单兵推进都不可能达到预期目的。两者相互配合的改革才是健康保险能够发展壮大的最基本的条件,若此条件不具备,健康保险只能在一个非常狭小的空间生存,费用控制异常艰难,风险无以化解,失败在所难免。而卫生管理体制的改革首要的是以下几个方面:

首先,医药分家,切断医生与患者之间的现金流。医院只管看病,提供医疗服务;药品则严格区分处方药和非处方药的界限,由药店统一经营。同时,改变目前医生服务价格太低,需以药养医的现状,大幅度提高医生的卫生服务价格,同步加强药品市场的管理,降低药品价格。起初,在新机制下的药品市场尚未成型的阶段,国家还要通过税收和财政手段把药店的超额利润转移到医院和医生手中,转移到公共卫生服务领域,以提高预防和基本医疗的水平,促进全民健康水平的提高。目前,国家有关部门正在制定有关医药分家的具体方案,试点工作也将展开,这是中国医疗卫生体制的重大改革,也是中国健康保险事业发展的重大契机。

其次,优化区域卫生规划,打破条块界限,实现企事业单位的医疗卫生部门社会化,重新配置医疗卫生资源。建立机制顺畅的整体区域卫生新体制。新体制包括三个内容:公益性的、主要由国家财政补贴的公立医院与商业性的、以营利为目的的私立医院并存;高精尖的专科医院与主要提供基本医疗服务的普通医院互补;大型、特大型医院与小型、区域性的医院有机衔接,双向转诊,资源共享。

最后,继续深化公费、劳保医疗体制的保险化改革,逐步扩大健康保险的覆盖范围,从而有效降低保险体制内的医疗卫生资源向非保险人群渗漏的程度。降低道德风险和逆向选择的负面影响。

自然,国家医疗卫生体制改革并非一朝一夕可以完成,而健康保险的发展又不能等待卫生体制改革完成再做。那么,我们所能做到的只是在推进卫生体制改革的同时,在保险制度的微观层面、在费用控制上下功夫,从而使健康保险在现有条件下达到一种"次优"状态。

在供方控制上,可借鉴国际经验,把费用控制的重点从单纯的医院控制转移到医院和医生控制并重的角度,因为对医生的控制要比对医院的控制容易得多。对医院控制的主要方式有:(1)对卫生机构实行医疗器械误用赔偿制,参照国际国内各类器械的"显阳率"制定合适的误诊赔付标准,超标的部分保险机构不予赔付且要由医院作出一定的赔偿;(2)对大型昂贵的医疗设备宜采用健康保险机构招标采购制,集中购买,多家医院共享,收费单列;(3)对某一疾病制定基本的治疗标准,对住院天数、医疗费用(包括药品和检查)等制定可供各地参考的标准,对畸高者进行调查;(4)打破被保险人只能在一家健康保险定点医院就诊的限制,发放健康保险就诊卡,允许被保险人在所有健康保险定点医院选择,使医院间形成一种有效的竞争机制。

而对医生控制的主要方法是:(1)对健康保险定点医院的医生可采用"薪金加奖励津贴"制。薪金制切断了医生收入与服务提供量的关系,把供方诱导性需求降低到了最低限度。若因此可能抑制医生工作的积极性,则可把奖励津贴作为其收入的一部分。其获得津贴的等级可由患者、保险管理人员及医院总的管理人员三方按各项工作指标评议定级,从而防止医生提供过度医疗或开"大处方""人情方"等加大费用和浪费资源的行为。提高医德不能依靠空洞说教,而要与经济机制结合起来。(2)定期对医生进行健康保险资格认证,对不合格者给予取消资格的处罚,对优秀者给予物质与精神奖励。(3)制定严格的、从事健康保险医疗卫生服务的医生所必须遵守的规则,公之于众,由群众监督。

在需方控制上,第一要做的就是把道德风险较高的项目剔除出保险责任之外。社会健康保险应定位于基本医疗,而商业健康保险则应定位于大病医疗。此外,一般门诊不宜作为健康保险的责任范围,因为其费用能够为一般家庭所承受且道德风险太难控制,住院补偿应是健康保险的重点。当然,只保住院会刺激门诊病人向住院分流,控制的办法是把住院病人的相对免赔额定得高一些,并且严格规定住院病种和程度。

相对免赔额和绝对免赔额都是非常重要的需方控制手段,而比较之下,相对免赔额更为重要,因为绝对免赔额可能会刺激医疗费用接近免赔线的患者的医疗消费,从而浪费卫生资源。当然,最佳方案当属相对免赔额和绝对免赔额的结合。此外,从社会健康保险试点的经验来看,个人账户和社会统筹相结合模式中的"海南双轨式"(个人账户管小病,统筹基金管大病)要比"两江通道式"(个人账户用完后进入自付阶段,然后进入社会统筹)更利于需方控制,因为通道式可能会鼓励全家人先用完一个人的个人账户,然后再进入社会统筹侵蚀资金。

费用后付制比预付制更利于需方控制,因为在后付制中患者在就诊时要先由自己垫支医疗费,然后再由保险机构按规定报销,这时患者自然会有所顾虑,要考虑花费是否符合规定,能否得到报销。当然更重要的是,此时患者会受到本人预算约束的控制,浪费现象会大幅度降低。而预付制则是由保险机构或医疗机构在患者就医时就垫支医疗费,需方控制的效果必然要差些。

除了医患双方的供需控制外,健康保险机构自身的内部控制也是费用控制的一个重要内容,对于堵塞健康保险经费的渗漏也十分重要。限于篇幅,本文对此不再赘述。

思考题

1. 请观察保险业道德风险的现实例证并分析其制度诱因。
2. 如何防范保险业的道德风险?

实践讨论

讨论保险中介(保险经纪人、保险公估人、保险代理人)的道德风险,然后从制度层面讨论如何化解保险中介的道德风险。

辅助阅读资料与相关网站

1. 拉斯缪森. 博弈与信息:博弈论概论[M]. 第 2 版. 王晖,等译. 北京:北京大学出版社,2003.

2. GROSSMAN S J, HART O D. An analysis of the principal-agent problem [J]. Econometrica, 1983, 51(1): 7—45.

3. https://www.iii.org/(美国保险信息协会)

4. https://www.insurance.ca.gov/(美国加利福尼亚州保险局)

5. https://www.journals.elsevier.com/insurance-mathematics-and-economics (*Insurance: Mathematics and Economics*)

6. https://onlinelibrary.wiley.com/journal/15396975#pane-01cbe741-499a-4611-874e-1061f1f4679e01 (*Journal of Risk and Insurance*)

7. https://onlinelibrary.wiley.com/journal/15406296 (*Risk Management and Insurance Review*)

8. https://www.palgrave.com/gp/journal/41288 (*The Geneva Papers on Risk and Insurance - Issues and Practice*)

第五章

逆向选择与统计歧视

引　言

保险公司说服一个身强力壮的年轻人购买健康保单不是一件容易的事情；相反，倒是体弱多病的人更愿意购买健康保单。投保人和保险人的愿望在交易达成的过程中是不一致的。保险公司希望收拢更多的低风险的风险单位，但低风险者却是投保意愿最低的人群。而更关键的问题在于，基于保险人掌握的信息，保险人并不能准确判断哪个投保人是高风险的、哪个投保人是低风险的，因此也就难以在有效区分风险水平的基础上实行差别费率。若费率相同，对低风险的人而言是不公平的，低风险的人可能会退出或不参加保险，留下的是高风险的风险单位，这就是所谓的"逆向选择"。

"逆向选择"这一术语虽然已经被广泛应用于经济研究的多个领域，但它最初却来自对保险市场的研究。与道德风险一样，逆向选择也是保险业面临的最基本问题之一。如果逆向选择不能有效化解，保险市场就无法长期存在。所以，保险公司在经营过程中的一个基本理念就是控制逆向选择。

第一节　逆向选择的界定

竞争性市场模型的一个基本假设是市场上交易各方具备完全信息，但在保险市场上，投保人和保险人所拥有的信息是不对称的，投保人对保险标的的风险状况有更多的了解，因此投保人往往试图利用自己所占有的更多的信息，以低于精算公平保费的价格获得保险。比如，在健康保险中，投保人更确切地知道被保险人当前的身体状况、不良病史、家族病史和未来的健康风险状况等，而这些并不能完全被保险公司了解。在选择保险的过程中，与健康风险低的人相比，在同样的价格条件和保障水平下，健康风险高的人更倾向于购买保险；而在保险合同中与投保人相对的另一方——保险人——却力图鉴别并阻止高风险的投保人加入保险。

针对这样一个在保险业普遍存在的过程，不同的经济学家却给"逆向选择"下了不同的定义：

有学者[1]认为，逆向选择就是"投保人所做的不利于保险人的选择"[2]，这是从投保人选择的角度定义的"逆向选择"。

也有学者认为，从保险公司的角度看，由于投保人私有信息的存在，保险人得到一大堆"逆向选择"得来的投保人。平常人们说选择，都是往好的方面选。保险公司的上述市场活动带来的选择，"选"出来的是比较不那么好的一群，所以这种选择叫逆向选择，逆向选择会导致保险公司因风险过高而破产。[3] 这是从保险人的角度定义的"逆向选择"。

而美国路易斯安那州立大学哈维·W.鲁宾博士（Harvey W. Rubin）编写的《保险术语词典》中逆向选择的定义是："在投保寿险的过程中，处于不可保风险之下的或者高

---

[1] PHILLIPS R D. Risk and insurance economics[J]. Journal of Economic Theory, 1996, 26: 101—124.
[2] 中国保险报社, 加拿大永明人寿保险公司. 英汉保险词典[M]. 北京: 商务印书馆, 1999: 25.
[3] 王晓刚, 王则柯. 信息经济学[M]. 武汉: 湖北人民出版社, 2002: 98.

于平均风险的投保人却试图从保险公司获得标准保险费率的保单;而寿险公司也因此仔细甄别并剔除高风险的投保人,原因是其保险费是按照处于平均健康状态和从事非危险行业的被保险人的风险水平而厘定的。"[①] 这是从投保人和保险人双向选择的角度定义的"逆向选择"。

比较而言,从投保人和保险人双向选择的角度定义"逆向选择"比仅从投保人的角度或仅从保险人的角度定义"逆向选择"更全面一些。因为在投保的过程中,投保人和保险人的选择是相互的,投保人根据自己的风险状况选择是否参加保险。高风险的投保人具有更强烈的参加保险的倾向;而与此同时,保险人甄别投保人的风险状况并选择是否给予保险,力图对高风险的投保人进行剔除,两方的目标是相反、互逆的,故称此为"逆向选择"。

第二节 逆向选择的信息经济学基础

一、保险市场上的一阶信息和二阶信息

在信息经济学里,信息被分成两个层次:如果一些信息是由另一些信息综合或加工起来得到的,那么综合或加工得到的信息被称为二阶信息,被综合或加工的原始信息被称为一阶信息。信息的两个层次是相对的概念,当一个信息集里的二阶信息被综合或加工起来得到另一些信息时,原来的二阶信息就变成新信息集里的一阶信息,而再综合或加工后得到的信息则是二阶信息。一阶信息和二阶信息之间有如下的关系:

(1) 一阶信息明确,二阶信息一定明确;
(2) 一阶信息不明确,二阶信息可能明确;
(3) 二阶信息明确,一阶信息未必明确。

在保险市场上,两阶信息如上的关系特性有时利于整个市场的运行,但更多的时候却是导致保险市场失灵的关键因素。

在保险市场上,每一个被保险人的风险是不可准确预测的(可准确预测的风险是不可保风险),也就是说,个体保险事故是否发生或何时发生以及发生后的损失程度是不确定。个人风险信息在这里作为一阶信息是不明确的,但对于一个达到一定数目、满足大数法则要求的被保险人群体,群体风险信息作为二阶信息却是可以预测的。保险人利用过去的风险和损失数据,采用精算技术,可以相对准确地预测整个群体发生风险事故的概率和损失程度的分布,并按这样的概率计算保险费率,从而保证保险人的收支平衡。就是因为这个原理,保险公司才能把个体风险集合在一起然后在群体的层面上分散开来,保险制度才能得以持续下来并在各个国家保持持续繁荣。

但保险人和投保人作为保险合同的双方,在保险人不知道投保人一阶信息的情况下,却会导致"逆向选择",从而引致保险市场失灵。因为保险人不能准确得知投保人个体的风险信息,也就无从甄别出高风险的个体,保险人只能按照平均风险水平向每个投

---

① RUBIN H W. Dictionary of insurance terms [M]. 4th ed. New York: Barron's Educational Series, Inc. 2000:17.

保人收取相同的保险费,这样会导致高于平均风险的投保人参加到保险中来,而低于平均风险的投保人退出保险。接下来,保险公司按照剩下的高风险的投保人的平均风险水平确定保险费率,这样把风险水平相对低的投保人排挤出去,保险人向剩下的投保人收取更高的保险费。显然,若如此循环下去且不能被打破,最终的结果将是保险制度的崩溃。

二、保险市场上的信息不对称

保险市场上的信息不对称与其他市场上的信息不对称一样,也可以按不对称信息发生在签约的前后分为事前(ex ante)不对称信息和事后(ex post)不对称信息;或按不对称信息的内容分为隐藏信息(hidden information)和隐藏行为(hidden action)(见图5-1)。

	隐藏行为	隐藏信息
事前	道德风险	逆向选择 信号传递模型 信息甄别模型
事后	道德风险	信号传递模型 道德风险

图 5-1 保险市场上的信息不对称[①]

1. 事前的隐藏行为和隐藏信息

由于保险需求方(投保人、被保险人和受益人一方,以下统称投保人)与保险供给方(保险人)之间的信息不对称,投保人在保险合同签订之前根据自己的风险状况选择保险产品和保险人,保险人也同样要根据投保人的风险状况选择投保人。在此过程中,投保人按法律、合同或其他规定向保险人传递自己风险状况的信号,保险人根据这些信号对投保人进行甄别,剔除风险过高的投保人,向其认为可以接受的投保人提供保险。但如果投保人违反信号传递的规定,比如违反保险法中关于最大诚信原则的相关条款、不履行如实陈述和告知的义务,甚至恶意传递虚假信号骗保,则属于道德风险的范畴。

保险市场的信号传递模型主要包括陈述、告知和保证。

陈述是指投保人在投保时向保险人做出的口头的或书面的通知或说明。陈述的主要内容包括重要事实(material facts)、事实(facts)、想法与期望(opinion and expectations)。陈述发生在保险合同签订之前,保险人以投保人不实陈述为由解除保险合同,必须是保险合同签订之前的陈述与保险合同签订之前的实际情况不符,而非与保险合同签订之后的情况不符。

告知是指投保人必须将与该保险有关的一切重要事实告诉保险人,不论何种原因,否则就构成了不告知(nondisclosure)或隐瞒(concealment)。投保人的告知义务既包括

---

① 不对称信息矩阵及信号传递模型、信息甄别模型的相关概念参见:RASMUSEN E. Games and information:an introduction to game theory [M]. Hoboken, NJ: Blackwell, 1994;张维迎.博弈论与信息经济学[M].上海:上海三联书店,1996:399—403。

保险合同签订之前,也包括保险合同履行期间投保人将重要事实向保险人告知。

保证是指投保人以书面文字或通过法律规定的形式确保某一事实状态存在或不存在、某种行为履行或不履行。

重要事实是有关影响保险人据以确定保险费率或是否同意承保的重要情况。

2. 事后的隐藏行为和隐藏信息

投保人和保险人签订保险合同之后,当保险标的的风险状况发生变化,并足以影响到保险人调整费率水平和决定是否继续承保时(比如,机动车辆保险中车辆用途的变更,短途载客改为长途载货,就可能对承保车辆的风险水平产生非常大的影响),投保人有向保险人告知此类重要信息的义务,信号传递在保险合同履行过程中仍继续进行。投保人未能及时传递这样的隐藏信息就构成了道德风险。而事后的道德风险更主要体现在投保人的隐藏行为上,投保人因具备了保险保障而疏于对保险标的的管理,甚至故意破坏保险标的以骗取保险赔款。保险欺诈是保险市场上最为典型的道德风险问题。

第三节 保险市场逆向选择的效应

一、逆向选择的理论分析

最早对逆向选择问题进行研究的是乔治·阿克洛夫(George Akerlof)[1],他的论文《柠檬市场:不确定性与市场机制》[2]因被编辑认为太浅显而遭三次退稿后发表在《经济学季刊》上,最终成为信息经济学奠基性的经典文献。阿克洛夫认为,保险购买者比供给者更清楚自己是否是一个具有恶性风险的"柠檬"[3],他或许会向保险公司隐瞒事实以获得一张标准保费保单。如果保险公司具备完全信息的话,这样的保险合同就不会被签发。

其实为说明信息不对称情形下的逆向选择效应并不需要特别复杂的模型,一个简单的例子就可以了。比如,中国大学里本科生和研究生的综合测评成绩决定着学生是否可以获得各种奖学金,其中国家奖学金因其奖励额度高和权威性强而被学生和用人单位公认为最有含金量的奖学金,当然因为名额有限竞争激烈,所以获得国家奖学金并不容易。为保证公平性,各学校都设定了严格的综合测评标准。学生角逐国家奖学金不但需要有过硬的学习成绩,还要有参加老师的科研活动、发表论文、组织或参加院校和社会的各种活动的记录,在读期间获得的各种奖励,包括专利证书、注册会计师证书等都可以加分,同时还需要老师、班长和同学给一个相对较高的评价分。这些指标得分进行加权平均最后会计算出每一个学生的综合测评得分,然后学校根据综合测评得分颁发奖学金。

学生为了得到国家奖学金是要付出很大代价的,除了努力学习外,还要参加各种活动,可能需要把别人喝咖啡、打游戏、谈恋爱的时间都用来"干正事"。但即便如此,在综

---

[1] 乔治·阿克洛夫,美国经济学家,2001年获得诺贝尔经济学奖。他与另两位美国经济学家麦克尔·斯宾塞和约瑟夫·斯蒂格利茨共同开创了"信息不对称理论"。

[2] AKERLOF G A. The market for "lemons": quality uncertainty and the market mechanism[J]. Quarterly Journal of Economics,1970,84:488—500.

[3] "柠檬"一词在美国俚语中意思为"次品"或不中用的东西。

合测评结果出来之前能否获得国家奖学金都是很不确定的,因为综合测评成绩的差距一般都非常小,第一名和第五名之间可能就差零点零几分,而一个班的国家奖学金名额最多也就两三个。

保险公司愿不愿意开发一款"国家奖学金保险"呢?比如保险费是 2 000 元,如果投保人最终没有能够获得国家奖学金,保险公司将赔付 20 000 元。

在保险公司和投保人信息不对称的情况下,这种保险不会存在,我们用图 5-2 来说明逆向选择的效应。

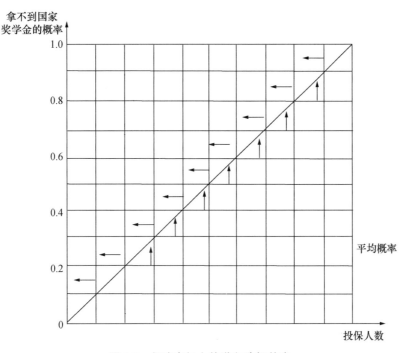

图 5-2 保险市场上的逆向选择效应

图中横坐标表示投保人数,纵坐标表示拿到国家奖学金的概率,从坐标原点出发斜率代表从 0 到 1 的供给曲线,即拿不到国际奖学金的概率是与投保人数正相关的,越是那些拿不到国家奖学金的人越有积极性买这份保险。如果保险公司知道每一个被保险人拿不到国家奖学金的概率,它就可以针对每一个被保险人征收相应的费率。比如说,对 20% 的概率拿不到国家奖学金的被保险人征收 20%×20 000 元=4 000 元的保险费[①];对 40% 的概率拿不到国家奖学金的被保险人征收 40%×20 000 元=8 000 元的保险费;以此类推,对 100% 的概率拿不到国家奖学金的被保险人征收 100%×20 000 元=20 000元的保险费。根据大数法则,如果参加保险的被保险人足够多,保险公司可以实现收支平衡。

但问题在于,在信息不对称的情况下,保险公司无法知道每个被保险人拿不到国家奖学金的概率,所以为了保证收支平衡,保险公司只能按照所有学生拿不到国家奖学金

---

① 此处不考虑附加费用,仅按纯保险费计算。

的平均概率收取保险费,比如是 90%,那么每个被保险人需要交纳的保险费就是 90%×20 000=18 000 元。但如果按每人 18 000 元收取保险费,那些拿奖学金概率最大的一批人就没有积极性购买保险了,因为国家奖学金是 20 000 元,拿其中的 18 000 元买保险显然是不划算的,他们会觉得自己费了很大劲儿原来是给保险公司打工,这样最有可能拿到奖学金的大约 10%左右的人就会远离保险;这些人的退出,会使剩下的人群得不到奖学金的平均概率提升,保险公司为了维持收支平衡,只能提高费率;而保险公司提高费率会使其中有获得国家奖学金概率相对高的人远离保险,保险公司因而再次提高费率……在图 5-1 中,向左的横向箭头表示退出或远离保险,向上的纵向箭头表示获得国家奖学金平均概率的下降和保费的上升。很快保险公司就发现,剩下的都是那些得国家奖学金概率非常低的人了,他们的保险费率接近于 100%,保险也就失去了意义,因此这样的保险市场根本就不存在。

迈克尔·罗斯查尔德(Micheal Rothschild)和约瑟夫·斯蒂格利茨(Joseph Stiglitz)1976 年发表于《经济学季刊》的文章《竞争性保险市场上的均衡》[1]一文也是关于保险市场逆向选择问题的最重要的文献之一。他们的研究成果显示,在精算公平保费下,高风险的投保人将购买完全保险保单,低风险的投保人将购买部分保险保单,这种选择结果是竞争性保险市场的纳什均衡。

假设一个投保人处于风险事故发生和不发生两种风险状态之下。若不发生事故,其收入为 W_1;若发生风险事故,其损失为 d,则其收入为 $W_2=W_1-d$。他可以通过事先支付 α_1 的保险费与保险公司达成协议,在事故发生后获得 $\hat{\alpha}_2$ 的保险金赔付,如表 5-1 所示。

表 5-1　投保人的期望效用矩阵

	不发生事故	发生事故
无保险	W_1	W_2
有保险	$W_1-\alpha_1$	$W_2+\alpha_2^*$

注:$\alpha_2^*=\hat{\alpha}_2-\alpha_1$。

假设投保人的期望效用为货币收入 x 的函数 $U(x)$,且投保人是严格的风险规避者,即 $U'>0, U''<0$。根据贝努利定理,$U'>0, U''<0$ 意味着投保人买保险的效用大于不买保险的效用。

假设发生保险事故的概率为 p,则投保人不购买保险和购买保险时的期望效用分别为:

$$U_n = (1-p)U(W_1) + pU(W_2)$$
$$U_1 = (1-p)U(W_1-\alpha_1) + pU(W_2-\alpha_1+\hat{\alpha}_2)$$

若 $W_2-\alpha_1+\hat{\alpha}_2=W_1-\alpha_1$,投保人被完全保险;

若 $W_2-\alpha_1+\hat{\alpha}_2<W_1-\alpha_1$,投保人被部分保险;

---

[1] ROTHSCHILD M, STIGLITZ J. Equilibrium in competitive insurance market: an essay on the economics of imperfect information [J]. Quarterly Journal of Economics, 1976, 90: 629—649.

若 $W_2-\alpha_1+\hat{\alpha}_2>W_1-\alpha_1$，投保人被过度保险。

于是，保险合同的需求函数和供给函数可以表示为：

$$\hat{V}(p,W_1,W_2)=(1-p)U(W_1)+pU(W_2)$$

$$\pi(p,\alpha)=(1-p)\alpha_1-p\alpha_2=\alpha_1-p(\alpha_1+\alpha_2)$$

在投保人和保险人之间的信息对称且保险公司是风险中性的条件下，完全保险是最优保险合同（见图 5-3）。

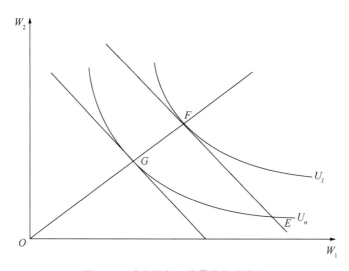

图 5-3　对称信息下的最优保险合同

点 E 代表不参加保险时的收入状态，曲线 U_n 和 U_I 是状态空间上投保人的无差异曲线，U_n 过点 E 意味着投保人期望效用与不参加保险时的期望效用相等，U_I 代表较高的期望效用水平。在与 45 度线相交的点上，无差异曲线的斜率为：

$$\frac{\partial W_2}{\partial W_1}=-\frac{(1-p)\partial U}{\partial W_1}\bigg/\frac{p\partial U}{\partial W_2}=-\frac{1-p}{p}$$

过点 F 和 G 的两条直线是保险人的等期望利润曲线，其中过点 F 的直线是零期望利润线，过点 G 的直线代表是正期望利润线。帕累托最优意味着投保人的最后收入应该是无差异曲线和等利润曲线切点的集合，即位于 F 和 G 之间的线段上，而落于哪一个点，依赖于保险市场的竞争程度，随着保险市场竞争程度的增强，从 G 点向 F 点靠拢。如果保险市场是完全竞争市场，消费者得到保险带来的全部剩余，均衡点落在 F 上；相反，如果保险市场是完全垄断市场，则保险人获得交易的全部剩余，均衡点落在 G 上。但无论市场的竞争程度如何，在对称信息下，投保人被完全保险。

现假设有风险高低不同且其风险状态无法被保险人识别的两类投保人。在图 5-4 中，U_H 是高风险投保人的无差异曲线，U_L 是低风险投保人的无差异曲线。如果保险人能够甄别投保人的风险类型，则两类风险的投保人都将分别得到完全保险，但保险人向高风险投保人索要的保险费要高于向低风险投保人索要的保险费。

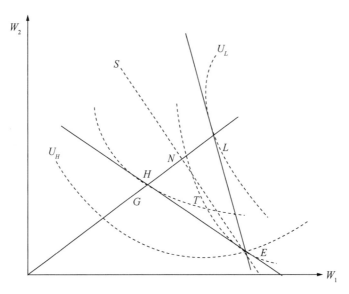

图 5-4 不对称信息下的保险合同

而在投保人和保险人信息不对称的情况下,保险人无法甄别投保人的风险类型,保险人仅知道一个投保人属于高风险和低风险的概率分别为 δ 与 $1-\delta$,保险人只能向所有投保人收取相同的保险费 α_1,在事故发生后投保人获得 $\hat{\alpha}_2$ 的保险金赔付,若高风险和低风险投保人发生保险事故的概率分别为 p_H 与 p_L,则保险人的期望利润为:

$$E_p = \delta(\alpha_1 - p_H \cdot \hat{\alpha}_2) + (1-\delta)(\alpha_1 - p_L \cdot \hat{\alpha}_2)$$

零期望利润曲线介于 EH 与 EL 之间,如果投保人完全保险,零利润曲线 SE 和 45 度线的交点 N 满足零利润约束,但在这点上,低风险投保人的期望效用低于他不参加保险时的期望效用,他们的选择将是不参加保险。低风险投保人退出保险市场,如果保险人按原来费率向剩下的高风险投保人收取保险费,保险人的利润为负,其唯一选择是提高费率到 H 点,低风险投保人被驱逐出保险市场。

但若保险人向投保人提供部分保险,比如是图 5-4 中的 T 点,过 T 点的无差异曲线高于过 E 点的无差异曲线,低风险投保人将选择参加部分保险。

以上的过程可以用以下数字化的例子来说明:

例 5-1 假设甲和乙各有 625 万元待出售的货物,他们的效用函数都是财富的平方根。由于货物出口的时间或航线不同,所以遭受损失的概率也不同。甲出口货物遭受损失(600 万元)的概率是 25%;而乙出口货物遭受损失(也是 600 万元)的概率是 75%。根据贝努利定理,如果保险人按照每个人的精算公平费率收取保险费,则二者都会投保。此时如图 5-4 所示。

甲不投保的期望效用:

$$EU_1 = 0.25 \times \sqrt{25} + 0.75 \times \sqrt{625} = 20$$

乙不投保的期望效用:

$$EU_2 = 0.75 \times \sqrt{25} + 0.25 \times \sqrt{625} = 10$$

当保险人不知道被保险人的风险状况时,只能各收取公平平均保费(fair pooled pre-

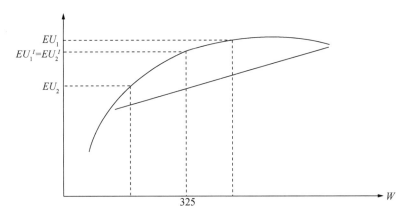

图 5-5　不对称信息下保险合同的数字化例证

mium)：

$$P_1 = 0.25 \times 600 = 150$$
$$P_2 = 0.75 \times 600 = 450$$
$$P = \frac{P_1 + P_2}{2} = 300$$

甲和乙投保后的期望效用：

$$EU_1^I = EU_2^I = \sqrt{625 - 300} = 18.03$$
$$10 = EU_2 < EU_1^I = 18.03 = EU_2^I < EU_1 = 20$$

不难看到,在这个过程中只有高风险投保人购买保险,而低风险投保人会选择自保,低风险投保人被高风险投保人驱逐出保险市场,此即为信息不对称情况下的逆向选择的效应。

而如果保险公司提供带有免赔额的部分保险(这里的免赔额需要达到一定的比例),则结果如表 5-2 最底行所示。

表 5-2　足额保险和有免赔额的部分保险合同下的期望效用

合同类型	低风险者的期望效用	高风险者的期望效用
无保险	20.00	10.00
足额保险合同	18.03	18.03
保费 50 万元,500 万元免赔额的合同	20.15	12.49

在保费 50 万元、免赔额 500 万元的合同中,不论是低风险者还是高风险者,购买保险的期望效用都大于各自不买保险的期望效用,所以两者都会购买保险。

对逆向选择的研究比较经典的文献还有查尔斯·威尔逊(Charles Wilson)的关于不同保险公司在销售和修改保单这一博弈过程中所达成的市场均衡分析的文章。[1] 在威尔逊均衡中,每个公司能够正确地预测当它变更保单种类时其他公司会放弃哪些保单;迈克尔·斯彭斯(Michael Spence)在威尔逊研究的基础上,对高风险者和低风险者所购买

---

[1] WILSON C. A model of insurance markets with incomplete information[J]. Journal of Economic Theory, 1977, 16(2): 167—207.

的保单之间存在交叉补贴情况下的市场均衡的分析[1];拉塞尔·库珀和贝丝·海斯对多期间保险合约的分析[2];乔治·迪翁对逆向选择和重复保险合约关系的分析[3];基斯·克罗克和阿瑟·斯诺对保险行业分类歧视的效率影响的分析[4];等等。

二、保险市场逆向选择问题的化解

保险市场上的逆向选择问题需要通过信号传递和信息甄别两个过程来化解,这两个过程在实践中演变出了各种各样的化解措施。

信息不对称导致逆向选择从而使得保险当事人无法在签订保险合同的过程中实现帕累托最优,甚或导致保险市场走向瓦解。显然,如果投保人有办法将自己拥有的私人信息传递给保险人,或者保险人能够设计出各种制度诱使投保人诚实地披露其私人信息,保险市场上风险交易的帕累托改进就可以出现。由此可见,获取足够多的信息并据此甄别投保人风险程度的大小是保险人应对逆向选择最有效的方法。

信号传递(signalling)是指拥有私人信息的一方向另一方传递某种信号,以此表明自己的某些特性。在保险市场上信号传递主要是指投保人向保险人传递各种能够表明自己、被保险人或保险标的风险类别归属的信息。

信息甄别(screening)指的是交易双方中不拥有私人信息的一方事先制定一组合同 $\{(w_1,s_1),(w_2,s_2),\cdots,(w_n,s_n)\}$ 和一个选择规则 $R:\theta\rightarrow(w,s)$,使得对方能够根据自己的特征在所有可以选择的组合中选择一个最适合自己的合同。在保险市场上,是指保险人设计若干不同的保险单及其投保标准,然后由投保人选择购买最适合其需要的保险单,从而可以在一定程度上化解逆向选择的问题。

第四节 逆向选择与保险统计歧视

一、歧视与统计歧视(statistical discrimination)

在经济分析中,歧视(discrimination)一词和在其他语境中不一样,是不带有感情色彩的,是没有褒贬的中性词,仅指对事物区别对待。竞争的存在是歧视的根源。资源有限而欲望无穷,大家都想要,因此必须有一个歧视性(区别对待)的规则和标准,才能让资源在人群中分配出去。收费的高速公路和免费的普通公路并行,谁都愿意上高速公路,但只有愿意缴费的司机才能上高速,这就是根据驾驶人需求的紧迫性和愿意付费与否的歧视;谁都想坐头等舱,但只有愿意付出头等舱价格的乘客才能乘坐头等舱,这是根据个

---

[1] SPENCE M. Product differentiation and performance in insurance markets[J]. Journal of Public Economics,1978,10:427—447.

[2] COOPER R,HAYES B. Multi-period insurance contracts[J]. International Journal of Industrial Organization. 1987,5(2):211—231.

[3] DIONNE G. Adverse selection and repeated insurance contracts[J]. The Geneva Papers on Risk and Insurance - Issues and Practice. 1983,8:316—332.

[4] CROCKER K,SNOW A. The efficiency effects of categorical discrimination in the insurance industry[J]. Journal of Political Economy. 1986,94(2):321—344.

人和企业经济实力、员工待遇水平及支付意愿的歧视;谁都愿意到名牌大学读书,但只有入学考试成绩排名靠前的考生才能进入,这是根据考试分数的歧视;大学毕业生都希望到收入高、福利好、有前景的单位工作,但只有符合单位用人条件的应聘者才会被录用,这是根据个人综合能力的歧视……凡此种种,不一而足,可以说只要存在市场,就会有歧视,因为商品和服务的价格本身就是区别对待消费者的标准。

保险市场的歧视也无处不在,比如已经罹患某种疾病的被保险人不能参加涵盖这种疾病的健康险;超过保险合同约定年龄的被保险人不能参加相应的年金险或者健康险;对保险标的没有可保利益的投保人不能购买该保险标的的保险单,这些是保险公司在投保人或被保险人能否投保方面设定的歧视标准,也称"门槛标准"。即使迈过了保险市场的门槛,关于保险价格即费率标准的歧视则更为普遍。

一般而言,保险公司在设计保险单的过程中都不是针对某一个具体的投保人,而是针对一个具有同质风险的投保人和被保险人群体,即保险公司所设计的该种保单的目标客户群。因此,在投保人和保险人信号传递和信息甄别的整个过程里,保险人先要设立一定的标准,利用这样的标准把目标客户和其他客户区别开来,然后才能把某一个具体的客户划入其中。而标准的设定需要统计数据和相应的分析。比如,统计数据显示,38—55岁的女性比同年龄层的男性患严重疾病的概率要高许多,保险公司据此按投保人性别设计了两种健康保险单,对女性投保人(被保险人)收取更高的保费。这样依据统计数据做出的保险市场歧视措施即称为保险统计歧视。当保险人利用投保人的风险特征,比如性别、工作类型等作为消费者所属风险群体的甄别指标时,统计歧视就会发生。

按风险水平的不同收取差别费本来是符合保险人和投保人利益对等原则的,具有不可争辩的经济合理性。但在现实生活中,保险公司对不同性别、婚姻状况或者年龄分组的投保人是否应该基于统计得出的平均风险因素收取差别保费却是一个政治上的或者伦理上的问题,牵涉更多的社会关系。

二、加拿大汽车保险的案例

1978年,加拿大阿尔伯塔省产业委员会通过决议反对基于被保险人性别特征制定保险费率,认为这种做法与其《人权保护法案》的精神相悖。《人权保护法案》禁止政府、企业或个人在提供服务或提供公共设施的过程中,存在基于种族、宗教信仰、肤色、性别、籍贯或出生地等方面的歧视性规定。由于很多男性抱怨汽车保险公司对风险特征相似的女性收取较低保费,因而阿尔伯塔省产业委员会成立了质询委员会。尽管保险行业采取这样的做法是因为有统计证据表明,年轻女性的事故率低于年轻男性。但是,质询委员会认定,若法律所禁止的歧视事实上存在,不能因为有统计证据的支持就不称其为歧视"。之后,上市公司不列颠哥伦比亚保险公司在其基本汽车保险费率计划中启用了一种保单,该保单从厘定车险费率的因素中删除了年龄、性别、婚姻状况和地理位置等指标。

——案例引自《逆向选择和统计歧视:加拿大汽车保险市场分析》,作者B. G. 达尔比(B. G. Dahlby)[①]

---

① DAHLBY B G. Adverse selection and statistical discrimination: an analysis of Canadian Automobile Insurance[J]. Journal of Public Economics, 1983, 20(1): 121—130.

加拿大私人汽车保险行业厘定机动车辆保险（包括人身伤害险、财产损失险和第三者责任险）费率时主要采用驾驶人年龄、性别、婚姻状况和索赔记录等指标来决定费率的高低,基于性别和婚姻状况的歧视主要针对 25 岁以下人群。在对 25 岁以下人群普遍采用性别歧视费率之前,1975 年至 1978 年加拿大 21—24 岁城市地区人群汽车保险统计数据如表 5-3 所示。

表 5-3　1975—1978 年加拿大 21—24 岁人群汽车保险统计数据

年　龄	21—22	23—24	21—24	21—24
性　别	男	男	男	女
婚姻状况	单身	单身	已婚	单身或已婚
第三者责任险索赔频率				
全部对象	0.1240	0.1040	0.0980	0.0821
至少 5 年无索赔记录	0.0917	0.0783	0.0741	0.0659
至少 5 年无索赔记录司机比例	0.1750	0.3110	0.3120	0.2890
碰撞险（免赔额为 100 美元和 250 美元）索赔频率				
全部对象	0.1420	0.1230	0.1090	0.0998
1978 年平均保费	264 美元	192 美元	162 美元	147 美元
1978 年期望损失成本	162 美元	137 美元	96 美元	87 美元
购买碰撞险司机的比例	0.4970	0.5880	0.6940	0.7470

资料来源:加拿大保险局《1977 年汽车保险年鉴》和《1978 年汽车保险年鉴》。

表 5-3 显示,单身男性第三者责任险平均索赔频率明显高于已婚男性或女性;至少 5 年无索赔记录的司机平均索赔频率比全部司机平均索赔频率低 25%。表 5-3 还列出了购买免赔额为 100 美元和 250 美元碰撞险的人群平均索赔频率。每一类司机碰撞险的平均索赔频率都比第三者责任险要高。碰撞险索赔频率较高的一个可能的解释是,它可以承保未发生第三者损失索赔的事故,比如,没有导致第三方人身和财产损失的单个车辆事故。但是,这些统计数据更可能还意味着碰撞险市场逆向选择问题的存在。逆向选择理论证明,若保险公司不能区分低风险和高风险人群,则低风险人群会为碰撞损失购买不足额保险。若某些低风险者没有购买具有 100 美元和 250 美元免赔额的碰撞险,则最终购买了碰撞险的人群的平均事故率会超过整个人群的平均事故率,在这里整个人群的平均事故率是用购买第三者责任险的索赔频率近似替代的。这样,低风险人群因为市场中存在高风险人群所导致的保费过高,不愿意购买碰撞险,这样就可以解释为什么碰撞险具有较高的索赔频率。

表 5-3 还显示了 1978 年每个承保车辆的平均保费和每个承保车辆的期望损失成本,后者是碰撞险平均索赔频率与保险行业平均损失成本的乘积。最后,表 5-3 显示了购买碰撞险的司机比例在女性中最高,在 21—22 岁单身男性中最低。

达尔比利用计量模型①模拟了 1977 年 21—24 岁人群对在碰撞险中禁止性别歧视的效应,结果如表 5-4 所示。

---

①　感兴趣者可以参见本章附录。

表 5-4　1977 年碰撞险性别歧视禁止效应模拟结果

年　龄	21—22 岁		23—24 岁		21—24 岁	
婚姻状况	单身		单身		已婚	
性　别	男	女	男	女	男	女
预测保费						
歧视性	250 美元	137 美元	205 美元	137 美元	160 美元	137 美元
无歧视性	221 美元	221 美元	187 美元	187 美元	153 美元	153 美元
变动	−29 美元	84 美元	−18 美元	50 美元	−7 美元	16 美元
变动幅度	−11.6%	61.3%	−8.8%	36.5%	−4.4%	11.8%
购买碰撞险司机的预测比例						
歧视性	0.47	0.73	0.56	0.73	0.69	0.73
非歧视性	0.49	0.63	0.57	0.67	0.70	0.71
变动幅度	2%	−10%	1%	−6%	1%	−2%

　　选择 1977 年度数据来模拟是因为歧视性保费的平均绝对预测误差在这一年是最小的。若 1977 年取消性别歧视,对 21—22 岁单身人群、23—24 岁单身人群和 21—24 岁已婚人群三类司机收取统一保费,则 1977 年歧视性收费的预测保费如表 5-5 所示。① 1977 年无歧视预测保费对 21—22 岁单身男性为 221 美元,对 23—24 岁单身男性为 187 美元,对 21—24 岁已婚男性为 153 美元。正如预测的那样,在禁止性别歧视时,男性所交保费降低而女性所交保费增加。21—22 岁和 23—24 岁单身女性保费增加幅度分别为 61.3% 和 36.5%。购买碰撞险的男性比例会略有提高,21—22 岁单身女性中购买碰撞险的女性比例会下降 10 个百分点,23—24 岁单身女性比例会下降 6 个百分点,21—24 岁已婚女性会下降 2 个百分点。这样,模型预测到,禁止在碰撞险中运用性别歧视会导致单身女性保费大幅度上升的同时购买碰撞险的比例显著降低。也就是说,实证分析的结论表明,在加拿大汽车保险市场,确实存在逆向选择问题。

　　逆向选择和保险统计歧视的关系分析意味着如下的政策内涵:从经济效率和保险效率的角度来看,性别歧视是必要的、有效的,也是公平的;但同时,保险公司应重视保险统计歧视所引起的社会问题,在设计保单的时候应充分考虑到统计歧视可能引起的社会反响,并力求以淡化性别或其他方面歧视的条款来缓解其间的矛盾。

　　逆向选择理论很好地解释了竞争性保险市场上的消费者歧视问题,也为保险公司选择应对逆向选择的有效措施奠定了比较充分的理论基础。

---

① 实际保费和预测保费之差,对 21—22 岁单身男性来说是 21 美元,对 23—24 岁单身男性来说是 6 美元,对 21—24 岁已婚男性来说是 7 美元,对 21—24 岁单身女性来说是 16 美元。

思考题

1. 何为逆向选择?
2. 保险公司应对逆向选择的措施有哪些?
3. 何为保险统计歧视?

实践讨论

化解逆向选择最有效的办法是强制保险,但强制保险会妨碍人们的自由签约权。试讨论如何在保证投保人自由权的基础上化解机动车辆第三者责任保险的逆向选择问题。

辅助阅读资料与相关网站

1. 让-雅克·拉丰,大卫·马赫蒂摩. 激励理论:委托代理模型[M]. 陈志俊,等译. 北京:中国人民大学出版社,2002.
2. ARROW K J. Essays in the theory of risk-bearing[M]. Amsterdam:North-Holland,1970.
3. https://academic.oup.com/qje (*The Quarterly Journal of Economics*)
4. https://www.journals.uchicago.edu/toc/jpe/current (*Journal of Political Economy*)
5. https://www.aeaweb.org/journals/aer (*American Economic Review*)
6. https://academic.oup.com/restud (*The Review of Economic Studies*)

附录 达尔比分析加拿大汽车保险的实证分析模型

模拟碰撞险购买决策的简单模型:

$$\ln Z = \alpha_1 + \alpha_2 \ln(P/(\pi_L \cdot C)) + \alpha_3 \ln h + \sum_{j=1}^{8} \delta_j D_j$$
$$\alpha_2 < 0, \quad \alpha_3 > 0 \tag{1a}$$

$$\ln P = \beta_1 + \beta_2 \ln(\pi^e \cdot C) + \beta_3 \ln R + \beta_4 t$$
$$0 < \beta_2 < 1, \quad \beta_3 > 0, \quad \beta_4 < 0 \tag{2a}$$

$$\ln \pi^e = \gamma_1 + \gamma_2 \ln h + \gamma_3 \ln \pi_L + \gamma_4 \ln Z$$
$$\gamma_2 > 0, \quad \gamma_3 > 0, \quad \gamma_4 < 0 \tag{3a}$$

等式(1a)基于如下假设:给定司机类别中,对低风险人群,购买碰撞险人群的比例 Z 与保险相对价格负相关,且与该类别中高风险人群比例直接相关。保险相对价格是平均保费 P 与低风险人群期望支出的比值。期望支出变量是 π_L 和 C 的乘积,π_L 是至少5年无索赔记录司机第三者责任险索赔频率,C

是每次索赔的平均成本的乘积。高风险司机 h 的比例由 $(\pi^b - \pi_L)/\pi_L$ 得出，其中，π^b 为碰撞险平均索赔频率。[1] 该等式还包括一个司机类别 j 的虚拟变量 D_j，以反映可能会影响碰撞险购买决策的平均净值和风险倾向等变量的效果。

等式(2a)中，碰撞险保费为每辆承保汽车的期望损失成本 $\pi^c C, R$ 和 t 共同决定，其中 π^c 为该类司机的碰撞险平均索赔频率，R 是该类司机保险风险的度量，t 是时间趋势。保费对每辆汽车期望损失成本的弹性应该为小于 1 的正数，因为其他与提供保险有关的成本如管理费，可能不会随期望损失成本变化。等式(2a)还包括保险风险度量，因为保险市场的分块可能会限制了风险混同(risk-pooling)，并且汽车修理成本可能会有无法预期的变动。保险风险的度量，我们这里用每类司机在 1975—1978 年每辆承保汽车损失方差与每辆承保汽车的平均损失成本的比值来表示。也就是说，R 等于 $\mathrm{Var}(\pi^c \cdot C/\overline{\pi^c \cdot C})$，而 $\overline{\pi^c \cdot C}$ 为 1975—1978 年承保车辆的平均损失成本。数据表明，在承保汽车数量相对多的司机类别中，其保险风险度量一般相对低。应该指出的是，该保险风险度量基于整个保险行业每辆承保汽车的损失成本变动幅度，这样，该度量可能低估了单个企业的保险风险。最后，等式还包括了时间趋势，因为之前有学者对加拿大保险行业的研究指出，运营成本持续降低。

在等式(3a)中，假设 π^c 与变量 h 和 π_L 直接相关，与 Z 负相关。后一个关系之所以出现，是因为低风险人群比高风险人群退出保险市场的倾向更大。这样，在给定司机类别中，购买碰撞险的人群比例越低，购买碰撞险的高风险人群对整个人群的比例越高，因此碰撞险索赔比率也越高。由此，在这个简单逆向选择模型中，Z, P 和 π^c 为内生变量，h, π_L, C, R, t 和 D_j 为外生变量。

以上联立方程用两阶段最小二乘法对 1975—1978 年司机横截面汇总数据进行了估计[2]，得到的结果(包括 t 统计的绝对值)如下：

$$\ln Z = 0.3160 - 0.2893 \ln(P/(\pi_L \cdot C)) + 0.2441 \ln h$$
$$(1.83) \quad (2.64) \quad (4.29)$$
$$R^2 = 0.8475 \tag{1b}$$

$$\ln P = 1.3376 + 0.8793 \ln(\pi^c \cdot C) + 0.02193 \ln R - 0.07772 t$$
$$(5.54) \quad (16.67) \quad (2.05) \quad (5.32)$$
$$R^2 = 0.9482 \tag{2b}$$

$$\ln \pi^c = 0.6051 + 0.2175 \ln h + 0.9916 \ln \pi_L - 0.07639 \ln Z$$
$$(6.41) \quad (10.52) \quad (40.29) \quad (1.22)$$
$$R^2 = 0.9826 \tag{3b}$$

在等式(1b)中，所有的相关系数都为预测值并且 t 检验结果为显著(在这里没有提供虚拟变量的估计相关系数)。等式(1b)中对数线性要求的一个问题是 Z 并不严格小于 1。该需求关系的对数要求还估计如下：

$$\ln\left(\frac{Z}{1-Z}\right) = 4.568 - 2.609 \ln(P/(\pi_L \cdot C)) + 0.8792 \ln h$$
$$(7.93) \quad (6.42) \quad (5.57)$$
$$R^2 = 0.9205 \tag{4b}$$

对数形式还表明，在给定司机类别中，购买碰撞险的人群比例与低风险人群保险相对价格负相关，与该类司机中高风险人群比例正相关。等式(2b)表明，保费对每辆承保汽车的期望损失成本的弹性正如估计的那样是正的，在 95% 的置信度下，t 检验拒绝了 β_2 为 1 的零假设。保险风险度量对保费有正面影响，时间趋势系数说明，不考虑期望损失成本上升的情况，平均保费将会以每年 8% 的水平下降，这比预测值要高一些。等式(3b)表明，h 和 π_L 对 π^c 有显著的正面影响，而 Z 的影响是负面的，但是零假设

---

[1] 在两类风险群体的情况下，π^b 等于 $h\pi_L + (1-h)\pi_L$，$\ln(\pi^b - \pi_L)$ 等于 $\ln h + \ln(\pi^b/\pi_L) - 1$。

[2] 对 25 岁以下不经常驾驶司机在 1978 年的观察不包括在回归分析中，因为该年 $(\pi^b - \pi_L)/\pi_L$ 的值差不多是其他年份的 3 倍。

γ_4 为零在 95% 的置信度下不能被拒绝。

下面 Z,P 和 π^c 的样本预测基于使用了等式(1b)到(3b)中的结构参数的精简形式等式,经计算,下表的统计提供了模型预测能力的一些度量。变量实际值和预测值的相关性高,平均绝对预测误差少于 Z 值和 π^c 的 5%,也小于 P 平均值的 8%。由此我们得出结论,等式(1b)到(3b)的简单模型预测与碰撞险市场行为的观测一致,该市场中存在逆向选择。

	Z	P	π^c
实际值与预测值的相关系数	0.901	0.970	0.988
实际值对预测值的回归系数	1.028	1.044	0.995
均方根误差	0.0409	15.60	0.00438
平均绝对误差	0.031	12.85	0.00368
平均绝对误差与均值的比值	0.047	0.080	0.0381

21世纪经济与管理规划教材
保险学系列

第六章

市场结构与组织形式

引 言

从 2008 年 8 月 1 日《中华人民共和国反垄断法》开始施行以来,先后有重庆保险行业协会对车险规定最低限价,作为垄断行为被告上法庭,吉林保险行业协会对高速路工程保险投标干预,被认为有垄断嫌疑,这些都引起了保险业界的高度关注。国家市场监督管理总局发布的公告显示,2018 年国务院机构改革之前的国家工商管理总局及省级工商局共查处保险行业反垄断案件共 7 件,其中多数发生在湖南省,包括张家界市保险行业协会、永州市保险行业协会、常德市保险行业协会和郴州市保险行业协会因组织当地保险公司从事垄断协议行为,被处以 40 万—45 万元不等的罚款。根据北京金诚同达(上海)律师事务所编制的《中国保险行业反垄断报告》,截至 2016 年年底,工商部门因反垄断处罚保险企业及保险行业协会共计 44 家,罚款金额共计 824.7486 万元,没收违法所得共计 444.09 万元;国家发展改革委及省级价格监管部门共查处保险行业反垄断案件 4 起,处罚保险企业及保险行业协会共计 62 家,罚款金额共计 12 810.02 万元。而关于保险业垄断问题的争论却从来也没有停止过:中国保险业是否存在垄断?垄断程度怎样?性质如何?是否已经到了必须打击保险业垄断的时候?打击垄断是否会影响中国民族保险业成长出能与国际大型保险集团比肩的保险公司?因为毕竟任何一家中国保险公司的规模与国际大型保险公司都相距甚远,小舢板和航空母舰如何竞争?! 这些问题的解答需要借助于一个专门的经济学科——产业经济学。本章即以产业经济学的现代产业组织理论分析保险市场的市场机构与保险公司的组织形式。

第一节 保险市场的结构

一、产业组织理论

产业组织是经济学研究的主要领域之一。简言之,产业组织理论研究的内容是市场结构与企业行为之间的关系,即从市场结构角度研究企业行为或者从企业行为角度研究市场结构,内容包括企业理论、市场理论、企业间关系、合同关系、规制和监管、垄断和反垄断政策、合同理论以及组织理论等。[①]

产业组织理论形成于 20 世纪 30 年代的哈佛大学,30 年代到 70 年代哈佛学派的代表人物是爱德华·梅森(Edward Mason)和乔·贝恩(Joe Bain)及后来的 F. M. 谢勒(F. M. Scherer)。其主要理论构架是 SCP 范式。SCP 是"市场结构(structure)——市场行为(conduct)——市场绩效(performance)"的首字母缩写。SCP 范式(见图 6-1)的核心思想是强调市场结构、市场行为和市场绩效之间存在因果关系。

[①] SEN A. Introduction to industrial organization[M]. Delhi: Oxford University Press, 1996.

图 6-1 SCP 范式

市场结构,指市场上卖者的数量、产品差异程度、成本结构以及供给者纵向一体化的程度等。市场行为包括定价、研究与开发、投资、广告等。市场绩效,指效率、价格与边际成本的比率、产品多样性、创新率、利润和分配等。

按 SCP 范式,一个市场的结构决定了企业的市场行为,而企业的市场行为决定了市场的绩效。因此,为了获得理想的市场绩效,最重要的是通过公共政策来调整不合理的市场结构。比如,如果想在与其他产业的比较中知道一个国家和地区保险业的绩效如何,需要研究这个市场的供给方——保险公司——是否存在垄断结构,因为占据垄断地位的保险公司自然会有垄断行为,而垄断行为的强弱则决定了整个保险市场的绩效水平。提高保险业的绩效水平应当从改善市场结构着手。

$$\Pi_i = (CR_i, BE_i, RE_i, \cdots)$$

按 SCP 范式经验性的产业研究方法,在上式中,i 代表产业,比如说设第 i 个产业是保险业;Π_i 代表保险公司或整个保险产业的可盈利程度;CR_i 表示保险业的产业集中度,代表该产业非竞争性的程度;BE_i 表示进入保险业的壁垒,它涉及衡量进入该产业的困难程度的各个变量,主要包括最小有效进入规模、广告与销售的比率、最低资本金要求等;RE_i 表示该产业的监管情况,比如保险业监管部门采用的是将保险公司的具体行为作为主要监管对象的市场行为监管,还是以保险公司的偿付能力为监管核心的偿付能力监管等。当然,其他变量也可以被引入这一回归模型之中。该回归模型可以采用保险业的数据进行回归,也可以把更多的产业放入一个模型之中,采用各产业的大样本跨部门资料进行运算,以分析各产业结构行为和绩效的差异,从而得出改变产业的市场结构以提高产业绩效的政策建议。

哈佛学派的结构主义观点对战后以美国为首的西方发达国家反垄断政策的开展与强化都曾产生过重大影响,有人甚至把当时的产业组织理论称为"反垄断的经济学",是许多西方国家反垄断法律或者政策出台的理论依据。但哈佛学派的产业组织理论的缺陷也是非常明显的。因为,如果忽略与计量方法有关的诸多问题,那么这种回归实际上只是对典型事实进行排列。比如,若计量结果显示,保险业的集中度和保险业经济绩效之间的相关系数是 0.675 5,企业进入保险业时法定最低注册资本额与保险业经济绩效之间的相关系数是 0.426 5;而房地产业的集中度和房地产业经济绩效之间的相关系数是 0.771 2,企业进入房地产业时法定最低注册资本额与保险业经济绩效之间的相关系数是 0.223 6。这两组数字则可以解读为,在保险业,产业集中度这一指标比由法定注册资本额所造成的进入壁垒对保险业经济绩效的影响更大;在房地产业,同样如此。而与保险业相比,房地产业的集中度对本产业的经济绩效有更大的影响,改变房地产业的集中度可以更大幅度地提高房地产业的经济绩效。但是,应该注意,在这种回归分析中,变量间存在联系以及联系的强弱只能被解释为相关性或"描述性统计",而不是解释为直接的因果关系。在本例中,经济绩效、集中度、法定注册资本量要求等是联合内生的。它们由市场的"基本条件"（外生变量）和厂商的行为同时决定，所以不能断言产业集中度高就是经济绩效低的原因。

为明确变量之间的因果关系，经验主义传统的确试图计量更基本的（外生）因素：技术（规模报酬、进入成本、资本沉淀比例、学习曲线的状况、耐用和非耐用品等）、偏好和消费者行为（关于产品质量的信息结构、对声誉和品牌的忠诚等）、"外生"技术变化等。在这方面虽然取得了较大的进展，但是常常难以收集到精确计量基本因素和产业间可比较的资料。[①]

SCP范式具有经验主义的性质，强调经验性的产业研究，缺乏坚实的理论基础和系统的理论分析，所以被其他学派诟病。比如，与哈佛学派齐名的另一个重要的产业组织流派——芝加哥学派则强调需要严格的理论分析和对竞争中的各种理论进行证明。芝加哥学派的代表人物是阿伦·迪雷克托（Aaron Director）和乔治·斯蒂格勒（George Stigler）。与哈佛学派相比，他们对市场行为持自由放任主义观点，不太相信政府干预。

随着产业组织理论吸引了越来越多的一流学者，20世纪70年代之后，博弈论，特别是非合作博弈理论和信息经济学的飞速发展，为产业组织理论提供了统一的方法论。90年代之后，产业组织理论发展更为迅速，经济学家们在逻辑演练和经验统计的工具以外增加了数学理论模型分析。理论研究与实证分析相互补充，实证研究者越来越愿意吸纳和利用经济学理论和经济计量学方法的新成果，理论研究者也能更多地接触实际。产业组织理论逐渐成为一门相当理论化但又与实践密切结合的学科，成为对任何产业进行经济分析不可或缺的工具。当然，对现代保险业的分析也不例外。

二、保险企业与垄断类型

按照制度经济学的解释，企业是为了节约频繁的市场交易成本或者为了规避市场交易风险而创造出来的一种经济组织，是市场交易的内部化。企业的显著特征是作为价格机制的替代物。[②]

保险企业的存在也可以这样来解释：一个独立承保人可以通过市场委托精算师事务所完成其精算业务，委托一家会计师事务所完成其财务工作，委托保险代理人公司或经纪人公司协助其销售业务，再委托公估人公司协助其理赔业务等，所有的委托关系都可以通过市场来定价并签订合约，之后这个独立承保人就差不多可以展业了。但这个独立承保人可能发现委托精算师事务所为自己做精算可能成本太高，而委托保险代理人公司销售可能风险太大，不如自己成立一家小型的股份制保险公司，公司里下设精算、销售、财务、理赔等部门来完成一个保险公司所必须完成的所有工作。这样可以节省频繁地在市场上寻找合作伙伴的交易成本，也可以形成稳定的利益共同体来规避市场风险，当成立公司的交易成本小于委托的交易成本时，一个保险企业可能就出现了。由此可见，保险企业是一种由人力资本和非人力资本通过特定的合约而形成的服务性组织。

于是，在世界各国的保险市场上，除了劳合社还存在少量的独立承保人之外（它们的

---

① 泰勒尔. 产业组织理论[M]. 张维迎总译校. 北京：中国人民大学出版社，1997.
② COASE R H. The nature of the firm[J]. Economica, 1937, 4(16): 386—405.

生存也必须依托劳合社这样的经济组织),人们见到的都是各种形态的保险企业,而且它们大多是规模巨大、历史悠久、业务繁杂的保险集团。

然而企业的规模不会一味地增大,企业的大小总会有一个边界,其边界取决于边际规模的成本和收益,而企业边际规模的成本和收益是由企业所处行业的性质所决定的。

科斯认为,当企业扩大时,收益可能会减少。首先,在企业内部组织追加的交易成本可能会上升,大于在公开市场上完成这笔交易所需的成本。其次,当组织的交易增加时,或许企业家不能成功地将生产要素用在它们价值最大的地方。最后,一种或多种生产要素的供给价格可能会上升。当然,企业扩张的实际停止点可能是由上述各种因素共同决定的。

对不同规模的企业而言,除了生产要素的供给价格千差万别外,随着被组织的交易的空间分布、差异性和相对价格变化可能性的增加,组织成本和失误带来的亏损似乎也会增加。当更多的交易由一个企业家来组织时,交易似乎将倾向于既有不同的种类也有不同的位置。这为企业扩大时效率却趋于下降提供了一个附加原因。任何使生产要素结合得更紧、分布空间更小、空间组织成本更低的技术创新,一切有助于提高管理技术的变革都将使企业规模进一步扩大。制度经济学家给出的企业的定义能够对所谓的"联合"和"一体化"作出精确的解释。先前由两个或更多个企业家组织的交易变成由一个企业家横向组织时,便出现了联合,比如一家寿险公司与一家产险公司合并成为一家新的保险公司;先前由企业家之间在市场上完成的交易被纵向组织起来时,便出现了一体化,比如一家保险公司与一家经纪公司合并成为一家新的公司。企业能以这两种方式中的一种或同时以这两种方式进行扩张。

保险业是一个具有一定自然垄断性质的行业。因为按大数法则,保险公司集聚的同类保险标的越多,其损失概率越稳定,损失预测也就越精确,经营风险越小,保险公司因收不抵支而破产的概率就越低。因此,大公司在保险经营中具有风险优势,但保险公司的规模大到何种程度才是达到了最佳,并不是一个容易回答的问题,这需要针对不同国家或地区的社会经济状况,特别是保险市场的发展状况进行市场结构分析。

在产业组织理论中,市场结构是指企业与市场关系的特征和形式。罗宾逊(J. Robinson)将市场结构分为完全竞争市场、垄断市场、寡头市场和垄断竞争市场四种类型。据此,保险市场也可以分为完全竞争市场、垄断市场、寡头市场和垄断竞争市场四种结构(见图 6-2)。

1. 完全竞争市场

同其他类型的竞争市场一样,完全竞争的保险市场应具备以下三个特点:

(1)市场上有许多投保人和保险人,每个保险人提供的物品大体上是相同的。

(2)任何一个投保人和保险人的行动对市场价格的影响都是微不足道的,每一个投保人或保险人都把价格作为既定的,保险人的边际收益等于保单的价格。

(3)保险人可以自由地进入或退出市场。

2. 垄断市场

如果一个保险人是其保单唯一的卖者,而且如果它提供的保单并没有相近的替代品,这个保险市场就是垄断的。保险垄断的基本原因是进入障碍,保险业的垄断者之所

以能够在其市场上保持唯一卖者的地位,是因为其他保险人不能进入市场并与之竞争。保险市场进入障碍的三个来源如下:

(1) 资源独占,即关键资源由一家保险公司拥有。

(2) 政府赋权,即政府给予一个保险人排他性地提供某种保险产品的权利。

(3) 自然垄断,即生产成本使得一个保险人比多个保险人在市场上提供产品更有效率。

关键资源的排他性所有权是造成市场垄断的重要原因。比如,南非钻石公司德尔比因占有钻石矿而垄断了世界上 80% 的钻石市场;美国英特尔公司因拥有芯片制造技术而在很长一段时间内垄断了电脑的最核心部件——CPU 的市场。而与钻石、CPU 这些有形的商品相比,保险只是一种服务性商品,除了重要的历史数据和一些特别的精算技术外,一个保险人几乎不可能长期占有其他人得不到的垄断资源,产品专利权效应也并不显著。现实中,政府赋权造成的垄断更常见一些。当政府给予一个保险人排他性地提供某种保险产品的权利时,垄断就产生了。这样的例子俯拾皆是,比如,英国早期的保险经营需要皇家特许;20 世纪 80 年代末期以前,中国保险市场上仅有当时的中国人民保险公司(PICC)被授权独家经营。

当一个企业能够以低于两个或更多企业的成本为整个市场供给一种物品或劳务时,这个行业就是自然垄断。对于保险业来说,尽管风险汇聚可以降低保险人风险,被保险人的损失概率随着保险标的数量的增多而稳定于一点,保险产量范围和地域范围的规模经济普遍存在,当保险人能够聚拢的相互独立的风险单位达到一定的大数时,经营就更加安全,但也有学者认为,不能因此就赋予保险企业以垄断地位,因为保险业虽有一些自然垄断的性质,但并不强烈。

3. 寡头市场

寡头保险市场是指市场上仅有几个保险人,任何一个保险人的行动都对其他保险人的利润有重大影响的市场。

4. 垄断竞争市场

垄断竞争市场是指市场上有许多保险人,他们出售相似但略有不同的保单。按照西方经济学对市场类型的划分,垄断竞争市场应具备以下三个特点[①]:

(1) 卖者众多,即有许多保险人争夺同样的保险消费者群体。

(2) 产品差别,即每个保险人提供的一种保单至少与其他保险人提供的这种产品略有不同。因此,每个保险人不是价格的接受者,而是面临一条向右下方倾斜的需求曲线。

(3) 自由进入,即保险人可以没有限制地进入(或退出)保险市场。因此,市场上企业的数量要一直调整到经济利润为零时为止。

垄断竞争市场不同于完全竞争的理想状态,是因为每个保险人都提供略有差别的保单。

---

① MANKIW N G. Principles of economics[M]. 3rd ed. Fort Worth: The Dryden Press, 1998.

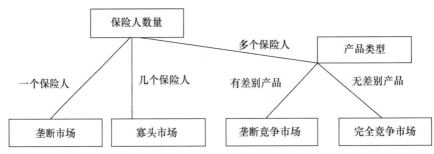

图 6-2 保险市场的四种类型

以上四种类型仅仅是对保险市场进行的简单划分。实际上,垄断和完全竞争的保险市场在现实中基本不存在,世界各国的保险市场几乎都是介于垄断和完全竞争之间的寡头市场或垄断竞争市场。而且,寡头市场和垄断竞争市场的界限也并不分明。因为,仅从企业数量上区别一个保险市场是寡头市场还是垄断竞争市场也不容易,没有人知道区别两者的"魔法数字"到底是多少。

第二节 保险市场的垄断结构与垄断行为

一、垄断结构、垄断行为和垄断性质

20 世纪 70 年代以后,以美国为代表的国家对垄断问题的看法有了很大的改变,不再视垄断为毒水猛兽。通过分析协约活动和交易技术的复杂性以及测试竞争策略行为的不同影响,人们开始认识到垄断结构并不必然等于垄断行为,较高的市场集中度意味着市场存在垄断结构,但垄断结构并不必然意味着较低的市场绩效,除了其他的各种影响因素外,关键在于垄断企业是否有垄断行为。

而且,垄断结构除了在限制竞争方面具有进入壁垒、掠夺性定价的劣势效应之外,还具有促使稀缺资源在规模经济、排除不确定性风险下取得"组织经济效益"的优势效应。[1]

此外,从垄断性质来看,垄断有经济集中型垄断与行政割据型垄断之分。经济集中型垄断一般是在资本积聚和资本集中基础上形成的,是市场机制作用的必然结果。在一定程度上,这种垄断可以促进社会生产力发展和科学技术进步,因而在一定程度内是应该支持的。而行政割据型垄断是政企合一的产物,具有超经济的强制性和排斥竞争的封闭性等特点,会造成"低效率综合征",因而应该坚决摒弃。

二、保险市场垄断结构的衡量

综观国内外研究和测量垄断程度的各种指标,可以将其概括为两大类:一是从市场结构角度进行测量,二是从市场绩效角度进行测量。[2] 从市场结构角度测量垄断程度的指标主要有产业集中度、市场集中系数、赫希曼-赫芬达尔指数、汉纳-凯伊指数等。

---

[1] 戚聿东.中国现代垄断经济研究[M].北京:经济科学出版社,1999.
[2] 从市场绩效角度衡量多见于一些实证研究文献中,本书不涉及。

1. 产业集中度

保险产业集中度是指保险市场中少数几家最大企业所占的保费、资产、利润等方面的份额。一般来说,产业集中度越高,该市场的垄断性越强;反之,则越弱。

保险产业集中度可以用保险市场上前若干家保险公司的保费收入(利润总额或资本金等)占整个产业的比重来测算。用公式表示即为:

$$CR_n = \frac{Q_n}{Q_n + Q_m}$$

其中:

CR_n——保险市场上规模最大的前 n 家保险公司的市场集中度;

Q_n——前 n 家保险公司的保费收入;

Q_m——保险市场上其余保险公司的保费收入;

n——所要计算的具体前若干家企业数目。

产业集中度指标的原理非常简单,它测量的是规模最大的前几家保险公司占整个市场的份额,这个份额除了可以取保费收入指标外,也可以根据研究角度的不同选取利润总额、资本量等其他指标进行比较。CR_n 是一个大于 0 小于等于 1 的小数,当 CR_n 接近于 0 时,市场趋近于完全竞争市场。

从市场集中度指标来看,全球保险市场的集中程度有增强之势。以寿险为例,全球(除日本)80 家最大的寿险公司的市场份额从 1994 年的 64% 上升到 2004 年的 73%,再上升到 2012 年的 76%。在美国寿险市场中,2012 年最大的前 10 家保险公司的市场集中度为 64%,也就是说,1% 左右的寿险公司拥有 64% 的市场份额。其他西方市场经济国家寿险市场也大多具有同样的趋势,如表 6-1 所示。

表 6-1 西方主要市场经济国家寿险市场产业集中度(保费收入)

国家	1994 年	1997—1999 年	2012 年	2014—2020 年
法国	47%(前 5 家)	53%(1999 年前 5 家)	71%(前 5 家)	64.61%(2018 年前 5 家)
德国	34%(前 3 家)	36%(1999 年前 3 家)	31%(前 3 家)	40.69%(2019 年前 3 家)
英国	67%(前 20 家)	89%(1999 年前 20 家)	91%(前 20 家)	34.20%(2018 年前 4 家)
加拿大	47%(前 5 家)	64%(1999 年前 5 家)	42%(前 5 家)	88.70%(2020 年前 5 家)
美国	38%(前 10 家)	40%(1999 年前 10 家)	64%(前 10 家)	45.46%(2020 年前 10 家)
	80%(前 50 家)	89%(1999 年前 50 家)	92%(前 50 家)	87.18%(2020 年前 50 家)
澳大利亚	42%(前 3 家)	44%(1999 年前 3 家)	50%(前 3 家)	14.30%(2018 年前 3 家)
	69%(前 8 家)	78%(1999 年前 8 家)	71%(前 8 家)	14.72%(2014 年前 8 家)
日本	59%(前 5 家)	62%(1999 年前 5 家)	48%(前 5 家)	42.14%(2018 年前 5 家)
智利	31%(前 3 家)	36%(1997 年前 3 家)	15%(前 3 家)	45.90%(2017 年前 3 家)
墨西哥	62%(前 3 家)	59%(1999 年前 3 家)	58%(前 3 家)	30.10%(2018 年前 3 家)
	77%(前 8 家)	79%(1999 年前 8 家)	99%(前 8 家)	95.50%(2015 年前 8 家)

资料来源:根据 *Sigma* 1999 年第 6 期、2013—2020 年各期和各国保险监管部门网站资料整理而得。

2. 市场集中系数

市场集中系数是指用 CR_n 法计算的产业集中度与产业平均份额的比值,用公式表示为:

$$CI_n = \frac{CR_n}{C}$$

其中：

CI_n——市场集中系数；

CR_n——市场集中度；

C——市场上每家保险公司拥有的平均份额。

市场集中系数这一指标表明，市场上前若干家保险公司的集中度为产业平均集中度的倍数。这一倍数越高，说明市场上前若干家保险公司的垄断程度越高。市场集中系数与市场集中度指标相比的优势是，它不仅考虑市场的绝对集中程度，还反映保险市场上保险公司数量以及公司之间规模的差异。

从国际保险业发展的经验来看，保险市场垄断结构的形成和加剧主要是通过保险公司的自身扩张和公司间购并来实现的。保险市场外在的激烈竞争压力和保险公司内在的获利动力促使保险公司不断扩大自己的经营规模，现代市场经济规律中的淘汰机制也使得规模大的、具有竞争优势的公司得以存在和壮大，而规模相对较小、处于竞争劣势的公司逐渐退出市场。尤其是近几年来，保险市场的购并活动促成了大多数保险发达国家垄断结构的发展和产业集中度的提高。据统计，1994—2004年，全球十大寿险购并交易总额超过9 400亿美元，其寿险保费收入累计4 210亿美元，从而加快了保险垄断市场结构形成和发展的进程。

3. 赫希曼-赫芬达尔指数

这一指数是由经济学家A.O.赫希曼（A.O. Hirschman）和O.C.赫芬达尔（O.C. Herfindahl）先后提出来的，该指数定义为市场上所有企业市场份额的平方和。用公式表示即为

$$HHI = \sum_{i=1}^{n}\left(\frac{x_i}{X}\right)^2 = \sum_{i=1}^{n} S_i^2$$

其中：

HHI——赫希曼—赫芬达尔指数；

S_i——i保险公司的市场份额；

x_i——i保险公司的保费收入；

X——保险市场保费总额。

如果设N为保险市场上保险公司的数量，$\bar{x}$为保费收入的平均值，σ为标准差，u为变异系数，则上述公式可变为：

$$HHI = \sum S_i^2 = \sum\left(\frac{x_i}{X}\right)^2 = \frac{\sum x_i^2}{X^2} = \frac{\sum x_i^2}{(N\bar{x})^2}$$

$$= \frac{\frac{\sum x_i^2}{N} - \bar{x}^2 + \bar{x}^2}{N\bar{x}^2} = \frac{\sigma^2 + \bar{x}^2}{N\bar{x}^2} = \frac{\left(\frac{\sigma}{\bar{x}}\right)^2 + 1}{N} = \frac{u^2 + 1}{N}$$

由上式可见，HHI取决于各企业市场份额的不均等程度和企业数量。在完全垄断市场上，$N=1$，$u=0$，$HHI=1$。在完全竞争市场上，保险公司之间市场份额的差异几乎不存在，故$u=0$，而市场上保险公司的数量N趋向于无穷大，$HHI=0$。在完全竞争和完

全垄断市场之间的垄断竞争和寡头市场上,0＜HHI＜1。图6-3是主要保险市场的赫希曼-赫芬达尔指数图。

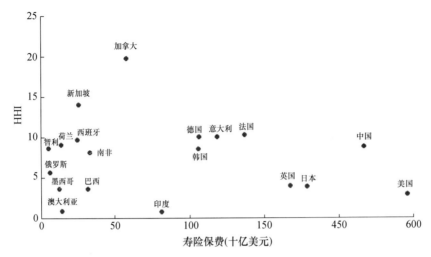

图6-3　世界主要保险市场赫希曼-赫芬达尔指数与市场规模(2020年)

资料来源:$Sigma$。

4. 汉纳-凯伊指数

经济学家L.汉纳(L. Hannah)和J.A.凯伊(J.A. Kay)提出一种更具有一般性的集中指数,这种指数与HHI类似,但对大企业所选择的加权方式不同。汉纳-凯伊指数(HK)的公式为:

$$HK = \left(\sum_{i=1}^{n} S_i^a\right)^{1/(1-a)}, \quad a > 0, a \neq 1$$

汉纳-凯伊指数的优点是为不同规模的企业分配不同的加权系数,通过增加a的值,给大企业以较大权数。当$a=2$时,$HK = \dfrac{1}{\sum_{i=1}^{n} S_i^2}$,与HHI互为倒数。

此外,理论研究中,人们还用由经济学家A.P.勒纳(A.P. Lerner)提出的勒纳指数、贝恩提出的贝恩指数以及K.W.罗斯柴尔(K.W. Rothschild)提出罗斯柴尔指数来衡量垄断程度的大小。

其中,贝恩指数就是按绝对集中度指标对竞争结构进行分类的,其标准如表6-2所示。

表6-2　贝恩指数竞争结构分类标准

竞争结构类型	市场集中度(%)	
	CR_4	CR_8
寡占Ⅰ型	$75 \leqslant CR_4$	
寡占Ⅱ型	$65 \leqslant CR_4 < 75$	或 $85 \leqslant CR_8$
寡占Ⅲ型	$50 \leqslant CR_4 < 65$	$75 \leqslant CR_8 < 85$
寡占Ⅳ型	$35 \leqslant CR_4 < 50$	$45 \leqslant CR_8 < 75$
寡占Ⅴ型	$30 \leqslant CR_4 < 35$	或 $40 \leqslant CR_8 < 45$
竞争型	$CR_4 < 30$	或 $CR_8 < 40$

此外,还可以用企业市场占有率由小到大的累积分布的洛伦兹曲线直观地反映市场上企业的均匀程度。当某一特定的市场上所有的企业规模完全相同时,洛伦兹曲线与均等分布线(对角线)重合。曲线越偏离对角线,企业规模分布的不均匀度越大。

三、数字化的例子:中国保险市场结构

如果从前4位寿险公司保费收入在整个寿险市场所占比重(CR_4)和前8位寿险公司保费收入在整个市场所占比重(CR_8)来分析,我国保险行业的市场集中度如表6-3所示。

表6-3 2014—2020年中国保险市场集中度

	CR_4				CR_8			
	2004	2013	2017	2019	2004	2013	2017	2019
寿险市场	89.02%	62.52%	47.98%	50.87%	98.49%	82.19%	65.23%	66.83%
产险市场	85.69%	69.71%	69.69%	69.80%	94.93%	82.09%	82.32%	82.32%

数据来源:中国保险行业协会。

中国保险市场自2004年以来发生了较大变化,尤其是前4家保险公司的份额下降较大。从2019年中国保险市场集中度的各项指标来看,中国寿险市场CR_4为50.87%,CR_8为66.83%,属于寡占Ⅲ和寡占Ⅳ型市场;产险市场的CR_4为69.80%,CR_8为82.32%,属于寡占Ⅱ型和寡占Ⅲ型之间的市场。

如果用中国寿险业2019年的数据,可以得出中国寿险市场和产险市场的洛伦兹曲线如图6-4和图6-5所示。

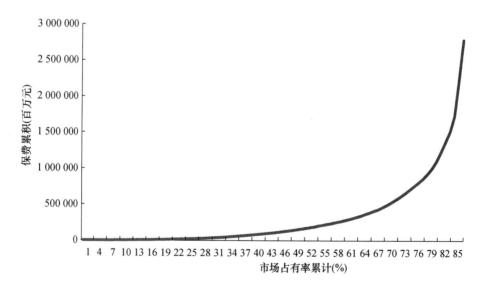

图6-4 2019年中国寿险市场洛伦兹曲线

数据来源:中国保险行业协会。

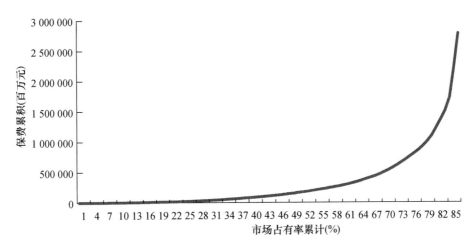

图 6-5　2019 年中国产险市场洛伦兹曲线
数据来源：中国保险行业协会。

从以上两图可以看出，中国寿险市场和产险市场的洛伦兹曲线都远远偏离均等线（对角线），这表明寿险和产险企业规模分布极不均匀。

四、垄断结构下的福利损失

威廉姆森曾对垄断结构的综合影响进行过分析，其思路是：如果用规模经济的递增收益来表示垄断结构的优势效应，用消费者剩余或社会总福利的无谓损失来度量垄断结构的劣势效应，两者之和即为垄断结构的净效应——只有当净效应小于零时，对劣势的垄断结构才应该干预和管制。[①] 虽然对净效应的定量研究非常困难，但人们对比优、劣两种效应所做的大量定性分析并没有受到妨碍。

古典和新古典经济学都认为，完全竞争的市场是理想的市场状态，能够实现经济安排的帕累托最优，即状态的任何改变都不可能使至少有一个人的状况变好而又不使任何人的状况变坏；而具有垄断行为的市场不是帕累托最优的。具有能够操纵市场势力的大企业很容易采取垄断行动，或独家操纵，或与其他企业形成共谋操纵市场，这样就削弱了市场的竞争性，其结果往往是产生超额利润，破坏资源的配置效率。因为垄断厂商生产的产量低于竞争情况下的产量，并且没有在成本最低的状态下安排生产；同时，存在垄断状态下生产者对消费者剩余的剥夺，损害消费者的福利，造成整个市场的净福利损失，如图 6-6 所示。

需求曲线反映消费者的评价，边际成本曲线反映垄断者的成本。由于垄断者的边际成本线与边际收益线相交于 C 点，而 C 点对应的产量即垄断产量小于社会有效率的产量。最终形成了需求曲线和边际成本曲线之间的三角形 ABC 面积这么大的无谓损失，它是由于垄断造成的社会福利的净损失，所以垄断导致了较差的市场绩效。

[①] 威廉姆森.反托拉斯经济学——兼并、协约和策略行为[M].张群群，黄涛译.北京：经济科学出版社，1999：277.

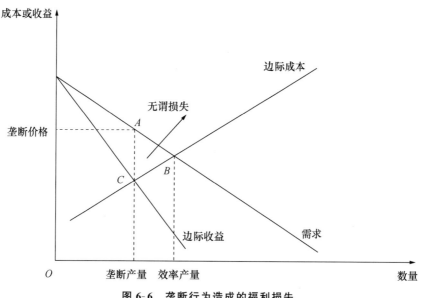

图 6-6 垄断行为造成的福利损失

五、保险市场垄断结构的合理性

当保险市场集中度比较高时,说明市场存在着垄断结构。传统经济学认为,市场集中度高到一定程度,就会形成市场势力和垄断结构,有了垄断结构就会出现侵犯消费者利益的垄断行为,比如拥有市场势力的企业会提高产品价格或者降低产品质量,以此理论为基础,以欧美为代表的市场经济国家都曾出台反垄断法,强行分拆形成了市场势力的企业或者课以高额罚款。

当保险市场集中度比较高时,说明市场存在着垄断结构。一般认为,保险市场竞争自发形成的保险垄断有其内在的合理性。保险垄断产生的前提条件是自由竞争,其产生的物质基础是规模经济。而如果经济垄断是竞争的产物,它就没有也不可能完全消灭竞争,只要在市场上有竞争者提供相同或类似的产品和服务,竞争就存在着;此外,占据垄断地位的保险公司还会受到潜在的进入者和替代产品的威胁,这就是威廉·鲍莫尔(William Baumol)的可竞争市场理论。① 除了市场竞争之外,保险公司还面临政府的监管,有效的政府管制使得保险公司无法成为一个真正的垄断者。

竞争的生存压力以及规模经济优势会带来效率的提高、交易成本的降低、技术进步的加速。关于保险产业集中度和经济绩效的实证经验分析也显示出两者正的相关性。因此,近年来在保险市场经济比较成熟的西方国家,政府也在放松对保险行业垄断的管制,保险公司的兼并、重组风起云涌。政府在反垄断政策上的重点不再指向在竞争中形成的垄断结构,而是制裁市场中的垄断行为,防止行政割据型垄断。

成熟市场经济国家的一些保险业者认为,保险业的垄断结构与消除竞争之间并没有

---

① 可竞争市场理论(contestable market theory):即使市场上仅有一个企业,但如果进入成本不太高,那么这个企业的行为会表现得相当于有一个竞争对手一样。

必然联系。相反,从推进险种创新、获得规模收益以及应对经济全球化条件下跨国保险集团的竞争的角度考虑,还应支持和鼓励一些保险公司通过市场,采取重组、兼并等方式扩大经济规模,形成一批在保险业既占有较大市场份额又具有相当国际竞争力的大保险集团。政府要根据国内外市场竞争的情况,引导形成有效率的市场结构。日本就在二十世纪五六十年代针对其分散、落后的保险业状况,制定和实施了一系列促进保险产业集中的财税、金融政策和法律,迅速培育出了一批保险巨人。目前,虽然日本的保险公司仅几十家,但任何一家公司都具有比较庞大的规模,具有雄厚的国际竞争实力。竞争在很大程度上来讲就是市场份额的竞争,拥有较高的市场份额正是具有较强竞争力的表现。如果只因为有了较高的市场份额就去制裁它,就像美国学者所说的无异于"把下金蛋的鹅拖到反托拉斯的切肉墩子上去"。"有效竞争"的概念本身就在一定程度上承认了垄断结构存在的合理性。

六、垄断行为下的分离均衡

在保险市场上,投保人的类型按保险标的风险的大小分类。设发生保险事故的概率为 P,损失额为 L;不发生保险事故的概率为 $1-P$,损失额为 0。假设保险的存在不改变事故发生的概率,即不会出现因投保人购买了保险后疏于对保险标的的管理或故意引发保险事故这样的道德风险。投保人购买保险需要支付的保费为 F,保险金额为 S。消费者服从冯·诺依曼-摩根斯坦恩效用函数 U。

未购买保险的期望效用为

$$PU(W-L)+(1-P)U(W)$$

购买了保险之后的期望效用为

$$PU(W-F-L+S)+(1-P)U(W-F)$$

保险公司预期利润为

$$F-PS$$

假定,不存在投保人和保险人之间信息不对称的问题,则保险公司的目标是在下式所表示的约束下,实现预期利润 $F-PS$ 的最大化:

$$PU(W-F-L+S)+(1-P)U(W-F) \geqslant PU(W-L)+(1-P)U(W)$$

根据博尔奇法则,这时投保人购买保险和不购买保险两种状态下收入的边际替代率应等于保险公司收入的边际替代率,即

$$\frac{U'(W-F-L+S)}{U'(W-F)}=1$$

因此有

$$W-F-L+S=W-F$$

即

$$S=L$$

在保险市场中,投保人和保险人之间的信息不对称是常态,因此,为接近现实,必须放松两者之间信息对称的假设。现在假设投保人知道自己的风险状态,也就是知道保险标的发生保险事故的概率 P,但保险公司不知道。约瑟夫·斯蒂格利茨(Joseph E.

Stiglitz)在垄断市场歧视模型中分析过这种情况。①

假设仅有两种可能的事故概率，$P_1 < P_2$，保险公司提供的合约为(P_1, S_1)和(P_2, S_2)，设保险合约带给事故概率为P的投保人的效用为$U(F, P, S)$，投保人在保险服务和收入之间的边际替代率为

$$\frac{\partial U}{\partial S} \bigg/ \left(-\frac{\partial U}{\partial F}\right)$$

则

$$\frac{\partial}{\partial P}\left[\frac{\partial U}{\partial S} \bigg/ \left(1 - \frac{\partial U}{\partial F}\right)\right] > 0$$

表明投保人购买保险的倾向随事故发生概率的增大而增强，高风险的投保人更愿意购买保险。

第三节 保险企业的组织形式

一、组织形式与企业的组织形式

组织(organization)是指由诸多要素按照一定方式相互联系起来的系统，人类社会的组织是指人们为实现一定的任务与目标，互相协作合理配置人、财、物资源，而形成的具有一定边界并保持相对稳定的社会集体或团体，如政府组织、事业单位、党团组织、工会组织、经济组织(如企业组织)、文化组织、环保组织和军事组织等。

企业组织是现代社会最重要的一种组织形式之一。企业是指把人的要素和物的要素结合起来的、自主地从事经济活动、具有营利性的经济组织。② 企业是一个契约性组织，投入者投入劳动、土地、技术、资金等生产要素，通过经营获得利润，然后分享利润。

企业组织形式是指企业存在的形态和类型。比如，按出资主体分，企业组织形式可以分为单一自然人企业、少数自然人企业和众多自然人及法人企业；按照组织制度可以分为私营企业、合伙制企业和公司制企业；按照经济责任可以分为有限责任企业和无限责任企业。企业无论采用何种组织形式，都应具所有权和经营权两种基本的经济权利，所有权和经营权是企业从事经济运作和财务运作的基础。企业采取什么样的组织形式，与企业经营的产品与服务，与企业经营的目标，与企业的所有制结构等直接相关。

二、保险企业的组织形式

与其他行业有所不同，相互制保险组织是保险行业比较独特的组织形式。一般认为，相互制保险公司(mutual insurance company)组织形式是与股份制保险公司组织形式相对应的。

相互保险是指具有同质风险保障需求的单位或个人，通过订立合同成为会员，并缴纳保费形成互助基金，由该基金对合同约定的事故发生所造成的损失承担赔偿责任，或

---

① STIGLITZ J. Monopoly, non-linear pricing and imperfect information: the insurance market[J]. Review of Economic Studies, 1977, 44(3): 407—430.

② 在英语中，企业 enterprise 一词由两个部分构成："enter-"具有"获得、开始享有"的含义，可引申为"盈利、收益"；"-prise"则有"撬起、撑起"的意思，引申为"杠杆、工具"。两个部分结合在一起，表示"获取盈利的工具"。

者当被保险人死亡、伤残、疾病或者达到合同约定的年龄、期限等条件时承担给付保险金责任的保险活动。因此,相互制保险组织是指在平等自愿、民主管理的基础上,由全体会员持有并以互助合作方式为会员提供保险服务的组织,包括一般相互保险组织,专业性、区域性相互保险组织等组织形式。

从本质上讲,相互制保险公司是由会员组成的联合体,而会员由发起会员和一般保单持有人会员组成;股份制保险公司是由股权持有人组成的联合体,股权是公司的所有权凭证,股东以股权份额为凭证分享公司利润。

我国保险市场上保险公司的组织形式有股份有限公司、国有独资公司、相互制保险公司、自保公司等多种组织形式,除了没有类似于劳合社的个人独立承保人之外,与发达保险市场的保险企业组织形式的种类已经没有太大差别,只不过相互保险比较弱小,仍处于探索阶段,与一些发达国家相互保险能够占到 1/3 以上的情形大相径庭。

实际上,作为保险制度最初形态并有着强大生命力的相互保险,在 20 世纪 90 年代就已经开始在中国出现了,包括 1993 年成立了中国职工保险互助会和 1994 年成立了中国渔业互保协会,但这两个相互制保险组织一直没有纳入保险监管部门监管,而 2005 年成立的阳光农业相互保险公司则一直处于正规的保险监管之下。2011 年,原保监会批准成立了慈溪市龙山镇伏龙农村保险互助社。2016 年,相互保险制度有了一个小规模的跳跃,原保监会批设了信美人寿相互保险社、众惠财产相互保险、汇友建工相互保险社,但其后政策方面再一次陷入停顿,股份制仍然是中国保险市场上保险企业组织形式的主流。

三、保险公司组织形式与保险业务的对应:政策性保险与商业性保险

关于什么样组织形式的保险公司适合经营什么样的保险业务,有很多相关的研究。比如,戴维·卡明斯(David Cummins)认为相互保险公司在人寿保险等长尾个人业务方面比股份制公司占有更多优势,其他实证研究也显示相互保险公司在人寿保险和个人保险业务中所占的比例较高。[1] 戴维·迈耶斯和小克利福德·W.史密斯认为股份保险公司在财产保险领域占主导地位,因为股份保险公司倾向于做更复杂的、风险更高、地理范围更广的业务。[2] 相互制保险公司在经营人寿保险、年金保险方面更具优势,股份制保险公司在经营健康保险方面更具优势。[3] 这些研究受研究范围、数据、模型和研究假设的限制,尚无完全一致的结论,在指导保险实践中也没有太多的参考价值。但这并不意味着,企业组织形式和保险业务种类没有直接关系。起码从政策性保险业务和商业性保险业务所对应的组织形式来看,政策性保险业务更适合于国有独资保险公司,而商业性保险业务则更适合于股份有限公司。

---

[1] POTTIER S W, SOMMER D W. Agency theory and life insurer ownership structure [J]. Journal of Risk and Insurance, 1997, 64(3):529—544.

[2] MAYERS D, SMITH C W. Ownership structure and control: the mutualization of stock life insurance companies [J]. Journal of Financial Economics, 1986, 16(1): 73—98.

[3] MAYERS D, SMITH C W. Ownership structure across lines of property-casualty insurance [J]. The Journal of Law and Economics, 1988, 31(2): 351—378.

从经济学的角度而言,普通的商业保险是保险公司为追逐利润而设计、销售的险种;而政策性保险是指政府通过政策推动、利用保险机制以达到某种政策目标的险种。对政策性保险而言,当保险公司独立经营时,其收益会小于成本,但政策性保险一般具有相当明显的正的外部性、社会总收益大于社会总成本,为获得该险种带来的经济福利,政府必须以补贴或税收优惠等政策措施推动保险公司经营或由政府直接经营。最典型的政策性保险有农业保险、出口信用保险等。商业保险与政策性保险的区别见表6-4。

表 6-4　商业保险与政策性保险的区别

	商业保险	政策性保险
经营目标	公司通过保险机制获取利润	政府通过保险机制达成某种社会目标
盈利能力	盈利能力较强,一般可以为公司带来收益	盈利能力较差,需要政府补贴或政策推动
外部性	外部性不明显	具有明显的正的外部性,可以增进社会福利
发展动力	公司推动	政府推动

政策性保险的价值在于它实际上是对保险市场失灵的校正,即政府作为社会的中央权力机构,提供具有明显的正的外部性、社会总收益大于社会总成本的保险产品,而这些产品是商业保险公司所不愿或不能提供的。

政策性保险具有公共物品或公共资源的性质①,比如农业保险,保险提供者可以通过构筑堤坝、设置防雹火炮或进行人工降雨等手段来降低洪水、雹灾和干旱的风险和损失,国内外的实践都证明,如果措施得当,保险提供者可以使此类险种的赔付率大幅降低,内部收益和外部收益都大大提高,甚至可以使保险提供者长期盈利。但保险公司提供的这些自然风险管理服务所惠及的人群却远远超出被保险人群体之外,既没有排他性,又没有竞争性,而这种风险管理服务越多,人们参加保险的积极性就越低,"搭便车"的行为会使商业性的保险公司陷入两难困境:不进行有效的自然风险管理,保险公司必将长期亏损,制度缺乏可持续性;进行有效的风险管理,整体风险水平下降和"搭便车"行为所导致的参保人数量的减少会推动费率的上涨,并最终诱使所有的参保者去"搭便车",制度依旧不可持续。出口信用保险也同样,政府为了达成促进出口等政策目标就要设法提供风险大、期限长,但盈利能力不佳的出口信用保险服务,此外,还要向全社会提供世界上各个国家和地区的《国家风险分析报告》等资料,帮助外贸企业规避出口和投资风险,最终解决普通商业保险公司由于收益与成本的不对等从而不愿意提供此类保险的矛盾。

政策性保险和商业性保险具有同等重要的地位,而前者对保险业声誉的提升、对保险社会管理功能的发挥有着更为积极的意义。对于政府而言,提供政策性的保险产品和服务,是其应负的责任;而对于商业保险来说,政府实际上只需提供有效的法律法规以及监管框架就足够了。

政策性保险既能充分体现政策导向,又符合市场化原则的基本特征;既能使保险机制分散风险及经济补偿的功能得到有效发挥,又可校正市场失灵问题,因此,对于经济仍

---

① 公共物品(public goods)是既无排他性又无竞争性的物品;公共资源(common resource)是有竞争性但无排他性的物品。排他性(excludable)的判断依据是"是否可以阻止人们使用",而竞争性(rival)的判断依据则是"一个人使用这种物品是否减少了其他人使用该物品的能力"。

处于转轨阶段的中国而言,政策性保险应该具有更丰富的内容,其作用应得到更充分的体现,而不应仅仅是作为商业保险的附属品而存在。

政策性保险业务中的财政补贴可以提升投保人和保险人的积极性,满足最低参保率及大数法则的要求。

如图 6-7 所示,在没有政府补贴的自然状态下,政策性保险市场的供给曲线 S_0 与需求曲线 D_0 无法相交,除了其中少数可以营利的产品(如出口信用保险中的短期出口信用保险,以及农业保险中的一些经济作物保险,如烤烟保险),市场无法存在。如果政府对政策性保险进行补贴,无论是通过保费补贴降低保险的价格,还是对保险公司进行经营管理费补贴降低经营成本,都会有效促进保险公司增加供给,供给曲线 S_0 向右下方移至 S_1,投保人对政策性保险的需求也会增加,D_0 向右上方移至 D_1,此时新的供给曲线与新的需求曲线相交于点 A,即为补贴后的政策性保险市场均衡点,均衡数量为 Q_1,均衡价格为 P_1。此时,投保人获得的消费者剩余为 S_{AP_1E},补贴成本为 $S_{P_0P_1AB}$,社会整体福利为 $S_{EP_0C} - S_{ABC}$,只要其值大于零,就说明补贴增进了社会福利。此外,无论 S_{EP_0C} 是否大于 S_{ABC},通过政府补贴,政策性保险市场出现,供给曲线与需求曲线的相交使原来无法实现的愿意以 P_0 保费购买政策性保险的投保人的消费者剩余转化为实际存在的福利 (S_{FP_0G}),即"潜在福利"。如果政府不实行政策性保险补贴制度,这部分潜在福利无法转化为现实,相当于社会福利的潜在损失,因此补贴通过挽回这部分潜在损失相当于增加了社会福利。

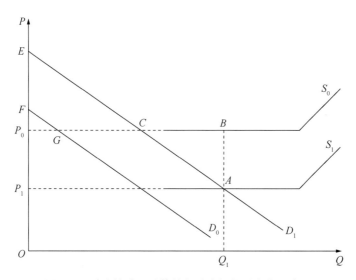

图 6-7 财政补贴下政策性保险市场福利变化示意图

正是为了获得政策性保险正的外部性,财政需要对政策性保险进行补贴。而问题是,财政补贴给股份制的商业保险公司不是也可以吗——正如我国农业保险目前所采用的模式?但经济学其实早已讨论过这个问题:当一家公司既做着自己赚钱的生意,也代政府做着相似但赔钱的买卖,在成本与收益核算时,套利几乎是不可避免的,而且从委托—代理机制的角度分析,政府是无法对这样既做商业性业务也承担政策性职能的公司的业绩进行科学评价与衡量的,最后将是一笔糊涂账。从 2007 年中央财政补贴纯商业化的股份制的农业保险公司开始,农业保险的这个顽疾就一直存在,保险公司利用政策性保险业务套取国家财政补贴的案例随处可见,甚至成为一些保险公司开办农业业务的最大动力。而能想到的解决的办法是成立一家国有独资的中国农业再保险公司,所有的财政补贴都从中国农业再保险公司这个渠道进行,中国农业再保险公司通过再保险业务激发各家股份制保险公司做农业保险。

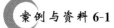

案例与资料 6-1

保险业的高质量发展:格局、重点与未来

保险是现代经济的重要产业和风险管理的基本手段,在支持经济社会建设、服务国家治理体系等诸多方面发挥着举足轻重的作用,是社会文明水平、经济发达程度和社会治理能力的重要标志。实现保险业高质量发展应该有什么样的格局,其发展重点是什么,未来又在哪里?

一、格局

从保险制度风险分散、经济补偿、资金融通和风险管理这四大职能来看,如果说风险分散风险、经济补偿和资金融通不过是为保险业提供了一盘生意的话,那么,风险管理则更能让保险公司成就一番事业,为社会做出更大的贡献。而风险管理恰恰是当前我国保险业最为薄弱的环节。

保险公司是专业的风险管理机构,从市场经济社会分工的视角,它比任何其他机构都具有相对乃至绝对的风险管理优势。风险管理可以做到什么程度?国际一些优秀的保险公司给出了很好的答案。比如,为了消除半导体生产过程中的火灾隐患,美国保险集团 FM Global 下属的 FM Global Research 和 FM Global Approvals 两家机构竟然用了十年的时间,通过与设备制造商、终端用户和近百位行业专家协同作战,来寻找有效的风险管理手段,成功化解了半导体生产过程中洁净室发生火灾的风险。在半导体生产过程的火灾风险管理中,FM Global 已经成为行业的主导。至 2018 年,已经有 100 多家制造商按照 FM Global 发布的标准来生产近 170 种洁净室阻燃材料,使洁净室的火灾隐患降到一个令人满意的低点。让客户不发生火灾,不用承担火灾所造成的损失,是 FM Global 风险管理的目标,而这一目标不但保障了人们生命财产的安全,也使保险费率大幅下降,降低了企业和保险公司的成本。

众所周知,在现代科技社会中,标准是统领生产和流通最关键的因素,如同通信行业手机的制式、互联网的接入标准和电脑的操作系统一样,谁拥有制式和标准,谁就是行业的主导,谁就拥有一切,不但可以坐到行业的头部位置,还可以控制未来。FM Global 的标准正在向制药、生物技术、食品加工和太阳能电池板制造等行业拓展,其影响范围越来越大。

与政府部门制定的标准,特别是各种行业协会制定的标准相比,保险公司的标准具有更高的可信度。保险公司制定的标准会严格而科学,如果做不到严格而科学,大量的赔付和声誉的损失就会令保险公司陷入被动;而如果某家保险公司制定的标准过于严苛,其他保险公司的标准就会取而代之,这样就形成了一种机制:保险公司掌握着高可信度的标准。作为利益攸关的第三方,保险公司制定风险管理标准并被各个行业所执行,大大降低了各个行业、各个领域的风险水平,从而以商业机制,推动整个国家的安全生产水平的提高。

在理论上,风险管理是个大概念,保险是个小概念。保险不过是五大风险管理手段中转嫁风险的一种手段而已。转嫁风险还有财务转嫁和非财务转嫁之分,保险仅仅是财务转嫁风险手段之一种。

因此,从风险管理的角度看待保险,格局会打开,立足点就会提升,一切都会不一样。比如,最现实的例子之一是车险改革的出路。我们能不能打破车险改革几十年来"一抓就死,一放就乱"的怪圈?答案是"能",但不是"报行合一"这样"猫鼠游戏"的玩法。2019年上半年,车险手续费及佣金的监管不可谓不严,罚单一张接一张,被暂停车险业务的机构也不少,效果好像很明显。1—5月,全行业车险的"手续费及佣金"支出同比下降了25.24%,但仔细看看数据,同期"业务及管理"却同比增长了41.42%,车险综合成本率还是接近100%,高达99.45%,离全行业亏损只有一步之遥。其实,不论行政力量有多强大,政策的初衷有多善良,违背博弈论基本原理的做法都是无效的。

车险改革的出路在于科技化的风险管理。保险公司与汽车生产厂家合作,汽车主机厂可以通过装载OBD(On-Board Diagnostics,车载自诊断系统)等先装硬件系统、根据技术的更新加载后装硬件系统并与智能手机联网,直接获取车主的驾驶风险信息,保险公司将其用于保费计算。比如,承保车辆的驾驶员某一天穿高跟鞋开车,那么保险公司通过刹车系统采集的数据就可以发现其刹车速度比平时要慢0.3秒,那么下个月其保险费率就会自动增长1%,并及时通知到被保险人。保险公司根据每辆车的驾驶情况、用车情况来确定其相应的费率,根据汽车的使用状况来调整费率。驾驶员驾驶技术好且遵守交通规则,车险保费付得就少,驾驶技术差或违反交通规则,车险保费就付得多。

在每个人的保险费率和其风险状态严格挂钩,低风险的驾驶员不再通过车险制度补贴高风险的驾驶员的情况下,保险公司以电话卡或油卡给投保人的变相优惠就显得毫无意义,因为在车险交易中,消费者要的就是公正公平,而不仅仅是"羊毛出在羊身上"转换出的那点暗折。可以想象,通过这样的技术手段,如果今后酒驾、毒驾、超速驾驶、闯红灯等,这些都完全被保险公司实时记录在案,这样车险费率的计算就会更为精确,目前拼费率、拼折扣的竞争模式将被彻底抛弃,保险公司拼的将是科技化的风险管理和精准化的费率厘定。

对于未来的汽车制造和维修、4S店的设立和评级,哪个机构、哪个行业最有发言权?若从风险管理的视角切入,仍是保险业。中国有世界上最大规模的车险信息平台,而4S店和维修厂的很大一块利润就来自保险业。如果车险信息平台的数据可以完全应用在保险费率厘定上,新车上市前的碰撞指数和运行中的事故数据严格地作为车险费率厘定的参数,而且占有30%以上的权重,同时这些数据都可供消费者网上或纸质媒体上随时查询,安全系数不达标的车系的保险费率将出奇地高,达不到保险业标准的汽车生产厂家、4S店和修车厂将不能从保险公司获得赔款转账,那马路上是否还有连保险杠都敢减配的汽车?汽车零整比和汽车维修负担指数会降到多低?

哪个行业,哪个企业,哪个家庭没有风险?从传统保险业务承保理赔的角度,保险公司仅能承保那些可保的风险,范围有限,但如果从风险管理的角度呢?世界几乎没有不能管理的风险。防患于未然,作为专业的风险管理机构,保险公司要为各行各业提供强大的风险管理服务,少出事、不出事,保证人民生命财产的安全,远比在竞争激烈的红海中切割有限的蛋糕重要得多。

比如,在应对环境污染风险方面,FM Global 也有很多创新,在研发相应技术防止环境污染、制定排放标准、通过调高费率对环境污染风险较高的企业进行惩罚等方面都有很多值得借鉴之处。FM Global 凭借其强大的风险管理能力,大大提升了保险业在整个社会防灾防损方面的地位,取得了国民经济中的主动权,提升了行业形象,这就是以风险管理的大格局经营保险的结果。

鉴于环境污染已经成为制约我国社会经济发展的一个核心问题,保险公司完全可以仿效 FM Global 保险公司深度参与承保企业风险管理的经验。首先在管理环境污染风险方面积累人才、数据、技术和案例,帮助并监督企业做好环境污染的防范工作,以保险业的力量使各个地区、各个行业的污染事故少发生乃至不发生,这样既可以减少社会的污染损失,也可以大幅降低赔付率和保险费率,使环境责任保险这样一种经济制度发挥其最大的作用。

保险业可以制定严格的污染物排放标准,同时利用费率差异化的方法抑制环境污染,根据被保险人环保设备是否完备及其使用情况,设定不同级别的保费标准,以促进企业环境方面的投入。基于我国环境责任保险发展水平低、承保率低的国情,政府还可以考虑仿效其他国家以强制保险的方式推动环境责任保险,让拥有强大的环境风险管理团队的保险公司通过深层介入企业的风险管理,使环境责任保险的发展纳入法制化和科技化发展的轨道。

再以农业保险为例。无论是从理论上,还是在实践中,农业风险管理远比农业保险本身重要得多。正如阳光农业相互保险公司在农业风险管理中所做的那样,利用其几十辆气象车、334门高炮、747部火箭发射架、28部雷达等构成的农业防灾减灾系统,大幅降低历史上雹灾严重的黑龙江省的雹灾损失,在大片承保的农田上游协助政府修建和管理大坝以防洪防旱,受到了社会的普遍赞誉和当地政府的高度认可,为保险业在黑龙江省的发展创造了良好的社会环境。也正如人保财险在珠海的水产养殖保险中,聘请渔业养殖专家定期为农户和农场防病防疫,最大限度地化解农业自然风险。

而借助日益科技化、精细化的农业保险业务操作,保险公司可以在深度参与新型农业经营主体风险管理的过程中,通过标准化的农业风险管理程序,控制农产品种子、化肥和农药的使用,在生产端保证食品的安全性和信息的完整性。然后像中国平安在目前10个省份的精准扶贫中所做的那样,将农村的绿色产品对接到超市和电商,在解决优质农产品滞销问题的同时,也为人们餐桌上的食品安全问题提供了可行的解决方案——消费者在餐桌边只需要扫描二维码就可以通过文字或者视频文件查阅餐桌上食品的来源和经过的流通渠道。保险公司再以食品责任险和食品质量保证险的形式为餐桌上的食品安全背书,并将绿色食品的超额利润反馈到从生产到流通的各个环节,提供农产品从生产端到消费端全流程的完整信息和安全保障。消费者甚至可以在智能手机上订购千里之外农场里养殖的某一头肉牛的腱子肉,可以通过视频看到这头牛饲养、防疫、宰杀的主要环节,而这些信息将被经营养殖业保险的保险公司整合到一起,通过信息系统向社会开放,最终使令人头疼的食品安全风险管理纳入农业保险的风险管理体系。

二、重点

保险业高质量发展的突破口在哪里?或者说当前实现保险业高质量发展的重点应该放在什么地方?答案仍然是从风险管理的视角,拓展保险业的功能。除了继续发挥风险分散、经济补偿和资金融通外,保险公司应该成为各行各业风险管理的专家。

首先,保险公司应成为社会大众健康风险管理的专家。很多种疾病预防的成本是疾病治疗费用的万分之一甚至更低,而健康风险管理的核心就是疾病的预防。健康险保费大幅增加是近两年保险业最明显的特征,2019年前5个月,健康险的保费增长率是33.3%,但风险也在集聚,比如,同期健康险给付的增长速度是37.19%。令人担忧的是保险业又在主动踏入一个新的陷阱,就像这些年来一样,当保险公司都涌向投连险、银行渠道销售的分红险、长险短做的万能险时,尽管已经预见到了后来的资产负债匹配问题,大量退保而导致流动性风险的问题,但仍罔顾风险、蜂拥而上。健康险今天可以是保险公司提升保费收入的利器,但未来大概率又是很多保险公司的陷阱。如何避免再次跌入陷阱,或者说高质量的健康险的盈利模式应该是怎样的?大概也只有一条道路——健康风险管理。那时,消费者来买健康险的目的不再是生病后的赔付,而是保险公司提供强大的健康风险管理服务,能够让被保险人少生病、不生病。治未病的健康风险管理不但可以降低赔付的概率和额度,更关键的是它可以化解健康保险经营中所面对的道德风险(比如带病投保)和逆向选择问题(买保险的人更多的是重视健康而身体状态良好的人)。

在这方面,美国 United Healthcare Insurance 与糖尿病管理公司 WellDoc 的合作,Blue Cross Blue Shield 与心脏病监测服务提供商 CardioNet 的合作,主要目标就是在发病之前或发病早期控制病情的进展,从而大幅降低医疗成本,保险公司的经营重点逐渐从病后赔付转换到让被保险人少生病、不生病。

其次，保险公司应成为学校体育风险管理的专家。2019年国家卫生健康委员会发布的报告显示，2018年全国儿童青少年总体近视率为53.6%，其中6岁儿童为14.5%，小学生为36%，初中生为71.6%，高中生为81%。学生体质的下降与课业负担重有关，但更重要的原因恐怕是体育活动的减少，学校管理者担心孩子在校园体育活动中出现意外是普遍心理。

起源于20世纪80年代的学生平安保险（学平险）作为普遍存在的商业保险产品，曾以学校"包办"、价格低廉（保费一般介于50—100元/年之间）和保障较为全面的特点，在保障学生人身风险方面起到了非常积极的作用，深受学校、学生和家长欢迎。2015年，教育部等五部门发文叫停了学校"包办"学平险的行为，此后学平险的发展基本处于停滞状态。

没有了学平险，学生在学校的体育风险全部由学校承担，减少体育活动是学校迫不得已的选择。"十年树木，百年树人"，孩子是祖国的未来，学生的身体素质决定了未来几十年中华民族的身体素质。体育教育在大、中、小学乃至幼儿园的校园教育中占有重要位置，也承载了培养德智体美劳全面发展的综合性人才的社会使命。然而，校园体育风险呈现出种类多、日常运动风险交织赛事风险、运动风险交汇校方责任风险以及缺乏系统性体育风险管理办法等问题。

保险公司应致力于我国校园体育的发展，通过科学全面的校园体育风险管理，组建最优秀的校园体育风险管理团队，通过严格的体育风险管理程序，降低各层级、各类型学校体育风险和运动损失发生的概率，尽力消除体育活动中一切隐患，化解所有的风险点，让孩子在安全的环境中无风险地尽情运动，免除学校和教师安排学生进行体育活动的后顾之忧，将祖国花朵们像体育保险发达国家的孩子们一样，从体育风险禁锢下的"豆芽菜"和"近视眼"的体质状态中解脱出来，焕发出青春的活力，发展体育运动，从而进一步提高全民素质。

再次，保险公司应成为老龄风险管理的专家。未富先老背景下的快速老龄化是我国社会经济发展最基本的国情。联合国秘书处预测，2050年中国60岁以上人群占总人口的比率将会达到31%以上，而65岁及以上的人口将会达23%以上，60岁以上老人与工作年龄人口（15—59岁）之比会达到58%。中国的人口结构变化过程将在其他国家所经历时间的一半内完成。

在人力成本越来越昂贵的情况下，以人工智能为核心的科技化养老几乎是未来解决养老问题的唯一途径。在长寿风险精算的基础上，保险行业应该集中力量推动人工智能等老龄科技的进展，为化解整个社会的养老风险贡献资金和技术力量。

最后，保险公司应成为农业风险管理的专家。自2007年中央财政开始支持农业保险至今，我国的农业保险市场一跃成为仅次于美国的世界第二大农业保险市场。农业保险在推进现代农业发展、保障农民收益、维护农产品市场稳定及保障国家粮食安全方面发挥了巨大作用。

经过几十年的探索与实践，我国的农业保险市场逐渐形成了今天的供给侧格局：作为再保险主要载体的农业保险共同体和31家经营农业保险的财产保险公司共生；

专业农业保险公司和综合性农业保险经营主体共栖;生产成本保险、农业大灾保险、产量保险、收入保险和天气及价格指数保险等多种产品形态共存。这种格局是在农业保险发展的初级阶段、在不断的探索中形成的,有其合理性,但也在很大程度上制约了农业保险的高质量发展,需要进行与时俱进的深化改革。

除了管理自然风险外,国家农业再保险公司在农业风险管理方面的拓展空间巨大。比如与农业龙头企业等新型农业经营主体协作,通过统一采购种子、化肥和农药等生产物资,在降低生产成本的基础上,尽量消除农业生产环节的人为风险;在大力开展天气指数保险与价格指数保险的同时,与期货公司合作,进一步探索"保险+期货"的农产品市场风险对冲机制,化解农业生产中的市场风险。然后,因应时代的需要,我国三农风险的管理将逐步向以农村集体为主导转向以保险公司为主导,政府引导、市场化的风险管理成为农业保险制度中最核心的一个部分,农业保险的经营重点也将从传统的农业保险向农业风险管理的方向转变。

三、未来

未来真正实现保险业的高质量发展,保险公司必须成为各行各业风险管理的专家和风险管理标准的制定者。为了达到这样的目标,保险公司至少需要在科技化、多元化和场景化三个方面有所突破。

科技化。科技是未来保险业发展的基础。当2002年平安集团启动电子化的资源共享平台——上海后援中心建设的时候,就已经为今天飞速前进的平安注入了能量。而今天平安科技公司将着力打造的是"平安集团旗下科技解决方案专家,专注于为机构、企业、政府提供端对端智能科技服务,基于人工智能、云计算解决方案,服务"5亿+"用户,覆盖金融、医疗、汽车、房产、智慧城市五大生态圈,帮助企业高效智能化转型,与合作伙伴共建云端生态。"可以说,平安科技的每一项成果、每一步进展都将是助推平安再次起飞的多阶火箭的动力;众安在线在保险业的弯道超车更是科技化的成果。毫不夸张地说,未来保险公司之间的竞争本质上就是科技化的竞争。从传统保险业务的角度讲,科技赋能不过是提升了保险公司负债业务和资产业务的效率;而从风险管理的角度而言,科技赋能则会把保险公司推向一种新的业务模式——以风险管理驱动保险业务的发展。

在未来,能够承担长期护理任务的物美价廉的机器人应该是保险公司投资生产的;智能城市和智能乡村应该是保险公司协同建设的;无人驾驶汽车的生产标准应该是保险公司深度参与设计的;农业防灾和食品安全标准也应该是保险公司为主导制定的。

未来的保险公司将拥有各行各业的风险管理专家团队,利用高科技的风险管理手段,制定科技含量超高的风险管理标准,为人们的生产生活保驾护航。

多元化。保险业发展到今天,曾经非常热烈的多元化与专业化之争已经没有了任何意义。在未来,无论是产险、寿险,还是再保险,如果纳入以风险管理驱动保险业务发展的模式,多元化都是必然的。哪怕仅仅是健康风险的管理,保险公司也必须深度介入医疗卫生的各个领域,才能构建起完整的健康风险管理链条和风险管理网络,单一的保险业务将失去意义。从目前中国保险市场上的13大保险集团的发展历程来看,中国人寿保险、中国人民保险和中国再保险早已跨界;当年坚持专业化发展的华泰保险义无反顾地走向了多元化经营;泰康则紧紧地和养老地产联系在一起。保险公司多元化的跨界经营已经势不可挡。

场景化。未来场景化的风险管理是指在对相关数据充分挖掘的基础上,在由时间、空间、地理位置、人物和相互关系的特定场景下,理解和判断社会及用户需求、情感和态度,通过信息沟通,为社会提供适合的创意产品或服务的一种精准商业行为。其核心要素是场景、数据、算法和体验。未来保险公司将通过互动,发现各行各业各类人群的生产与生活风险,利用高科技手段实现风险管理的互动、保险产品的开发,为消费者提供特性化和碎片化的保险产品和服务,提供多种样式的场景化的风险管理服务。保险业将不复是今天的模样。

案例与资料 6-2

相互保险:自助者天助[①]

保险自诞生之日起,就是人与人之间互助的一种机制,诚如谚语"千家万户保一家"所言,互助是保险的本质特征。

无论是几千年前东方扬子江上船伙们共担风险的承诺,还是修建埃及金字塔时工匠们汇聚丧葬基金的行为,都是同行之间为应对共同风险而相互扶助开创的保险萌芽。今日之现代保险虽已远离其滥觞期的形态,但却未能改变其人人互助的精髓。穿越历史的长河,保险制度发展到今天,已经形成以股份制公司为主体的众多纷繁复杂的组织形态,相互保险则以其较低的成本和其对保险互助本质的坚持而历久弥新,且随着互联网技术的发展而大有再度繁盛之势。

2015年,当保险监管部门以《相互保险组织监管试行办法》挑开中国保险市场舞台前的大幕之后,一幕以相互保险为主角的戏码就此登台。

当时的舞台之上,已经有2005年就已经成立的阳光农业相互保险公司,1994年就已经成立的中国渔业互保协会,以及1993年已经创办的中国职工保险互助会,它们在各自的领域内都取得了很好成绩,发挥重要的作用,为我国相互保险的未来发展积累了丰富经验。年轻一点的还有2011年成立的慈溪市龙山镇伏龙农村保险互助社,作为地方性农村相互保险组织,其做法和经验为保监会制定《相互保险组织监管试行办法》提供了鲜活的样板。

---

① 原文曾发表于2015年9月23日《金融时报》。

而当时虽尚未登台，但已引人瞩目、整装待发的，是众多未来的名角，比如：九鼎投资和深圳前海新金融投资等9家公司共同参与拟设立的众惠财产相互保险总社；中国保险中介行业协会征集拟发起的安平责任相互保险公司；新国都、汤臣倍健等四家上市公司联合发起拟设立的信美相互人寿保险公司；在国家工商总局披露的预核准名称和在中国保监会申请批筹的名单里面出现的汇友建工相互保险有限公司、国民互助保险有限责任公司、中海达财产相互保险有限公司、众康互助保险有限责任公司和万诚相互人寿保险有限公司；上海金仕达卫宁软件股份有限公司参与发起设立的互助家互联网财产保险相互合作社；南开大学校友会发起拟设立的公能相互人寿保险有限公司等。

而在此之前，就已经出现一些"众保"模式的平台，影响较大的如抗癌公社、夸客联盟、e互助、必互保险等，这些互联网上的平台，介于众筹和相互保险之间，属于类相互保险平台，吸引了大量拥趸，展现出强大的生命力。

互联网将是互助保险更新换代飞速发展的沃土，基于互联网的互助保险至少体现了"多、快、好、省"四个方面的优势。

"多"是指网络可以集中海量会员，网络社区聚集人力的能力是前所未有的，短期内抗癌公社、夸客联盟等平台都已经汇聚了几十万以上的会员，突破了地域和人群的界限。2015年保监会颁布的《相互保险组织监管试行办法》中规定的"一般发起会员数不低于500个"的门槛是可以利用互联网轻松突破的。而这一特征恰恰也是保险稳健经营的基础，大数法则原理可以得到更好利用。

"快"是指借助网络的相互保险可以在极短时间内将筹资支付等重要信息及时通知到每位会员，归集到位资金并通过网络及时理赔，会员利用网络能够实现有效监督，并形成快速而透明的决策。

"好"是指相互保险以保障为第一要素，不以营利为目的，每个成员既是贡献者也是受保障者。互联网平台可以使信息透明，会员参与决策与管理容易实现。可以保证组织利益与成员利益的激励相容，真正实现保险"一人为众，众人为一"的理念。而更重要的是，基于互联网技术的成员互动则是更大的突破，成员参与产品的研发、设计、体验与监督等环节中，可以调动群体的积极性，而大数据的归集与使用又可以为会员提供个性化的保险服务。

"省"是指"互联网＋相互保险"的模式更具有P2P的意义，互联网摆脱了传统保险营销和管理的人海战术和运营成本，以最少的人力、物力、财力服务更多的人群，成本可以降低40%甚至更多。相互保险的价格优势将是相互保险迅速成长的最大动力，也将对当前经营成本较高的股份制保险公司经营模式构成挑战，但对广大的保险消费者而言，对中国保险业的健康发展而言，则是非常有益的。

中国的文化传统中，互助是不熄的火焰。自助者互助，互助者天助。可以预期的是，未来相互保险将在技术、政策与文化传统的合力下迅速成长，并最终成为中国保险市场上一支重要的生力军。当然，相互保险不会一帆风顺，也不是没有风险和劣势，更面临着法律制度未能跟上、监管细则尚未出台等障碍，但"道路曲折，前途光明"，让我们共同呵护、期待着每一个能够让保险业变得更美好的新生事物。

思考题

1. 请利用本年的保费收入数据计算出中国保险市场的集中度(提示:选取中国平安、太平洋保险、中国人寿和中国人民保险这四家中国市场上最大的保险公司的保费收入占整个市场的比例)。
2. 请用本年数据测算中国保险市场的赫希曼-赫芬达尔指数。

实践讨论

比较 20 世纪 80 年代、90 年代和本世纪前 20 年中国保险市场结构的变化,并讨论此三个时段中国保险市场的市场绩效。

辅助阅读资料与相关网站

1. 泰勒. 产业组织理论[M]. 张维迎总译校. 北京:中国人民大学出版社,1997.
2. ABREU D. Infinitely repeated games with discounting: a general theory[M/OL]. Retrieved from the University of Minnesota Digital Conservancy,1984. [2021-10-15]. https://hdl.handle.net/11299/1767.
3. http://www.repec.org/(经济学学术论文库)
4. https://www.aeaweb.org/journals/jel (*Journal of Economic Literature*)
5. https://www.aeaweb.org/journals/jep (*Journal of Economic Perspectives*)
6. https://direct.mit.edu/rest (*The Review of Economics and Statistics*)
7. https://www.journals.uchicago.edu/toc/jole/current (*Journal of Labor Economics*)

21世纪经济与管理规划教材
保险学系列

第七章

国际保险贸易的经济福利分析

引　言

　　保险是当今国际贸易不可或缺的辅助工具。同时,保险作为一种金融服务性商品,也同样存在着在国际市场上进行交易的问题;再保险跨越了时空界限,成为一种最自由的国际金融产品,为全球的人身、财产、责任和信用提供着间接的风险保障,把一个国家和地区的风险分散到全世界;一个国家的居民在境外的保险消费随处可见,出国旅游时我们一般会购买本国或旅游地保险公司销售的全程旅游保险或者旅客意外伤害保险,其好处显而易见;保险公司集成起来的救援网络提供的全球救援系统几乎触及地球的每一个角落,使风险保障无处不在;跨国经营成为保险业不可逆转的潮流,在大量的国际保险巨头进入中国市场的同时,中国的保险公司也在海外设立了分支机构,向国外的企业和家庭提供保险产品和服务;保险业的国际并购风起云涌,迅速改变着世界保险业的地区和业务格局,也把一国的巨灾损失分散到其他国家……所有这一切,都属保险国际贸易的范畴。保险业的对外开放、相互融合是每一个国家都正在或即将面对的问题,自然也是保险专业的学生不能不关注的问题。

第一节　国际保险贸易

一、比较优势理论与保险商品的国际贸易

　　在亚当·斯密的《国富论》出版之前,重商主义占据贸易理论的统治地位。[①] 重商主义认为,在国际贸易中,一国受益,另一国必然受损,因为贸易仅仅是在交换,而不会凭空创造出财富来,而且,出口可以为国家带来更多的收入,所以出口国是得益国,进口国则是受损国。

　　亚当·斯密的《国富论》[②]则认为,重商主义将贸易的目的建立在增加一国财富(表示为黄金储备的增长)的基础上是错误的,因为财富的增加并不是经济活动的最终目的。经济活动的最终目的是满足国民对于产品和服务的需要。一个国家进行有绝对优势的专业化生产并和其他国家进行贸易,就能够在创造更多财富的同时通过进口获得物美价

---

　　① 重商主义经历了两个发展阶段,从15世纪到16世纪中叶为早期重商主义,以货币差额论为中心。16世纪下半叶至17世纪为晚期重商主义,以贸易差额论为中心。早期重商主义单纯用金银的多寡来衡量一国的财富,片面地追求货币差额。在政策上表现为禁止金银出口,鼓励商品输出以吸收货币;主张用国家力量干预对外贸易,限制外国商品进口。其代表人物是英国的威廉·斯塔福(William Stafford)。晚期重商主义认为对外贸易是财富的唯一源泉,利润是流通中贱买贵卖产生的,贸易顺差是一国取得和保存金银的主要手段,必须结合贸易顺差来衡量一国的财富,故追求贸易顺差。在政策上主张取消禁止金银出口,要求通过国家干预来促进本国的生产和出口,提倡对外国商品的购买,允许对个别国家有贸易逆差,但必须保持总贸易顺差的原则。其代表人物是英国的托马斯·孟(Thomas Mun)。

　　② 《国富论》明确写道:如果购买一件东西的代价比自己生产的代价小,就永远不会自己生产,这是每一个精明的家长都知道的格言。裁缝不想亲自制作自己穿的鞋子,而是向鞋匠购买,鞋匠也不想缝制自己穿的衣服,而是找裁缝做衣;农民既不想缝制自己的衣服,也不希望自己做鞋,而是把这些工作交给裁缝和鞋匠。裁缝、鞋匠和农民都感到,为了他们自身的利益,应当把他们全部的精力用到比他人更有优势的方面,然后以产品的一部分,换取他们所需要的任何其他物品。

廉的商品,更好地满足消费者的需求,从而达到经济活动的最终目标。这就是绝对优势说,当代经济学亦称之为"内生比较利益说"。

其后,英国国会议员、家资百万的股票经纪人大卫·李嘉图(David Ricardo)继承并进一步发展了亚当·斯密的理论。他在1817年出版的《政治经济学及赋税原理》一书中提出了著名的比较优势原理,即外生技术比较优势理论:当个人、企业、或者国家比另一个人、企业或者国家生产同一种物品的投入量小,或者说能够以较少的绝对成本生产与其他个人、公司或国家相同的产品,那么它就具有绝对优势;如果能够以较小的相对成本或机会成本生产同样的产品,就具有相对优势,也称比较优势。

当两个国家都自给自足时,若 A 国生产 X 相对 Y 而言劳动成本比 B 国便宜,则 A 国应出口 X 而进口 Y。这里有两个相对概念,一个是 A 与 B 国相对而言,另一个是 X 与 Y 的相对而言。虽然 A 国生产 X 与 Y 的绝对成本都比 B 国高,但 A 国生产 X 对 Y 的相对成本却可能比 B 国生产 X 对 Y 的相对成本低,这时 A 国应该出口 X 而进口 Y。①

下面以保险市场一个数字化的例子做一说明。

例 7-1 甲国的社会保障制度比较发达,是一个福利国家,所以本国商业人身保险的需求较少,从而成本也高,但甲国以国外业务为主的再保险公司却都是国际保险巨头,资金雄厚、技术先进、承保量大、管理高效,从而成本较低。乙国再保险比较落后,靠国家法定分保政策垄断经营,成本居高不下;原保险和再保险相比,相对好些,成本较低,但仍然要比甲国原保险的成本高。

表 7-1 给出了每个国家原保险和再保险的成本,同样一张保单,甲国原保险的成本是 4,而乙国为 5;甲国的再保险成本为 3,而乙国为 8。可见,甲国在原保险和再保险上都具有绝对优势。

表 7-1 甲国原保险公司和乙国再保险公司的生产成本

国家	原保险的成本	再保险的成本	以再保险为单位的原保险的相对成本	以原保险为单位的再保险的相对成本
甲国	4	3	1.33	0.75
乙国	5	8	0.63	1.60

按绝对优势理论,甲国应该同时提供原保险和再保险,如果进行自由贸易,乙国的保险业将被甲国的保险公司挤垮,不会有任何的生存余地。唯一的办法就是人为地限制国

---

① 曼昆在其著名的《经济学原理》(Principle of Economics)教科书中举了一个生动的例子来说明比较优势原理——迈克尔·乔丹应该自己修剪草坪吗?迈克尔·乔丹是美国 NBA 史上最优秀的篮球运动员之一,人称"空中飞人"。他跳得比其他大多数运动员高,投篮也比其他大多数运动员准。而且,这样一个人很可能在其他活动中也出类拔萃。例如,乔丹修剪自己的草坪可能比许多人都快。但是仅仅由于他能迅速地修剪草坪,就意味着他应该自己修剪草坪吗?回答这个问题应该用机会成本和相对优势的概念。比如,乔丹用 2 个小时修剪完草坪。在这同样的 2 小时中,他能拍一部运动鞋的商业电视广告,并赚到 1 万美元。与他相比,住在乔丹隔壁的小姑娘杰尼弗用 4 个小时修剪完乔丹家的草坪。在这同样的 4 个小时中,她可以在麦当劳店工作并赚取 20 美元。在这个例子中,乔丹修剪草坪的机会成本是 1 万美元,而杰尼弗修剪草坪的机会成本是 20 美元。乔丹在修剪草坪上有绝对优势,因为他可以用更少的时间干完这件活。但杰尼弗在修剪草坪上有相对优势,因为她的机会成本低。在这个例子中,贸易的好处是巨大的。乔丹不应该修剪草坪,而应该去拍商业广告,他应该雇用杰尼弗去修剪草坪。只要他支付给杰尼弗的钱大于 20 美元而低于 1 万美元,双方的状况都会变好(better off)。

际保险贸易,等待乙国的保险成本降低下来之后,再考虑放开保险市场。

然而按比较优势理论分析,则大不然。国际贸易的利弊分析应该从相对优势而不是绝对优势入手。

表 7-1 的第 4 列是用以再保险为单位表示的原保险的相对成本,也就是每增加 1 个单位的原保险而必须舍弃的再保险的提供量,用每一单位原保险的成本除以每一单位再保险的成本,所得的值就是原保险的相对成本。由此可见,在其他条件相同的情况下,甲国的原保险比乙国的原保险要昂贵,在甲国提供 1 单位的再保险要"耗费"其 1.33 个单位的原保险,而在乙国则仅"耗费"其 0.63 个单位的原保险。表 7-1 的第 5 列则是以原保险为单位表示的再保险的相对成本,也就是 1 个单位的再保险而必须舍弃的原保险的提供量,用每一单位再保险的成本除以每一单位原保险的成本,所得的值就是再保险的相对成本。同样可见,在甲国需要用 0.75 个单位的再保险换得 1 个单位的原保险,而在乙国则需要 1.6 个单位的再保险换取 1 个单位的原保险。

因此,甲国在再保险的提供上有相对优势,而乙国在原保险的提供上有相对优势。如果乙国购买甲国相对便宜的再保险,就会从中受益;同样,甲国购买乙国相对便宜的原保险也会从中受益。[①]

按照比较优势理论,保险的国际贸易对任何国家都有好处,但现实中,并不是每一个国家或地区都选择向世界开放自己的保险市场,人为设置的障碍不仅仅出现在发展中市场,在发达市场也同样存在。[②] 原因何在? 是比较优势理论存在问题,还是另有原因? 这需要进行比较深入的经济分析,才能够对这样的问题有所了解。

二、国际保险贸易的方式和类型

保险是一种金融服务性商品,因此国际保险贸易属于国际服务贸易。服务与货物的不同特点影响到其国际交易的方式。货物的国际贸易涉及货物从一国到另一国的地理流动,而服务的交易活动仅有少数与跨越国境有关。跨境交易是那些可以通过电子流传输的服务,如保险费划转、保险单的递签等。从服务贸易的总体来说,消费的时间与地点是不宜分割的,服务提供者与消费者的贴近有利于效率的提高。服务贸易可以通过在进口国建立商业存在(如建立分支机构或子公司)或通过自然人的临时流动(精算师、经纪人到另一个国家提供服务)实现这种贴近。还有一些服务交易,要求消费者到可以得到那些服务的国家去消费,如旅游者国外旅游时消费当地的保险产品或学生到另一个国家接受高等教育时购买一系列的商业保险。

世界贸易组织的《服务贸易总协定》确立了国际服务贸易的四种方式:服务产品的跨境提供(cross-border supply);消费者的境外消费(consumption abroad);在要提供服务

[①] 当然,保险作为一种服务性商品,其供给和需求所受到的限制和实物商品不同,因此进行国际贸易条件也有巨大的差别,比如会受到文化习惯、政策法律、地域范围等因素的影响,一个国家公民购买另一个国家的原保险的情况会受到很多很多的限制。但在一个保险商品的自由贸易区内,比如欧盟成员国之间,这种情况还是比较常见的。

[②] 20 世纪 80 年代末,美国不惜动用《贸易与关税法案》的 301 条款,由美国总统授权单方面对设置多重障碍以防止外资保险公司大举进入本地保险市场的韩国、日本以及中国台湾进行制裁,最后终于迫使这些国家或地区在国际保险自由贸易上作出妥协。

的成员建立商业存在(commercial presence);提供相关服务的自然人向另一个成员的临时流动,即自然人流动(movement of natural persons)。

世界贸易组织的《全球金融服务协议》[①]对金融服务贸易的范围和定义进行了更为具体的界定:由一成员的金融服务提供者通过国际服务贸易的四种方式,向其他成员所提供的任何金融性质的服务。而在保险领域的业务范围则包括人寿保险和非人寿保险的直接保险业务、再保险业务与保险中介业务(诸如经纪和代理业务)以及附带的保险服务(如风险管理、咨询、保险精算、评估和理赔服务等)。

由此,国际保险贸易(international insurance trade)就有了一个能够被广泛认可的范围界定:国际保险贸易是指一国(地区)的保险企业通过直接跨境提供保险商品或通过异国(地区)分支机构销售保险的形式所进行的跨境保险交易。具体而言,国际保险贸易主要包括四种形式:

第一,商业存在,是指一经济体的保险机构到另一经济体建立分支机构以提供服务,亦即投保人通过代理机构、分公司、子公司向位于本经济体的外资保险人或再保险人投保,也就是一般意义上的一经济体保险市场的对外开放。实现形式包括设立公司或者参股、控股和跨境兼并与收购等。

第二,跨境提供,是指从一经济体境内向另一经济体境内提供保险服务,换言之,就是投保人向位于另一个经济体的保险人或再保险人投保,国际货物运输保险是跨境提供最常见的形式。

第三,境外消费,是指一经济体公民在境外旅游或生活期间购买当地保险公司出售的保单,旅游保险、健康保险和机动车辆第三者责任保险是跨境消费最常见的形式。

第四,自然人流动,是指个人或雇员到另一经济体从事保险业务活动。比如,在中国注册的合资和外资公司里,有大量的外籍雇员,这些都属于自然人流动的范畴。

截至2020年年末,在世界贸易组织的框架内,有些成员放开了所有形式的国际保险贸易,但多数成员并没有彻底开放保险业,而仅仅是有选择地开放。比如,在商业存在方面,46个成员允许开设全资的外资子公司或分公司,有10个成员允许外资在合资保险公司中持有50%以上的股份,有4个成员禁止外资在合资保险公司中的持股比例超过50%,还有3个成员在这方面没有任何承诺。在跨境提供方面,有29个成员允许MAT险[②]、再保险和经纪业务跨境提供,还有7个成员未对保险商品的跨境提供作出任何承诺。

三、国际保险贸易格局

保险市场的全球化和一体化进程处在一个全新的阶段。经过多年的努力,目前欧盟的保险市场已经实现了一体化。在欧盟任何一国获得保险营业执照的保险公司都可以在所有欧盟成员以自由厘定的价格销售保单,真正实现了自由竞争、自由资本流动、自由设立保险公司、自由提供保险服务的市场整合、自由贸易的目标。

---

① 该协议的较早版本为《服务贸易总协定》的《金融服务附件一》。
② 国际上一般将海上保险(marine insurance)、航空保险(aviation insurance)和运输保险(transport insurance)简称为MAT险。

保险业国际并购加速了世界保险经济全球化的进程，在发达市场中保险商业存在这种形式在逐渐突破边境的限制。1998年2月，日本东部生命保险公司被美国GEC保险公司以700亿日元收购。1999年11月，欧洲第二大保险公司法国安盛集团出资2000亿日元将日本团体生命保险公司子公司化。同是1999年，荷兰全球人寿保险集团收购了全美人寿保险公司。2000年，德国安联保险集团收购了法国第三大保险公司AGF，一跃成为世界上最大的非寿险公司；同年10月，安联购买了罗马尼亚一家保险公司51％的股权，巩固了其在东、中欧作为最大保险人的位置。2001年3月，英国保诚集团以265亿美元合并美国通用保险，组成全球性的大保险公司。2001年5月，美国国际集团以价值230亿美元的股票购并美国通用保险公司，这一并购大大加强了美国国际集团在美国本土人寿保险、退休储蓄和消费金融等市场领域的地位。① 法国安盛保险公司为抢占德国市场，先后收购了德国科隆再保险公司和Albingia保险公司。而瑞士再保险公司通过收购美国的马里兰保险公司，扩展了其在美国中北部地区的业务。② 2003年9月，加拿大宏利人寿金融公司通过换股方式，同美国恒康金融服务公司合并，成为北美第二大寿险商、美国第八大保险商，这一合并也成为2003年世界十大并购案例之一。2004年8月7日，法国安盛集团出价31亿澳元收购其在澳大利亚的子公司安盛亚太控股公司全部股权，以加速在亚洲地区的业务增长。2006年10月，美国股神沃伦·巴菲特投资旗舰——伯克希尔-哈撒韦公司的子公司国民赔偿公司出资逾70亿美元，接管了英国劳合社保险市场的一家再保险商Equitas公司的全部资产和负债。目前，伯克希尔-哈撒韦公司已经有约一半左右的运营收入来自其保险业务，主要包括GEICO汽车保险公司、NICO保险公司和通用再保险公司。2010年，李泽楷的盈科保险以39亿元向美国国际集团购入资产管理业务；2012年又出资21亿美元购入美国国际集团港澳泰保险业务。之后几年的国际保险并购依旧活跃，如2014年Sompo Japan以7.7亿美元购入了Canopius保险公司，然后在2017年又以9.5亿美元卖给了Centerbridge Partners等组成的联合体，而2016年并购案价值超过5亿美元的保险业并购就有14宗，2015年，中国的复星集团以18.4亿美元购入Ironshore。

2017年是国际保险并购案例比较多的一年，其中丹麦最大的保险公司Tryg以13.1亿美元并购了竞争对手Alka Forsikring，三井住友保险公司以16亿美元收购了加拿大Fairfax在新加坡的First Capita Intact Financial Corporation以17亿美元收购了White Mountains保险集团的One Beacon；Onex公司则以43亿美元出售了USI Insurance Services。Liberty Mutual又以30亿美元的价格从复星集团手中收购了Ironshore。Willis Tower Watson的数据显示，2017年国际保险行业并购总额达570亿美元，其中北美的并购交易额为230亿美元，而亚洲的交易额为170亿美元，欧洲为140亿美元。

---

① 此前美国国际集团在美国本土的业务仅占其全球业务的1/3。
② 蒋永辉.保险并购：21世纪中国保险业发展的战略选择[J].河南金融管理干部学院学报，2004，22(5)：74—77.

表 7-2 2006—2017 年国际保险并购情况

		2006	2007	2008	2009	2010	2011	2012	2013	2014	2015	2016	2017
并购交易笔数		84	99	95	83	107	99	98	88	82	79	97	84
交易规模（百万美元）	最小	0.4	0.4	1.3	0.0	0.3	0.48	0.1	0.1	1.3	0.3	0.3	0.01
	最大	1 120.9	2 744.0	6 225.0	1 900.0	15 545.1	3 534.6	3 100.2	1 125.0	5 579.6	28 240.3	6 303.8	1 906.2
	平均	94.1	229.5	288.9	162.0	395.6	222.5	195.5	136.4	277.3	1 317.4	379.8	421.6

资料来源：德勤《2018 年国际保险并购展望》。

此外，再保险企业之间、再保险与直接保险之间以及保险业与银行业之间的并购也不断发生。如美国的通用再保险公司收购了德国科隆再保险公司，德国慕尼黑再保险公司收购了美国的美国再保险公司，瑞士再保险公司收购了美国的林肯再保险和 M&G 再保险公司等。据统计，世界再保险费的 90% 左右被排名前 25 位的再保险公司所控制，其中 65% 以上的再保险业务由前 10 家单独的再保险集团所控制，再保险已经真正成为开放性和国际化的业务。

跨境提供方面，2001 年国际再保险市场的保费总额为 1 200 亿美元①，而这一数字在 2012 年达到 1 792 亿美元，在 2017 年初达到 6 050 亿美元。境外消费和自然人流动的数量虽然没有确切的统计数字，但随着世界经济一体化的进程，其增长态势是非常明显的。

中国和印度吸引着全球的保险企业，是目前吸引力最大的两个新兴保险市场。

四、中国的国际保险贸易现状

关于外资保险的商业存在，中国利用近 30 年的时间，基本实现了保险市场对外开放的目标。

1992 年，作为第一个进军中国保险市场的外资保险公司，美国国际集团的成员——友邦保险公司获中国人民银行颁发的营业执照，在上海经营寿险及非寿险业务；1994 年东京海上火灾保险公司②在上海成立。随后，外资保险机构纷至沓来。但这时的开放都是在比较严格的地域和业务范围之下的，一直持续到中国加入世界贸易组织。

2001 年 12 月 11 日，中国加入世界贸易组织时，对保险业的开放做出了如下承诺：

1. 企业设立形式

（1）中国在加入 WTO 时，将允许其他成员非寿险公司在中国设立分公司或合资公司，合资公司外资股比可以达到 51%；中国加入后 2 年内，允许其他成员非寿险公司设立独资子公司，即没有企业设立形式限制。

（2）加入时，允许其他成员寿险公司在中国设立合资公司，外资股比不超过 50%，外方可以自由选择合资伙伴。合资企业投资方可以自由订立合资条款，只要它们在减让表所作承诺范围内。

---

① 孙祁祥，郑伟，等．中国巨灾风险管理：再保险的角色[R]．北京大学，2013-10．
② 今为东京海上日动火灾保险（中国）有限公司，是首家进入中国保险市场的财产保险公司，2008 年 7 月获批改建为独资法人公司，同年 11 月 1 日正式开业（由东京海上日动火灾保险株式会社 100% 出资）。

(3) 加入时,合资保险经纪公司外资股比可以达到 50%;中国加入后 3 年内,外资股比不超过 51%;加入后 5 年内,允许设立全资外资子公司。

(4) 随着地域限制的逐步取消,经批准,允许外资保险公司设立分支机构。内设分支机构不再适用首次设立的资格条件。

2. 地域限制

加入时,允许其他成员寿险公司、非寿险公司在上海、广州、大连、深圳、佛山提供服务;中国加入后 2 年内,允许其他成员寿险公司、非寿险公司在北京、成都、重庆、福州、苏州、厦门、宁波、沈阳、武汉和天津提供服务;中国加入后 3 年内,取消地域限制。

截至 2018 年年底,外资保险公司的经营区域已经涉及全国 24 个省、直辖市、自治区(见表 7-3)。

表 7-3　外资与合资寿险公司的经营区域分布情况(截至 2021 年 12 月 31 日)

序号	公司名称	主要经营区域
1	友邦人寿	上海、广东、北京、江苏、四川、湖北、天津、河北
2	中宏人寿	上海、北京、广东、浙江、江苏、四川、山东、福建、重庆、辽宁、天津、湖北、河北、湖南、陕西
3	中德安联	上海、广东、浙江、四川、江苏、北京、山东、湖北
4	工银安盛	上海、广东、北京、天津、辽宁、江苏、浙江、四川、山东、河北、河南、湖北、陕西、山西、福建、安徽、重庆、广西、云南、江西
5	中信保诚	广东、北京、江苏、上海、湖北、山东、浙江、天津、广西、福建、河北、辽宁、山西、河南、安徽、四川、湖南、陕西
6	交银人寿	上海、江苏、河南、湖北、北京、安徽、广东、山东、四川、辽宁、陕西、湖南、浙江、山西、河北
7	中意人寿	北京、上海、广东、江苏、辽宁、四川、陕西、山东、黑龙江、湖北、河南、浙江、福建、重庆
8	中荷人寿	北京、辽宁、山东、河南、安徽、天津、上海、江苏、河北
9	中英人寿	广东、北京、四川、福建、山东、湖南、河北、江苏、辽宁、湖北、河南、黑龙江、上海、安徽、江西、陕西
10	同方全球人寿	上海、北京、江苏、山东、浙江、广东、天津、河北、湖北、福建、四川
11	招商信诺	上海、北京、重庆、天津、浙江、江苏、四川、湖北、山东、辽宁、陕西、广东、湖南、河南、江西、福建、安徽、云南
12	长生人寿	上海、浙江、江苏、北京、四川、山东
13	光大永明	天津、北京、浙江、江苏、上海、广东、重庆、辽宁、河北、山西、四川、河南、黑龙江、湖南、陕西、安徽、湖北、山东、福建、广西
14	恒安标准	天津、北京、江苏、山东、辽宁、四川、河南、广东、辽宁
15	瑞泰人寿	北京、上海、广东、江苏、浙江、重庆、陕西、湖北
16	中美联泰大都会	上海、北京、辽宁、重庆、广东、江苏、浙江、四川、湖北、福建、天津
17	小康人寿	北京
18	华泰人寿	北京、浙江、四川、江苏、山东、上海、河南、福建、湖南、广东、江西、内蒙古、湖北、河北、安徽、辽宁、黑龙江、天津、陕西、重庆

(续表)

序号	公司名称	主要经营区域
19	陆家嘴国泰人寿	上海、江苏、浙江、福建、北京、山东、广东、辽宁、天津、福建、四川
20	中银三星	北京、天津、山东、河北、江苏、四川、广东、江苏、浙江、河南、陕西、辽宁
21	恒大人寿	重庆、四川、陕西、湖北、湖南、河南、广东、江苏
22	君龙人寿	福建、浙江
23	鼎诚人寿	北京、海南、陕西、江苏
24	汇丰人寿	上海、北京、广东、浙江、天津
25	英大泰和	北京、上海、江苏、福建、吉林、辽宁、山东、陕西、山西、河南、浙江、湖北、河北、四川、安徽、江西、浙江、黑龙江、天津、湖南
26	德华安顾	山东、江苏、河北、河南
27	中韩人寿	浙江、江苏、安徽
28	复星保德信	上海、北京、山东、江苏、河南、四川
29	平安健康	北京、上海、广东、江苏、浙江、辽宁、天津、四川
30	北大方正人寿	上海、北京、四川、江苏、湖北、广东、山东、天津、陕西、河北、安徽

注：本表所指的经营区域是指已经设立分公司的区域，不包括正筹建分公司的区域。英大泰和及光大永明人寿按中外资股东持股比例标准衡量已属中资公司，按此标准，外资和合资寿险公司为28家。

资料来源：中国保险行业协会资料；孙祁祥，郑伟，等. 入世十年与中国保险业的对外开放[M]. 北京：经济科学出版社，2011。

3. 业务范围

加入时，允许其他成员非寿险公司从事没有地域限制的"统括保单"和大型商业险保险。加入时，允许其他成员非寿险公司提供境外企业的非寿险服务、在中国外商投资企业的财产险、与之相关的责任险和信用险服务；中国加入后2年内，允许其他成员非寿险公司向中国和外国客户提供全面的非寿险服务。

允许其他成员寿险公司向其他成员公民和中国公民提供个人（非团体）寿险服务；中国加入后3年内，允许其他成员寿险公司向中国公民和其他成员公民提供健康险、团体险和养老金/年金险服务。

4. 营业许可

加入时，允许其他成员（再）保险公司以分公司、合资公司或独资子公司的形式提供寿险和非寿险的再保险业务，且没有地域限制或发放营业许可的数量限制。

加入时，营业许可的发放不设数量限制。申请设立外资保险机构的资格条件为：第一，投资者应为在WTO成员超过30年经营历史的外国保险公司；第二，必须在中国设立代表处连续2年；第三，在提出申请前一年年末总资产不低于50亿美元。

表7-4列出了近年外资与合资保险企业数量变化的情况。

表 7-4 2001—2021 年外资与合资保险企业数量的变化

年份	人身险		财险		再保险	经纪	总计
	分公司	合资公司*	分公司/子公司**	合资公司			
2001	3	7	12	0	0	—	22
2002	5	12	12	0	0	—	29
2003	5	16	15	0	2	1	39
2004	5	18	14	0	2	2	42
2005	5	21	14	0	3	2	45
2006	5	23	14	0	3	2	47
2007	5	23	14	1	4	3	50
2008	5	24	15	1	6	4	55
2009	5	26	17	1	6	4	59
2010	5	25	19	1	6	5	60
2011	5	24	21	1	6	5	62
2012	5	25	20	1	6	5	62
2013	5	27	20	1	6	5	64
2014	5	27	19	3	7	5	66
2015	5	27	19	3	7	5	66
2016	5	27	19	3	7	5	66
2017	5	27	19	3	7	5	66
2018	5	27	19	3	7	5	66
2019	5	28	19	3	7	5	67
2020	5	29	19	3	7	5	68
2021	7	29	19	3	7	5	70

资料来源:中国银保监会统计资料;孙祁祥,郑伟,等.入世十年与中国保险业的对外开放[M].北京:经济科学出版社,2011.

截至 2018 年年末,已有 7 家外资再保险公司在中国开展业务,包括瑞士再保险(2003)、慕尼黑再保险(2003)、德国通用再保险(2005)、劳合社再保险(2007)、法国再保险(2008)、汉诺威再保险(2008)和 RGA 美国再保险(2014)。2018 年 10 月,中国银行保险监督管理委员会批准韩国的大韩再保险公司在中国设立分公司。

随着中国金融市场的进一步开放,会有更多的外资保险公司进入中国市场。2018 年 11 月 25 日,中国银行保险监督管理委员会正式批准德国安联集团筹建安联(中国)保险控股有限公司,注册地在上海,是中国首家外资保险控股公司。

按照保费收入的绝对指标衡量,外资公司保费收入规模显著增长,从 2001 年的 32.82 亿元,增加到 2018 年的 2 354.34 亿元,扩张了 72 倍。从以保费收入计的市场份额来看,如图 7-1 所示,财产险业务部分,市场份额长期维持在 2% 以下的水平;人身险部分,2005 年,外资公司市场份额从上年度的 2.64% 一跃提升到 8.9%,之后,除 2007 年市场占有率达到 8% 以外,其余年份都不超过 6%,自 2011 年开始,外资寿险公司所占的市场份额再次增长,回到 8% 的水平。2019 年,外资保险公司保费收入继续呈现稳定增长态势,同比增长 29.86%,远超中资保险公司的 12.17%。外资保险公司所占据的市场份额也同比上升 0.98 个百分点至 7.17%。其中,外资财险公司的保费收入合计 252.61 亿元,同比增长 10.89%;外资人身险公司的保费收入合计 2 804.65 亿元,同比增长 31.89%,

新单保费和续期保费同比增长20.9%和31.62%,较中资机构的14.81%和13.17%分别超越6.09个和18.45个百分点。

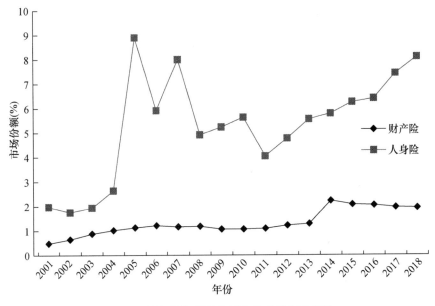

图7-1 历年外资保险公司市场份额变化趋势

资料来源:中国银保监会统计资料;孙祁祥,郑伟,等.入世十年与中国保险业的对外开放[M].北京:经济科学出版社,2011。

总体来看,虽然外资在中国保险市场的影响力还相对有限,特别是在产险领域的影响小于在人身险市场的影响力,但外资在中国保险市场的参与度在稳步提升,外资保险公司在公司治理、产品创新、合规经营、保险科技、客户服务等方面发挥了很好的"鲶鱼效应",在促进中国保险市场方面发挥了很好的作用。

从"引进来"到"走出去",在从保险大国向保险强国迈进的过程中,中国保险业走出国门的步伐也在加快。一些保险公司在海外配置资产、开设办事处、收购兼并海外保险公司,做出了很多有益的探索。

第二节 国际保险贸易的理论纷争

两个世纪以来,尽管比较优势理论在国际贸易理论中占有统治地位,但自20世纪50年代起,它也受到了很多质疑和挑战①。这些理论上的争论对国际贸易实务和一些国家的贸易政策都产生了不可忽略的重要影响。

李嘉图之后一些经济学家的研究进一步巩固了比较优势理论的地位,特别是伊·F.赫克歇尔(Eli F. Heckscher)和贝蒂·G.俄林(Bertil G. Ohlin)分别于1919年和1933

---

① 迪克特和罗曼所列举的一个例子说明,对于只有劳动一种生产要素和不变规模报酬的李嘉图模型,只要A、B两国生产X和Y的相对劳动生产率不同,则此种比较利益说在两个国家、两种产品、一种生产要素的模型中就可能成立。但是,只要多于两种产品,就可以很容易找到这种比较利益说不成立的例子。见DIXIT A K, NORMAN V. Theory of international trade: a dual general equilibrium approach[M]. London: Cambridge University Press, 1980。

年对比较优势理论进行拓展,形成了著名的赫克歇尔-俄林模型,经济学中也称 HO 定理。该定理阐明,在缺乏李嘉图的外生技术比较优势时,只要国家之间存在着外生禀赋差别,也可能会产生分工经济。如果一个国家劳动力与资本的比例大于另一个国家,则此国应出口劳动力密集型产品,进口资本密集型产品。与 HO 定理有关的另外三个最主要的国际贸易定理分别是:要素价格均等化定理(factor price equalization,FPE)、斯托尔帕-萨缪尔森定理(Stolper-Samuelson Theorem,简称 SS 定理)以及鲁宾辛斯基定理(Rybczynski Theorem,简称鲁氏定理)。FPE 定理认为,商品的自由国际贸易将使要素价格在国家之间均等化。某种程度上,国际贸易是对要素自由流动的一种替代。SS 定理认为,若 X 相对 Y 为资本密集的,则当 X 与 Y 的相对价格上升时,资本与劳动的相对价格也会上升。而鲁氏定理则认为,当劳动力相对资本增加时,劳动力密集型产品产量上升而资本密集型产品产量下降。

从 1962 年巴吉查·S. 明翰斯(Bagicha S. Minhas)试图否定 HO 定理、SS 定理以及 FPE 定理[1]开始,对比较优势理论的挑战就从来没有停止过。先后加入这一战团的有阿罗、里昂惕夫、德布鲁等著名经济学家。1999 年,杨小凯等人将李嘉图的技术比较优势引进 HO 模型,严格证明了比较优势理论的局限性。他们在柯布-道格拉斯生产函数中引入了全要素生产率参数在国家之间的差别,证明如果 A 国既有生产 X 产品的技术比较优势,又有生产 X 产品的资源禀赋的比较劣势,当这一技术比较优势超过资源比较劣势时,则 A 国会出口有资源比较劣势的产品。例如,A 国生产资本密集的产品有技术比较优势,但 A 国是个劳动力相对丰富的国家,若前一技术比较优势超过后一生产资本密集产品的资源比较劣势,则 A 国出口资本密集的产品。他们的模型证明,资源比较优势理论中即使当替代弹性在不同产业中完全一样,即要素密度逆转不发生时,也可能被推翻。[2]

国际贸易领域的理论纷争自然也波及保险业,当然也同样出现了肯定与支持以及否定与反对保险国际贸易的争论。其中,肯定国际保险贸易的观点仍然主要是比较优势理论,而对各种国际保险贸易壁垒的动态和静态福利分析则最为直观。

1. 一般经济福利分析

根据经济福利的一般分析,可以看到国际贸易使得贸易各国国民经济整体水平得到提高,所以自由贸易得到更多的拥护。但是,自由贸易对构成国民经济的不同集团的影响是很复杂的,甚至是互相对立的,对生产者可能有利的贸易,可能使消费者受损,反之亦然。以下分析国际保险贸易对允许外资保险商业存在国家的经济福利的影响。

在图 7-2 中,S_0 和 S_1 分别是开放保险市场前后的保险供给曲线。假定边际效用是递减的,所以需求曲线 D 向右下方倾斜。E_0 和 E_1 是开放前后的均衡点,p_0 是开放前的均衡价格,p_1 是开放后的均衡价格。从消费者的立场看,虽然价格是由边际单位的效用决定的,但是按照边际效用递减的假定,边际单位以前的单位,其效用是更大的,因此便产生了前者同后者的差额,即效用上的利益。这就是消费者剩余,它以效用计算,但表现

---

[1] MINHAS B S. The homohypallagic production function, factor-intensity reversals, and the Heckscher-Ohlin Theorem [J]. Journal of Political Economy, 1962, 70(2): 138—138.
[2] 杨小凯,张永生. 新贸易理论、比较利益理论及其经验研究的新成果:文献综述[J]. 经济学(季刊),2001,1(1):19—44.

出来的是消费者最终支付的价格和其愿意支付的价格之间的差额。在图上是需求曲线之下、价格曲线之上的面积。

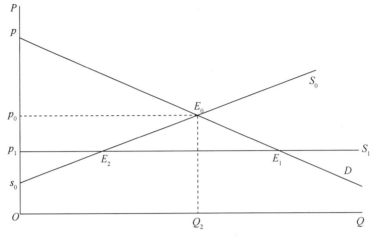

图 7-2　国际保险贸易的经济福利分析

价格和生产成本之间的差额是商品提供者的生产者剩余,在图上由价格曲线之下、供给曲线之上的面积来衡量。

当一国允许外资保险在本国从事商业活动,更多的竞争将导致价格水平的下降。保险市场开放前的消费者剩余是 pp_0E_0,生产者剩余为 $p_0E_0s_0$。开放后价格下跌至 p_1,消费者剩余也相应由 pp_0E_0 增加为 pp_1E_1,而生产者剩余则由 $p_0E_0s_0$ 减少为 $p_1E_2s_0$,总剩余的增加量是 $E_1E_2E_0$,因此,整个国家的经济福利是增加的。[①]

如果存在国际保险贸易限制,则对保险产品买入国而言,经济福利会降低。比如,假设一国允许外资保险公司跨境向本国的保险公司提供再保险,但政府要征收分保保费一定比例的税收,这时贸易壁垒也就存在了,此时业务分出国的经济福利将发生变化(见图 7-3)。

由于征税,再保险的费率从 p_1 上升到 T,这对国内再保险公司有利,作为国内再保险的提供者,其生产者剩余从 p_1s_0A 增加到 TGs_0,而消费者剩余则从 p_1Ep 减少到 pTH,损失的消费者剩余减去增加的生产者剩余构成了 $AGHE$ 的面积。在 $AGHE$ 中,$GBCH$ 是政府征收的收入,被政府拿去了,但仍有两个小的三角形,即 $AGB+HCE$,需求者、供给者和政府谁也没拿到,成为经济福利的净损失(dead weight)。

2. 国际保险贸易的其他益处

除了经济福利分析之外,支持国际保险贸易的学者还从其他角度列举了国际贸易,特别是保险市场对外开放(允许商业存在)的好处,归结起来主要有以下几点:

(1) 国际保险公司经营理念、新型产品、管理经验、精算技术和行业监管规则等保险业健康发展的必要"软件",会随着国际保险贸易特别是保险市场的开放而引入进来,有利于促进国内市场不断成熟。

---

① 当然,对这种计算方法也并非没有争议。有学者质疑:以效用计算的消费者剩余,同以货币计算的生产者剩余之间的相互比较和直接相减并不能真实反映整个社会福利变动的情况,因为两者测量的尺度不同;而且消费者的效用如何测定,也是很困难的。

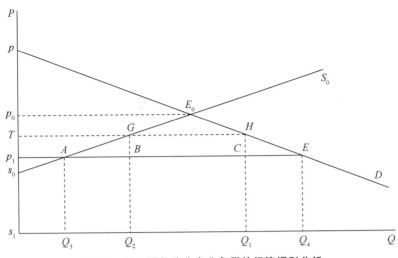

图 7-3 国际再保险分出业务税的经济福利分析

中国是保险市场开放过程中受益较多的国家,提供了诸多世界保险业开放的最经典案例。比如,中国保险市场上的个人寿险代理人制度就是由美国的友邦保险公司带入中国的;而改革开放后中国保险业最早的精算人才也是瑞士苏黎世金融服务集团下属的鹰星保险公司和美国友邦保险公司等协助培养起来的,因此中国保险业的精算体系才有了最基本的人力资源基础。中国保险业的迅速发展不能不归功于保险业的开放政策。

(2) 国际保险贸易和交流可以促进开放国保险公司治理结构和经营机制的改善。一国保险市场开放后,国际上很多优秀的保险公司进入市场参与竞争,给本土的保险业以外部压力,促使其改善经营机制,由粗放型经营向集约型经营转化,与国际接轨,发挥后发优势。同时,国际保险和其他金融企业参股当地保险公司,可以优化股权结构。仍以中国为例,1993 年,中国平安保险公司引进了摩根士丹利和高盛两家外资股东;2002 年,又吸收了汇丰保险公司参股。2004 年在香港上市时,平安保险公司外资股份的比例实际上已经达到了 41.3%,受惠于此,平安的经营机制在中国保险业一直处于领跑地位。同样,泰康保险公司和新华保险公司外资股的比例也都接近 25%,外资股东的管理方法和理念对入股公司的经营和发展产生了巨大影响,有利于本国打造国际一流的保险集团。

(3) 外资保险公司的进入使企业和公民有更多的机会选择保险人和保险险种,提高了保险产品的可及性。保险市场上的竞争会打破本国保险公司的垄断,迫使各保险公司降低成本和价格,使消费者不但能得到更高质量、更可靠的保险产品,而且途径也更加通畅。

(4) 开放保险市场后,外资公司的竞争和宣传有利于公众风险意识和保险意识的培育,从而使企业和家庭的风险管理迅速提高到一个比较理想的水平。

(5) 许多外国保险公司为了能在中国市场取得经营上的成功、树立良好的公众形象,纷纷与中国的科研机构或其他组织合作,或独力从事创新含量较高的研发活动,使得中国的保险业可以利用外资公司的技术开发能力形成自身的生产力。例如,瑞士再保险公司与北京师范大学合作完成了《中国自然灾害系统地图集》,其中收录了近五百年来我国主要的自然灾害的地理气象资料,全面展示了中国的灾害分布格局,为保险公司涉足地震、洪水等巨灾保险市场提供了有力的风险评估依据。①

3. 限制国际保险贸易的理论解释

尽管几乎见不到直接否定与反对国际保险贸易的说法,但现实中,国际保险贸易壁垒却大量存在,其背后的解释主要有:

(1) 外国保险人可能会控制本国的保险市场。

主张限制国际保险业务的人认为,外国保险人的进入会控制或动摇本国的保险市场,这种观点的三个理论基础是:外资保险公司具备规模经济和范围经济,具备更丰富的资本来源和效率基础,本国的保险业作为幼稚产业需要得到保护。②

当一个公司的边际产量大于边际成本时,该公司就具有规模经济;当单个公司能够以比其他多个公司低的生产成本生产这些公司能够生产的多种产品时,这个公司存在着以产品为基础的范围经济;当单个公司能够比多个公司在多个市场上以更低的成本经营时,这个公司存在着以地域为基础的范围经济。跨国保险集团规模庞大,营业地域宽广,如果拥有规模经济、产品范围经济和地域范围经济,外资公司就可以在东道国低成本运营,并以更低的价格提供保险产品和各项服务,其他本地的保险公司将无法与之竞争,本地的保险公司竞争失败退出市场后,外资保险公司就会垄断并控制整个保险市场。③

一些学者和政府官员认为,即使没有规模经济和范围经济,跨国保险集团也拥有比当地公司更丰富的资本来源和效率基础,外资公司因其悠久的经营历史而积累了丰富的承保经验,形成了科学有效的管理体制,具有雄厚的资金实力等,利用这些优势,它们在产品的开发、销售、客户服务、人才集中等诸多方面直接形成了对中资保险企业的竞争和挑战。它们一旦发动短时间的低价竞争和倾销,同样可以将本地的保险公司挤出市场,从而最终形成寡占格局。④

而持保护幼稚产业理论观点的学者认为,保险业不是不要开放,而是需要等到保险业从幼稚阶段过渡到一个比较成熟的阶段再开放。完全开放市场对那些原来监管严格、保险发展水平低的国家影响最大。从经济学的角度来讲,完善的市场经济需要市场的公平竞争,但外资的合资参股却可能损害市场的公平性。比如,在外资保险机构进入国内

---

① 张艳花.积极应对保险业的进一步对外开放——访北京大学经济学院副院长孙祁祥教授[J].中国金融,2005,2:52—54.

② SKIPPER H D. International risk and insurance: an environmental-managerial approach. [M]. New York: McGraw-Hill, 1998.

③ 需要说明的是,斯基珀引述的文献,包括卡明斯、哈里斯·施莱辛格(Harris Schlesinger)以及迈耶·卡茨(Meyer Katz)的研究,都显示中小规模的保险公司而不是大型保险公司存在着规模经济效应。事实上,一些研究表明,大型或者超大型保险公司存在着规模不经济的情况。斯基珀引述的约翰·凯尔纳(John Kellner)、乔尔·菲尔茨(Joel Fields)、马丁·格雷丝(Martin Grace)以及霍马斯·霍根(Houmas Hogan)等学者的研究表明,以产品为基础的范围经济在保险行业中相当少或根本就不存在。斯基珀认为,尽管在某些方面存在着规模经济或范围经济的情况,但对于跨国保险人来说,他们是不大能够通过所谓规模庞大或是多业经营来占领某一个国家的保险市场的。

④ 这种说法更具政治意味,而非经济意味。因为从实证结果来看,保险市场开放的国家不在少数,但尚未出现被开放所摧毁的保险市场。即使在外资保险公司占据较大市场份额的国家,如葡萄牙、澳大利亚,民族保险业仍然具有它的本土文化优势,在众多外资公司共同进入的市场上,外资保险公司的倾销既不可能长久维持,也不会被外资保险公司的母公司采纳。特别是消费者并没有受到外资保险寡头的践踏,而在众多外资和本土保险公司的竞争中获得了更加物美价廉的保险产品和风险管理服务。外资保险公司不可能在一个主权国家的领土上兴风作浪,因为东道国的监管毕竟也起着重要的约束作用。

市场时,往往会选择与占有公共资源、带有垄断性质的国内企业合作,利用公共资源参与市场竞争,从而对市场秩序的公正性造成损害。那些参与合资的外资保险公司,将成为中国保险市场快速发展的最大受益者。一些希望充分利用垄断地位或股东优势分享保险市场资源的国内大型企业,在不能直接成立高比例控股的保险公司或自保公司的情况下,利用合资寿险公司组织形式存在的制度缺陷和外资希望尽快进入中国保险市场的心态,与外资组建合资公司,从而在法律和组织形式上建立了利用垄断地位或股东优势分享保险市场资源、获得非市场经营利润的平台。这样,如果放开市场的速度过快,本地保险公司所受到的冲击将会非常大。大量外资保险公司蜂拥而入,会严重影响市场的稳定。如若本地保险公司破产倒闭,受害最多的还是保单持有人。因此,对幼稚产业的暂时性保护是必要的。这是目前发展中国家限制国际保险贸易最重要的理论基础,也是保险业渐进性开放的理论基石,为世界上包括中国在内的许多国家所身体力行。[①]

(2) 过分依赖外资保险可能会对国家安全和主权造成不利影响。

这是从国家安全的角度考虑保险市场对外开放问题的。常举的例证是 1982 年阿根廷和英国因为富克兰岛争端,英国的保险人和再保险人一度中止了阿根廷船舶和货物的承保,而使阿根廷的运输暴露在巨大的风险之下。[②] 国家主权和安全的确是一国政府在市场开放过程中必须考虑的问题。因为保险业牵涉的范围非常之广,国际争端所引起的保险市场的混乱必然会在关键阶段加深一国所面对的政治、经济和社会危机。从政治的角度,对民族保险业的保护和扶持是有一定道理的,问题的关键是政府如何在保护和开放之间作出恰当的权衡,选择最有效的解决方案。

此外,还有学者和政府官员从维护本国金融服务业的发展、保证贸易逆差国外汇储备的充足性,以及保护信息渠道不畅的保险消费者的角度,反对保险业的国际贸易。这些声音在经济学界被压得很低,但在现实中却被自觉或不自觉地执行着。

抛开以上理论纷争,从中国开放的效果来看,虽然外资保险公司对开放国保险市场的冲击是不可避免的,但权衡利弊,外资保险公司进入东道国,正面影响大于其负面效应。只有通过与外资保险公司激烈的市场竞争,才能真正锤炼开放国民族保险公司的素质,建立起强大的民族保险业。为了开放国保险服务水平的根本提高和保险市场的长期繁荣,牺牲一些眼前和局部利益是值得的。

逆全球化的风潮再起,贸易保护主义再次盛行,但在信息科技飞速发展的时代,全球化的浪潮势不可挡。凡事一分为二,都有利有弊、有得有失,关键在于兴利除弊、多得少失,这是认识客观世界的一般规律。因此,保险市场的开放也不例外。

---

① 持反对意见的学者认为,保护幼稚产业理论看上去很美,但现实中无法实施。首先因为保护目标不易确定,哪个产业,特别是哪家公司是需要保护的?还有,这些公司需要如何保护?在哪些方面需要保护?这些都是极为困难的问题。而且保护就可能形成保护依赖,除非永远不开放,否则这些受保护的对象迟早会面临同样的挑战,保护依赖可能会成为保护对象在未来竞争中的致命伤。此外,对一个产业的保护,就是对另一些产业的伤害。保险对于众多行业而言,是一种"投入品",由于保护而实行较高的费率会增加其他行业的成本,导致其国际竞争力下降或风险管理出现漏洞,直接和间接成本不可低估。同时,这样的做法对本国的保险消费者也是极其不利的。

② 也有学者认为,阿根廷和英国的摩擦仅仅是一个特例,若仅因国与国之间会产生各种各样的矛盾而排斥国际保险贸易,有因噎废食之嫌。

第三节 税收对国际保险贸易的影响

一、保险业的税收

税收政策对保险业影响十分巨大,它不但关系到保险企业的经营绩效,影响着保险市场供给,也对保险需求有着较大影响。同时,征税还影响到国际保险贸易的效率和公平性。

保险业的税赋是世界各国财政收入中不可小觑的一个重要来源,政府需要在征税和促进保险业发展之间作出恰当权衡。

同其他行业一样,保险业的课税基础也包括收入、交易和财产三个方面。课税基础简称税基(tax base),系指课税时税率(tax rate)计算的基础,税率则为每单位税基所应负担的税额。税收(tax revenue)等于税基乘以税率。

以收入为税基,就是针对保险公司的收入课税,或者是净收入,或者是保费收入。以保费收入为税基的税种称为保费税。

以交易为税基,就是针对保险公司的营业额或交易额征税,包括营业税和增值税等,当然还包括对投保人支出的保费所征的税。

以财产为税基的税种在保险业非常常见,保险公司支付给受益人的保险金都属于受益人财产,年金和财产险赔付在所得税的征收范围之内;而人寿保险中因被保险人死亡给付给受益人的保险金就属于遗产税的征收范围。

1. 寿险业的税收

(1) 对保险公司征税。

美国、意大利、加拿大和奥地利等发达经济体和大多数发展中经济体对保险公司收取的保险费征收保费税,而丹麦和爱尔兰则根据投保金额征收印花税。冰岛也征收8%的印花税,但对续保保费免征。在OECD国家中,有9个经济体征收保费税,15个经济体不征收。[①]

美国的保费税分为州保费税和联邦特别销售税两个层次。州保费税由各州政府按照属地纳税原则对保险公司在本州境内收取的保费按照险种征收保费税,对于在本州注册的保险公司取得的保费收入,按照1%—3.5%的税率征税;对于在外州注册而在本州取得保费收入的保险公司,按照0.75%—4.28的税率征税。各个州的保费税率存在较大差异,但寿险公司税率一般在3%以下。税基不包含再保险的分入业务(有的州对意外伤害险和健康险保费免税[②];为保证寿险业与银行业和其他储蓄机构平等竞争,绝大部分州规定合格的年金保险计划免保费税。此外,美国联邦还设置了保险特别销售税,对保险公司在境外取得的原保险保费收入和再保险保费收入分别征4%和1%的保险销售税。美国各州寿险公司的所得税税率差别较大,范围为15%—45%,一般对相互制保险

---

① 斯凯博,等.国际风险与保险:环境—管理分析[M].荆涛,等译.北京:机械工业出版社,1999.

② 意外伤害保险和健康保险通常不属于保费税或其他以保费为税基的税种的征收范围。欧盟的一些国家对这两类险种完全免征以保费为基数的税收。

公司减免所得税。

美国保险市场上，除了一般的股份制或相互制的商业保险公司外，还有健康维护组织（Health Maintenance Organizations，HMOs）、蓝十字会（Blue Cross）非营利合作保险人等，这些带有慈善或福利性质的组织提供的服务在一定程度上补充了政府部门所提供的福利计划，因此美国的大部分州部分或全部地豁免此类保险人的纳税义务。

英国寿险业的税负较轻，营业税仅按保险公司总保费收入的4%征收，且对长期人寿保险、终身健康险（医疗险除外）、再保险和航空意外险等险种减免征收。寿险公司的所得税税率根据公司的性质和规模不同，限定在25%—30%。

日本对寿险公司经营的个人保险、储金保险、团体保险和团体年金保险分别按保费收入的一定比例征收企业税。企业税分两类，第一类是法人住民税，按资本金分档计收；第二类是事业税，税率约1.5%，两者都属于地方税。

加拿大的寿险保费税率为2%—3.5%。对分保到境外的业务保费征收10%的联邦特别销售税。

不征收保费税的OECD国家有澳大利亚、法国、荷兰、瑞士、比利时、德国、新西兰、土耳其、丹麦、爱尔兰、挪威、英国、芬兰、卢森堡、西班牙。

（2）对投保人和受益人征税。

很多经济体对投保人购买某些特定的人身险保单所支付的保险费实行税收扣减，以鼓励投保。美国国内税收法（Internal Revenue Code，IRC）对寿险给付按性质不同有不同的减免税规定：对于死亡给付，免征联邦个人所得税，但对某些现金价值（cash value）比较高的死亡给付金征收一定比例的税；对于保单红利免征个人所得税，但对红利在积累期内的利息收入要征税；401K条款确定了企业年金保费税前列支的优惠条件，使企业年金在20年内的发展极为迅速。其中，对企业年金采用EET延期纳税方式，即保费免税，在积累期内保费投资收益免税，在年金给付后缴纳个人所得税（E代表免税，T代表征税）。但美国对个人出资购买的个人年金却很少有税收优惠。①

日本个人所得税法规定，对购买面向个人的人寿保单的保险费支出，5万日元以内的部分免交国税，3.5万日元以内的部分免交地方税。可享受税收减免的保单还包括两全保险，如一个家庭参加两全保险，领取死亡保险金，每人可以扣除500万日元不征税；领取满期保险金、解约退保金可扣除50万日元不纳税；领取全残保险金、住院给付金和手术保险金可以不纳税。

德国除了对人寿和年金保险所支付的保费可从应纳税额中做一定数额的扣减，还对仅提供死亡保险金的保险、保险期限12年以上的年金保险和两全保险提供税收优惠。

中国台湾地区的税务规定是：纳税义务人本人、配偶及其直系亲属的人身保险保费支出，每人每年以新台币6000元为限，可以从个人综合所得总额中扣除。人身保险给付免纳所得税。不论是满期保险给付、死亡给付或医疗残疾保险给付，也不论投保人与被保险人是否为同一人，更不论保险契约是为自己还是为他人的利益而订立，均免征个人

---

① 美国仅对低收入职工购买的个人延期退休年金实行2 000美元以内的扣减。一些慈善机构、教育机构和其他公共事业单位的雇员购买延期年金时，可享受收入13%以内的应纳税额的扣减，但每年的扣减额不得超过9 500美元。

所得税。

OECD成员中对购买合格的个人寿险所支付的保费实行减税的有法国、德国、意大利、瑞典等17个国家。对于雇主为员工投保的企业年金和健康保险,雇主缴费部分一般享有减税待遇,而雇员缴费部分则基本免税。

2. 非寿险业的税收

(1) 对保险公司征税。

西方国家对财产保险公司多数征收保费税和所得税,而且税率高于寿险公司,税率从日本的低于1%到法国的30%不等。瑞典针对投保国外保险公司的情况征收15%的税率。法国、德国、希腊和意大利等国家对不同险别实施差别税率,对有的小额保单则免税。在美国,除联邦政府的公司所得税以外,保险公司要向所在地的州政府缴纳保费税,美国各州有关税法不尽相同,但基本内容大体一致,保费税率一般在2%—3%。美国各州的财产险保费税平均税率为2%—3%,责任险中的劳工赔偿的保费税率为6%。

在英国,一般保险公司像其他公司一样按营业利润缴纳公司所得税,保费收入、投资收益和资本收益是主要的税基来源,而给付金、佣金、管理费用和准备金是主要的扣减项目。奥地利、德国、西班牙和希腊等国和美国的一些州,对火灾保险征收一定数量的消防税,其原因在于火灾保险可能会对火灾发生的频率和损失程度有正向的刺激作用。

在日本,船舶保险、运输保险、机动车第三者责任保险、地震险和其他财产保险按不同的税率征收保费税。所得税则按非寿险公司的资本额实行差别税率。

德国保险业不征增值税,而是征收保费税,应税收入为保险公司向投保人收取的全部金额,标准税率为19%,但对于一些特定类型的保险合同,税率有所差异,如船舶险的税率为3%。澳大利亚对机动车辆保险、航空保险、伤残保险、农作物保险、牲畜保险、住院保险和职业伤害保险按保费收入的0—5%计征保费税,其他险种按保费收入的5%—11.5%计征。韩国对保险公司征收营业税,税基为公司保费收入,税率为3%。

新西兰是率先在保险业采用增值税制度的国家,税基是财产保险公司总保费收入和总赔付支出之间的差额。1986年开始征收增值税时的税率为10%,1989年上调到12.5%,2010年上调到15%至今。从2000年开始,澳大利亚借鉴新西兰的经验,全面推行增值税,对保险公司的财产保险业务,州政府征收2%—11%的印花税,联邦政府征收10%的增值税。

(2) 对投保人征税

国际上,企业和个人投保非寿险所支付的保费一般不在应纳税所得中扣减。德国和卢森堡允许从纳税所得中扣除所支付的个人责任险保费。个人非寿险保单项下的给付金所得免税,但比利时、丹麦、德国、芬兰等国家对支付给受害人或其受抚养人的职业收入损失补偿金要征税。

二、税收的福利分析

1. 对商业存在的影响

按西方经济学原理,税收无论大小总是能够造成经济福利的净损失,区别仅在于小额税造成的净损失小些,大额税造成的净损失大些(见图7-4)。

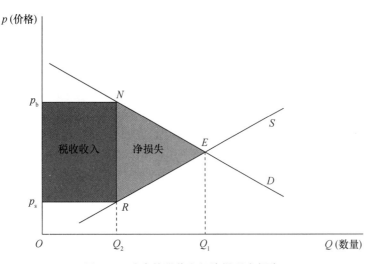

图 7-4 政府的税收和经济福利净损失

在图 7-4 中,由于政府征税,投保人和保险人征税前的均衡价格发生变化,投保人付出的费率提高到 p_b,保险人得到保费变少,价格实际变为 p_s,收税如同在投保人支付的价格和保险人得到的价格之间插入了一个楔子。$p_b p_s RN$ 围成的面积由消费者剩余和生产者剩余变为政府的税收。当税收提高了投保人的价格而降低了保险人的价格时,它对投保人的激励是购买更少的保险,对保险人的激励是供给更少的保单,最终导致市场规模缩小到最优水平之下。由于税收扭曲了激励,引起保险市场资源配置的无效率,形成了经济福利的无谓损失,即 NRE 围成的面积。净损失的大小决定于需求弹性和供给弹性。弹性越大,净损失越大。

如果税负是公平的,即对每个保险公司以同样的税基标准和税率征税,税收的影响对市场上所有的保险公司都是一样的;但如果市场上有外资保险的商业存在,且税收对内外资保险公司是不一样的,那么税收也就产生了不同的激励效果。

几乎世界上所有的外资公司都在争取国民待遇,特别是税收上的平等。如果政府对本土保险公司的税收高于对外资保险公司的税收,这就是在税负上给予外资保险公司超国民待遇。这种情况很少发生,但也有一些国家采取了这种做法,原因主要不是吸引外资保险公司的进入,而是国家为吸引外资对所有种类的外资公司都给予了税收上的优惠,外资保险公司实际上是搭了便车。这种情况实际上非常不利于本土保险公司的发展,如图 7-5 所示。

在图 7-5 左边的图中,投保人的需求曲线是 D_d,本土保险公司的供给曲线是 S_d。在本土保险公司的税收高于外资保险公司的税收的情况下,外资保险公司的供给曲线滑移到 S_m,这时,本土保险公司的产品提供量到 Q_1,外资公司的提供量到 Q_2。这时外资保险公司可以利用价格优势,"撇取奶油"(cream-skimming),在自己供给能力的范围内把低风险业务尽揽囊中(图 7-5 右图中价格从 p_0 降低到 p_1,供给曲线则从 S_{m0} 右移到 S_{m1}),而把高风险的客户留给本土保险公司,并造成右图中黑三角面积的经济福利净损失。

同样,如果对本土保险公司的税负低于外资保险公司的税负,也一样会造成市场扭

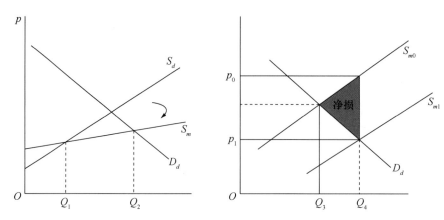

图 7-5　内外资保险公司税负不均的经济福利

曲,而市场扭曲的负面影响绝非是经济福利净损失所能够完全表达的。

2. 对跨境提供的影响

保险的跨境提供主要以再保险和国际货物运输保险为主。对提供跨境保险服务进行征税的税负归宿最终会落在出售保险单的保险公司、再保险公司或者投保人、原保险人的身上,究竟由两者中的谁来承担,还是由两者共同承担,取决于保险产品的供给弹性和需求弹性。而供给弹性和需求弹性则取决于国内与国际市场的竞争格局,国际货物运输保险所针对的货物交易的贸易条件,以及不同国家或公司保险服务的质量、保险产品的可替代性等。

假定有甲、乙两国,甲国的保险公司向乙国的保险公司分出保险业务,甲国对分出业务征税,税负转嫁和归宿可归纳如下:

如果甲国的分出业务量较小,是国际市场价格的接受者。国际再保险的供给弹性相对较大,而甲国再保险的需求弹性相对较小。甲国课征分出业务税后,再保险的国际市场价格不变,国内再保险的市场价格上涨。甲国保险公司所缴纳的分出业务税更多趋向顺转,即主要通过再保险费率的提高将分出业务税转嫁给国内原保险的投保人负担。

如果甲国的分出业务量非常大,在国际市场上占有相当大的市场份额,是国际市场价格的决定者,分出保险业务的需求弹性相对较大,而供给弹性相对较小。甲国课征分出业务税后,再保险的国际市场价格下跌,而国内市场价格变化较小。甲国保险公司所缴纳的分出业务税负更多地趋向逆转,即主要由乙国再保险公司承担。

如果甲国的分出业务量比较大,在国际市场上占有一定的市场份额,是国际市场价格的相对决定者,而且再保险的供给与需求均有弹性。甲国课征分出业务税之后,再保险的国际市场价格下跌,国内市场价格上涨。分出保险公司所缴纳的分出业务税同时发生顺转和逆转,通过提高国内市场价格后顺转给国内消费者和压低国际市场价格后转给国外再保险公司负担,形成双向转嫁。

假定仍是甲、乙两国,甲国的保险公司从乙国的保险公司分入保险业务,甲国对分入业务征税,税负转嫁和归宿可归纳如下:

如果甲国的分入业务量较小,是国际市场的价格接受者,再保险的供应弹性相对较小,而需求弹性相对较大。在甲国再保险公司的税负不易转嫁,主要由再保险公司自己承担,再最终间接转嫁给原保险的投保人。

如果甲国的分入业务量较大,是国际市场价格决定者,再保险的供给弹性相对较大,而需求弹性相对较小,则再保险公司就能通过提高再保险的国际市场价格,以顺转的方式转嫁给乙国的原保险人,乙国的原保险人再通过提高原保险的费率将分入业务税负转嫁给乙国的投保人。

3. 国际保险税收差别的影响

斯基珀等学者认为,国际保险业税收的差别会引起世界保险和再保险资源配置的无效率,一些地方外资保险的商业存在特别集中,而另一些地方则相对短缺或处于空白状态。这导致投保人向低税率法律管辖区投保,使投保人在信息不足的情况下与财务状况或信誉有缺陷的保险公司交易,增加了风险,并使监管复杂化,避税和非法逃税成为监管难题。

三、保险业税收:中国案例

希望获得"国民待遇"无疑是每个外资机构梦寐以求的,除非它已经获得了"超国民待遇"。

在中国改革开放的初期,外资保险公司一直享受着一些超国民待遇。20世纪70年代末到80年代初,中国国内保险业务恢复的最初几年,国家对保险业采取了免税扶植的政策。从1983年开始,免税被高税负政策取代。1983年国家实行"利改税"的财税体制改革后,我国逐步形成了以营业税和所得税为主体,以印花税、城市维护建设税、教育附加税为辅助的保险业税收制度。

外资保险公司所获得的税收优惠并非是专门针对外资保险公司的,而是针对所有外资企业的。中国实行的是内外有别的两套企业所得税制,内资企业适用《企业所得税暂行条例》,而外资企业,包括中外合资经营企业、中外合作经营企业和外资企业,适用《外商投资企业和外国企业所得税法》,内外资企业所得税差别很大。中国国家税法、地方税收法规和地方税收优惠政策几乎都赋予了外资企业超国民税收优惠待遇。在保险业,外资保险公司所得税税率为15%,并享受"两免三减半"的税收优惠政策。[①] 所得税和营业税等主要税种的税制变迁如表7-5所示。

表7-5 中国保险业的税制变迁

年份	税种	税收规定
1980—1982	无	国内保险业务恢复期,保险业免税
1983—1987	所得税	税率55%,上缴中央财政
	调节税	按毛利润的20%缴纳调节税,中央财政和地方财政各1/2,1985年税率调整到15%
	营业税*	税率5%

---

① 即自获利年度起,第一年、第二年免征企业所得税,第三年至第五年减半征收企业所得税。

(续表)

年份	税种	税收规定
1988—1993	所得税	税率55%,中央财政和地方财政各1/2
	调节税	税率15%,中央财政和地方财政各1/2
	营业税	税率5%,地方财政
1994—1996	所得税	中国人民保险公司适用55%的税率,平安、太平洋等保险公司适用33%的税率,外资保险公司适用15%的优惠税率
	营业税	寿险业务、农险(含牧业、林业、渔业保险)业务从国外分入的再保险业务免征营业税,其他保险业务统一按5%的比例税率征营业税
	调节税	取消
1997—2000	营业税	税率由5%调整为8%
	所得税	中资保险公司执行33%的所得税税率,外资保险公司所得税税率继续为30%,在经济特区和沿海经济开放区可以享受到15%、24%的优惠税率,并享受"两免三减半"的税收优惠政策
2001—2008	营业税	从2001年起,保险业营业税税率每年下调1个百分点,到2003年,保险业的营业税税率已从8%降低到5%
	所得税	外资保险公司所得税税率继续为30%,继续享受"两免三减半"的税收优惠政策
2009—2015	营业税	中外资保险公司同为5%
	所得税	中外资保险公司同为25%
2016年至今	增值税	中外资保险公司同为6%
	所得税	中外资保险公司同为25%

* 按总保费及贷款利息收入和手续费收入之和缴营业税,国外分入业务、农业保险业务、出口信用险和出口货运业务免征营业税。

资料来源:作者根据财政部、国家税务总局和银保监会网站提供的资料整理。

2010年12月之前,外资保险公司的税负中没有中资保险公司所必须承担的城市维护建设税和教育费附加。城市维护建设税,以营业税的5/8为税基,城市、县城、农村的税率分别为7%、5%和1%;教育附加费,也以营业税的5/8为税基,税率为3%;财产保险合同除农牧业保险合同外按保险费的1‰缴纳印花税。

对外资保险公司采取税收上的超国民待遇主要是为了配合国家整体的对外开放政策。然而对保险业来说,外资保险公司进入中国的根本原因是市场导向,而不是税收导向的,税收优惠并非外资保险公司进入中国市场所考虑的主要因素。按照有些国家的法律,在国外获得税收优惠的公司需要回到本国补缴,这就相当于政府之间的财税转移,对中国财政而言是无谓的净损失。在外资保险公司业务和营业地域受限、市场份额比较小的情况下,税负扭曲的影响还不十分严重,但随着开放承诺按时间表的逐一兑现,负面影响越来越大。这样一项既造成经济福利净损失,又不利于本土保险公司公平竞争的税收政策需要进行彻底改革。

针对中外资保险公司税制上的改革是渐进性的。2008年修订的《中华人民共和国企业所得税法》施行后,内外资企业开始共同享有25%的企业所得税税率,并执行统一的税前扣除办法和优惠政策;2010年12月开始,外资保险公司也开始像中资保险公司一样,缴纳城市维护建设税和教育费附加。

税收制度上的平等为中外保险公司的发展创造了一个公平的竞争环境,而税收上对外资公司超国民待遇的取消,也使得给予外资公司国民待遇的要求变得顺理成章。

中国保险业的税收制度一直处在动态调整中。比如,2019年5月,中国财政部公布了针对保险公司的减税政策:保险公司在应税收入中可抵扣更大比例的手续费和佣金支出,保险企业发生与其经营活动有关的手续费及佣金支出,不超过当年全部保费收入扣除退保金等后余额的18%(含本数)的部分,在计算应纳税所得额时准予扣除。此前,财险公司的抵扣上限是其净保费收入的15%,人寿保险公司的上限为10%。超过18%上限的部分,允许结转以后年度扣除。

思考题

1. 请分析年金险保费税前列支的福利影响。
2. 思考当前保险代理人税负的效率与公平性。

实践讨论

请分析中国保险市场地下保单泛滥的原因,并讨论可行的治本之策。

辅助阅读资料与相关网站

1. 曼昆. 经济学原理:宏观经济学分册:第8版[M]. 梁小民,梁砾,译. 北京:北京大学出版社,2020.
2. 黎孝先,王健. 国际贸易实务[M]. 第7版. 北京:对外经济贸易大学出版社,2020.
3. https://www.sohu.com/a/508035063_603201(明德精算咨询公司)
4. https://www.swissre.com/(瑞士再保险集团)
5. https://www.annualreviews.org/journal/economics(*Annual Review of Economics*)
6. https://www.springer.com/journal/199(*Economic Theory*)
7. https://academic.oup.com/ej(*The Economic Journal*)
8. https://www.springer.com/journal/10887(*Journal of Economic Growth*)

第八章

保险招标投标

引　言

随着政府和企业采购的规范化及反腐的深入,保险监管部门对大型商业保险承保条件的放宽和地域限制的弱化,以及客户维护自身利益的意识和对保险服务的要求不断提高,政府和企业对保险投标的运用日趋普遍,招标和投标逐渐成为中国保险市场接受程度越来越高的一种交易方式。保险经纪公司规模的扩大和专业化程度的提高,为保险招投标奠定了良好的组织基础。把保险投标工作做到最佳,逐渐成为一些保险公司拓展业务、树立形象和提高服务水平的一个重要抓手。中国平安、中国人寿、中国人保等大型保险公司都在一些著名的招投标网站上建立了自己的招投标平台,培养保险招投标的专业人才队伍,积极参与,常年备战,不放弃任何一个投标机会,在大型保险招投标项目中的竞争实力越来越强。

与保险市场信息严重不对称的情况大体相同,招投标市场也是一个典型的信息不对称的市场,几十年来,众多的经济学家投身其中,相关文献层出不穷,理论研究日趋深入。保险招标与拍卖涉及比较深奥的经济理论,本章仅对保险市场的招投标活动做些简单的经济分析。

第一节　招标、投标与拍卖

一、招标、投标与拍卖的概念

招标(invite tender;invite bid;invite public bidding;call for bids on)是指采购人事先提出货物、工程或采购的条件和要求,邀请众多投标人参加投标,并按照规定规格从中选择交易对象的一种市场交易行为。招标分为公开招标和邀请招标。公开招标是指招标人以招标公告的方式邀请不特定的法人或者其他组织投标;邀请招标是指招标人以投标邀请书的方式邀请特定的法人或者其他组织投标。

投标(bid;enter a bid;submit a tender)是指货物的买方或工程的承包方提出价格和工程方案以求得中标的过程。

招投标的范围主要包括银行业、保险业、建筑业、房地产业、卫生服务业、客货运输业、旅游业、宾馆和餐饮业、研究和开发服务业等。

拍卖(auction)是一种将财产或物品卖给最高出价者的公开买卖方式(A public sale in which property or items of merchandise are sold to the highest bidder)。拍卖起源于公元前500年的古巴比伦。今天拍卖的范围更加广泛,古玩、艺术品、土地使用权、房屋所有权、破产企业整体资产、机械设备、冠名权、声誉、汽车和摩托车牌照、污染许可证、媒体广告权、产品商标、电影或电视剧的独家首映权、生活用品、食品、专利权、高新技术、版权等,举凡法律、法规允许出售的物品和财产权利几乎都可以拍卖。世界上最著名的两大拍卖行是索思比和佳士得。①

对拍卖问题的理论研究开始于 20 世纪 40 年代,具有里程碑意义的研究贡献主要有:1956 年弗里德曼提出的密封第一价格拍卖最优竞价的确定方法;1961 年威廉·维克里(William Vickery)提出的第二价格拍卖机制和独立评价模型;1967—1969 年迈克尔·罗思科普夫(Michael Rothkopf)和罗伯特·威尔森(Robert Wilson)提出的对称公共评价模型和不对称公共评价模型。

其后,罗杰·B.迈尔森(Roger B. Myerson)提出了具有私人评价或独立的公共评价的最优拍卖机制,并因此而获得了 2007 年的诺贝尔经济学奖。迈尔森假设竞拍人对于物品的评价相互独立且只关心自身的期望收益,通过严格的数学推导证明,所有可能的拍卖机制都会给拍卖者带来相同的期望收益,即为"收益等价定理"。这一定理超越了之前学者对具体拍卖形式的收益进行比较的研究思路,使拍卖理论向前推进了一步。收益等价定理在数学逻辑上无懈可击,但其关于"所有竞拍人对于拍品的评价都是独立给出的,和他人无关"的假设却与现实中极为常见的"关联评价"(自己的出价受其他参与者出价影响)并不相符。

1982 年,保罗·米尔格罗姆(Paul Milgrom)和罗伯特·韦伯(Robert Weber)合作的论文《拍卖和竞争性投标理论》②,构建了一个基于存在"关联评价"的分析框架:一个竞拍者的好评或者差评对其他竞拍者造成影响,竞拍人的收益主要取决于其信息私密化的程度,如果拍卖方能够在拍卖机制设计中尽量削弱竞拍者信息私密化的程度,特别是使私人信息变为公共信息,他就可以获得更高期望收益;而此时的竞拍者则因为知道了其他竞拍者的报价而可能在竞拍中陷入"势在必得"的非理性状态,因出价过于离谱而陷入"胜利者的诅咒"(Winner's Curse)③的陷阱之中。米尔格罗姆的著作《竞争拍卖的信息结构》《拍卖理论与实务》无疑都是拍卖理论的经典文献,他本人也在 2020 年获得了诺贝尔经济学奖。

到目前为止,人们设计出的拍卖方式有无限多种,拉尔夫·卡萨迪(Ralph Cassady)

---

① 索思比(Sotheby's),亦称苏富比拍卖行,成立于 1744 年,是世界上最古老的拍卖行。原为英国的公司,1983 年被美国财团收购,现为美资公司,在伦敦和纽约设有两个总部;2016 年泰康人寿以 13.52% 的持股量,成为索斯比的第一大股东。佳士得拍卖行(Christie's),旧译克里斯蒂拍卖行,成立于 1766 年,创始人为詹姆士·佳士得(James Christie),公司总部在伦敦,是世界上最著名艺术品拍卖行。

② MILGROM P R, WEBER R J. A theory of auctions and competitive bidding[J]. Econometrica: Journal of the Econometric Society, 1982:1089—1122.

③ "胜利者的诅咒",指赢得拍卖或中标的参与人因为出价过高而使自己的境况变差的状态。在拍卖史上,胜利者诅咒的案例屡见不鲜,而最早也最惨的莫过于罗马皇帝尤利安努斯。公元 193 年,罗马皇帝佩蒂纳克斯因为想整肃军纪而被自己的禁卫军杀害。禁卫军群龙无首,也没有对谁来继任皇位达成一致意见,为了获得眼前的好处,叛乱的士兵决定在军营中拍卖皇位。当时的两位竞标者一个是 56 岁的元老尤利安努斯,一位是佩蒂纳克斯的岳父提尔皮西阿努斯。提尔皮西阿努斯的出价是每位士兵 10 000 赛斯特提(罗马货币单位,100 个赛斯特提相当于 1 个阿币,1 个阿币的价值相当于 7.9 克黄金);而尤利安努斯急于取得皇位,一下子开价每位士兵 25 000 赛斯特提,在竞争者没有跟价时,他才发现自己报价太高了。但此时在禁卫军的欢呼声中,再反悔为时已晚。以高价竞标获得了皇位的尤利安努斯并没有获得人民的拥戴,各地军队纷纷起事。非洲人塞普蒂米乌斯·塞维鲁当时是罗马帝国驻扎在潘诺尼亚军团的总指挥,他以替佩蒂纳克斯复仇的名义率军挺进意大利,意大利各地的人民对尤利安努斯并无好感,所以未遇抵抗,塞维鲁就到达了罗马。尤利安努斯想组织禁卫军反击,塞维鲁则向禁卫军承诺,只要交出尤利安努斯和谋害佩蒂纳克斯的罪犯,就可以免于流血冲突。禁卫军马上接受了塞维鲁的条件,抓住了大部分参与谋害佩蒂纳克斯的凶手,宣布尤利安努斯退位,并于 193 年 6 月 1 日将其斩首。

很早就在一本书中详细介绍了各种拍卖规则。①拍卖以公开喊价式拍卖和密封价格拍卖两类最为常见。公开喊价式拍卖中以英国式拍卖（English auction，the first-price-open-cry auction）和荷兰式拍卖（Dutch auction）最为流行。

英国式拍卖是指买者自由竞价，从拍卖者提出的底价开始进行升价竞争，叫价由低至高，由拍卖员询问是否有人愿出更高的价格来竞争被拍卖物，直到没有买者想进一步提高自己的出价，出价最高者按其出价得到拍品。古玩及艺术品的拍卖通常采用这种方式。按这种方式，卖方可获得较好的价格，而买方付出最高价的人可获得所想要的东西。然而英国式拍卖的缺点则是拍卖方获得偏低的合理价格。而且，英国式拍卖最易产生勾结行为。

荷兰式拍卖是指买者自由竞价，叫价拍卖方提出的最高价开始由高至低进行降价竞争，如果有买方首先叫价则价格停止往下降，该成交价格代表买方应付的款项。减价拍卖中，当同一价格有多人应价时，有可能转化为增价拍卖。易腐烂的鲜活农产品（如鲜花、蔬菜和鲜鱼）的拍卖一般采用这种方式。② 荷兰式拍卖法的拍卖速度较快，大规模的农产品市场的农产品拍卖一般是重复性博弈，在第一场拍卖里买不到农产品的买方会在后续的拍卖过程中提早出价，使价格上升到合理范围。这种拍卖方式对卖方比较有利。

在英国式拍卖中，竞买人竞相报价是要约，拍卖师的落槌确认是承诺。在荷兰式拍卖中，报价师的要价是要约，竞买人应价是承诺。

密封价格拍卖也称招标式拍卖。由此可以看出招标和拍卖之间的紧密联系。密封价格拍卖以第一密封价格拍卖和第二密封价格拍卖方式最为流行。

第一密封价格拍卖（the first-price sealed auction）是指多个买者同时将自己的出价写下来装入一个密封的信封交给拍卖方，拍卖方打开信封，出价最高者按其出价获得拍卖品。

第二密封价格拍卖（the second-price sealed auction）是指多个买者同时将自己的出价写下来装入一个密封的信封交给拍卖方，拍卖方打开信封，出价最高者按其出价获得拍卖品，但出价最高的买者只需要付出等于第二高的出价的价格。这种拍卖方式由1996年度诺贝尔经济学奖得主维克里教授于1961年提出，因而也称"维克里拍卖"。

二、招标、投标与拍卖的联系和区别

招标、投标和拍卖都是在信息不完全的情况下进行的多方博弈。因为每个参与者都不知道其他参与者的出价，因此自己出价过低，可能无法中标或者拍得卖品，而出价过高，则可能陷入所谓的"胜利者的诅咒"。同时，招标方或拍卖方也不知道竞标方的出价。所以，在整个博弈过程中，信息都是不对称的。

招标、投标和拍卖都是在固定的时间、固定的地点，按照固定的程序和条件进行的，具有竞争性和公平性的特性。从多方博弈的角度，两者并没有实质性的差别。两种交易方式唯一的差别体现在交易方向上。简言之，卖方唯一，多方竞买，卖方按价高者得的原则选择一个买方的交易是拍卖，拍卖方式可使卖方的效益最大化；而当买方唯一、多方竞

---

① CASSADY R. Auctions and auctioneering[M]. Berkeley：California University Press，1967：294,298,304.
② 农产品拍卖最早出现在300年前荷兰的一个小渔村，100年前应用到荷兰的果蔬市场上。直到20世纪90年代开始使用机械式拍卖钟才使拍卖作业自动化，随后再改成电子式拍卖钟及计算机式拍卖钟。而拍卖的数学理论则到20世纪中叶才出现，并在80年代由学者把拍卖理论整理出来。

卖时，买方根据一定的条件选择一个卖方的交易叫招标，招标方式可使买方的效益最大化。此外，招标与拍卖还有以下几点不同：

（1）拍卖的结果一般是价高者得，即将拍卖的标的物——物品或财产权利出售给出价最高的竞买者；而招标的一般结果是性价比最高且满足招标文件要求的投标人中标，按中标价格提供约定的商品和服务。

（2）招标、投标和拍卖的组织形式和运作流程有所不同。比如，《中华人民共和国投标招标法》(2000年实施，2017年修正)规定，招标人具有编制招标文件和组织评标能力的，可以自行办理招标事宜。而拍卖则不同，《中华人民共和国拍卖法》(1997年实施，2015年第二次修正)规定，非拍卖企业不得从事拍卖活动，拍卖人不得在其组织的拍卖活动中拍卖自己的物品和财产权利。此外，招标要有五个以上(单数)成员组成的评标委员会根据招标文件确定的评标标准进行评审，确定中标人或者将推荐的中标候选人交由招标人确定中标人；而拍卖时，一位拍卖师就可以根据最高叫价或应价当场宣布成交，确定买受人。

（3）拍卖是以价格为最大约束条件的，价高者得为其基本原则，而较少考虑其他因素；而招投标则除了价格的因素外，投标者还要满足招标文件的其他条件，否则即使出价再低，也可能落标。

（4）从法律关系的角度分析，招标、投标和拍卖都可以构成契约关系，但两者的区别在于拍卖人的叫价和竞卖人的叫价或应价，均为要约引诱，而不是要约本身；而投标人的报价，除另有约定外，均视为要约，要约一旦发出是不能随便撤销或更换的。

密封价格拍卖和招投标有着更多的相同之处，其基本的经济分析原理是完全一样的。

第二节　保险交易的招标与投标

一、概念与形式

由香港贸易发展局委托深圳大学经济学院编写的《中国经贸新词词典》中定义的"保险招标"在保险业务中具有两层含义：一是指保险公司在车险理赔中为降低赔付而采取的招标修理方式；二是指拟投保的客户为降低保险成本而采取招标或类似招标的形式选择保险公司的做法。保险招标最常见的两种形式是密封第一价格投标和密封第二价格投标。

密封第一价格投标即参与投标的保险公司向招标方递交密封的条件①，出价最低的保险公司中标，与招标方签订相应的保险合同。

密封第二价格投标即参与投标的保险公司向招标方递交密封的条件，出价最低的保险公司中标，但它只需付出等于第二高的出价的价格，与招标方签订相应的保险合同。它的优势在于可以保证投标者在自我利益的驱使下，所出的投标价格将等于它真实的保留价格，也就是投标者的真实估价，或者说是投标的保险公司愿意签订这份保险合同承受的最低费率。

假设投标的保险公司甲的真实保留价格是 R，H 是除甲公司外所有投标的保险公司

---

① 投标条件主要包括价格和服务条件(如提供风险管理、培训服务等)，假设主要服务条件已由招标方统一设定，这里仅考虑价格条件。

所出的最低价格。那么,甲公司在标书上写出的投标价格 S 是多少对他最有利呢? 现在把所有的可能情况都考虑进来,以寻找甲公司的最优战略。

假定 S 比 R 小或等于 R,则出现以下三种情况:

1. $S \leqslant R < H$

当甲公司的出价 S 小于或等于其真实保留价格 R,而 R 小于其他保险公司的最低报价 H,甲公司肯定中标。甲公司的支付价格为 H,即其他保险公司出的最低价。不论甲公司出价是小于还是等于其真实保留价格 R,它得到的利益都是 $H-R$,也就是甲公司的真实保留价格和最终合同价格的差值。甲公司的出价 S 小于或等于其真实保留价格 R 时所获得的利益没有任何区别。

2. $H < S \leqslant R$

如果甲公司出价 S 等于或小于其真实保留价格 R,但大于其他保险公司的最低报价,甲公司都不能中标,中标者将是出价 H 的保险公司,甲公司既无所得也无所失[①],利益为 0。

3. $S < H < R$

如果甲公司的出价 S 小于 H,而且 H 也小于甲公司的真实保留价格 R,则甲公司可以中标,并且将按价格水平 H 与招标人签订保险合同。但这时,合同将给甲公司带来的损失是 $R-H$。

由此看到,投标者按低于自己的真实保留价格出价对自己而言有害无益。所以他的出价不会低于真实保留价格。

现在假定 S 比 R 大或等于 R,则出现以下另外三种情况:

4. $H > S \geqslant R$

公司甲的出价 S 大于或等于其真实保留价格而小于其他公司的最低报价时,甲公司都可以中标,甲公司将按比其真实保留价高的 H 签订保险合同,收益均是 $H-R$,甲公司的出价 S 大于或等于其真实保留价格 R 时所获得的利益没有任何区别。

5. $S \geqslant R > H$

如果甲公司的出价 S 大于或等于自己的真实保留价格 R,而且 R 大于其他保险公司的最低出价 H,甲公司不能中标,中标者将是出价 H 的保险公司,甲公司既无所得也无所失,利益为 0。

6. $S > H > R$

如果甲公司的出价 S 大于 H,而 H 大于甲公司的真实保留价格,它同样不可能中标,利益为 0。

因为甲公司不知道其他公司的报价,所以甲公司事先无法判定哪一种情况会出现,但有一点却非常明确,甲公司的报价 S 低于或高于其真实保留价格 R,要么带来损失,要么无法中标,要么和报价 $S=R$ 的收益相同,所以,甲公司的最优策略既不是大于 R,也不是小于 R,而是等于 R。不管其他投标的保险公司出价是多少,出价等于真实保留价格的投标战略,对投标者而言无法再加以改进,已臻最优。

[①] 假设投标成本很低,可以忽略不计,以下同。

例 8-1 紫旗银行把其全部商用车辆的第三者责任险公开招标。达信保险公司的真实保留费率是 3‰，为方便起见，假设其竞争对手只有诺信保险公司和顶信保险公司，先假设诺信与顶信任何一家公司的报价低于 3‰，比如 2.5‰，这时达信都不能中标，即使达信出一个低于 3‰ 的报价，它也是无利润可图，所以不会出一个比真实保留费率更低的报价。再假设诺信与顶信的报价都高于 3‰，比如诺信是 4‰，顶信是 5‰，这时，达信的出价在 3‰ 到 4‰ 之间时都可以中标，最高按 4‰ 成交，其利益就是费率 3‰ 与 4‰ 之间的差额。但若达信的出价高于 4‰，则合同被诺信拿走；因为达信并不知道其他公司的出价，当然也不知道 4‰ 这个上限，所以它还是按 3‰ 出价更合适。既能保证中标，又能保证利润不因出价错误而减少。

保险招标与其他招标不同的是中标公司是否付出赔款以及赔款支付的多少完全取决于约定的保险事故是否发生以及发生的程度。支付赔款的不确定性有可能导致不具备承保实力的保险公司铤而走险，以超低价竞标，所以招标人在进行保险招标时应考虑到与招投标过程同样重要的保险合同的执行过程。保险公司中标到与招标人签订保险合同，再到合同的执行，包括风险管理服务和理赔，不确定性依然是比较大的，中标公司的服务水平影响着保险合同给招标者带来的效用，而中标公司的实力则决定着招标公司通过保险转嫁风险的成败——招标者需要从鱼龙混杂的保险公司中甄选出出险后能够赔付其损失的公司。投标公司的信誉、实力和历史纪录都将是招标方必须要考虑的内容，而不仅仅是价格。

二、保险招标的动机

1. 提高交易速度

保险招标可以显著加快保险契约达成的速度，降低保险目标搜寻和合同洽商的交易成本，从而提高保险市场的效率。

2. 解决信息不对称的问题

参加投标的保险公司通常比招标的企业或政府部门更清楚本次保险交易对公司的价值，而招标方却很难知道。因此，招标方就试图通过招标来获取更多的信息，从而在获得最优质的保险服务的同时最大限度地降低保险费率，而不是自己先要价，再和费率计算颇为复杂的保险公司讨价还价。

政府部门的保险招标可以预防腐败问题的发生，如果政府官员可以不受约束地为政府部门的公车选择承保机动车辆险的保险人，那么给政府官员行贿最多的保险公司可能就是最终被选定的承保人。但如果政府采用公开招标的方式选择保险人，腐败问题就可以得到有效遏制。

三、投标者的数量

选择多少个竞标者参加投标不是一个简单的问题，需要做一些经济分析。

简化（并不失一般性）起见，假设在一次保险招标中有 n 个保险公司投标，又假设不同保险公司提供的有差别的风险管理服务成本都已计算在价格当中并通过报价体现出来,即这里的报价是保险公司经过风险管理服务成本调整后的综合费率,所以现在仅以价格高低为中标基准。

令 v_i 为第 i 个投标的保险公司的真实保留价格(真实费率)或者价值(该保险公司对招标标的费率的真实评价),该价格的性质为投标保险公司的私有信息,不为其他投标人所知。再令 $p_i \geq 0$ 为第 i 个投标人的费率,$p_j \geq 0$ 为第 j 个投标的保险公司的费率,则第 i 个投标的保险公司的支付(payoff,收益)函数为:

$$u_i(p_i, p_j; v_i) = \begin{cases} p_i - v_i, & p_i < p_j \\ \frac{1}{n}(p_i - v_i), & p_i = p_j \\ 0, & p_i > p_j \end{cases}$$

当第 i 个投标的保险公司的出价(费率)低于其他所有投标保险公司的报价(费率)时,i 中标,其在本次招投标中的收益为 $p_i - v_i$;当所有投标的保险公司的报价相同时,所有保险公司平分标的,每个保险公司的收益为 $\frac{1}{n}(p_i - v_i)$,这种情况在实际生活中很难遇到,在理论上,在支付函数连续的情况下,投标保险公司出价相同的概率趋近于 0;当 i 保险公司的出价低于其他任何一家投标保险公司的出价时,i 不能中标,其收益为 0。

假定投标保险公司 i 的出价 $p_i(v_i)$ 是其真实保留价格 v_i 的严格递减可微函数,因为博弈是对称的,所以只需考虑对称的均衡出价战略 $p = p^*(v)$。给定 v 和 p,那么,投标保险公司 i 的期望收益为

$$u_i = (p - v)\text{Prob}(p_j > p)$$

期望收益等于中标后的收益乘以中标的概率。根据对称性,$p_j = p^*(v_j)$,则在 v 在 $(0,1)$ 上服从均匀分布的情况下,有

$$\text{Prob}(p_j > p) = \text{Prob}(p^*(v_j) > p)$$
$$= \text{Prob}(v_j > p^{*-1}(p) \equiv \Gamma(p)) = \Gamma(p)$$

其中,$\Gamma(p) = p^{*-1}(p)$ 是 p^* 的反函数,即当投标的保险公司选择出价 p 时,其保留价格是 $\Gamma(p)$。投标的保险公司 i 的问题是在约束条件下达到效用(期望收益)的最大化:

$$\max_p u_i = (p - v)\prod_{i \neq j}\text{Prob}(p_j > p) = (p - v)\Gamma^{n-1}(p)$$

最大化的一阶条件是

$$-\Gamma^{n-1}(p) + (p - v)(n-1)\Gamma^{n-2}\Gamma'(p) = 0$$

或者,

$$-\Gamma(p) + (p - v)(n-1)\Gamma'(p) = 0$$

在均衡情况下有 $\Gamma'(p) = v$,则一阶条件可以转换为

$$-\Gamma(p)[\Gamma(p) - p](n-1)\Gamma'(p) = 0$$

解一阶线性微分方程可得

$$p^*(v) = \frac{v(n-1)}{n}$$

$p^*(v)$ 随着 n 的增加而增加,取极限,有

$$\lim_{n \to \infty} p^*(v) = \frac{v(n-1)}{n} = v$$

不难理解,随着投标者增多,招标者得到的价格(得到的费率水平)就越低,当投标人无限多个时,招标者可以得到全部剩余,因此,对招标者来说,保险招标应向尽量多的保险人发出招标申请,以获得尽量多的投标者。

案例与资料 8-1

保险招标的基本评标程序

1. 符合性检查

评标委员会将首先对投标文件进行符合性检查。检查内容按招标文件的各项规定进行。通过符合性检查的投标单位才可进入技术评审。

2. 综合评审

评标委员会将对投标单位的下列情况进行评审:

(1) 投标单位的经营业绩。
(2) 投标单位现有的理赔措施和服务体系。
(3) 投标单位对本项目特别的理赔措施和服务承诺。
(4) 投标单位具体负责人员的情况。
(5) 投标单位的赔付率。
(6) 投标单位承诺的折扣率。

3. 推荐中标候选人

评标委员会将按上述内容对投标单位进行评分,并按评标得分顺序推荐中标候选人。推荐中标候选人数量不超过两家。

4. 定标

招标方会同区政府采购监督管理部门、纪检(监察)、审计等部门,根据评标委员会推荐中标候选人的实际情况共同确定中标单位。

思考题

1. 结合实际分析保险招标、投标的电子商务形式。
2. 请分析保险拍卖在实务中应用的可行性。

3. 请分析保险招标和其他行业招标的不同之处,保险产品和服务的差别化对保险招标的程序和效率有何影响。

实践讨论

1. 以下是某保险经纪公司为企业保险招标设置的评分标准,这个标准有很多问题,严重影响到保险评标的公平和效率。请指出其中的问题,然后提出改进建议。

评分因素及权重	分项	分值	评分细则
报价 (55%)	报价	25—55	1. 如果最低报价低于次低报价50%以上(不含),或者最高报价高于次高报价50%以上(不含),则为无效报价,计算基准报价时应予以剔除。 2. 报价应基于投保人为独家承保人或首席承保人,基于份额的报价为无效报价,计算基准报价时应予剔除。 3. 基准报价:得分55分。基准报价是指通过符合性审查的投标人的有效报价的算术平均数值×0.9。 4. 报价高于基准报价1%,扣0.5分(高于基准报价的百分数的小数点保留一位,四舍五入)。 5. 报价低于基准报价1%,扣0.25分(低于基准报价的百分数的小数点保留一位,四舍五入)。 6. 无效报价的得分为25分。 7. 本评分因素投标人最低得分为25分。
保险条件 (10%)	差异条件	-10—0	1. 若投标人完全接受招标文件中的保险合同条款,且没有提出任何异议,不扣分; 2. 若投保人提出差异,每条差异减2分,最多扣10分。 3. 对于是否构成差异,由评委认定。
	优惠条件	0—10	1. 若投标人未提出任何优惠,得0分。 2. 若投保人提出优惠,每条优惠得1—2分,最高分10分。 3. 若投保人提出的优惠条件与招标文件中保险合同约定的条款重复,每条扣1分。 4. 对于是否构成优惠条件,由评委认定。
服务情况 (10%)	服务机构	0—4	1. 投标人在3个企业总部所在地每拥有1个分支机构且设置了属地服务小组得0.5分,最高得3分。 2. 总公司成立了项目协调小组,得1分。 3. 本项目最低0分。
	培训和风险查勘服务	0—2	培训和风险查勘服务有实质性内容者得2分,其余情况酌情给分。
	理赔服务	0—4	1. 授权分支机构财产险核赔权限最高者得2分,其余酌情给分。 2. 授权分支机构工程险核赔权限最高者得2分,其余酌情给分。

（续表）

评分因素及权重	分项	分值	评分细则
项目经验（10%）	近三年同类项目承保经验	0—5	同类项目保险费200万元以上项目承保数量：0个得0分，1—3个得1分，4—6个得2分，7—9个得3分，10个及以上得5分。
	近三年同类项目理赔经验	0—5	每个与招标公司核心业务相关的项目单笔赔案赔款金额人民币100万以上项目经验，每项可得1分，最高得分5分。
合作情况（5%）	与保险经纪公司及所属集团公司整体合作情况	0—5	根据投标人近两年与所属集团公司整体合作情况，以及投标人与经纪公司配合情况进行打分，最低0分，最高5分。
综合评价（10%）	综合评价	5—10	评委根据投标人和投标文件和单位实力，综合评定后独立打分，最高分10分，最低分5分。

2. 以下是另一家保险经纪公司为企业保险招标设置的评分标准，这个标准也有很多问题，严重影响到保险评标的公平和效率。请指出其中的问题，然后提出改进建议。

评分因素及权重	分项	分值	评分细则
综合实力评价（20%）	注册资本金（截至2020年9月）	5	评委根据投标人2020年9月注册资本金的排序高低进行打分，排名第一的得5分，每降低一个排名扣1分，直至扣到0分。
	总资产（截至2020年9月）	5	评委根据投标人2020年9月净资产的排序高低进行打分，排名第一的得5分，每降低一个排名扣1分，直至扣到0分。
	偿付能力充足率	5	评委根据投标人2020年9月核心偿付能力充足率的排序高低进行打分，排名第一的得5分，每降低一个排名扣1分，直至扣到0分。
项目服务及响应程度（40%）	保险方案响应程度	10	根据投标文件中保险条件响应情况进行打分，没有提出差异得10分，每条差异减2分，最低得0分。
	保险公司优惠条件	10	是否提出优惠条件及其可行性和可操作性。没有优惠条件得0分。每条评委认可优惠条件得1—2分，最多得10分。
	保险公司服务团队	10	根据投标文件中保险公司服务团队、人员配置情况进行打分，优秀得8—10分，良好得5—7分，一般得0—4分。
	项目经验	10	根据投标人近3年同类项目的承保经验，以及近3年同类项目的理赔经验数量及规模进行打分，优秀得8—10分，良好得5—7分，一般得0—5分。

(续表)

评分因素及权重	分项	分值	评分细则
价格 (40%)	报价得分	20—40	1. 基准报价:得分 40 分。基准报价是指通过符合性审查的投标人的有效报价的算术平均数值。 2. 报价高于基准报价 1%,扣 0.3 分(高于基准报价的百分数的小数点保留一位,四舍五入)。 3. 报价低于基准报价 1%,扣 0.2 分(低于基准报价的百分数的小数点保留一位,四舍五入)。 4. 本评分因素投标人最低得分为 20 分。

辅助阅读资料与相关网站

1. 张维迎.博弈论与信息经济学[M].上海:上海三联书店,1996.
2. 王则柯.新编博弈论平话[M].北京:中信出版社,2003.
3. https://www2.deloitte.com/gfsi(德勤金融服务)
4. http://www.guycarp.com/(佳达再保险经纪公司)
5. https://onlinelibrary.wiley.com/journal/14680335 (*Economica*)
6. https://qeconomics.org/ojs/index.php/qe/issue/current (*Quantitative Economics*)
7. https://www.journals.elsevier.com/journal-of-urban-economics (*Journal of Urban Economics*)
8. https://onlinelibrary.wiley.com/journal/1368423x (*The Econometrics Journal*)
9. https://www.journals.elsevier.com/journal-of-international-economics (*Journal of International Economics*)
10. https://www.sciencedirect.com/journal/journal-of-economic-theory (*Journal of Economic Theory*)

第九章

保险监管的经济分析

引 言

无论是发达国家,还是发展中国家,只要是市场经济国家,商业保险就在国民经济体系中占有着重要地位。保险业是金融业的一个重要支柱,社会保障体系的重要补充,社会管理的有效工具,国家财政的创税大户,对外开放的前沿窗口,风险管理的中流砥柱。自2008年的全球金融风暴平息之后,放眼望去,保险业是一片繁荣。美国保险行业总资产与养老金资产总和超过银行业。《财富》世界500强中保险公司的数量大幅增加,2021年的《财富》世界500强中保险公司有26家,前100名中有7家保险公司。中国平安从2020年的第21名升至第16名,成为世界第二大保险集团。慕尼黑再保险、瑞士再保险、法国再保险等国际再保险巨头将全世界的风险聚拢到一起,让整个地球在一体化的风险管理中"流浪"。然而,繁荣的背后总是蕴含着危机。保险公司在世界各大城市所占据的光鲜亮丽的豪华楼宇也笼罩在阴影之中吗?这么大的一个行业是在谁的监管之下?政府有必要监管保险市场吗?监管是否可以化解保险业的危机?如果政府监管保险市场有其必要性,又应如何监管?监管的边界在哪里?其背后的经济理论基础是什么?这些问题是保险经济分析所不能回避的基本问题。然而,迄今为止,这些问题并没有得到根本解决。保险监管的方式、方法和内容一直都是学术界探讨争论、各国保险业着力改革的重点领域。

本章首先从保险业的繁荣与危机开始,梳理保险市场监管的相关理论,然后分析保险市场监管的必要性,最后介绍保险监管应涵盖的主要内容。

第一节 保险业的繁荣与危机

一、保险业的繁荣

保险业逐风险而生。自1347年现代保险制度在意大利成形以后,保险业开始在大航海时代中迅速成长。西班牙称霸海上世界后,欧洲商人的贸易范围急剧扩大,强大的需求促进了海上保险的繁荣。1435年,西班牙颁布了世界上最早的海上保险法典《巴塞罗那法典》。1556年,西班牙国王腓力二世颁布法令确定了保险经纪人制度。1563年,西班牙的《安特卫普法令》对航海以及海上保险制度和保单格式作了较明确的规定。可以说,保险制度就是在大航海的惊涛骇浪中逐渐趋于成熟和完善的。

早在英国海军大破西班牙"无敌舰队"之前,英国的保险人就已经积极参与到了英国与西班牙之间的海上争霸战中。一方面资金充裕的保险人资助英国政府为战争提供补给;另一方面,保险人为英国军舰提供了高保额的战争保险。仅在1779年,英国皇家海军的72艘战舰和法国西班牙联合舰队的90艘战舰对决的西印度群岛的大海战中,英国的保险人就赔付了上百万英镑的保险金。

英国保险人在帮助政府打赢了与西班牙争夺海外殖民地的战争后,又主动卷入了美国独立战争和拿破仑挑起的欧洲大战,并积极地与船东和政府共同对付强悍的海盗。当时,劳合社的保险人、经纪人和英国海军部关系非常密切,劳合社甚至通过院外游说使英国议会通过了"军舰强制为商船护航"的法令,违抗舰队司令护航命令的商船将被严惩。

此后,作为英国保险市场核心的劳合社逐渐成为航运业与英国政府联系的纽带。英国的保险业为军舰上的水兵及其家属和其他社会贫困人口提供慈善补助基金。1802年,劳合社出资200万英镑建造了很多救生艇为客户实施海上救援。紧接着的1803年7月,劳合社的33个承保人集会并创立了"爱国基金",为病、死、伤的海员、水兵及其家属提供资金和奖章,到战争结束时,爱国基金已经积累了60万英镑。保险业的这些行动使得英国保险业在英国的内政外交中拥有了强大的话语权,也使英国的保险业随着英国的坚船利炮和海外扩张而迅速拓展到全球。其后,英国的海外殖民和国际贸易更是机遇与风险并行,英国商人在美洲、亚洲、非洲和大洋洲的投资与贸易活动时刻需要保险的护持,更需要保险业提供巨量的开发资金,而保险业也不负众望,成为"日不落帝国"在世界范围内攻城略地强有力的推手。

在战争年代,保险业是海外扩张的积极参与者和有力保障,而在和平时期,保险业在各国经济发展中仍然发挥着独特的作用:在经济周期的上行和高潮阶段,因社会经济活跃,财产保险业相对繁荣;而在经济周期的下行和低迷阶段,寿险业则因人们对前景的不确定而相对繁荣。

几百年来,"繁荣"的保险业长到多大了呢?按照联合国颁布的国际标准产业分类(International Standard Industrial Classification of All Economic Activities, ISIC),在其划分的21大产业门类中,保险业属于金融保险业,是88个细分产业类别中的一个。近几十年来,无论是在发达经济体,还是在新兴经济体国民经济体系的各行业中,保险业存量资产和增长速度都是非常靠前的。美国市场上有6 000家左右的保险公司,2019年前四大人寿保险公司的总资产为2.7万亿美元[①],而美国的2019年的GDP)是21万亿美元。

从美国近20年来保险业和相关活动增加值的增速、金融保险业增加值的增速和美国GDP增加值的增速的对比关系来看,保险业的发展都是较快的,如表9-1和图9-1所示。

表9-2与图9-2展示的是美国近20年来保险业和相关活动的增加值与金融保险业的增加值,及其在美国GDP中的占比。

表9-1 美国金融业、保险业增加值与GDP增长速度对比 单位:%

	1998	1999	2000	2001	2002	2003	2004
GDP	0.06	0.06	0.06	0.03	0.03	0.05	0.07
保险和相关活动	0.10	−0.01	0.17	−0.05	−0.04	0.12	0.15
金融保险业	0.11	0.06	0.10	0.08	0.02	0.04	0.03
	2005	2006	2007	2008	2009	2010	2011
GDP	0.07	0.06	0.05	0.02	−0.02	0.04	0.04
保险和相关活动	0.08	0.07	0.09	−0.14	0.05	0.02	0.03
金融保险业	0.12	0.06	0.00	−0.15	0.11	0.04	0.02

---

① 2019年美国按总资产排名的前四大保险公司的总资产分别为:Prudential 8 150亿美元;Berkshire Hathaway 7 078亿美元;MetLife 6 876亿美元;American International Group(AIG)4 920亿美元。

(续表)

	2012	2013	2014	2015	2016	2017	2018
GDP	0.04	0.04	0.04	0.04	0.03	0.04	0.05
保险和相关活动	0.06	−0.05	0.27	0.14	0.03	−0.02	0.09
金融保险业	0.13	−0.02	0.12	0.07	0.05	0.03	0.05

资料来源：Bureau of Economic Analysis (BEA).

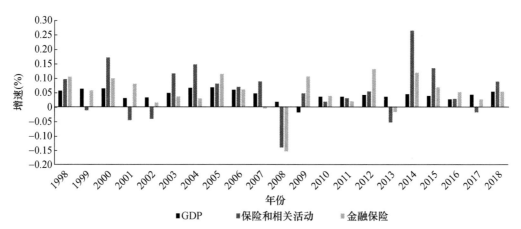

图 9-1　美国金融业、保险业增加值与 GDP 增长速度对比

表 9-2　美国 1997—2018 年金融服务业增加值及其构成

	1997	1998	1999	2000	2001
GDP(10 亿美元)	**8 577.55**	**9 062.82**	**9 630.66**	**10 252.35**	**10 581.82**
金融保险业(10 亿美元)	577.19	637.94	675.07	743.06	803.10
在 GDP 中的占比(%)	6.73	7.04	7.01	7.25	7.59
联邦储备银行、信用中介和相关活动(10 亿美元)	233.15	266.96	303.78	320.33	343.23
在 GDP 中的占比(%)	2.72	2.95	3.15	3.12	3.24
证券、期货合同和投资(10 亿美元)	121.30	121.11	120.04	132.97	182.63
在 GDP 中的占比(%)	1.41	1.34	1.25	1.30	1.73
保险和相关活动(10 亿美元)	215.60	236.74	234.31	274.52	262.03
在 GDP 中的占比(%)	2.51	2.61	2.43	2.68	2.48
基金、信托和其他金融工具(10 亿美元)	7.15	13.13	16.94	15.24	15.21
在 GDP 中的占比(%)	0.08	0.14	0.18	0.15	0.14

(续表)

	2002	2003	2004	2005	2006
GDP(10亿美元)	10 936.42	11 458.25	12 213.73	13 036.64	13 814.61
金融保险业(10亿美元)	816.43	846.32	872.39	973.71	1 034.19
在GDP中的占比(%)	7.47	7.39	7.14	7.47	7.49
联邦储备银行、信用中介和相关活动(10亿美元)	385.58	401.39	374.34	408.10	418.90
在GDP中的占比(%)	3.53	3.50	3.06	3.13	3.03
证券、期货合同和投资(10亿美元)	162.63	144.08	154.87	193.77	221.58
在GDP中的占比(%)	1.49	1.26	1.27	1.49	1.60
保险和相关活动(10亿美元)	251.22	280.68	322.20	348.40	372.53
在GDP中的占比(%)	2.30	2.45	2.64	2.67	2.70
基金、信托和其他金融工具(10亿美元)	17.01	20.18	20.97	23.43	21.19
在GDP中的占比(%)	0.16	0.18	0.17	0.18	0.15

	2007	2008	2009	2010	2011	2012
GDP(10亿美元)	14 451.86	14 712.85	14 448.93	14 992.05	15 542.58	16 197.01
金融保险业(10亿美元)	1 030.55	873.25	966.60	1 003.61	1 026.04	1 162.81
在GDP中的占比(%)	7.13	5.94	6.69	6.69	6.60	7.18
联邦储备银行、信用中介和相关活动(10亿美元)	404.21	409.44	398.89	417.83	454.99	511.38
在GDP中的占比(%)	2.80	2.78	2.76	2.79	2.93	3.16
证券、期货合同和投资(10亿美元)	198.21	92.23	185.92	196.44	173.69	233.03
在GDP中的占比(%)	1.37	0.63	1.29	1.31	1.12	1.44
保险和相关活动(10亿美元)	405.71	349.16	365.88	372.81	384.32	405.46
在GDP中的占比(%)	2.81	2.37	2.53	2.49	2.47	2.50
基金、信托和其他金融工具(10亿美元)	22.42	22.43	15.92	16.53	13.05	12.94
在GDP中的占比(%)	0.16	0.15	0.11	0.11	0.08	0.08

	2013	2014	2015	2016	2017	2018
GDP(10亿美元)	16 784.85	17 527.26	18 224.78	18 715.04	19 519.42	20 580.22
金融保险业(10亿美元)	1 144.93	1 282.63	1 371.59	1 444.26	1 486.32	1 567.32
在GDP中的占比(%)	6.82	7.32	7.53	7.72	7.61	7.62
联邦储备银行、信用中介和相关活动(10亿美元)	498.65	547.84	570.89	589.14	604.07	622.55
在GDP中的占比(%)	2.97	3.13	3.13	3.15	3.09	3.02
证券、期货合同和投资(10亿美元)	249.46	227.93	231.03	267.30	302.27	312.62
在GDP中的占比(%)	1.49	1.30	1.27	1.43	1.55	1.52
保险和相关活动(10亿美元)	384.27	486.29	552.35	569.12	558.79	609.21
在GDP中的占比(%)	2.29	2.77	3.03	3.04	2.86	2.96
基金、信托和其他金融工具(10亿美元)	12.56	20.57	17.33	18.70	21.19	22.94
在GDP中的占比(%)	0.07	0.12	0.10	0.10	0.11	0.11

资料来源:Bureau of Economic Analysis(BEA).

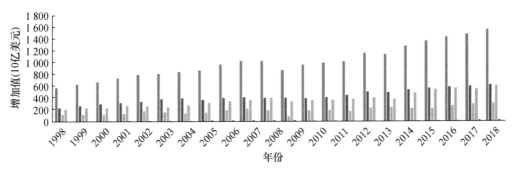

图 9-2 美国 1997—2018 年金融服务业增加值

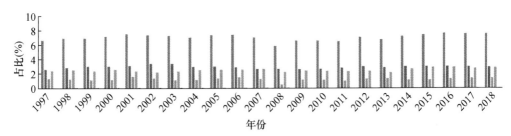

图 9-3 美国 1997—2018 年金融服务业构成

从美国金融业内部结构的变动情况来看,近 20 年来,美国的金融业内部结构基本稳定,银行业略有下降,保险业略有提升,各占 4 成,而证券业保持在 2 成左右(如表 9-3 和图 9-4 所示)。

表 9-3 美国金融业内部结构变动情况　　　　　　　　　　　单位:%

	1997	1998	1999	2000	2001	2002	2003
银行	40.39	41.85	45.00	43.11	42.74	47.23	47.43
证券	21.02	18.99	17.78	17.89	22.74	19.92	17.02
保险	37.35	37.11	34.71	36.94	32.63	30.77	33.16
其他	1.24	2.06	2.51	2.05	1.89	2.08	2.38
	2004	2005	2006	2007	2008	2009	2010
银行	42.91	41.91	40.50	39.22	46.89	41.27	41.63
证券	17.75	19.90	21.43	19.23	10.56	19.23	19.57
保险	36.93	35.78	36.02	39.37	39.98	37.85	37.15
其他	2.40	2.41	2.05	2.18	2.57	1.65	1.65

(续表)

	2011	2012	2013	2014	2015	2016	2017	2018
银行	44.34	43.98	43.55	42.71	41.62	40.79	40.64	39.72
证券	16.93	20.04	21.79	17.77	16.84	18.51	20.34	19.95
保险	37.46	34.87	33.56	37.91	40.27	39.41	37.60	38.87
其他	1.27	1.11	1.10	1.60	1.26	1.29	1.43	1.46

资料来源：Bureau of Economic Analysis（BEA）。

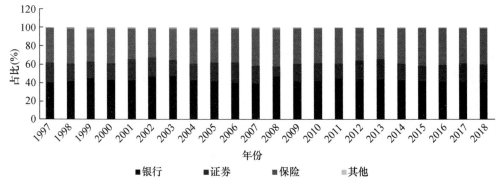

图 9-4　美国 1997—2018 年金融业内部结构变动情况

2018 年，全球原保险保费收入已突破 5 万亿美元大关，达到 5.193 万亿美元，占到全球 GDP 的 6.1%，在北美、欧洲、大洋洲和亚洲发达市场，保险深度都达到了 7% 以上。尽管保险市场比较成熟的国家，保险业的增长率下降增长趋缓，甚至还有阶段性的下降，但从世界的范围来看，无论是保费收入的绝对数字还是相较于整个国民经济的相对数字，保险业仍在持续增长（见表 9-1）。新兴经济体中保险的发展更为迅速，进一步延续了全球保险业的百年繁荣。

根据瑞士 Sigma 杂志预测，新兴市场占全球原保险保费收入总额的比例将从 2018 年估计的 21% 上升至 2029 年的 34%，尽管发达国家的保险市场增长率下降，但由于经济体量庞大，未来 10 年发达市场仍将贡献将近一半的新增保费金额。随着经济重心继续东移，到 2029 年，整个亚太地区（包括中国及该地区的其他新兴和发达市场）将占全球保费的 42%（2019 年分地区和组织统计的世界保险业保费收入及市场份额见表 9-4）。[①]

中国保险业的繁荣更是远超一般发展中国家。几十年来，中国保险业的保费收入一直维持了两位数的增速，即使是在严监管环境下的 2019 年，中国保险业原保费收入的增长速度仍达到 12.11%，是 GDP 增速 6.1% 的 2 倍。2020 年，在新冠疫情下，保险公司原保险保费收入达到 45 257 亿元，比上年增长 6.1%。在 2021 年的《财富》世界 500 强榜单中，中国保险公司有 11 家，包括中国平安保险集团（第 16 位）、中国人寿保险集团（第 32 位）、中国人民保险集团（第 90 位）、中国太保保险集团（第 158 位）、友邦保险集团（第 213

---

① STAIBD, TSCHEKASSINO, PUTTAIAHM H. World insurance: the great pivot east continues [J/OL]. (2019-07-04) [2021-12-28]. Sigma. https://www.swissre.com/institute/research/sigma-research/sigma-2019-03.html.

位)、泰康保险集团(第343位)、中国太平洋保险集团(第344位)、国泰金融控股(第346位)、富邦金融控股(第388位)、新华人寿(第415位)及中国再保险集团(第497位)。

保险行业取得的快速增长,可以从三个方面来解释:供给、需求和监管。供给层面,保险公司的数量增长很快,同时专业保险中介机构,如代理、经纪等业务的增长也都非常快,业务量、利润水平都在快速增长。需求方面,由于保险提供经济赔偿、风险管理和资金融通功能,保险业的社会声誉越来越好,百姓认可度不断增强,所以从需求方面也促进了保险业的发展。第三个方面,从监管来看,中国风险导向偿付能力体系(简称"偿二代")建设,一些保险产品的费率市场化,以及对保险消费者的保护等政策和措施,都推动了保险市场的快速发展。

表9-4 2019年分地区和组织统计的世界保险业保费收入及市场份额

地区和组织	保费额 (百万美元)	占全球市场 份额(%)	保费占GDP 份额(%)	人均保费 (美元)
美洲	2 750 426	43.71	9.66	2 723
美国和加拿大	2 593 280	41.21	11.15	7 090
拉丁美洲与加勒比	157 146	2.50	3.02	244
欧洲、中东和非洲(欧非中东)	1 796 771	28.55	5.67	589
欧非中东发达市场	1 603 292	25.48	7.71	3 247
欧洲新兴市场和中亚	80 505	1.28	1.68	163
中东和非洲	112 974	1.80	2.17	63
中东新兴市场	44 819	0.71	1.63	90
非洲	68 155	1.08	2.78	52
亚太	1 745 403	27.74	5.71	417
亚太发达市场	934 353	14.85	9.63	3 613
亚洲新兴市场	811 050	12.89	3.89	207
中国	617 399	9.81	4.30	430
亚洲新兴市场(不含中国)	193 651	3.08	2.99	78
全球	6 292 600	100.00	7.23	818
发达市场	5 130 924	81.54	9.63	4 664
新兴市场	1 161 675	18.46	3.25	175
新兴市场(不含中国)	544 277	8.65	2.51	100
经合组织	4 984 999	79.22	9.01	3 680
G7	4 092 843	65.04	10.07	5 201
欧元区	1 063 297	16.90	7.15	2 784
欧盟	1 171 643	18.62	6.81	2 374
北美自贸区	2 623 774	41.70	10.70	5 317

二、保险业的危机

月满则亏,光明之外多是浓重的暗影,盛世的繁华下往往掩盖着各种危机。保险业有着自己的发展周期,有繁荣就有萧条,有高涨就有衰落。同时,再生机勃勃的果园也有落果,再繁荣的林木也有枯枝。保险业的发展在行业层面和公司层面也有其兴衰的轨迹可循。

根据A.M.Best的研究报告,1977年至2010年的33年间,拥有A.M.Best评级的5 021家保险公司中有713家破产,其中既有财产意外险公司也有人寿健康险公司。仅

1975—1990 年的 15 年间就有 140 家人寿健康险公司破产；1982—2012 年的 30 年间每年平均有 22 家保险公司破产。20 世纪 80 年代，美国大型保险公司破产还很少发生，但到了 20 世纪 90 年代，Reserve Insurance Company、Mission Insurance Company、Transit Casualty Company 等大型财产意外险公司相继破产；一向经营稳定的大型人寿健康险公司的破产更是格外引人关注。Baldwin United 是 1983 年破产的第一个大型寿险公司，1991 年之后，Executive Life Insurance Company、Mutual Benefit Life Insurance Company、Confederation Life Insurance Company 等几家大型人寿健康险公司陆续破产，寿险公司的破产数量和严重性史无前例。进入 21 世纪以来，美国保险公司破产数量大幅减少，但几家大型保险公司的破产成本大大超过以前的纪录。2002 年 12 月 18 日，美国第七大保险公司 Conseco 申请破产保护，涉及债务高达 65 亿美元，成为继世通和安然之后美国历史上第三大破产案，也是第二次世界大战以来美国最大的保险公司破产案。此案一发，举世皆惊。2008 年以次贷危机为触发点的美国金融风暴中，美国政府先后向美国国际集团（American International Group，AIG）提供了 1 823 亿美元的贷款，挽救 AIG 于水火。据统计，2008 年美国有 12 家保险公司破产，2009 年有 13 家。①

2009 年之后，保险业恢复上涨走势，但像 2018 年美国 North Carolina Mutual Life Insurance Company 被接管一样，2008 年以来仍至少有 18 家保险公司向美国的健康保险保障协会（National Organization of Life and Health Insurance Guaranty Associations，NOLHGA）申请破产保护，也几乎每年都有体量较大的保险公司破产和濒临倒闭。

保险市场发达的美国如此，其他发达国家的保险公司也被盛世下的危机所笼罩。自 20 世纪 60 年代末至今，全球已经有千家以上原保险公司和再保险公司倒闭，而 90 年代之后则呈现明显的上升趋势，其中尤以 20 世纪 90 年代末的亚洲金融风暴和 2008 年的全球金融危机时期为最，比如历史悠久的英国保险市场每年破产的保险公司能占到保险公司总量的 0.5%。随着世界经济全球化和一体化导致的市场竞争的加剧，自然灾害和恐怖袭击造成的风险飙升②，以及放松保险监管的政策建议得到更多国家的采纳，保险业所蕴含的危机在某些阶段、在某些国家和地区会突然爆发出来。其中，日本的保险业就是一个最典型的案例。

日本曾是全球第二大保险市场。③ 在第二次世界大战后的 50 多年时间里，日本保险

---

① 孙立娟．保险公司破产的经济影响与监管研究：来自美国的经验及启示［J］．金融理论与实践，2015，6：101—105．
② 比如，1995 年的日本神户大地震造成了 1 320 亿美元的损失；2004 年发生在东南亚国家的印度洋大海啸则造成了 140 亿美元的损失，其中泰国再保险公司净损失 1 亿泰铢（合 260 万美元）。2001 年 9 月 11 日发生在美国纽约的恐怖袭击造成的损失约为 1 050 亿美元，仅世界航空保险业务就支付了 50 亿美元的巨额赔款，该数字相当于 2000 年度航空保费收入总额的 4 倍，且这一特别负担是在世界航空市场出现一系列亏损的情况下发生的，使情况已经非常糟糕的航空业务雪上加霜，导致航空保险的费率上涨了 4 倍。"9·11"事件中，保险赔偿近 700 亿美元，对很多原保险公司和国际再保险公司的财务造成了巨大的冲击。"9·11"事件也使国际金融市场受到了很大的影响。为了保证及时兑现赔付，不少保险公司不得不将原来持有的大量不动产、股票、债券和各种基金加以变卖套现，进而引发了股市的下跌和低迷。股市下跌导致的撤资，又使许多保险公司的资产大幅缩水，不得不调整发展战略。比如，因再保险分入业务而遭受较大损失的德国格宁（Gerling）保险公司因此放弃了花费巨大成本才得到的在中国市场展业的执照。"9·11"事件对于世界保险业来说，无论在财产损失方面，还是在心理承受方面，无疑都是一次大的创伤。甚至有人质疑：如果恐怖袭击的损失不仅仅是一座楼宇、几架飞机，而是一个现代化城市的毁灭，世界保险业是否也会因之崩溃？
③ 2017 年，日本保险业在全球保险市场上所占份额（8.63%）已经低于中国（11.07%），远低于美国（28.15%），已从世界第二退居第三。

业的发展空前繁荣。日本的保险公司大多在这个阶段成长为世界上规模最大的保险公司。比如在 1992 年《财富》世界 500 强中的保险公司排名中,前 10 名中有一半是日本的保险公司,它们在世界保险市场上占有举足轻重的地位。① 即使在金融危机中的 1998 年,日本保险业保费收入仍高达 4 531 亿美元。但正是这样一个拥有巨型保险公司的庞大保险市场,自 20 世纪 90 年代日本经济泡沫破灭后,不断爆发危机:保费负增长,退保率连续攀升,不良资产比率持续恶化,信誉逐渐降低,日益不堪重负。

1997 年 4 月,有 89 年历史的日产生命保险公司倒闭;1999 年东邦生命保险公司破产;2000 年第百生命保险公司、大正生命保险公司和千代田生命保险公司相继倒闭。这在第二次世界大战后的发达国家,在公司寿命名列"长寿公司"榜首的保险业堪称"奇观"(如表 9-5 所示)。

表 9-5 日本第二次世界大战后倒闭的保险公司

公司名称	成立时间	倒闭时间	破产前总资产
日产生命	1909 年	1997 年 4 月	21 674 亿日元
东邦生命	1898 年	1999 年 6 月	28 046 亿日元
第百生命	1914 年	2000 年 5 月	17 217 亿日元
大正生命	1913 年	2000 年 8 月	2 044 亿日元
千代田生命	1904 年	2000 年 10 月	35 019 亿日元
协荣生命	1935 年	2000 年 10 月	46 000 亿日元

当时的日本保险公司接连倒闭称得上冰冻三尺非一日之寒,也非单一因素所引起。日本保险业的危机除受到日本经济衰退的大环境和亚洲金融危机的影响外,更重要的在于日本政府保险产业政策、保险公司的经营战略,特别是保险监管等方面所存在的不足和失误。日本保险监管机构容忍寡头垄断长期存在,对保险市场运作的稳定性、透明性重视不够,且缺乏有效的危机预警系统。同时,对保险公司的保护政策使得危机被掩盖起来,一旦爆发即陷入难以收拾的境地。2001 年,日本保险全行业亏损 1 548 亿日元。②

当年日本保险业的危机并非日本所独有,直到今天,日本保险业虽经历了漫长而痛苦的重组潮,但一些痼疾仍未完全消除,日本保险业的元气仍未完全恢复。而保险业承保利润萎缩、投资收益下降的状况几乎成为全球保险业的普遍问题。

美国大都会人寿保险公司③(MetLife)成立于 1868 年,注册地是美国特拉华州,总部

---

① 2019 年《财富》世界 500 强中,日本的保险公司仅有日本生命保险公司(第 125 位)、第一生命控股有限公司(第 153 位)、MS&AD 保险集团控股有限公司(第 222 位)、东京海上日动火灾保险公司(第 224 位)、日本明治安田生命保险公司(第 324 位)、损保控股有限公司(第 377 位)和住友生命保险公司(第 378 位)等 7 家保险公司。

② THE GENERAL INSURANCE ASSOCIATION OF JAPAN. General insurance in Japan: fact book 2002—2003[R/OL]. (2003-11) [2021-10-21]. https://www.sonpo.or.jp/en/publication/ue089i0000000f4z-att/fb2003e.pdf.

③ 2001 年 12 月,美国大都会集团获得中国保险监督管理委员会许可筹建在华保险公司。2003 年 10 月 15 日,美国大都会集团与首都机场集团公司宣布成立合资公司——中美大都会人寿保险公司,并于 2004 年 3 月 25 日正式开业。2005 年 8 月 10 日,美国大都会集团与上海联和投资有限公司出资成立了联泰大都会人寿保险有限公司。2011 年 4 月 19 日,中美大都会人寿和联泰大都会人寿合并而成中美联泰大都会人寿保险有限公司。

设在纽约,是美国市场上最大的具有良好市场声望的人寿和健康保险公司,2019 年美国保险市场上按总资产排名第三位,《财富》世界 500 强排名 142 位,在美国、拉美、欧洲、亚洲和中东近 50 个国家和地区开展业务,通过遍布世界各地的分支机构向全球近 1 亿客户提供保险、年金、员工福利计划和资产管理业务等服务,在中国的分支机构是中美联泰大都会人寿保险公司。国际顶级评估机构对 MetLife 的评级数据对其地位可资证明(见表 9-6)。大都会人寿保险公司在美国市场经营业绩也是非常靠前的,应该说在好公司中具有一定的代表性,其经营数据见表 9-7。

表 9-6　美国大都会人寿保险公司的财务能力评级(2021 年 5 月 11 日)

穆迪(Moody's Investors Service)评级	Aa3
标准普尔(Standard & Poor's)评级	AA−
贝氏(A. M. Best Company, Inc.)评级	AMB A+
惠誉(Fitch Ratings)评级	AA−

资料来源:MetLife, Inc. 官网。

表 9-7　美国大都会人寿保险公司的收支情况　　　　　　　　　　　　单位:百万美元

	2020	2019	2018	2017	2016	2015	2014
总资产	795 146	740 463	687 538	719 892	898 764	877 912	902 322
总负债	720 329	674 081	634 580	661 022	831 062	809 267	829 507
所有者权益	74 817	66 382	52 741	58 676	67 531	68 098	72 208
总收入	67 842	69 620	67 941	62 308	60 787	61 343	63 974
原保险费收入	42 034	42 235	43 840	38 992	37 202	36 403	36 970
净投资收益	17 117	18 868	16 166	17 363	16 790	16 205	18 158
总支出	60 915	62 825	61 634	58 722	56 506	55 692	57 091
保单红利与理赔款	41 461	41 461	42 656	38 313	36 358	35 144	35 393
所得税支出	1 509	886	1 179	(1 470)	693	1 590	1 936
净收入	5 418	5 909	5 128	4 020	854	5 385	6 336

资料来源:美国纽约证券交易所 MetLife, Inc. 年度报告。

大都会的投资收益是净收入的 3 倍左右,弥补了承保上的亏损,并形成最终盈利的格局。实际上自 1978 年以来,美国保险业总体的承保利润几乎都是负值,保险公司的利润寄希望于保险基金投资收益率,以及资本市场的长期繁荣。但资本市场的长期繁荣、投资总能赚取比较高的回报是不可能的,当资本市场出现问题时,保险业就将在提高费率和亏损之间进行两难选择。

处于保险行业生态系统的顶端,再保险是一个国家保险业实力的象征,理论上,再保险公司的日子应该比原保险公司更好过些,但实际上,原保险公司遇到的问题,再保险公司也同样遇到了。以大名鼎鼎的瑞士再保险公司(简称"瑞再")为例。瑞再于 1863 年在瑞士苏黎世创立,目前的瑞再是一家领先的再保险、保险和其他保险型风险转移方式的批量业务提供商,世界领先的全球性再保险公司。瑞再以直接交易方式和通过经纪公司方式开展业务,全球客户群包括保险公司、大中型企业和公共部门客户。瑞再目前的评级为标准普尔"AA-"级、穆迪"Aa3"级、贝氏"A+"级。然而即便是这样顶级的再保险公司,也要靠投资收益来支撑利润(见表 9-8)。

表 9-8 瑞士再保险集团 2009—2020 财年数据

单位：百万美元

	2009	2010	2011	2012	2013	2014	2015	2016	2017	2018	2019	2020
收入												
保费收入	22 664	19 652	21 300	24 661	28 276	30 756	29 751	32 691	33 119	33 875	37 974	40 321
净投资收入	6 399	5 422	5 469	5 302	4 735	4 992	4 236	4 740	4 702	4 075	4 171	2 988
已实现净投资收益/亏损	875	2 783	388	2 688	3 325	1 059	1 220	5 787	4 048	65	1 580	1 730
其他收入	178	60	50	188	24	34	44	28	32	39	30	37
总收入	30 963	28 835	28 083	33 624	36 902	37 347	35 714	43 786	42 487	37 047	49 314	43 338
支出												
理赔与理赔调整费用	−8 336	−7 254	−8 810	−7 763	−9 655	−10 577	−9 848	−12 564	−16 730	−14 855	−18 683	−19 838
寿险与健康险给付	−8 639	−8 236	−8 414	−8 878	−9 581	−10 611	−9 080	−10 859	−11 083	−11 769	−13 087	−13 929
贷记给保单持有人的回报	−4 597	−3 371	−61	−2 959	−3 678	−1 541	−1 166	−5 099	−3 298	1 033	−4 633	1 760
获客成本	−4 495	−3 679	−4 021	−4 548	−4 895	−6 515	−6 419	−6 928	−6 977	−6 919	−7 834	−8 236
其它营运费用	−3 976	−3 620	−3 902	−3 953	−4 268	−3 876	−3 882	−3 964	−3 874	−3 987	−3 579	−3 597
总费用	−30 043	−26 160	−25 208	−28 101	−32 077	−33 120	−30 395	−39 414	−41 962	−36 497	−47 816	−43 840
税前收入	920	2 675	2 875	5 523	4 825	4 227	5 319	4 372	525	550	909	−1 090
所得税	−221	−541	−77	−1 125	−312	−658	−651	−749	−132	−69	−140	266
净收入	699	2 134	2 798	4 398	4 513	3 569	4 668	3 623	393	481	769	−824

资料来源：瑞士再保险公司官网。

在通过国际资本运作改变现状的战略思路的推动之下,国际保险业从20世纪90年代开始掀起了兼并重组的浪潮,以期改变公司发展中的颓势。大规模的兼并重组在保险业内部、在保险业和其他金融业之间、在不同的国度之间展开,但效果却并不尽如人意,很多保险业的并购案例不幸应验了所谓的"巴菲特箴言"。① 例如,安联集团于2001年4月收购了德累斯顿银行(Dresdner Bank A.G.)。收购后的安联集团成为总资产达1万亿欧元的全球第四大金融集团,但收购不但没有带来经济利益,反而从2001年第三季度起出现了由盈转亏的逆转,2002年亏损形势继续恶化且速度加快,仅2002年第三季度的净亏损额就达到25亿欧元,其中9.72亿欧元来自德累斯顿银行。2002年,安联股价下降了60%以上。并购德累斯顿银行成为其严重亏损的重要诱因。直到2004年,德累斯顿银行大量裁员之后,财务才逐渐趋于稳定。再如1998年10月,花旗银行(Citibank)和旅行者集团(Travelers Group)合并。两家公司原本希望合并能够有助于实现"交叉销售",把集中性团体业务与分散性个人业务有机地融为一体,使新组成的花旗集团成为业务涉及保险、经纪、资金管理、信用卡和全球商业银行业的无可比拟的国际金融集团公司。但是,由于这两大金融巨头在企业文化方面的差异,特别是为了平衡人事安排而在同一岗位设置两个并列负责人的做法,使得合并后的新公司从高层决策到业务开展频频遇到来自原先两家公司的抵触,结果造成管理上的混乱。2000年股价跌幅超过50%。其后又不得不分拆旅行者的产险部门,并将旅行者的人寿和年金保险业务以115亿美元的价格出售给大都会保险集团,随后又解散了新兴市场部门。

近年来,一方面,大型传染病(如2003年的SARS、2012年的MERS、2018年的非洲埃博拉病毒、2019年年底出现的新型冠状病毒肺炎)、大型自然灾害及国际恐怖活动的威胁仍然严重,使得保险公司对保险产品的要求更加严格;另一方面,大部分国家债市和股市的低迷,使得各家保险公司投资收益降低,甚至出现亏损,一些保险公司不得不通过提高保费来确保生存。

以上还仅仅是国际保险业宏观层面的问题。在微观层面,也存在着各种危机。比如,保险欺诈对社会生活和人民生命财产安全构成的威胁也在变大。2002年5月7日发生在中国大连周水子机场上空的大连空难,最终的调查报告称,空难是因为身患绝症的张某为骗取7张航意险保单共140万元人民币的保险金而在机舱后部纵火所引起,100多名乘客和机组人员全部罹难,上亿元的财富化为乌有。近些年,每年都有耸人听闻的骗赔案发生,而2019年发生的泰国杀妻骗赔案的残忍程度更是令人发指。

没有人能够准确测算保险欺诈的比例,也没有人能够统计出有多少生命和财产因保险欺诈而受到威胁,因为多数的保险欺诈并没有被保险公司或警方发现,当然也就无法

---

① 投资家沃伦·巴菲特(Warren Buffet)对企业并购有过一个充满讽刺性的著名警示,人称"巴菲特箴言":在易受童话影响的童年时代,许多管理人员对一则经典童话印象过深,英俊的王子被女巫用魔法变成一只蟾蜍,美丽公主的亲吻使王子变回人形,然后王子和公主幸福地生活在一起。由此出发,企业的管理人员确信自己的"管理之吻"能够为公司创造奇迹。这种乐观是起决定作用的。除了对未来乐观的预期,还有什么东西能让收购方公司的股东愿意以两倍的收购价格拥有目标公司的股份,而不是以只有收购价格一半的市场价格直接购买目标公司的股票?既然管理者愿意出两倍价钱获得亲吻蟾蜍的权利,那么这样的亲吻最好能创造奇迹。但是亲吻出现了很多次,奇迹却很少看到。即便公司后院里被亲吻后毫无反应的"蟾蜍"已经堆积如山,许多管理岗位上的"公主"们仍然沉着自信,认为自己的亲吻会在未来发挥威力。

进行精确统计。但频繁发生的个案还是让人们对保险欺诈的比例做出大家比较认可的估计：欧美发达国家保险赔案中涉嫌保险欺诈的比例约为10%，一些国家甚至更高。[①] 而A. M. Best 对 1969—1998 年 638 家保险公司破产原因的分析显示，其中的 44 家保险公司的倒闭源于保险欺诈。

而问题的关键不在于欺诈案例的多少，而在于公众对保险欺诈的态度。英国保险人协会为了解社会公众对保险欺诈的态度，曾做过一次大规模的问卷调查。调查结果显示，保险公司在公众心目中的形象是欠佳或中性而非正面的。公众认为，在保险公司开办的家庭财产保险和机动车辆保险的每 100 名投保人中，只有 65 人是诚实的；在健康险中，被夸大的赔案能占到 30%；在机动车辆保险中，每 100 件索赔案中有 15 起事故可能是完全虚构的，有 30 起事故损失的金额是被夸大了的；公众中有 17% 的人知道在过去的 3 年中，有投保人制造了虚假的保险赔案或者夸大了保险损失的金额，但只有半数左右的被调查者愿意向保险公司或警方举报保险欺诈活动。[②]

与保险公司一样，保险中介公司也存在各种各样的问题，称得上"危机"的标志性事件也层出不穷。比如 2004 年 10 月 14 日，美国纽约州总检察长埃利奥特·斯皮策（Eliot Spitzer）起诉美国最大的保险经纪公司达信（Marsh & McLennan Companies）。罪名是操纵价格，对企业客户进行欺诈和收受保险公司的提成佣金，特别是为了获得保险公司的巨额贿赂诱导不知情的客户购买特定的保险产品。根据斯皮策宣读的诉讼声明，AIG、哈特福德金融服务集团（Hartford Finance Service）、安达保险集团（ACE）以及德国慕尼黑再保险公司的美国分公司也有"操纵价格"的行为。3 个月后，号称美国保险"教父"的 AIG 首席执行官莫里斯·R. 格林伯格（Maurice R. Greenberg）辞职。在斯皮策的起诉中，AIG 的另两名高级管理人员承认犯了一级重罪，多名高管接受调查。斯皮策称美国保险业腐败横行，需要全面而真实地审视自己。对此，美国独立保险经纪人联盟（Independent Insurance Agents & Brokers of America，IIABA）首席执行官罗伯特·鲁斯布尔德（Robert Rusbuldt）认为，应关注保险业监督管理体系的改革，联盟希望众议院金融服务委员会能制订出对该体系改革的草案。IIABA 高级副总裁小查尔斯 E. 赛明顿（Charles E. Symington，Jr.）也认为，陈旧的保险监管体制充满官僚资本家的味道，阻碍了美国保险业的健康发展，改革将使保险监管变得更实际也更有效率，这正是美国保险业所亟须的。然而，改革的结果如何呢？看看 2008 年金融风暴中 AIG 等大型保险公司的表现就清楚了。

不论是宏观层面，还是微观层面，保险业的危机不仅对保险业的经营产生了巨大的冲击，还直接影响着整个金融体系的安全，关系到社会的经济细胞——每一个家庭和企业——的切身利益。所以，保险业危机，不仅是经济和金融领域迫切需要解决的问题，也是一个令人关注的社会问题。而这些危机的化解，监管改革是关键所在。那么，可以寄

---

① 美国保险信息组织（Insurance Information Institute）的数据显示：产险理赔金额中约 10% 是保险欺诈所致，另据美国联邦调查局（Federal Bureau of Investigation）的粗估，医疗费用的欺诈金额约为总理赔费用支出的 3%—10%。美国健康与人类服务中心（Department of Health and Human Service Centers）统计分析，每年医疗照护欺诈金额在 800 亿—3000 亿美元之间。

② STONE D. The fact about insurance[N]. Financial Times，2002-12-03.

希望于宏观经济体系的自我改良和金融风暴之后保险业的改革和净化吗?

2019年,瑞再研究院发布的一份关于全球经济韧性的研究报告认为,自2008年金融危机的爆发10年之后,全球经济韧性并未改善。按某些指标(如债务/GDP比率或全球趋势增长率)衡量,目前世界经济(包括中国)经历重大冲击事件后的再生能力比2008—2009年更弱。比如,全球债务比率远远高于10年前,2018年第一季度的全球债务比率达到318%(绝对金额247万亿美元),而2008年第一季度为282%。与此同时,经济趋势增长率(有助于各国降低债务水平)显著下降,趋势增长率从2006年的5%左右下降至2018年略高于3%。而2009—2018年,全球因自然灾害造成的年平均经济损失为2 080亿美元,因人为灾难造成的平均经济损失为120亿美元;其中,保险业的因自然灾害承担经济损失为710亿美元,因人为灾难承担的经济损失为80亿元。①

2019年年末到2020年年初,全球似乎一下子进入了灾难模式。澳大利亚的山火导致2 500多间房屋和1 170万公顷土地被烧毁,至少113种动物的30%的栖息地在山火中烧毁,数以亿计的动物死亡,失去家园的蝙蝠开始大肆进军城市;东非爆发25年来最大的蝗灾,数十亿蝗虫入侵索马里、肯尼亚和埃塞俄比亚等非洲国家,并进入印度和巴基斯坦,数万公顷良田被毁;美国爆发流感,近3 000万人患流感,至少1.6万人死亡。加拿大遭遇史无前例的暴风雪灾害,纽芬兰和拉布拉多被暴风雪封城,车子和房子全部被埋,实际暴雪厚度近2米。影响范围最广的要属新型冠状病毒肺炎疫情,截至2021年9月全球累计确诊逾2.25亿例,病死率2.1%。

在日益严峻的自然灾害和人为灾难面前,在脆弱的全球经济体系面前,在保险业虚弱的自净能力面前,保险业繁荣下的危机不是在减弱,而是增强。

第二节　保险市场的监管

一、基本范畴

保险监管是指一个国家或地区对本国或本地区保险业的监督管理。保险监管有广义和狭义之分。狭义的保险监管专指政府对保险业的监管,即指在既定的约束条件下,为达到政府监管的预期目标,而做出的监管法规、监管组织机构、监管内容、监管方式等方面的制度安排。保险监管的主体包括专业的银行保险监管部门、其他相关的金融监管部门、工商行政管理部门等政府机关和事业单位,以及立法及司法机构等拥有公共权力的监管部门。

广义的保险监管还包括行业自律和保险企业内控。行业自律和企业内控与政府监管共同构成了保险监管的三个层次。其中,行业自律是指保险行业结成自我约束、自我监督、自我管理的行业组织,从而督促会员遵守行业规则,维护行业利益,促进行业发展,为会员提供服务,促进市场公开、公平、公正,全面提高保险业的服务能力和社会形象;企业内控是指保险公司各层级的机构和人员,依据各自的职责,采取适当措施,合理防范和

---

① 本段数字皆为按2018年价格计算。

有效控制经营管理中的各种风险,防止公司经营偏离发展战略和经营目标的机制和过程。本章内容仅限于对保险监管狭义范畴的讨论。

由于经济发展状况、社会背景、金融体制、法律体制等方面的不同,各国保险监管的内容也有所不同。监管的层次和深度也不相同。[①] 保险市场的监管要着力解决的问题是:

(1) 保险监管的合法性基础是什么?核心作用是什么?
(2) 谁可以获准参加市场竞争?
(3) 竞争与消费者保护之间如何平衡?
(4) 如何监督保险人的偿付能力?
(5) 保险人面临财务困境时应采取什么措施?
(6) 保险人无偿付能力时如何对被保险人实施保护?
(7) 政府作为保险供应者时,其职能应当是什么?
(8) 用什么样的机制来监管监管者?

保险监管的途径主要有立法监管、司法监管和行政监管。保险监管的方式也有三种:以英国为代表的公示主义;以荷兰为代表的准则主义;以美国、德国、中国、日本、瑞士、比利时等国家为代表的实体主义。

保险监管的目标因国家不同而有所差异。比如,加拿大保险监管政策的设计主要针对以下目标:

(1) 保证保险人的偿付能力;
(2) 保护保险人的产权、促进保险人对保险业的投资;
(3) 创税;
(4) 保证诚信营销,提高合同质量;
(5) 提高保险中介的诚信度和能力。

而美国保险监管政策的设计主要针对以下目标:

(1) 保险公司应该保证充足的偿付能力;
(2) 保险公司不应对风险状况相同的投保人在价格上和可及性上有所歧视;
(3) 保险关系必须是公平、平衡且无欺骗的;
(4) 必须保证保险的营销和理赔过程诚信、公平、及时;
(5) 对需要并想要得到保险保障的人,保险应具备可及性;
(6) 维持保险和其他经济活动的边界;
(7) 保费不应超过投保人的支付能力;
(8) 可以尽可能地降低风险。

梳理、总结世界各国保险市场监管目标的相同之处,可以发现,政府的保险监管目标不外乎以下几个方面:

(1) 市场安全性,保证保险人有充足的偿付能力;

---

① 有的国家的保险监管重在控制和监督(supervision),而有的国家的保险监管则重在管理和调节(regulation)。经济学家一般认为两者之间的区别在于政府监管介入的深度不一样。

(2) 市场可及性，保证需要保险保障的人可以从市场上获得价格公允的产品和服务；

(3) 市场有效性，保证市场竞争充分、信息通畅和契约自由；

(4) 市场持续性，保护保险人的产权、促进投资者对保险业的投资；

(5) 市场公平性，保证保险交易关系，包括保险中介的交易是公平、平衡且无欺骗的，保险公司不应对风险状况相同的投保人在价格上和可及性上有所歧视，保证保险的营销和理赔过程诚信、公平、及时；

(6) 市场有限性，发挥保险机制的比较优势，同时维持保险和其他经济活动的边界。

二、保险市场监管的经济导因分析

根据西方古典经济学理论，在严格的市场完全竞争假设条件下，市场这只"看不见的手"能够使资源配置效率最大化，同时社会福利达到最大化，即达到所谓的"帕累托最优状态"。但在市场经济比较成熟的西方国家，大企业的垄断和过度的市场竞争同时并存，使社会资源的配置失去了效率，社会消费的公正原则也遭到破坏，即微观经济学中通常所说的"市场失灵"（market failures）。

市场失灵是相对于古典经济学中"市场成功"而言的。市场成功的最初描述是1776年亚当·斯密关于"一只看不见的手"的市场机制提出的。20世纪50年代由阿罗和德布鲁用严格的数学方法证明了完全竞争市场的高效率。该理论有一个基本假定：市场均衡与帕累托最优，即市场是完全竞争的市场，在该市场中，每个生产者和消费者的个别行为都不会对市场价格造成影响，并且由于信息具有对称性，每个厂商都实现了利润的最大化，每个消费者都实现了效用的最大化，同时，市场上的各种资源都得到了最佳配置，从而市场处于一种均衡的高效率状态。而市场失灵论则是指所有未达到市场成功中最优状态的情况。保险市场失灵的原因及相应的矫正方法有三：

第一，信息不对称。市场成功是建立在信息完全对称基础上的，由于信息的充分、完全，生产者可以及时调整生产计划和产品价格，消费者可以及时寻找到低价商品，从而使市场达到新的均衡。但现代经济生活中，信息不对称的存在导致市场的低效率，人们为了搜寻信息而付出了交易成本。保险市场的信息不对称问题非常严重，既包括隐藏信息问题（hidden information problem），如投保人隐瞒信息以获得保险保障，保险人隐瞒保险单中规定的除外责任，在保险事故发生后寻找各种借口拒赔；也包括隐藏行为问题（hidden action problem），如投保人投保后疏于对保险标的的保护，甚至故意毁坏保险标的以期获得保险赔付。

不对称信息导致道德风险，而对保险市场的监管则可以以明确的规则使信息通畅，从而降低道德风险的发生概率。

第二，外部性。外部性是指个人和厂商的一种行为直接影响到他人，却没有给予支付或得到补偿。其中，支付实质上就是指外部成本内部化，得到补偿实质上就是指外部收益内部化。外部性有正的外部性和负的外部性之分。比如，企业的生产活动造成了居民的空气污染，但企业不会对受污染的居民给予补偿，这就是企业生产带来的负的外部性。在市场条件下，外部性引起个体收益和社会收益的不相等，即某些个体行为对个人有益而对社会无益，从而造成外部的不经济。"公共物品"是外部性的极端情况，一些公共物品,比如路灯,它往往对提供者没有太大的利益,而对社会公众有益,因此,这些公共物品很难由私人提供,因而也不能通过市场机制得到充分的供给。然而,这种公共物品对于社会来说又是必不可少的,所以,政府必须插手提供公共物品。例如,进行国防建设、修建公路、支持纯科学研究和维护公众健康等。

保险负的外部性包括保险公司破产对社会稳定的不利影响;保险欺诈对社会财产和公民人身的连带损害;保险业危机引起金融业和宏观经济危机的多米诺效应等。为使这些负的外部性的成本内部化,从而减少类似的事情发生,保险监管必不可少。

第三,市场势力(market power)。完全竞争的意义是个别人的行为(包括企业)不能影响市场价格,但现代经济生活中垄断的存在使得市场价格受到垄断者(如大企业、行政垄断企业)的操纵,从而使需求和生产结构扭曲并且产生了超过正常水平的利润,而这些利润可能转而用于不真实的广告宣传。这样,就带来了市场资源配置效率方面的损失。

保险业的垄断行为会对保险消费者利益造成损害,带来资源配置无效率和生产无效率。因此,需要政府的保险市场监管来减少垄断行为的出现。

公共利益理论认为放任市场会出现市场失灵所导致的低效率和不公平。政府代表的是公共利益。所以,应该由政府采取管制行动来弥补市场低效率和不公平的缺陷。按照公共利益理论,保险市场监管的目的是矫正市场失灵,促进保险市场的公平竞争,提高市场效率。

除了经济分析之外,还有学者从保险的可及性、保险的有效性和保险的可靠性解释保险市场监管的必要性,以及从政治和社会角度分析保险监管的必要性,如保护地方市场,避免破坏性竞争,发展当地或民族保险业,贯彻政府理念,维护国家安全,尊重宗教文化信仰,保证利益集团的既得利益等。

三、制度经济学所定义的政府职能与政府监管

制度经济学认为,政府是一种组织(自上而下的层级式秩序),它追求一定的集体性目标,并通过政治程序获得授权,在其辖区内按一定规则运用权力。政府的职能通常是:① 保护公民的各项自由;② 生产公共物品(public goods);③ 再分配产权。为了履行这些职能,政府要投入代理成本;而为了偿付这些成本,政府必须征税以便筹集和管理各种物质资源。

早期,哈耶克曾认为政府的作用就是保护个人的自由领域。对外,政府组织力量抵御各种外来(包括来自自然界和其他人)的威胁,保证公民当前和未来的自由与安全;对内,制定规则,禁止内部成员以暴力、欺骗等侵犯其他成员的手段实现利己的目的,并惩罚违反规则的行为。从制度变迁的过程看,保护个人的自由领域的确是政府最初的和基本的职能。

此外,提供公共物品无疑也是政府的一项重要职能。一个政府如果不能向公民提供足够的公共物品,具有正的外部性且收益不能内部化的物品将变得十分稀缺;而同时,具有负的外部性而成本难以内部化的物品将泛滥。在公共物品领域,"市场失灵"是一个严重的问题,政府在这里的作用是矫正市场失灵。

与提供公共物品同等重要的是政府对起始机会、收入和财富的再分配。因集体内部

成员所拥有的生产要素、天资禀赋、生产条件等具有差异,这些差异和各种偶然因素交织在一起,竞争者在同一竞争规则下的博弈可能导致社会财富分配不均。也就是说,竞争中的起点不同,即使相同的过程也会导致结果的不同,政府在这里的职能首先是制定规则以保障竞争"过程"的公平,同时,还要为社会成员创造尽量公平的起点(比如提供受教育机会),用财富再分配手段在一定的限度内平滑初次分配的不均,在保证生产和竞争效率的同时,维护社会的稳定和"道义"上的公平。

弗里德曼对政府职能的经典定义是这样的:政府应当维护法律和秩序,充当我们修改产权和其他经济博弈的工具,裁决在解释规则上出现的争端,强制执行契约,促进竞争,提供一个货币框架,从事抵消技术垄断的活动,克服各种被公认为十分重要因而须对其实施政府干预的外部效应,政府还应在保护无责任能力者方面辅助私人慈善团体和普通家庭。①

作为一种特殊组织,政府与一般社会组织,特别是企业组织的区别在于,政府是具有暴力权力的垄断组织,其目标是多元的;而企业是以赢利为单一目标的经济组织。监管就是制定并执行激励和约束规则,使企业在达成赢利目标的同时,符合政府的目标指向,比如保险监管就是要防止保险业危机的发生、保护投保人的利益、维持社会秩序的公平和稳定等。

政府为履行其职能,必然要耗费资源,也就是政府作为集体行动代理人的代理成本,其主要来源是公民的税收。此外,公民还要承受服从成本,也就是公民在服从政府法律和政府管制时所必须承受的资源消耗。

四、保险市场监管的成本和局限

保险市场的监管需要承担监管成本,并有一定的局限性。因此,一些经济学家认为,保险市场的失灵未必一定需要政府监管来矫正。而成本最终还是会转嫁到保险购买者身上,造成一定的福利损失。此外,政府监管过严会影响保险公司的创新活力,最终不利于市场机制的运作。

保险监管的成本包括人力资本的投入,国家税收的支出,管理机构的投入,管制规则制定与实施,保险监管中的设租与寻租②,监管制度的路径依赖③。

除了要支付保险监管成本,政府还应意识到保险监管的失灵,即与市场失灵相对应的所谓政府失灵。分析监管失败原因的理论主要有俘获理论(capture theory)和新经济自由主义论。

俘获理论的基本思想是:某产业中的企业希望政府对该行业实施管制,原因在于它

---

① 转引自柯武刚,史漫飞.制度经济学:社会秩序与公共政策[M].韩朝华译.北京:商务印书馆,2000。
② 寻租理论最早由戈登·塔洛克(Gordon Tullock)和安妮·O.克鲁格(Anne O. Kruger)提出。早期寻租理论的基本结论是,当利用赂金购买权力时,管制更有可能使生产者受益而非消费者。理论的随后发展则更多地考虑了消费者群体在寻租活动中的力量。但无论如何,寻租行为本身不会创造任何社会财富,只会消耗社会资源,造成社会福利的损失。
③ 路径依赖是指制度开始实施后形成的制度惯性,对现存制度进行改革也需要付出成本。

们可以通过俘获管制者而使其按照自己的利益行事。[①] 该理论认为所有的管制者最终都被一些被管制者以各种方式俘获了。管制的结果实际上是管制者利用管制机制在为某些特别的利益集团提供服务。

俘获理论认为，进入管制要求越严，国家收入和产业竞争性越低，腐败也越严重；管制越多的国家，其产品质量越低，环境越差。

一些从计划经济向市场经济转轨的国家对保险业的监管为俘获理论提供了很好的例证：监管部门官员出于对自身利益的考虑，利用监管部门与公众之间的信息不对称，与被监管者利益团体形成利益共同体，使保护投保人利益和维护市场公平竞争成为得不到执行的口号。比如，首先，市场上最主要的保险公司都是国有或国家控股的企业，监管部门不但是市场的监管者，还受国有资产管理部门的委托，代理着这些国有和国家控股企业的管理职能，拥有公司管理人员的任免权。因此，监管部门既是市场的管理者，也是市场的直接参与者，双重职能极容易导致不公平的监管倾向。其次，监管部门成立之时，保险监管人员主要来自市场上的保险公司。而更主要的是，如果一直以来，保险监管者可以被委派到国有或国家控股的保险公司担任要职，或者从监管部门离职后担任保险公司的顾问、独立董事等职，那么出于对自己未来的考虑，在履行监管职责时，不能不带有倾向甚至官商勾结。何况一些人去监管部门工作的目的主要就是积累人际关系，然后带着这些资源到保险企业求职，而这些人对于企业来说是有利用价值的，即所谓的"权力期权"。最后，由于监管部门的财务受到其他部门的限制，因而缺乏可自由支配的资源，往往依赖财力雄厚的受管制保险企业提供财务支持；作为交换，保险公司可以借助于有利于自己的监管政策获得回报等。

监管者被俘获实质上是监管政策制定和实施的一个委托—代理问题，它表明监管者利益与有效监管目标之间潜在的不一致。委托—代理问题的存在会损害政策目标的实现，机制设计理论关于减少代理成本的激励和约束机制提供了避免俘获的基本思路：要么降低通过合谋所获得的利益，要么增加合谋的难度。从理论上来看，避免监管者与产业界利益团体之间的合谋可以从以下几个方面来考虑：

（1）从制度上防止权力期权。比如，规定监管部门的管理者在离职后若干年内不能到被监管的保险企业任职[②]；除非特需，保险监管部门管理者一般也不从保险企业选拔。但这样做也是有成本的，比如可能影响到监管部门吸引优秀人才，或者受到既得利益集团的强烈反对。

（2）增加监管者和被监管者合谋的成本。利益团体用来俘获管制者的主要工具是贿赂，具体可能表现为直接的货币转让、政治性捐款、权力期权、友情和娱乐性支付等。理论上，若能有效增加管制者接受以上合谋交易的成本，就会降低合谋发生的概率。但是

[①] 斯蒂格勒在其《经济管制理论》一文中指出：管制或许正是一个产业所积极寻求的东西，它通常是该产业自己争取来的，它的设计和实施主要是为受管制产业利益服务的，管制只不过是财富在不同利益集团之间的转移而已。但他也指出，管制也可能是强加于一个产业的，并且会给受管制的产业带来很多麻烦。见 STIGLER G. The theory of economic regulation[J]. Bell Journal of Economics, 1971, 2(1)：3—21.

[②] 中国台湾地区设有针对公务员的所谓"旋转门条款"：公务员于离职后的三年内，不得担任与离职前五年内职务直接相关的营利企业的监察人、经理、执行业务股东或顾问等。中国香港地区也有类似的规定，称为"过冷河"。

实践中,诸如惩治腐败和禁止权力期权也会增加监管成本或降低监管效率。

(3) 减少信息不对称。初始委托人(公众和投保人)或中间委托人(议会和中央政府)与监管者之间的信息不对称是导致"俘获"发生的根源。若能采取措施降低这种信息不对称程度,就可以防止合谋的发生。然而公共信息"搭便车"行为的存在,使得监管者正是作为公众和中央政府的代理人专业地获取保险市场主体的信息并对其实施监管,因此,由公众或中央政府再付出成本来获取与监管者同样的对等信息是不可能的。但是,公众和中央政府可以通过要求监管者增加其活动过程的透明度,从而降低信息不对称程度。但若信息渠道也被监管部门控制,那俘获理论对现实情况就更具解释力了。

新经济自由主义论从另一个侧面对政府监管的效率提出了质疑,认为支持政府监管的三个基础假设①都不存在,因此,政府监管是没有必要的。

首先,对于监管者会追求社会福利最大化(benevolent)的假设,新经济自由主义论认为关于监管者的目标是社会利益最大化且有能力实现这一目标的假设是错误的。一方面,在政治制度不完善的情况下,人们无法确定什么是社会利益,因为社会群体的利益往往是相互冲突的,对一个群体有利的事,可能恰恰是对另一个群体利益的损害。另一方面,政府和政治家并非像人们所想象的那样是社会利益的代表,他们有自己的利益和自己的效用函数,并且与社会利益有着很大的差异。监管者对保险业进行管制,其直接目标不是要控制各种市场失灵、保护被保险人的利益、保证保险体系的健康和资源配置效率的最优,而首先是要保证自身收益,包括政治收益和经济收益的最大化。

其次,关于管制者拥有完全信息(omniscient)的假设。新经济自由主义论认为,实践证明监管者所拥有的信息远远少于市场这只"看不见的手"所掌握的信息,否则中央计划经济就不用改革了。特别是在一个官僚体制下,整日坐在办公室里自以为是地发号施令的监管人员可能是最无知、对市场最具破坏力的。

最后,关于管制者具有公信力(trustworthy)的假设。新经济自由主义论者列举了世界各国管制者缺乏公信力的大量例证,这些例证不论是在发达国家还是在发展中国家,也不论是在市场经济国家还是在计划经济国家,都是普遍存在的。

既然支持政府监管的三个假设条件都被新经济自由主义论否定,那么在新经济自由主义论者看来,政府监管也就失去了意义。

关于保险市场监管的争论还远没有结束,但政府管制的成本和局限性却不能被人们忽视。

五、保险监管必要性的经济分析

卡尔·博尔奇在 1981 年发表的一篇文章②里,给出了一个衡量保险监管是否必要的基本原则:假设在没有监管的情况下,当保险公司的行为不受监管的约束时,保险公司是

---

① 三个基本假设是:管制者追求社会福利最大化,管制者拥有完全信息,管制者具有公信力。
② GÖPPL H, HENN R. Geld, banken und versicherungen[M]. Königstein/Ts., 1981:717—731.

否将参与不公平竞争或者从事对社会有害的活动,若是,保险监管就是必要的,反之监管就是不必要的。

博尔奇的推导过程有些复杂,但结论比较简单:如果没有政府的监管,一些公司会采取不切实际的红利政策,这可能导致其偿付能力不足,因此政府有必要对保险公司的偿付能力进行监管。但实际上,许多国家对保险业的监管并不局限于此,一些国家的保险监管部门甚至详细地规定了保险合同的内容,这样就由政府而不是保险公司决定赔款分布函数 $F(x)$,如果政府还规定了保险公司的保险合同的价格——保费,那么肯定会引起一些问题,比如最佳准备金的额度难以达到,破产概率也会相应增加等。

如果让保险市场在市场力量的作用下自发地配置保险资源,保险资源将因为保险市场失灵而无法达到资源配置的最优状态。市场的可能失效将导致保险公司破产或丧失偿付能力,从而有损于广大被保险人的利益。同时,保险业明显异于其他行业的独特性也决定了对其监管的必要性,这集中表现在保险产品的独特性上——无形性、时滞性、影响广和技术强度高等。因此,为了纠正上述保险市场失灵问题,必须对保险业进行管制和监督。通过强制性信息披露、市场分割、业务分类、区域划分以及提供保险基础设施等措施纠正这些缺陷。

保险监管的必要性可以归纳为两个最基本的方面:一是防范保险业系统风险,保持一个稳定和有效率的保险市场体系;二是保护广大的处于信息劣势的被保险人的利益不受损害。如果把考虑问题的层次提升到更高的角度,那么,保险监管的目标仍然是一般的公共政策目标的一部分,因而也可以概括为经济运行的效率、公平两个方面的问题。

进入 21 世纪以来,世界保险业的监管出现一些新的特点,如偿付能力监管成为国际趋势,逐渐取代市场行为监管,风险监管的理论和实践逐渐成形;适应保险业的全球化和混业经营进程,保险监管制度的变革也出现了不断国际化和综合化的新动向。

第三节 声誉、哈定悲剧[①]与保险监管

稍稍有些博弈论常识的人都知道,保险市场最重要的资源不是物质资本,也不是人力资本和技术资源,而是声誉。因为单个投保人和保险人的博弈都是有限次的,而次数极其有限的博弈导致投保人不相信保险人能够守信,即不相信可以在发生保险合同约定的保险事故后从保险人那里得到相应的赔付,因此,投保人的一般选择是不参加保险。在单独的有限次博弈中,保险人和投保人的彼此欺骗是唯一的"纳什均衡","非合作博弈"和"囚徒困境"是保险交易的常态。[②] 在这种状态下,保险市场将无法长期存在,保险

---

① 哈定悲剧(Tragedy of Commons),也译为公共资源悲剧或公地悲剧,最早由加里特·哈定(Garrit Hadin)提出。他所举的例子是,一群牧民面对公共的牧地,每个人都希望多养一些牛以增加自己的收入,而当所有牧民都增加养牛的数量以后,牧地会因为过度放牧而沙化,最终导致所有牛都饿死。哈定悲剧在非洲热带雨林、内蒙古草原上获得了有力佐证。哈定认为,像公共牧地、人口过度增长、军备竞赛这样的困境是没有技术解决途径的,需要求助于制度和道德约束。

② SHAVELL S. On moral hazard and insurance [J]. The Quarterly Journal of Economics,1979,93(4):541—562.

市场的基本功能和衍生功能也就无从谈起。

为克服囚徒困境,达到合作博弈状态,保证保险的持续性,保险人首先要做的事情就是将自己与单个投保人的有限次交易转变为与众多投保人的无限次交易,坚守信用的同时还必须要把自己与投保人交易过程中的守信状况以"强势信号"的形式散播出去,使与自己有限次交易的投保人也能够通过新闻媒体或民间传播渠道获得保险人会在交易中守信的信号,以坚定投保人群体购买保险的信心。而这种强势信号就是保险人的信用或者说是整个保险业的声誉。所谓"声誉是保险业的命脉"就体现于此。

评价一个国家保险业的发展现状、分析其未来前景,衡量一个国家保险业的功能是否正常发挥、保险固有的消极因素是否得到了有效抑制,最重要的依据不是保险公司的数目、保费总量、监管部门分支机构的多少、人员的配备情况,而首先应该是一个国家保险业的声誉。

一、保险业声誉与保险业的功能

谈到保险的功能和作用,人们一般强调的是保险所带来的正效应,无论基本职能中的经济补偿职能和分散风险职能、派生职能中的积蓄基金、监督风险职能[1],还是保险对宏观、微观经济发展的促进和保障作用,都是对保险功能的正面论述,而保险可能给社会带来的负面效应却普遍被忽略。而在一个低声誉的保险市场上,保险的负面效应,或曰"保险的代价"恰恰是不容忽视的。

在低声誉的保险市场上,面对保险,低风险的人会采取"用脚投票"的方式,拒绝加入或退出保险市场,保险发展的可持续性因此变得非常脆弱。这似乎可以解释为什么中国当前占不小比例的普通百姓对保险十分冷漠乃至歧视,以及中国保险市场的各项指标,特别是保险深度和保险密度远远落后于其他国家。在这样的市场上,保险应有的正效应得不到充分发挥,保险资源总量对应的总收益偏低,达不到应有的社会效益和经济效益。

而更严重的问题是,低声誉保险市场的逆向选择效应在使得正常的、风险较低的投保人退出市场的同时,吸引着更多非正常的、风险高的投保人加入,有些投保人甚至在投保时就以骗赔为目的,因为在保险人信用状况较差时,同样的保费支出,只有高风险的投保人的期望收益才会大于他支付的保险成本。2002年中国大连空难中的纵火犯购买多份航意险保单和乘客不足30%的航险投保率就是保险市场低声誉的一个典型表现。

保险所固有的负效应在低声誉的保险市场上显得非常突出,比如,保险诱发道德风险这一最主要的负效应在低声誉的保险市场上就更为严重。投保人因保险的存在而疏于对保险财产的管理,甚至故意破坏保险财产或谋杀被保险人以谋取保险金,此类保险欺诈行为对国民财富、社会经济和公民的人身安全都构成了威胁——大连空难的根本诱因就是保险欺诈。保险欺诈是世界保险市场普遍存在的现象,在德国、西班牙、意大利、奥地利、芬兰和美国,5%—15%的非寿险索赔具有欺诈性质[2],各国每年都有因为寿险金而谋杀被保险人的事件发生。而研究显示,保险欺诈的程度与保险市场的声誉有很大的

---

[1] 魏华林,林宝清. 保险学[M]. 第4版. 北京:高等教育出版社,2017.
[2] SKIPPER H D, Jr. International risk and insurance: an environmental-managerial approach. [M]. New York: McGraw-Hill, 1998.

负向相关关系。两者相互影响、相互作用,良好的保险市场声誉抑制了保险欺诈等道德风险的发生,而保险欺诈案件则极大地损害一个国家保险市场的形象和声誉。中国大连空难中张某为谋取保险金而不惜牺牲上百人的生命,对中国保险业的声誉造成了恶劣的影响。

在低声誉的保险市场上,保险诱致社会资源的浪费也远多于高声誉的保险市场。比如,因为医疗保险的存在,医疗服务的提供方(医院和医生)可能会诱导被保险人购买更多的卫生服务和药品,而被保险人也会因为保险的存在同意甚至要求医生开出更多的药品,这既造成了有限医疗资源的浪费,也可能对被保险人造成医源性损害。在卫生经济学中,医疗保险对医疗需求的刺激作用"保险因子"①来衡量。而研究显示,医疗保险的保险因子也与保险市场的规范程度和市场声誉呈负向相关关系。② 低声誉的保险市场可能导致更大的资源浪费。

保险业最令人关注的负面效应是保险本身的问题可能引发的金融危机甚至经济危机。各国政府对保险业的监管比对其他产业严格的一个根本动机就在于防止保险业危机对金融和经济安全造成毁灭性的破坏。

二、保险业低声誉成本的支付者:以中国为例

中国的保险市场具有低声誉保险市场的一些特征:③

1. 在产品方面

产品上所反映出来的低声誉保险市场特征主要有两点:一是保险条款内容不明确、指代性不强,如航班延误险中对航班取消和延误、起飞时间和到达时间的概念界定不清,易使消费者混淆;二是对停售险种进行自动产品转换,即以"产品升级"等名义短信通知投保人,默认投保人同意转换为替代产品,对新产品未尽说明告知义务,未履行新产品的投保手续。

2. 在销售方面

销售方面体现出来的问题主要包括:

(1)销售人员在展业过程中盲目追求业绩和佣金收入,为达成保险合同,存在未向消费者如实告知、披露保单信息的情况:一是以其他金融产品名义宣传保险产品。如将保险产品混同于储蓄、理财产品销售,使消费者在不知情的情况下购买了保险产品。二是夸大保险责任或收益,夸大保险保障范围。如在重疾险、医疗险销售过程中,夸大赔付病种范围、口头承诺可报销因治疗疾病产生的全部住院医疗费用等。三是隐瞒影响投保决策的内容。如隐瞒保单收益的不确定性、退保损失、保单风险、免责条款、保单缴费期限、

---

① 保险因子是衡量医疗保险对卫生服务需求刺激作用大小的指标。一般而言,保险因子(r)与补偿比例(n)成正向函数关系:$r=(1+i)^n$,i 为经验常数。

② FAURE M, KOZIOL H. Cases on medical malpractice in a comparative perspective [M]. NY: Springer Wien New York, 2001. SANTERRE R E, NEUN S P. Health economics: theories, insights, and industry studies [M]. Fort Worth, TX: Dryden Press, 2000.

③ 详见中国银保监会. 银行业保险业侵害消费者权益乱象的表现形式[A/OL]//中国银保监会办公厅关于开展银行保险机构侵害消费者权益乱象整治工作的通知:银保监办发〔2019〕194号. (2019-10-10)[2021-09-11]. http://www.cbirc.gov.cn/cn/view/pages/ItemDetail.html? docId=848300&itemId=925&generaltype=0。

保障期限及犹豫期等合同重要内容。又如在销售部分以"保证续保"概念为宣传点的短期健康险产品时,未主动向消费者充分说明产品存在整体调整产品费率或停售的可能,导致消费者忽视该内容,产生纠纷。四是引用不真实、不准确的数据和资料,对过往业绩进行虚假或夸大表述,对保险产品效果或收益做出与条款不符的承诺。为达到营销目的对与保险业务相关的法律、法规、政策进行虚假宣传。以产品即将停售或费率即将调整为由进行不实宣传炒作,诱导消费者购买保险产品。五是销售人员未培训到位,对销售产品了解不清,向消费者介绍的产品以偏概全,或错误解释保险条款。六是诱导唆使投保人为购买新的保险产品终止保险合同而损害其合法权益。七是销售人员不依规操作,投保档案非投保人本人真实意思表示。如未经授权代填投保材料、代抄风险提示语、代投保人或被保险人在投保单、投保提示、保单回执等单据上签字等。

(2) 客户信息不真实。投保单或保险公司业务系统中记载的客户信息存在缺失、虚假等情况,如车险保单将 4S 店、中介机构等记录为投保人,影响消费者解除保险合同以及享受退保金的权利;业务员存在伪造、篡改客户信息等行为,如存在私自将客户保单退保获取退保金、冒领生存金,以及伪造客户签名、印鉴将客户保单质押贷款套取资金等行为。

(3) 规避保险销售可回溯管理规定。如在个险销售中,为规避对 60 岁以上的投保人"双录",营销员让投保人以其子女名义投保;在银保销售中,为规避"双录",营销员引导客户到自助终端购买,或者在柜台使用网银购买等情况。

3. 在理赔方面

理赔方面体现出来的问题主要包括:

(1) 未及时一次性通知投保人、被保险人或者受益人补充提供理赔所需单证资料。

(2) 销售人员代索赔时,不及时报案;不及时将客户提供的理赔资料递交保险公司。

(3) 未按照法定或者合同约定的时限进行定核损,作出理赔核定、赔款支付。对不属于保险责任的,未在自作出核定之日起三日内向被保险人或者受益人发出拒绝赔偿或者拒绝给付保险金通知书,或者未说明理由。

(4) 理赔附加限制条件,如机动车辆保险理赔时指定修理厂及相关产品等。

(5) 拒不依法履行保险合同约定的赔偿或者给付保险金义务。

(6) 小额理赔未按照《保险小额理赔服务指引(试行)》(保监消保〔2015〕201 号)规定执行。

4. 在互联网保险方面

互联网保险体现以来的问题主要包括:

(1) 互联网保险销售对保险产品关键信息说明不充分、不明确,如宣传销售时,为吸引消费者购买,故意使用误导性词语组合,混淆和模糊保险责任,导致消费者不能正确理解产品功能和特点,购买不符合自身保障需求的产品。互联网业务中重要信息披露、风险提示、客户告知不够标准、清晰,如销售页面所载条款或保险责任不全,重要内容未在字体、颜色等方面采取特别提示,易使消费者忽视产品重要信息。将投保过程嵌入其他诸如网络借款等业务流程,而对保额、保费、保险责任、保险产品的承保机构等投保信息告知不足,导致消费者在不知情下投保。

（2）在网络销售中限制消费者的自由选择权。如与第三方网络借款平台合作，强制消费者在借款过程中投保意外险、保证保险等，若不投保则无法办理借款。

（3）互联网业务中的保险公司、中介机构、第三方网络平台的角色定位边界不清晰、第三方网络平台经营主体与披露合作的第三方网络平台主体不一致，存在违规经营的风险。

（4）线上理赔管理不到位，消费者线上申请保险理赔后无人回复且等待时间长，线上线下理赔服务衔接不到位。

（5）通过第三方网络平台销售保险，发生争议纠纷时，销售平台和保险公司相互推诿、处理时效冗长。

（6）保险公司和保险中介机构未完整保存互联网保险销售过程中投保人的投保信息、操作轨迹、操作时间，以及保险公司接收投保申请时间等内容。

可以说，声誉作为保险业最重要的公共资源，在中国的保险市场上已经遭到破坏，虽然经过几年的治理整顿，已经有所好转，但损害保险业声誉的"哈定悲剧"仍在不时上演。

经济学认为，"哈定悲剧"是由市场失灵造成的，是个体理性导致的集体行动的非理性。防止"哈定悲剧"有两种办法：第一是制度上的，即建立中心化的权力机构，既包括为维护整体利益的公共权力机构（实际上就是在众多的资源使用者以外建立奖惩机制），也包括能够对公共资源行使所有权或处置权的私营机构；第二是道德约束。

道德约束固然重要，但它的建立和改善是一个长期的过程。而中心权力机构实际上早已存在，那就是政府，在保险业就是政府设立的保险监督管理部门。

可以说保险业良好的声誉对保险人、投保人、被保险人、受益人、代理人、经纪人、公估人乃至监管部门和整个国家、社会都有好处。保险业声誉的破坏也将为以上各方带来坏处，但坏处的大小对于其中每个具体的机构和个体却是不一样的，也就是说，大家为保险业的低声誉所支付的成本是不同的。

谁为保险业的低声誉支付最多的成本？按"哈定悲剧"的逻辑，保险业低声誉的最终责任者可以直接推到保险业的中心权力机构——保险监督管理部门，它将最终承担保险业声誉被破坏的责任，因为监管部门存在的价值就在于矫正市场失灵（市场经济的法则是市场能解决的事情交由市场，市场失灵的地方交由政府管控）。声誉遭到破坏这样的"哈定悲剧"是市场本身难以解决的问题，政府承担责任理所应当，政府监管部门意识到这一点非常重要。而在现实生活中，公众对保险业声誉的不满最终指向的对象也不是保险公司，而是保险业的监管部门。众口铄金，主要监管者在其他领域积淀了几十年的美誉也有可能被保险业的低声誉而毁坏；相反，如果保险业声誉能够迅速改善，他们的贡献也将被社会认可并铭记于一国保险业发展的史册上。

"守规矩"的保险公司和代理人是保险业低声誉的直接受损者，投保人、被保险人乃至整个社会都在为保险业的低声誉付出代价，他们的利益需要得到保险业中心权力机构的保护。当然，保险业声誉的直接破坏者，比如不守规矩的保险公司和代理人，也要支付一定的成本，但短期内他们可能获得了更多的收益。虽然在一个较长的时期内他们也是受害者，然而问题在于他们没有放弃短期利益而争取长期收益的积极性，因为若干年后他们可能已经不是公司的管理者，甚至已经改头换面不做代理人了。他们的短期行为源自产权制度和人事管理制度上的缺陷,源自监管上的漏洞。

三、保险监管与保险业声誉的维护

保险业声誉破坏的最大受害者自然应成为维护保险声誉的最主要力量,因此,维护保险业声誉最重要的是有效监管。校正"哈定悲剧"这样的市场失灵,出发点应是从制度层面激发保险公司和代理人及其他保险机构建立长期信誉的积极性。

当制度设计能够保证"建立长期信誉"可以给保险公司和代理人带来的期望收益的现值大于短期利益时,保险公司和代理人就有了建立长期信誉的积极性。为此,必须建立有效的激励机制和约束机制。在激励机制方面,要深化保险公司的产权制度改革,推动现代企业制度的建立,当前主要是要在保险业资源重新配置的基础上进行产权改革、股份制改造,再加上国有保险公司人事制度和薪酬制度的改革;在约束机制方面,要加大对破坏保险业声誉者的惩罚力度,增强其以破坏声誉为代价攫取短期利益的成本。

仍以中国的保险业为例,具体而言,重新配置保险业资源是中国保险业改革的第一要务。资源重组应从存量和增量两个方面推进:在保险资源存量上,应推出一定量的国有资本组建政策性的保险公司,把其他领域闲置出来的存量资本整合进政策性保险领域,让政策性保险的功能得到发挥,使农业保险、出口信用保险、房地产抵押贷款保险、存款保险的功能发挥出来,展现保险制度全面的社会功能,改变中国保险业只注重经济效益而忽视社会效益的整体形象,从而使保险业的声誉得到决定性的扭转。在保险资源增量上,应以在海内外上市为契机推动商业保险公司建立现代企业制度,促进国有商业保险公司所有权结构的优化,明晰产权,建立有效的法人治理结构,促进人事制度和薪酬制度的改革,从而彻底改变政企合一、权责不明的现状,最终使公司的长期利益和管理层与普通员工的长期利益相一致,从而奠定从业者建立长期信誉的制度基础。

其次,建立保险信用等级评价制度。借助社会信用评估力量,利用保险监管信息资料,准确分析投保人、保险人、中介人信用状况并将结果公之于众。根据评估结果和保险机构违规情况,建立保险业三级"黑名单"制度:第一级是保险公司、代理公司、经纪公司和公估公司的黑名单;第二级是针对保险机构内部的高级管理人员、公司员工、代理人、经纪人、公估人的黑名单;第三级是针对投保人或被保险人的黑名单。通过各家保险机构和保险监管部门的信息交换平台,记录并分享投保人和被保险人保单信息和信用评价状况。将信用等级低于警戒标准的投保人和被保险人列入黑名单。建立保险业信息披露制度,保险监管部门、保险公司、代理、经纪、公估公司都要通过监管部门指定的渠道向公众披露指定信息,其中包括保险机构、保险中介机构的经营情况、保险代理资质情况、产品费率和收益情况等关键信息,以促进保险业信用信号的传播。

再次,完善保险监管体系。政府监管、行业自律和保险企业内部监管是保险业监管的三维架构,但目前全国性的行业自律组织建立的时间不长,为数有限的地方性行业自律组织也大多没有发挥应有的功能,其维护保险业声誉的重要作用没有发挥出来。因为缺少相关的法律,行业自律组织重要的监管职能多被政府监管占据。同时,保险企业的内部监管也未真正发挥作用,2014年至2021年,保险监管部门多次治理保险业行业乱象时所发现的一些保险公司财务混乱、信息披露不实、偿付能力不足、公司治理失效等问题,也说明了这一点。监管主体缺位造成了一个怪圈:行业自律和企业内部监管功能的缺位必然要求政府监管部门"代理"其相应的职能,而这样的代理又使行业自律和企业内部监管的作用更加无法发挥。结果是,产品设计、分保安排、企业分支机构设立、高层管理者的选定、内部财务检查等本应该由保险行业协会和保险企业自己做的事成了政府监管部门穷于应付的重担,而该由政府监管部门做好的事情,比如维护保险业声誉这样的大事却没有精力去做了。这种状况必须改变。

最后,监管部门应重视保险业整体声誉的培养[1],培养、提高保险业的声誉是保险监管部门责无旁贷的义务。

第四节　保险业监管的内容和边界

一、保险业监督管理的内容

对保险业实施监督管理是保险监管部门的职责,属于政府的宏观监督管理。其监管内容主要分为:① 保险机构监管,包括保险公司和保险中介机构的准入、退出监管以及保险组织类型监管;② 保险业务监管,如保险条款和费率监管;③ 偿付能力监管;④ 财务和内控监管;⑤ 保险资金运用监管。

保险监管的管制内容太多、管制深度太高会导致保险市场的低效,而管制太少,又可能导致消费者的利益受到损害,那么合适的监管应停留在什么层面上?这就是保险监管理论中最核心的课题,即寻找保险市场监管的边界。

二、监管边界:不完全合约理论和可竞争市场理论

1986 年发表的《所有权的成本和收益:纵向一体化和横向一体化的理论》提出了著名的不完全合约理论。[2] 该理论的核心思想是:在委托—代理关系中存在委托人和代理人双方的道德风险,本来为了获得对代理人的正向激励,在代理绩效好时委托人应多支付给代理人一些报酬,在代理绩效不好时委托人少支付一些报酬甚至惩罚代理人,这构成了一个以代理绩效为支付依据的相机合约。但这种相机合约的问题在于,当委托人所不希望出现的坏的结果出现时,无法判别是由于代理人工作不努力造成的,还是由于不可

---

[1] 以争论颇多的一些保险公司开办的"酒后驾车险"的开办为例,尽管从责任保险原理上,"酒后驾车险"不存在问题,但这样的险种推出和宣传的时机未必恰当。当前的情况是贫富分化仍在进行中、保险业声誉欠佳,公众对保险理解不深、意识不强,这样的险种若仅从字面理解无疑会导致一些社会阶层的反感。政府监管部门的匆忙表态,无疑会将矛盾集中到一点,凸显保险的负面效应。而从保险业的声誉角度考虑,实际上有更好的选择,比如可以借鉴英、美、日、韩等保险市场比较完善国家的经验,由保监会或保险行业协会组织建立"未投保第三者责任保险的机动车辆第三方损害赔偿基金",在肇事车辆违规而又未购买第三者责任保险且发生事故后肇事者不具备经济赔偿能力的情况下,由基金给第三者予以一定的经济补偿。基金来源于对未购买第三者责任险车辆的罚款和从各保险公司车险利润的课赋。两种方式对保险业声誉的影响是不言而喻的。

[2] GROSSMAN S J, HART O D. The costs and benefits of ownership: a theory of vertical and lateral integration [J]. The Journal of Political Economy, 1986, 94(4): 691—719.

控制的风险造成的(代理人即使再努力也无济于事)。这样,委托人无法果断地给予不努力的代理人以惩罚。而当好的结果出现时,也无法判断是代理人努力工作的结果,还是其他有利条件(比如气候条件或市场环境好等因素)使然。同样,委托人可能会以其他有利条件的存在而否认代理人所做出的努力,从而拒绝支付更高的报酬。这样在委托—代理关系中,激励提供和风险分担方面就存在冲突,相机合约无法实现。

为了防止代理人的道德风险,委托人需要对代理人进行监督。但监督需要花费成本,监督成本和道德风险之间构成了另一个两难冲突。

在这种情况下就需要设计一个不完全合约。不完全合约不是说代理绩效好的时候付多少,代理绩效不好的时候付多少,它不对这些作规定,只是规定所有权结构。比如,软件设计公司在招募程序员时就在雇佣合同中载明,程序员在公司设计的软件的知识产权全部归公司所有,这就是一个不完全合约。

同样,保险监督管理部门和保险企业的监管关系也是一种委托—代理关系。监管部门是委托人,保险企业是代理人。保险监管部门设计一种管理规范,也就是监管规则,不写明保险公司可以做什么、不能做什么,而只说明监管部门允许保险公司做什么,做得好给予奖励,做得不好就予以惩罚,这是最典型的不完全合约。

当然,世界各国的保险监管规则都不会是这样粗放型的不完全合约,而是有着一系列的法律条文和监管规章。但不容否认的是,有的国家和地区的监管规则(包括保险监管的法律体系和各种规章制度条例等)对保险公司的行为规定得明确详细些,而另一些国家和地区则不那么明确,是粗线条的。但无论何种监管规则都不可能涵盖所有的情况,因此在某种意义上,都属于不完全合约。

而不完全合约理论认为,监管者的权力与监管合约的模糊度成正比。监管机构和监管者的权力约定越模糊,监管部门的权力也就越大,其奖励和处罚的随机性也就越强。比如,当一个国家的保险法规定,保险公司提供虚假的报告、报表、文件和资料,构成犯罪的,依法追究刑事责任;尚不构成犯罪的,由保险监督管理机构责令改正,处以10万元以上50万元以下的罚款。10万元和50万元差别巨大,与一个固定的或者范围比较窄的处罚空间相比,保险监管部门拥有更宽泛的裁量权。现实中,究竟保险监督管理部门的监管合约应"完全"到什么程度,就是保险监管的边界问题的一个侧面。

一些经济学家支持政府监管市场的一个重要理由是,对于自然垄断行业,如果政府不加以监管,处于垄断地位的企业就会以高的价格向市场提供劣质的产品,从而使消费者受到损害,政府对自然垄断企业的监管可以防止这样的情况发生。但鲍莫尔的可竞争市场理论对此提出了反驳。可竞争市场理论认为,即使对于自然垄断行业,如果政府不设置进入壁垒,即使市场上仅有一个企业,这个企业的行为也会表现得相当于有一个竞争对手一样,因为假如垄断企业太差,就会有资本进入市场取而代之。而且这些企业也不能不顾及自己的形象,并考虑消费者寻找替代品而导致的财源流失。

现实部分地支持了可竞争市场理论,但也不能否认一些自然垄断行业,特别是进入成本比较高的行业,需要政府对其(特别是产品和价格)进行一定程度的监管,否则消费者将会在一定程度上忍受质次价高的产品和服务。那么,政府的监管究竟可以介入到什么深度呢?这依然是保险监管的边界问题。

三、保险监管者的激励与约束

威廉·A.尼斯卡宁(William A. Niskanen, Jr.)1971年出版的《官员与代议制政府》[①]一书,对政府机构日益臃肿和预算规模扩大的原因进行了分析。1975年,他发表于《法律和经济学杂志》上的《官员与政治家》[②]一文则进一步提出了官员效用最大化模型,这两篇文献对保险业的监管分析有着很好的借鉴价值。

假定保险监管部门官员的效用函数如下:

$$U = \alpha_1 Y^{\beta_1} P^{\gamma_1} \tag{1}$$

其中,Y是职位工资的现值;P是职位所带来的非工资收入的集合,包括任免权和控制、声望的提升、闲暇时间和其他报酬等。

因此,官员的报酬结构定义为:

$$\begin{aligned} Y &= \alpha_2 Q^{\beta_2}(B-C)^{\gamma_2} \\ P &= \alpha_3 Q^{\beta_3}(B-C)^{\gamma_3} \end{aligned} \tag{2}$$

其中,Q为官员业绩的衡量指标,比如被监管的保险市场的保费收入总和;B为中央政府按业绩分配给监管部门的最大预算;C为获得Q所耗费的最小监管成本,因此$B-C$是监管机构自由支配的预算。

将式(2)带入(1)并进行简化,有:

$$U = \alpha Q^{\beta}(B-C)^{\gamma} \tag{3}$$

其中:

$$\begin{aligned} \alpha &= \alpha_1 \alpha_2^{\beta_1} \alpha_3^{\gamma_1} \\ \beta &= \beta_1 \beta_2 + \gamma_1 \beta_3 \\ \gamma &= \beta_1 \gamma_2 + \gamma_1 \gamma_3 \end{aligned} \tag{4}$$

因B和C也是Q的函数,根据尼斯卡宁的官员预算最大化模型:

$$\begin{aligned} B &= aQ - bQ^2 \\ C &= cQ + dQ^2 \end{aligned} \tag{5}$$

有:

$$U = \alpha Q^{\beta}[(a-c)Q - (b+d)Q^2]^{\gamma} \tag{6}$$

求(6)式的最大值,从而得到一个使官员效用最大化的Q值:

$$Q = \left(\frac{\beta-\gamma}{\beta-2\gamma}\right)\left(\frac{a-c}{b+d}\right) \tag{7}$$

如果$\beta=0$,即Q对官员的收入或额外收入不发生影响,则:

---

① NISKANEN W A, Jr. Bureaucracy and representative government[M]. Chicago & New York: Aldine-Atherton, Inc., 1971.
② NISKANEN W A, Jr. Bureaucrats and politicians [J]. Journal of Law and Economics, 1975, 18(3): 617—643.

$$Q = \frac{1}{2}\left(\frac{a-c}{b+d}\right) \tag{8}$$

这个总保费水平对社会是最优的。相反,如果 $\gamma=0$,则:

$$Q = \frac{a-c}{b+d} \tag{9}$$

这时,总保费收入是最优保费收入的 2 倍。如果一个国家或地区的保险监管部门可以支配的资金是按照其所监管的保险公司保费总收入的 3‰ 提取的,那么,保险监管部门可能会把追求保费总收入作为核心目标,从而形成自监管部门到保险公司,再到保险代理人整个链条的"保费冲动":保险营销员的保费冲动源于公司以保费为主要指标的佣金制度,营销员和代理人的收入和保费直接挂钩;保险公司的保费冲动源于监管部门对保险公司的业绩考核和管理评价,同时,若保险公司的委托—代理关系存在缺陷,比如国有保险公司的所有者缺位,加之以行政任免机制取代职业保险经理人市场,保险公司管理层不必对若干年后支付的保险金负责,而保费又关系监管部门对其的评价和地位升迁,只重保费数量、不顾保险质量的"保费论英雄"的局面就会形成。但追根溯源,问题全在监管层面。因此,对保险监管官员的激励和约束机制决定了监管部门监管边界的设定,其是否有效也就决定了一个国家保险业的兴衰成败。

四、保险监管的作用和监管方式的选择

保险是一种带有比较明显延期交易特征的金融制度,投保人缴纳保险费后,保险人要在相隔一段时间、当约定的保险事故发生后才支付保险金。这期间会存在诸多不确定性,这些不确定性对交易过程形成根本性的阻碍:投保人担心保险事故发生后,保险人不会真正地履行承诺,因此要求保险合同是一个可以强制履行的合同,以此作为保险人履约的诱因;而保险人也希望通过保险合同的强制履行来诱导投保人做出投保的决定。那么,谁能够承担强制履行保险合同的职责呢?自然是具有强制权力的政府部门,保险监管部门应该是政府下设的专业的强制保险合同得到履行的机构,而立法、司法和执法等部门则是监管权力的延伸机构。

在本书第四章中,我们利用博弈树分析了保险人的道德风险和消除道德风险的法律和信誉机制。保险监管最根本的作用之一是保证保险合同的可强制履行性。

给定低的交易成本,有理性的人们就会使保险合同趋近于完备。一份完备的合同没有可供法庭填补的缺口,或者可供各种规章纠正的无效率之处。如果合同接近于完备,监管部门的唯一作用是保证合同的履行。然而,签订合同的交易成本总是存在的,而且合同越要完备,交易成本越高。反之,签订合同的交易成本越高,合同就越难以完备。这样,监管的作用就体现在两个方面:在合同完备时,保证合同的可强制执行性;在合同不完备时,填补不完备合同留下的空白。无论是偿付能力监管,还是市场行为监管,或者风险值监管,手段尽管不同,但监管的根本目标一致。

但监管也是有成本的。图 9-5 说明了如何在合同不能有效执行导致的市场失灵的成本和监管成本之间寻求平衡。图 9-5 中,横轴表示市场失灵程度的降低,原点处,没有合

同得到履行,到100%处,市场失灵完全得到避免。① 纵轴是以货币量表示的社会成本(C)。由于监管的严厉程度是层层加码的,因此 MSC_D 曲线向上倾斜。矫正市场失灵的监管成本会越来越高。MSB曲线衡量的是达到各种程度的政府监管的边际社会收益,其边际效益是递减的。当通过政府监管降低市场失灵的边际成本等于边际社会收益时,就实现了社会最优监管水平 D^*。从 D^* 往右,进一步通过政府监管降低市场失灵程度的努力,边际社会成本会大于边际收益。

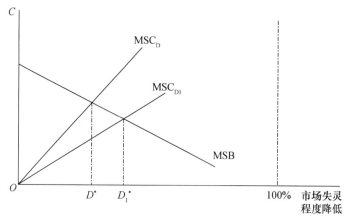

图 9-5 有效的监管水平

注意到 MSC_D 和 MSB 的变化可以改变最优的监管水平。比如,标准火灾保单的采用或保险业信息化水平的提高,都会降低保险市场的信息不对称程度,从而降低监管成本,而监管的收益保持不变,此时,MSC_D 将降为 MSC_{D1},最优的监管水平将提高到 D_1^*。

只要有监管成本的存在,监管就不是越严格越好,更不是管得越多越好,何况政府监管本身也会造成政府失灵。

接下来的问题是监管的最优方式应如何选择,比如是更多的市场行为监管,还是更多的偿付能力监管。两种监管方式的监管倾向有所差别,前者倾向于在严厉与否之上进行选择,而后者则倾向于在确定与否之上进行选择。通俗地说,偿付能力监管主要是在监管的确定性上做文章,保险监管部门关注的是保险公司的偿付能力,只要达不到事先确定的指标,就将被保险监管部门整顿甚至清算;而市场行为监管主要是在监管的严厉程度上做文章,关注的是保险公司在市场上是否有违法和违规行为,并依据法律法规对违犯者进行相应的处罚。

如图 9-6,在 D 点上,偿付能力监管和市场行为监管形成最有效的组合 (x^*, y^*),以最低的监管成本得到最大的监管效果。

在现实中,不同监管方式的监管成本是不一样的,因此,有限的监管资源需要在成本不同的监管方式上进行有效配置,才能够达到最佳的监管效果。当偿付能力监管的成本相对低于市场行为监管的成本时,监管资源配置应该倾向于使监管的确定性更强,比如,

---

① 为便于讨论,此处假设政府监管可以百分之百地矫正市场失灵。

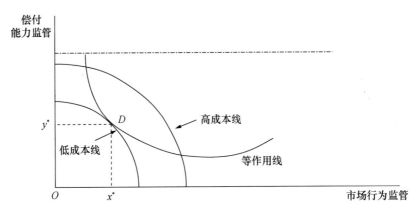

图 9-6 监管方式的权衡

事先设定严格的偿付能力指标,一旦有公司达不到设定的条件,就采取相应的监管措施,使之改进。至于保险公司的市场行为,则主要交由市场竞争来矫正,行为不端的保险公司得不到市场的认可,自然而然地会失去市场份额,直至偿付能力不足,被监管部门接管,或改进或兼并。相反,如果偿付能力监管的成本相对高于市场行为监管的成本,监管资源的配置则应向提高监管的严厉程度方面倾斜,市场行为监管成为主要监管方式,监管部门需要更频繁地检查以增加保险公司违规行为被发现的概率,对违规施以重罚。

图 9-7 和图 9-8 简单地描述了成本不同的监管方式下监管资源的配置。最优点 (x^*, y^*) 随着成本的不同而有所差别。

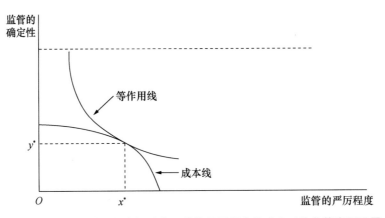

图 9-7 监管确定性的成本相对高于监管严厉程度的成本时的监管资源配置

由此看来,对一个国家或地区来说,采用哪种监管方式,是需要进行经济成本和收益分析的。当偿付能力监管的客观条件达到时(比如保险公司会计和财务制度的统一、信息披露制度的完善、政府和社会审计制度的有效等),偿付能力监管的成本较低,效果就会越好。相反,如果偿付能力监管的基本条件尚不具备,就必须在一定程度上依赖市场行为监管。

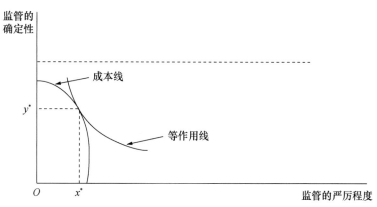

图 9-8 监管确定性的成本相对低于监管严厉程度的成本时的监管资源配置

案例与资料 9-1

保险市场监管的"堵"与"疏"①

南宋诗人杨万里著有《桂源铺》一诗:万山不许一溪奔,拦得溪声日夜喧。到得前头山脚尽,堂堂溪水出前村。

一脉细流从青藏高原的巴颜喀拉山脉北麓涓涓流出,穿九省,汇三十余支流及无数溪川,沿途流域面积达七十五万多平方公里,九曲十八弯,终以浩荡之势注入渤海,这就是黄河。沿黄河顺流而下,每在堤岸的约束之下,黄河收束到河谷,则可广纳支流造福人类;而每在堤岸约束不足,乃至成为悬河之处,则常常河水泛滥,为害两岸,酿成巨灾。

无论是前村溪水,还是九曲黄河,欲形成盛大之水,必是溪流遇阻而累积成势,曲曲折折拓开水道,一力向前而终达江海。

保险市场又何尝不是如此?没有约束的市场恰如大水漫灌,于人无益而又不能久远。适时给予恰当的约束是保险市场盛大长久之道。

保险融经济补偿、风险分散、风险管理和投资融资功能于一身,保险公司将收拢的保险费汇聚成保险基金,然后投放到资本市场、投资到基础设施,本就无可厚非,但若超出限度,利用保险资金,在资本市场上掀起风波,则有悖保险之本意,需要保险公司的自我纠正和监管部门的适当约束。

当消费者被欺骗、被误导,而保险公司却常常能根据保险合同条款而轻松免责,让消费者满怀期望进入而心怀愤懑离开,必将对保险行业的声誉造成长期的不良影响,因此就需要保险公司内部的自我约束和监管部门的外部惩戒。

---

① 原文曾发表在 2016 年 12 月 24 日《金融时报》。

当保险公司设计的产品布有陷阱，或者定价因子的设定太过保守而导致价格高昂，欺负投保人不懂精算而从中谋取超额利润，或者以高回报率的分红演示吸引客户，使得保险产品严重背离保障功能，就需要管理层进行自我反思。保险监管部门也要进行制度化的事前事后约束。

当保险公司的人身保险产品简单异化为短期理财产品，远离了保险产品的本质特征，比如在寿险中将终身寿险、年金保险、护理保险设计成中短存续期产品，利用产品激进定价和高结算利率，处心积虑地谋求增加保费收入、扩大市场份额，最终造成公司难以承受的风险，就需要及时调整战略和人员。保险监管部门也要给予必要的警示。

当部分保险公司将保险监管部门精心布置的车险条款和费率市场化改革异化为恶性竞争的工具，却不在车险的产品、渠道和服务上下功夫提高自己公司的核心竞争力，不努力在车险信息化、网络化、科技化的基础上奠定公司发展的技术基础，不断挖其他公司墙角、打价格战，就需要公司内控、行业自律和政府监管的共同约束。

当某些保险公司无视监管部门中介制度改革的整体方略，不积极探索适合自己公司的营销方式，而仅利用取消代理人考试门槛的便利，仍坚守人海战术，以招收更多的保险代理人的方式增加自己的保费收入，墨守成规，得过且过，就需要审视自己的长期发展战略。监管部门也要在政策上加以积极引导。

凡此种种，保险业需要改进提升的事项还有很多，若不及时加以约束，进行必要的"堵"和"疏"，则既有可能破坏掉保险业当前来之不易的有利发展环境，也会对保险业未来的健康发展留下隐患。

自然，"堵"并非保险监管的重点，保险监管更重要的是因势利导的"疏"，这也恰恰是监管部门多次强调"放开前端，管住后端"的市场监管导向的目标指向。

比如，将产品开发设计权、定价权交还给公司和市场，发挥保险公司的经营自主性，缩短产品从开发到上市的周期；加强保险业的信息披露工作，提高新型保险产品信息披露的要求；加强资产负债匹配和现金流风险管理，都属于"疏"的范畴。而强化资本约束和规模管控，严控中短存续期产品规模总量；开展现场检查，严厉打击新型保险产品销售误导；加强重点公司监管，及时采取必要的监管措施，则属于"堵"的手段。

近年来，监管部门的疏堵工作取得了一定的成效，车险、寿险等费率改革稳步推进，费改产品数量层出不穷，产品价格有所下降，风险保障程度和创新能力不断提高，保险业取得的成绩为社会所广泛认可。为了巩固改革成果并实现进一步的规范，2016年，当时的保监会印发了《中国保监会关于强化人身保险产品监管工作的通知》和《中国保监会关于进一步完善人身保险精算制度有关事项的通知》两个文件，以进一步完善人身保险产品的监管框架，在明确人身保险产品事前备案和事后抽查管理的基础上，通过建立和完善产品退出机制、问责机制、回溯机制和信息披露机制，形成各机制协调联动、各方各负其责的监管架构。

根据文件的要求，保险公司的违规产品不但要停止销售并做好信息披露等后续工作，而且保险公司"库存"里那些消费者认可度不高、销量不佳的"僵尸"性保险产品，也要及时采取适当措施进行清理,以提升产品供给的有效性。

文件明确,对产品开发设计销售环节的责任,实行"谁家孩子谁领走"的原则,对有责任的保险公司总经理、总精算师、法律责任人等可能存在的违法违规问题进行追责惩戒。为了使责任明晰,还要求公司成立产品开发管理工作组,对产品精算、财务、销售、投资等产品经营各环节进行全流程管理和风险评估,对于回溯工作中问题不整改、产品不退出、经营指标不调整的要采取监管措施。同时还要规范新型产品的宣传、销售,防范新型产品的误导销售风险,将万能险结算利率水平与公司实际投资收益率挂钩,防范公司通过不合实际的结算利率进行恶性竞争等问题。

这些要求非常明晰,也具有很强的可操作性。我们期望,通过监管机构越来越完善的"疏""堵"工作,保险业在前行的路上能够获得足够的动力,为国家进步、社会发展和人民生活做出更大的贡献。

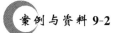

保险业资产管理的国际动向①

在 2019 年《财富》世界 500 强企业中,曾长期占据第十名左右的沃伦·巴菲特的伯克希尔-哈撒韦公司从 2018 年的第 10 位退回到第 12 位,仍是财产与意外保险公司全球翘楚;而中国平安集团经过几年的连续蹿升之后,暂时歇口气,与 2018 年的位次相比原地未动,保持在第 29 位;德国安联保险集团则从 38 位滑到 45 位;法国安盛集团从第 27 位滑到第 46 位。

可以说,位列《财富》世界 500 强前 50 家的保险公司是全球保险业发展的风向标。这些公司在做什么?其负债业务和资产业务有着什么样的发展倾向?业务模式发生了哪些微妙变化,前景如何,又有怎样的经验和教训?这些都是全球保险行业极为关注的焦点。本文从保险公司资产管理的视角,分析位列《财富》世界 500 强前 50 名之内的几家保险公司的发展动向。

巴菲特以投资闻名于世,但伯克希尔-哈撒韦却是一家货真价实的保险公司,《财富》世界 500 强排行榜多年来一直将伯克希尔-哈撒韦公司性质明确标识为"财产与意外保险(股份)公司"。从 20 世纪 60 年代开始,在巴菲特的领导下,伯克希尔-哈撒韦逐渐转型为保险企业,并最终走向综合经营之路。尽管除了其控股的 12 家保险公司之外,非保险业务涵盖了制造业、铁路及公用事业和能源,服务业与零售业等门类,但保险业的底色却仍然明显。以伯克希尔-哈撒韦旗下的盖可保险公司为例,自 1976 年

---

① 原文曾发表于《中国金融》,2019 年 9 月,作者刘永杏、王国军。

巴菲特买下盖可一半股权,到 1995 年买下另一半的股权,盖可已经从一家年销量只有 190 万车险保单的小公司发展成为全美第二大汽车保险公司,与 1995 年相比成长了 1 200 倍。2018 年盖可的承保利润是 155 亿美元,给伯克希尔-哈撒韦带来的可投资资金达到 221 亿美元。2018 年年底,伯克希尔-哈撒韦的员工总数是 38.9 万人,营业收入是 2 478.37 亿美元。

尽管 CEO 沃伦·巴菲特以投资见长,资产管理业务也给伯克希尔-哈撒韦带来了可观的收益,并形成了保险——投资的良性循环,但伯克希尔-哈撒韦并不像一些人想象的那样,主要是拿保费形成的保险资金①大规模地买卖股票。恰恰相反,伯克希尔-哈撒韦用来投资股票市场的资金更多地来自其股东权益,因为自 1967 年以来,伯克希尔-哈撒韦很少向股东分配利润,所以其账面上积累了天量的股东权益。比如,2015 年,伯克希尔-哈撒韦公司投资资金的来源中,877 亿美元是浮存金,而 2 556 亿美元是股东权益,后者是前者的 3 倍。

这样的投资资金结构使伯克希尔-哈撒韦的流动性和安全性得到了极大的保障,即便如此,伯克希尔-哈撒韦每年仍然配置了不低于 200 亿美元的现金及现金等价物,而实际上近几年其现金及现金等价物的配置都超过了这一标准,比如 2017 年是 403 亿美元,2018 年是 344 亿美元。

在保证资金流动性的基础上,伯克希尔-哈撒韦更重视保险资产的安全性。伯克希尔-哈撒韦的承保业务是完全下放给各保险业务板块经营的,但投资业务则直接由巴菲特领导的高管团队来负责。

伯克希尔-哈撒韦是国际保险业综合经营的典范,而中国平安集团则既是国际典范,更是国内保险业的标杆。无论是公司规模、治理结构、科技水平,还是经营理念,中国平安都已跻身于国际保险业的第一梯队,成为当之无愧的全球行业引领者。2018 年中国平安的营业收入是 1 636 亿美元,利润为 162 亿美元,资产 1.04 万亿美元,股东权益 811 亿美元。2017 年,中国平安被 Brand Finance 评为全球最有价值的保险品牌,品牌价值达 163 亿美元。

平安的壮大,作为其重要业务板块的资产管理功不可没。平安资产管理有限责任公司(简称"平安资管")是中国平安保险集团的核心成员。1997 年,平安集团设立平安集团投资管理中心,整合了集团内的投资业务;2005 年 5 月,抓住了监管部门批设专业保险资产管理公司的机遇,平安资管成立,注册资本 15 亿元。平安资管的定位是"平安战车的进攻前锋"。截至 2018 年年底,平安资管的资产为 106 亿元,股东权益 80 亿元,2018 年净利润 27 亿元,公司资产管理规模超过 2.9 万亿元,已成为中国最具规模和影响力的机构投资者之一。

平安资管的发展战略非常清晰。平安资管很早就意识到市场化、国际化的必要性,因此在保险资管业内率先发展第三方资产管理业务,平安资管下设固收事业部和委外事业部两大部门,在负责平安保险资金投资的同时,基于其跨市场资产配置和全品种投资的能力,着力提升为第三方各类客户提供资产管理及投资咨询服务的水平。

---

① 巴菲特称之为"浮存金"(float)。

2015年,平安资管通过了国际公认的标准最高、最权威的第三方资产管理业务质量鉴证准则之一的 ISAE 3402 国际鉴证。截至2018年年末,平安资管管理的第三方资产规模超过9 000亿元,接近公司资产管理总额的1/3。在 *Institutional Investor* 发布的"2017亚洲百强资产管理机构"榜单中,平安资管以3 720亿美元的资产管理规模首次冲入亚洲前五名。

德国安联和法国安盛是老牌的《财富》世界500强公司,其资产管理的发展方向近些年也有一些微妙的变化。

总部设在德国巴伐利亚州首府慕尼黑市的德国安联是世界保险业的"豪门",其一举一动都被世界各国的保险行业和保险公司所关注。安联于1890年成立于德国柏林,至今已有130多年的历史,目前在全球70多个国家和地区开展业务,是世界领先的保险和金融服务集团,拥有17万名员工,7 000多万客户,核心业务包括寿险和健康险、财产险和责任险及资产管理。2018年,安联的营业收入是1 268亿美元,利润是88亿美元,资产是1.03万亿美元,股东权益670亿美元。

安联的资产管理业务由安联资产管理公司(Allianz Asset Management)统筹管理,主要由太平洋投资管理公司(Pacific Investment Management Company,PIMCO)和安联全球投资管理公司(Allianz Global Investors,AllianzGI)两个实体进行资本运作。PIMCO是全球最大的债券经纪公司,全球领先的固定收益投资者,1971年由被称为"债券之王"的比尔·格罗斯(Bill Gross)创建,公司总部位于美国,2000年被安联收购,在欧洲、美洲和亚洲设有17个分支机构,客户覆盖50多个国家和地区。截至2019年6月末,PIMCO管理资产达到1.84万元美元。而AllianzGI则以主动性投资而著名,截至2018年6月末,AllianzGI管理的资产规模约5 200亿欧元。为了充分利用集团拥有的投资能力,安联集团管理的资产中第三方资产的比例与日俱增,目前已超过70%。

能够与德国安联并驾齐驱的老牌保险公司是法国安盛。2018年,法国安盛的营业收入是1 256亿美元,利润是25亿美元,资产是1.06万亿美元,股东权益734亿美元。尽管安盛努力在非洲和中国市场寻求扩张并采取各种措施降低成本,但其净利润的下降仍旧难以逆转。安联的解决办法是加强资产管理的能力和效率,从而以资产管理的收益来弥补其他方面的亏损。

图9-9至9-11显示以上三家公司经营数据对比情况。

法国安盛的资产管理颇具特色。2016年安盛集团创建了安盛全球资产管理公司(AXA Global Asset Management,AXA GAM),负责监督公司资产管理业务,包括制定和实施资产管理业务的总体战略,设置和监控运营和财务绩效,协调资产管理活动与集团的其他全球业务。目前安盛旗下的资产管理机构是总部位于巴黎的 AXA Investment Managers(AXA IM)和总部位于美国的 Alliance Bemstein(AB),前者在20多个国家设有分支机构,资产管理规模超过6 000亿欧元,资产管理费用大约在17个BP[①]的水平,成本收入比大约为70%左右;后者管理的资产约4 800亿欧元,资产管理

---

① 每个BP是0.01%。

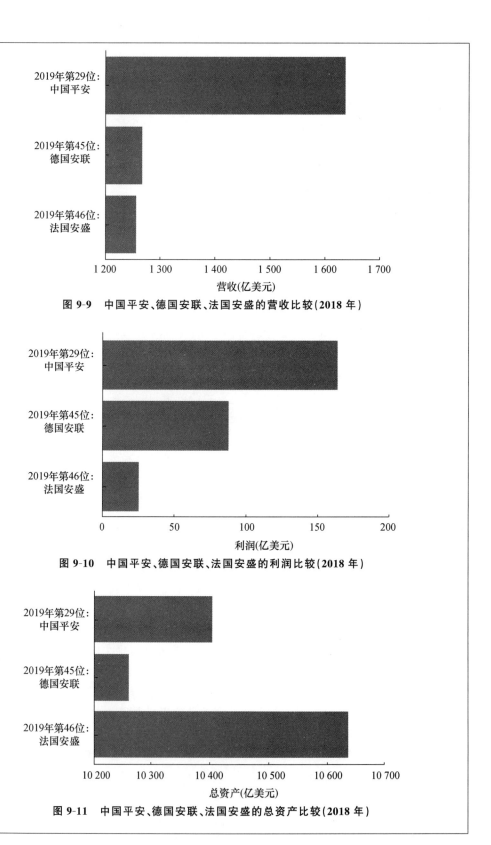

图 9-9　中国平安、德国安联、法国安盛的营收比较(2018 年)

图 9-10　中国平安、德国安联、法国安盛的利润比较(2018 年)

图 9-11　中国平安、德国安联、法国安盛的总资产比较(2018 年)

费用在40个BP左右,成本收入比也在70%上下。两家资产管理机构的净利润贡献率接近安盛集团的10%。为提高盈利水平,安盛非常重视第三方资产管理业务,目前安盛旗下管理的第三方资产规模占比在40%以上。

从《财富》世界500强前50名之内的4家保险公司资产管理的发展倾向来看,专业化、市场化、国际化、智能化已经是国际保险业资产管理非常明显的趋势。

专业化。无论是伯克希尔-哈撒韦,还是中国平安、德国安联、法国安盛,都在追求资产管理的专业化,面对日益开放和成熟的市场环境,致力于用专业为母公司和第三方客户创造价值,提供一站式、全方位的投资管理服务及资产管理解决方案,帮助客户分散投资风险。实现所管理资产的保值增值,保险公司资产管理机构可谓不遗余力,比如中国平安早2003年就组建了国内机构投资者中第一个买方信用评估团队,目前公司已建立起了一套完善独立的信用评估体系,掌握着业内最新的评级数据,大大降低了投资风险。

市场化。保险资产管理公司只管理母公司自己的保险资金是远远不够的,积极发展第三方的资产管理业务、升级营利模式是大势所趋。保险资产管理公司的市场化运营不但可以有效扩大投资规模、摊薄资产管理公司的成本,充分发挥专业与客户优势,积极开展多元化的资产管理业务,扩大公司的利润来源,还可以形成母公司对资产管理公司的约束和激励机制,提高投资收益率。

国际化。随着世界经济的全球化和一体化,资产管理的国际化在降低投资风险、均衡配置资源的同时,也在推动着资产管理公司投资能力和投资技术的提升。在未来,没有国际化的投资水平,就不会有足够的生存空间。

智能化。即使是巴菲特,也非常重视资产管理的智能化。中国平安在这方面也颇有远见,比如早在2006年,平安资管的量化投资就已经开始了,成为中国最早专注于依靠数量化方法投资权益市场的保险资产管理公司,十几年来已经储备了丰富的实盘投资策略,在长期市场检验中表现优异。平安资管有效融合国际技术和本土经验,在多因子、事件投资、ETF、衍生品投资、量化选股、指数增强等领域各有侧重,对主动投资形成了有效补充。

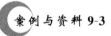

进一步提高保险业服务实体经济能力①

2019年中央经济工作会议强调,要畅通国民经济循环,加快建设统一开放、竞争有序的现代市场体系,提高金融体系服务实体经济能力,形成国内市场和生产主体、经济增长和就业扩大、金融和实体经济良性循环。

---

① 原文曾发表于2020年1月8日《金融时报》。

作为金融业的重要组成部分,2019 年保险业支持实体经济力度进一步加大。2019 年前 11 个月,保险业为经济社会提供风险保障 5 962 万亿元,赔款和给付支出 1.15 万亿元。保险业贯彻中央精神,为支持中小企业发展,积极稳妥地开展小额贷款保证保险,助力缓解小微企业融资难、融资贵问题,信用保险和保证保险累计为 219 万家企业提供了约 4 500 亿元融资增信服务。保险助力新型实体经济的发展,完善对新技术、新业态的保险服务,已累计为首台(套)重大技术装备应用提供风险保障 5 300 亿元,为新材料首次应用提供风险保障 4 450 亿元。

国家发展战略的重点也是保险业服务实体经济的重点领域。"金山银山不如绿水青山",保险业在建设环境友好型经济中具有巨大作用,特别是环境污染责任保险能够起到事前预防和第三方监督、事后减损和快速处理恢复生产的作用。2019 年,环境污染责任保险已由前期的试点扩展至全国。

为保障国家粮食安全和农业实体经济的发展,农业保险继续加大发展步伐,并从数量扩张走向高质量发展阶段。2019 年前 11 个月,农业保险为 1.78 亿户次参保农户提供风险保障 3.5 万亿元,为 4 400 万户次农户支付赔款 525 亿元,特别是在"猪周期"的底点阶段,生猪政策性保险再一次发挥了巨大的稳定作用。

除了保险保障业务外,保险业充分发挥保险资金额度大、期限长、来源稳定的优势,投资于实体经济。保险业助力实体经济的发展更是立竿见影。截至 2019 年 11 月底,保险业总资产 20.12 万亿元,保险资金运用余额为 17.96 万亿元。保险业运用各类投资工具,发起设立各类投资计划,向实体经济输血。其中,支持长江经济带发展的投资规模超过了 6 000 亿元,支持京津冀协同发展的资金规模超过 2 500 亿元,保险资金投资股票规模 1.81 万亿元,约占 A 股流通市值的 3.31%,仅投资科创板股票的账面余额就达到 14.94 亿元。

保险业服务实体经济发展,反过来实体经济又推动保险业健康可持续发展,保险业和实体经济之间已经进入了一个良性循环的过程。在未来,保险业服务实体经济的能力还应进一步增强,服务实体经济的力度还应该进一步加大。

那么,如何更好地提升保险业服务实体经济的能力,为实体经济提供更大的助力呢?以下几个方面,非常值得重视:

其一,在提高保险渗透率的同时,应强化保险业在实体经济运行中的风险管理能力。降本增效,为社会提供物美价廉的保险产品是保险业发展的根本目标,也是保险业的价值所在,优化保险产品,提升服务质量,做大做强保险业,提高保险业在国民经济各个行业的渗透能力是保险业更好地服务实体经济的基础。在此基础上,保险业的服务应该向实体经济运行的前端推进。发挥保险业风险管理的技术优势,适应各行各业不同的风险管理需要,为实体企业提供风险识别、风险评估、风险管理方案设计、风险预警、风险管理方案落实及风险管理方案优化等一整套的风险管理服务,在各行各业构建起灾前预防与灾后赔偿并重的风险管理体系,凝聚各个行业的风险管理人才,形成强大的风险管理团队,以专业化的风险管理服务创造价值。

其二,保险业应成为各行各业风险管理标准和规则的制定者和推行者。美国的保险公司 FMGlobal 因其在高温洁净室、太阳能电池板等领域的尖端风险管理技术和强大风险管理能力,成为这些行业生产标准和材料标准的制定者,其影响在制造业和服务业中越来越大,早已超出保险业本身。再看我国,中国保险行业协会在汽车零整比和汽车维修负担指数方面卓有成效的工作,也是非常有意义的尝试。保险组织在通过风险管理保障企业生命财产安全、降低社会财富损失的同时,也把科学的风险管理标准和规则确立起来,降低了各行各业及整个社会的风险。打造强大的风险能力,为实体经济提供防灾防损和其他方面的风险管理标准和规则,已经是我国保险业提高服务实体经济能力的当务之急。

其三,保险业应成为实体经济资金最稳定的供应者。与银行、证券、信托和基金不同,保险资金运用首先强调的是安全性,其次是流动性,然后才是收益性。因此,保险资金更倾向于收益稳定的长期投资和流动性较好的短期投资。但不论是长期还是短期,保险资金的稳定供应特性特别适应实体经济的需要,而且只要是保险资金参与的实体经济,保险公司出于降低损失发生概率和损失程度的考虑,基于切身利益,在实体项目开始之前就介入其风险管理中去,随时发现风险并清除风险,所以,鼓励保险机构向实体经济提供稳定的投资是整个社会的明智之选。

其四,保险业应成为国家重大战略和经济社会发展的有力支持者。比如,在支持城市化进程方面,保险业应为农民工及留守子女和农村空巢老人提供意外伤害、百万医疗、大病保险等更多物美价廉的保险产品;在完善社会养老护理体系方面,应重视养老与长期护理人工智能技术的发展,投资护理机器人,与保险产品配套,从而最大限度地利用科技化的手段降低人工护理的成本;在支持中小企业发展方面,宁波等地试点的城乡小额贷款保证保险产品,就为初创期小微企业、城乡创业者无抵押无担保贷款提供了有力的保险支持。

思考题

1. 试述保险监管理论对中国保险监管的启示。
2. 试述保险监管的主要内容和监管边界。

实践讨论

中国保险监督管理部门按保险公司 1‰ 的比例提取监管费用,而 2005 年中国保险市场保费收入为 4 927.3 亿元。在此基础上讨论中国保险业监管的成本与效率。

辅助阅读资料与相关网站

1. 方福前. 公共选择理论:政治的经济学[M]. 北京:中国人民大学出版社,2000.
2. 陈欣. 保险法[M]. 第3版. 北京:北京大学出版社,2010.
3. https://www.genevaassociation.org/(日内瓦协会)
4. https://www.ambest.com/home/default.aspx(贝氏评级)
5. https://academic.oup.com/economicpolicy(*Economic Policy*)
6. https://www.sciencedirect.com/journal/journal-of-development-economics(*Journal of Development Economics*)
7. https://www.cambridge.org/core/journals/econometric-theory(*Econometric Theory*)
8. https://onlinelibrary.wiley.com/journal/10991255(*Journal of Applied Econometrics*)
9. https://www.journals.elsevier.com/economic-modelling(*Economic Modelling*)
10. https://www.journals.elsevier.com/economic-systems(*Economic Systems*)
11. https://www.springer.com/journal/199(*Economic Theory*)

附录1　中华人民共和国保险法

(1995年6月30日第八届全国人民代表大会常务委员会第十四次会议通过;根据2002年10月28日第九届全国人民代表大会常务委员会第三十次会议第一次修正;根据2009年2月28日第十一届全国人民代表大会常务委员会第七次会议第二次修正;根据2014年8月31日第十二届全国人民代表大会常务委员会第十次会议《全国人民代表大会常务委员会关于修改〈中华人民共和国保险法〉等五部法律的决定》第三次修正;根据2015年4月24日第十二届全国人民代表大会常务委员会第十四次会议《全国人民代表大会常务委员会关于修改〈中华人民共和国计量法〉等五部法律的决定》第四次修正)

第一章　总　　则

第一条　为了规范保险活动,保护保险活动当事人的合法权益,加强对保险业的监督管理,维护社会经济秩序和社会公共利益,促进保险事业的健康发展,制定本法。

第二条　本法所称保险,是指投保人根据合同约定,向保险人支付保险费,保险人对于合同约定的可能发生的事故因其发生所造成的财产损失承担赔偿保险金责任,或者当被保险人死亡、伤残、疾病或者达到合同约定的年龄、期限等条件时承担给付保险金责任的商业保险行为。

第三条　在中华人民共和国境内从事保险活动,适用本法。

第四条　从事保险活动必须遵守法律、行政法规,尊重社会公德,不得损害社会公共利益。

第五条　保险活动当事人行使权利、履行义务应当遵循诚实信用原则。

第六条　保险业务由依照本法设立的保险公司以及法律、行政法规规定的其他保险组织经营,其他单位和个人不得经营保险业务。

第七条　在中华人民共和国境内的法人和其他组织需要办理境内保险的,应当向中华人民共和国境内的保险公司投保。

第八条　保险业和银行业、证券业、信托业实行分业经营、分业管理,保险公司与银行、证券、信托业务机构分别设立。国家另有规定的除外。

第九条　国务院保险监督管理机构依法对保险业实施监督管理。

国务院保险监督管理机构根据履行职责的需要设立派出机构。派出机构按照国务院保险监督管理机构的授权履行监督管理职责。

第二章 保险合同

第一节 一般规定

第十条 保险合同是投保人与保险人约定保险权利义务关系的协议。

投保人是指与保险人订立保险合同,并按照合同约定负有支付保险费义务的人。

保险人是指与投保人订立保险合同,并按照合同约定承担赔偿或者给付保险金责任的保险公司。

第十一条 订立保险合同,应当协商一致,遵循公平原则确定各方的权利和义务。

除法律、行政法规规定必须保险的外,保险合同自愿订立。

第十二条 人身保险的投保人在保险合同订立时,对被保险人应当具有保险利益。

财产保险的被保险人在保险事故发生时,对保险标的应当具有保险利益。

人身保险是以人的寿命和身体为保险标的的保险。

财产保险是以财产及其有关利益为保险标的的保险。

被保险人是指其财产或者人身受保险合同保障,享有保险金请求权的人。投保人可以为被保险人。

保险利益是指投保人或者被保险人对保险标的具有的法律上承认的利益。

第十三条 投保人提出保险要求,经保险人同意承保,保险合同成立。保险人应当及时向投保人签发保险单或者其他保险凭证。

保险单或者其他保险凭证应当载明当事人双方约定的合同内容。当事人也可以约定采用其他书面形式载明合同内容。

依法成立的保险合同,自成立时生效。投保人和保险人可以对合同的效力约定附条件或者附期限。

第十四条 保险合同成立后,投保人按照约定交付保险费,保险人按照约定的时间开始承担保险责任。

第十五条 除本法另有规定或者保险合同另有约定外,保险合同成立后,投保人可以解除合同,保险人不得解除合同。

第十六条 订立保险合同,保险人就保险标的或者被保险人的有关情况提出询问的,投保人应当如实告知。

投保人故意或者因重大过失未履行前款规定的如实告知义务,足以影响保险人决定是否同意承保或者提高保险费率的,保险人有权解除合同。

前款规定的合同解除权,自保险人知道有解除事由之日起,超过三十日不行使而消灭。自合同成立之日起超过二年的,保险人不得解除合同;发生保险事故的,保险人应当承担赔偿或者给付保险金的责任。

投保人故意不履行如实告知义务的,保险人对于合同解除前发生的保险事故,不承担赔偿或者给付保险金的责任,并不退还保险费。

投保人因重大过失未履行如实告知义务,对保险事故的发生有严重影响的,保险人对于合同解除前发生的保险事故,不承担赔偿或者给付保险金的责任,但应当退还保险费。

保险人在合同订立时已经知道投保人未如实告知的情况的,保险人不得解除合同;发生保险事故的,保险人应当承担赔偿或者给付保险金的责任。

保险事故是指保险合同约定的保险责任范围内的事故。

第十七条 订立保险合同,采用保险人提供的格式条款的,保险人向投保人提供的投保单应当附格式条款,保险人应当向投保人说明合同的内容。

对保险合同中免除保险人责任的条款,保险人在订立合同时应当在投保单、保险单或者其他保险凭证上作出足以引起投保人注意的提示,并对该条款的内容以书面或者口头形式向投保人作出明确说明;未作提示或者明确说明的,该条款不产生效力。

第十八条 保险合同应当包括下列事项:
(一)保险人的名称和住所;
(二)投保人、被保险人的姓名或者名称、住所,以及人身保险的受益人的姓名或者名称、住所;
(三)保险标的;
(四)保险责任和责任免除;
(五)保险期间和保险责任开始时间;
(六)保险金额;
(七)保险费以及支付办法;
(八)保险金赔偿或者给付办法;
(九)违约责任和争议处理;
(十)订立合同的年、月、日。

投保人和保险人可以约定与保险有关的其他事项。

受益人是指人身保险合同中由被保险人或者投保人指定的享有保险金请求权的人。投保人、被保险人可以为受益人。

保险金额是指保险人承担赔偿或者给付保险金责任的最高限额。

第十九条 采用保险人提供的格式条款订立的保险合同中的下列条款无效:
(一)免除保险人依法应承担的义务或者加重投保人、被保险人责任的;
(二)排除投保人、被保险人或者受益人依法享有的权利的。

第二十条 投保人和保险人可以协商变更合同内容。

变更保险合同的,应当由保险人在保险单或者其他保险凭证上批注或者附贴批单,或者由投保人和保险人订立变更的书面协议。

第二十一条 投保人、被保险人或者受益人知道保险事故发生后,应当及时通知保险人。故意或者因重大过失未及时通知,致使保险事故的性质、原因、损失程度等难以确定的,保险人对无法确定的部分,不承担赔偿或者给付保险金的责任,但保险人通过其他途径已经及时知道或者应当及时知道保险事故发生的除外。

第二十二条 保险事故发生后,按照保险合同请求保险人赔偿或者给付保险金时,投保人、被保险人或者受益人应当向保险人提供其所能提供的与确认保险事故的性质、原因、损失程度等有关的证明和资料。

保险人按照合同的约定,认为有关的证明和资料不完整的,应当及时一次性通知投保人、被保险人或者受益人补充提供。

第二十三条 保险人收到被保险人或者受益人的赔偿或者给付保险金的请求后,应当及时作出核定;情形复杂的,应当在三十日内作出核定,但合同另有约定的除外。保险人应当将核定结果通知被保险人或者受益人;对属于保险责任的,在与被保险人或者受益人达成赔偿或者给付保险金的协议后十日内,履行赔偿或者给付保险金义务。保险合同对赔偿或者给付保险金的期限有约定的,保险人应当按照约定履行赔偿或者给付保险金义务。

保险人未及时履行前款规定义务的,除支付保险金外,应当赔偿被保险人或者受益人因此受到的损失。

任何单位和个人不得非法干预保险人履行赔偿或者给付保险金的义务,也不得限制被保险人或者受益人取得保险金的权利。

第二十四条 保险人依照本法第二十三条的规定作出核定后,对不属于保险责任的,应当自作出核定之日起三日内向被保险人或者受益人发出拒绝赔偿或者拒绝给付保险金通知书,并说明理由。

第二十五条　保险人自收到赔偿或者给付保险金的请求和有关证明、资料之日起六十日内,对其赔偿或者给付保险金的数额不能确定的,应当根据已有证明和资料可以确定的数额先予支付;保险人最终确定赔偿或者给付保险金的数额后,应当支付相应的差额。

第二十六条　人寿保险以外的其他保险的被保险人或者受益人,向保险人请求赔偿或者给付保险金的诉讼时效期间为二年,自其知道或者应当知道保险事故发生之日起计算。

人寿保险的被保险人或者受益人向保险人请求给付保险金的诉讼时效期间为五年,自其知道或者应当知道保险事故发生之日起计算。

第二十七条　未发生保险事故,被保险人或者受益人谎称发生了保险事故,向保险人提出赔偿或者给付保险金请求的,保险人有权解除合同,并不退还保险费。

投保人、被保险人故意制造保险事故的,保险人有权解除合同,不承担赔偿或者给付保险金的责任;除本法第四十三条规定外,不退还保险费。

保险事故发生后,投保人、被保险人或者受益人以伪造、变造的有关证明、资料或者其他证据,编造虚假的事故原因或者夸大损失程度的,保险人对其虚报的部分不承担赔偿或者给付保险金的责任。

投保人、被保险人或者受益人有前三款规定行为之一,致使保险人支付保险金或者支出费用的,应当退回或者赔偿。

第二十八条　保险人将其承担的保险业务,以分保形式部分转移给其他保险人的,为再保险。

应再保险接受人的要求,再保险分出人应当将其自负责任及原保险的有关情况书面告知再保险接受人。

第二十九条　再保险接受人不得向原保险的投保人要求支付保险费。

原保险的被保险人或者受益人不得向再保险接受人提出赔偿或者给付保险金的请求。

再保险分出人不得以再保险接受人未履行再保险责任为由,拒绝履行或者迟延履行其原保险责任。

第三十条　采用保险人提供的格式条款订立的保险合同,保险人与投保人、被保险人或者受益人对合同条款有争议的,应当按照通常理解予以解释。对合同条款有两种以上解释的,人民法院或者仲裁机构应当作出有利于被保险人和受益人的解释。

第二节　人身保险合同

第三十一条　投保人对下列人员具有保险利益:

(一) 本人;

(二) 配偶、子女、父母;

(三) 前项以外与投保人有抚养、赡养或者扶养关系的家庭其他成员、近亲属;

(四) 与投保人有劳动关系的劳动者。

除前款规定外,被保险人同意投保人为其订立合同的,视为投保人对被保险人具有保险利益。

订立合同时,投保人对被保险人不具有保险利益的,合同无效。

第三十二条　投保人申报的被保险人年龄不真实,并且其真实年龄不符合合同约定的年龄限制的,保险人可以解除合同,并按照合同约定退还保险单的现金价值。保险人行使合同解除权,适用本法第十六条第三款、第六款的规定。

投保人申报的被保险人年龄不真实,致使投保人支付的保险费少于应付保险费的,保险人有权更正并要求投保人补交保险费,或者在给付保险金时按照实付保险费与应付保险费的比例支付。

投保人申报的被保险人年龄不真实,致使投保人支付的保险费多于应付保险费的,保险人应当将多收的保险费退还投保人。

第三十三条　投保人不得为无民事行为能力人投保以死亡为给付保险金条件的人身保险,保险人也不得承保。

父母为其未成年子女投保的人身保险,不受前款规定限制。但是,因被保险人死亡给付的保险金总和不得超过国务院保险监督管理机构规定的限额。

第三十四条 以死亡为给付保险金条件的合同,未经被保险人同意并认可保险金额的,合同无效。

按照以死亡为给付保险金条件的合同所签发的保险单,未经被保险人书面同意,不得转让或者质押。

父母为其未成年子女投保的人身保险,不受本条第一款规定限制。

第三十五条 投保人可以按照合同约定向保险人一次支付全部保险费或者分期支付保险费。

第三十六条 合同约定分期支付保险费,投保人支付首期保险费后,除合同另有约定外,投保人自保险人催告之日起超过三十日未支付当期保险费,或者超过约定的期限六十日未支付当期保险费的,合同效力中止,或者由保险人按照合同约定的条件减少保险金额。

被保险人在前款规定期限内发生保险事故的,保险人应当按照合同约定给付保险金,但可以扣减欠交的保险费。

第三十七条 合同效力依照本法第三十六条规定中止的,经保险人与投保人协商并达成协议,在投保人补交保险费后,合同效力恢复。但是,自合同效力中止之日起满二年双方未达成协议的,保险人有权解除合同。

保险人依照前款规定解除合同的,应当按照合同约定退还保险单的现金价值。

第三十八条 保险人对人寿保险的保险费,不得用诉讼方式要求投保人支付。

第三十九条 人身保险的受益人由被保险人或者投保人指定。

投保人指定受益人时须经被保险人同意。投保人为与其有劳动关系的劳动者投保人身保险,不得指定被保险人及其近亲属以外的人为受益人。

被保险人为无民事行为能力人或者限制民事行为能力人的,可以由其监护人指定受益人。

第四十条 被保险人或者投保人可以指定一人或者数人为受益人。

受益人为数人的,被保险人或者投保人可以确定受益顺序和受益份额;未确定受益份额的,受益人按照相等份额享有受益权。

第四十一条 被保险人或者投保人可以变更受益人并书面通知保险人。保险人收到变更受益人的书面通知后,应当在保险单或者其他保险凭证上批注或者附贴批单。

投保人变更受益人时须经被保险人同意。

第四十二条 被保险人死亡后,有下列情形之一的,保险金作为被保险人的遗产,由保险人依照《中华人民共和国继承法》的规定履行给付保险金的义务:

(一)没有指定受益人,或者受益人指定不明无法确定的;

(二)受益人先于被保险人死亡,没有其他受益人的;

(三)受益人依法丧失受益权或者放弃受益权,没有其他受益人的。

受益人与被保险人在同一事件中死亡,且不能确定死亡先后顺序的,推定受益人死亡在先。

第四十三条 投保人故意造成被保险人死亡、伤残或者疾病的,保险人不承担给付保险金的责任。投保人已交足二年以上保险费的,保险人应当按照合同约定向其他权利人退还保险单的现金价值。

受益人故意造成被保险人死亡、伤残、疾病的,或者故意杀害被保险人未遂的,该受益人丧失受益权。

第四十四条 以被保险人死亡为给付保险金条件的合同,自合同成立或者合同效力恢复之日起二年内,被保险人自杀的,保险人不承担给付保险金的责任,但被保险人自杀时为无民事行为能力人的除外。

保险人依照前款规定不承担给付保险金责任的,应当按照合同约定退还保险单的现金价值。

第四十五条 因被保险人故意犯罪或者抗拒依法采取的刑事强制措施导致其伤残或者死亡的,保险人不承担给付保险金的责任。投保人已交足二年以上保险费的,保险人应当按照合同约定退还保险单的现金价值。

第四十六条 被保险人因第三者的行为而发生死亡、伤残或者疾病等保险事故的,保险人向被保险人或者受益人给付保险金后,不享有向第三者追偿的权利,但被保险人或者受益人仍有权向第三者请求赔偿。

第四十七条 投保人解除合同的,保险人应当自收到解除合同通知之日起三十日内,按照合同约定退还保险单的现金价值。

第三节　财产保险合同

第四十八条 保险事故发生时,被保险人对保险标的不具有保险利益的,不得向保险人请求赔偿保险金。

第四十九条 保险标的转让的,保险标的的受让人承继被保险人的权利和义务。

保险标的转让的,被保险人或者受让人应当及时通知保险人,但货物运输保险合同和另有约定的合同除外。

因保险标的转让导致危险程度显著增加的,保险人自收到前款规定的通知之日起三十日内,可以按照合同约定增加保险费或者解除合同。保险人解除合同的,应当将已收取的保险费,按照合同约定扣除自保险责任开始之日起至合同解除之日止应收的部分后,退还投保人。

被保险人、受让人未履行本条第二款规定的通知义务的,因转让导致保险标的的危险程度显著增加而发生的保险事故,保险人不承担赔偿保险金的责任。

第五十条 货物运输保险合同和运输工具航程保险合同,保险责任开始后,合同当事人不得解除合同。

第五十一条 被保险人应当遵守国家有关消防、安全、生产操作、劳动保护等方面的规定,维护保险标的的安全。

保险人可以按照合同约定对保险标的的安全状况进行检查,及时向投保人、被保险人提出消除不安全因素和隐患的书面建议。

投保人、被保险人未按照约定履行其对保险标的的安全应尽责任的,保险人有权要求增加保险费或者解除合同。

保险人为维护保险标的的安全,经被保险人同意,可以采取安全预防措施。

第五十二条 在合同有效期内,保险标的的危险程度显著增加的,被保险人应当按照合同约定及时通知保险人,保险人可以按照合同约定增加保险费或者解除合同。保险人解除合同的,应当将已收取的保险费,按照合同约定扣除自保险责任开始之日起至合同解除之日止应收的部分后,退还投保人。

被保险人未履行前款规定的通知义务的,因保险标的的危险程度显著增加而发生的保险事故,保险人不承担赔偿保险金的责任。

第五十三条 有下列情形之一的,除合同另有约定外,保险人应当降低保险费,并按日计算退还相应的保险费:

(一)据以确定保险费率的有关情况发生变化,保险标的的危险程度明显减少的;

(二)保险标的的保险价值明显减少的。

第五十四条 保险责任开始前,投保人要求解除合同的,应当按照合同约定向保险人支付手续费,保险人应当退还保险费。保险责任开始后,投保人要求解除合同的,保险人应当将已收取的保险费,按照合同约定扣除自保险责任开始之日起至合同解除之日止应收的部分后,退还投保人。

第五十五条 投保人和保险人约定保险标的的保险价值并在合同中载明的,保险标的发生损失时,以约定的保险价值为赔偿计算标准。

投保人和保险人未约定保险标的的保险价值的,保险标的发生损失时,以保险事故发生时保险标的的实际价值为赔偿计算标准。

保险金额不得超过保险价值。超过保险价值的,超过部分无效,保险人应当退还相应的保险费。

保险金额低于保险价值的,除合同另有约定外,保险人按照保险金额与保险价值的比例承担赔偿保险金的责任。

第五十六条 重复保险的投保人应当将重复保险的有关情况通知各保险人。

重复保险的各保险人赔偿保险金的总和不得超过保险价值。除合同另有约定外,各保险人按照其保险金额与保险金额总和的比例承担赔偿保险金的责任。

重复保险的投保人可以就保险金额总和超过保险价值的部分,请求各保险人按比例返还保险费。

重复保险是指投保人对同一保险标的、同一保险利益、同一保险事故分别与两个以上保险人订立保险合同,且保险金额总和超过保险价值的保险。

第五十七条 保险事故发生时,被保险人应当尽力采取必要的措施,防止或者减少损失。

保险事故发生后,被保险人为防止或者减少保险标的的损失所支付的必要的、合理的费用,由保险人承担;保险人所承担的费用数额在保险标的的损失赔偿金额以外另行计算,最高不超过保险金额的数额。

第五十八条 保险标的发生部分损失的,自保险人赔偿之日起三十日内,投保人可以解除合同;除合同另有约定外,保险人也可以解除合同,但应当提前十五日通知投保人。

合同解除的,保险人应当将保险标的未受损失部分的保险费,按照合同约定扣除自保险责任开始之日起至合同解除之日止应收的部分后,退还投保人。

第五十九条 保险事故发生后,保险人已支付了全部保险金额,并且保险金额等于保险价值的,受损保险标的的全部权利归于保险人;保险金额低于保险价值的,保险人按照保险金额与保险价值的比例取得受损保险标的的部分权利。

第六十条 因第三者对保险标的的损害而造成保险事故的,保险人自向被保险人赔偿保险金之日起,在赔偿金额范围内代位行使被保险人对第三者请求赔偿的权利。

前款规定的保险事故发生后,被保险人已经从第三者取得损害赔偿的,保险人赔偿保险金时,可以相应扣减被保险人从第三者已取得的赔偿金额。

保险人依照本条第一款规定行使代位请求赔偿的权利,不影响被保险人就未取得赔偿的部分向第三者请求赔偿的权利。

第六十一条 保险事故发生后,保险人未赔偿保险金之前,被保险人放弃对第三者请求赔偿的权利的,保险人不承担赔偿保险金的责任。

保险人向被保险人赔偿保险金后,被保险人未经保险人同意放弃对第三者请求赔偿的权利的,该行为无效。

被保险人故意或者因重大过失致使保险人不能行使代位请求赔偿的权利的,保险人可以扣减或者要求返还相应的保险金。

第六十二条 除被保险人的家庭成员或者其组成人员故意造成本法第六十条第一款规定的保险事故外,保险人不得对被保险人的家庭成员或者其组成人员行使代位请求赔偿的权利。

第六十三条 保险人向第三者行使代位请求赔偿的权利时,被保险人应当向保险人提供必要的文件和所知道的有关情况。

第六十四条 保险人、被保险人为查明和确定保险事故的性质、原因和保险标的的损失程度所支付的必要的、合理的费用,由保险人承担。

第六十五条 保险人对责任保险的被保险人给第三者造成的损害,可以依照法律的规定或者合同的约定,直接向该第三者赔偿保险金。

责任保险的被保险人给第三者造成损害,被保险人对第三者应负的赔偿责任确定的,根据被保险人的请求,保险人应当直接向该第三者赔偿保险金。被保险人怠于请求的,第三者有权就其应获赔偿部分直接向保险人请求赔偿保险金。

责任保险的被保险人给第三者造成损害,被保险人未向该第三者赔偿的,保险人不得向被保险人赔偿保险金。

责任保险是指以被保险人对第三者依法应负的赔偿责任为保险标的的保险。

第六十六条 责任保险的被保险人因给第三者造成损害的保险事故而被提起仲裁或者诉讼的,被保险人支付的仲裁或者诉讼费用以及其他必要的、合理的费用,除合同另有约定外,由保险人承担。

第三章 保险公司

第六十七条 设立保险公司应当经国务院保险监督管理机构批准。

国务院保险监督管理机构审查保险公司的设立申请时,应当考虑保险业的发展和公平竞争的需要。

第六十八条 设立保险公司应当具备下列条件:

(一) 主要股东具有持续盈利能力,信誉良好,最近三年内无重大违法违规记录,净资产不低于人民币二亿元;

(二) 有符合本法和《中华人民共和国公司法》规定的章程;

(三) 有符合本法规定的注册资本;

(四) 有具备任职专业知识和业务工作经验的董事、监事和高级管理人员;

(五) 有健全的组织机构和管理制度;

(六) 有符合要求的营业场所和与经营业务有关的其他设施;

(七) 法律、行政法规和国务院保险监督管理机构规定的其他条件。

第六十九条 设立保险公司,其注册资本的最低限额为人民币二亿元。

国务院保险监督管理机构根据保险公司的业务范围、经营规模,可以调整其注册资本的最低限额,但不得低于本条第一款规定的限额。

保险公司的注册资本必须为实缴货币资本。

第七十条 申请设立保险公司,应当向国务院保险监督管理机构提出书面申请,并提交下列材料:

(一) 设立申请书,申请书应当载明拟设立的保险公司的名称、注册资本、业务范围等;

(二) 可行性研究报告;

(三) 筹建方案;

(四) 投资人的营业执照或者其他背景资料,经会计师事务所审计的上一年度财务会计报告;

(五) 投资人认可的筹备组负责人和拟任董事长、经理名单及本人认可证明;

(六) 国务院保险监督管理机构规定的其他材料。

第七十一条 国务院保险监督管理机构应当对设立保险公司的申请进行审查,自受理之日起六个月内作出批准或者不批准筹建的决定,并书面通知申请人。决定不批准的,应当书面说明理由。

第七十二条 申请人应当自收到批准筹建通知之日起一年内完成筹建工作;筹建期间不得从事保险经营活动。

第七十三条 筹建工作完成后,申请人具备本法第六十八条规定的设立条件的,可以向国务院保险监督管理机构提出开业申请。

国务院保险监督管理机构应当自受理开业申请之日起六十日内,作出批准或者不批准开业的决定。决定批准的,颁发经营保险业务许可证;决定不批准的,应当书面通知申请人并说明理由。

第七十四条 保险公司在中华人民共和国境内设立分支机构,应当经保险监督管理机构批准。

保险公司分支机构不具有法人资格,其民事责任由保险公司承担。

第七十五条 保险公司申请设立分支机构,应当向保险监督管理机构提出书面申请,并提交下列材料:

(一)设立申请书;

(二)拟设机构三年业务发展规划和市场分析材料;

(三)拟任高级管理人员的简历及相关证明材料;

(四)国务院保险监督管理机构规定的其他材料。

第七十六条 保险监督管理机构应当对保险公司设立分支机构的申请进行审查,自受理之日起六十日内作出批准或者不批准的决定。决定批准的,颁发分支机构经营保险业务许可证;决定不批准的,应当书面通知申请人并说明理由。

第七十七条 经批准设立的保险公司及其分支机构,凭经营保险业务许可证向工商行政管理机关办理登记,领取营业执照。

第七十八条 保险公司及其分支机构自取得经营保险业务许可证之日起六个月内,无正当理由未向工商行政管理机关办理登记的,其经营保险业务许可证失效。

第七十九条 保险公司在中华人民共和国境外设立子公司、分支机构,应当经国务院保险监督管理机构批准。

第八十条 外国保险机构在中华人民共和国境内设立代表机构,应当经国务院保险监督管理机构批准。代表机构不得从事保险经营活动。

第八十一条 保险公司的董事、监事和高级管理人员,应当品行良好,熟悉与保险相关的法律、行政法规,具有履行职责所需的经营管理能力,并在任职前取得保险监督管理机构核准的任职资格。

保险公司高级管理人员的范围由国务院保险监督管理机构规定。

第八十二条 有《中华人民共和国公司法》第一百四十六条规定的情形或者下列情形之一的,不得担任保险公司的董事、监事、高级管理人员:

(一)因违法行为或者违纪行为被金融监督管理机构取消任职资格的金融机构的董事、监事、高级管理人员,自被取消任职资格之日起未逾五年的;

(二)因违法行为或者违纪行为被吊销执业资格的律师、注册会计师或者资产评估机构、验证机构等机构的专业人员,自被吊销执业资格之日起未逾五年的。

第八十三条 保险公司的董事、监事、高级管理人员执行公司职务时违反法律、行政法规或者公司章程的规定,给公司造成损失的,应当承担赔偿责任。

第八十四条 保险公司有下列情形之一的,应当经保险监督管理机构批准:

(一)变更名称;

(二)变更注册资本;

(三)变更公司或者分支机构的营业场所;

(四)撤销分支机构;

(五)公司分立或者合并;

(六)修改公司章程;

(七)变更出资额占有限责任公司资本总额百分之五以上的股东,或者变更持有股份有限公司股份百分之五以上的股东;

(八)国务院保险监督管理机构规定的其他情形。

第八十五条 保险公司应当聘用专业人员,建立精算报告制度和合规报告制度。

第八十六条 保险公司应当按照保险监督管理机构的规定,报送有关报告、报表、文件和资料。

保险公司的偿付能力报告、财务会计报告、精算报告、合规报告及其他有关报告、报表、文件和资料必须如实记录保险业务事项，不得有虚假记载、误导性陈述和重大遗漏。

第八十七条　保险公司应当按照国务院保险监督管理机构的规定妥善保管业务经营活动的完整账簿、原始凭证和有关资料。

前款规定的账簿、原始凭证和有关资料的保管期限，自保险合同终止之日起计算，保险期间在一年以下的不得少于五年，保险期间超过一年的不得少于十年。

第八十八条　保险公司聘请或者解聘会计师事务所、资产评估机构、资信评级机构等中介服务机构，应当向保险监督管理机构报告；解聘会计师事务所、资产评估机构、资信评级机构等中介服务机构，应当说明理由。

第八十九条　保险公司因分立、合并需要解散，或者股东会、股东大会决议解散，或者公司章程规定的解散事由出现，经国务院保险监督管理机构批准后解散。

经营有人寿保险业务的保险公司，除因分立、合并或者被依法撤销外，不得解散。

保险公司解散，应当依法成立清算组进行清算。

第九十条　保险公司有《中华人民共和国企业破产法》第二条规定情形的，经国务院保险监督管理机构同意，保险公司或者其债权人可以依法向人民法院申请重整、和解或者破产清算；国务院保险监督管理机构也可以依法向人民法院申请对该保险公司进行重整或者破产清算。

第九十一条　破产财产在优先清偿破产费用和共益债务后，按照下列顺序清偿：

（一）所欠职工工资和医疗、伤残补助、抚恤费用，所欠应当划入职工个人账户的基本养老保险、基本医疗保险费用，以及法律、行政法规规定应当支付给职工的补偿金；

（二）赔偿或者给付保险金；

（三）保险公司欠缴的除第（一）项规定以外的社会保险费用和所欠税款；

（四）普通破产债权。

破产财产不足以清偿同一顺序的清偿要求的，按照比例分配。

破产保险公司的董事、监事和高级管理人员的工资，按照该公司职工的平均工资计算。

第九十二条　经营有人寿保险业务的保险公司被依法撤销或者被依法宣告破产的，其持有的人寿保险合同及责任准备金，必须转让给其他经营有人寿保险业务的保险公司；不能同其他保险公司达成转让协议的，由国务院保险监督管理机构指定经营有人寿保险业务的保险公司接受转让。

转让或者由国务院保险监督管理机构指定接受转让前款规定的人寿保险合同及责任准备金的，应当维护被保险人、受益人的合法权益。

第九十三条　保险公司依法终止其业务活动，应当注销其经营保险业务许可证。

第九十四条　保险公司，除本法另有规定外，适用《中华人民共和国公司法》的规定。

第四章　保险经营规则

第九十五条　保险公司的业务范围：

（一）人身保险业务，包括人寿保险、健康保险、意外伤害保险等保险业务；

（二）财产保险业务，包括财产损失保险、责任保险、信用保险、保证保险等保险业务；

（三）国务院保险监督管理机构批准的与保险有关的其他业务。

保险人不得兼营人身保险业务和财产保险业务。但是，经营财产保险业务的保险公司经国务院保险监督管理机构批准，可以经营短期健康保险业务和意外伤害保险业务。

保险公司应当在国务院保险监督管理机构依法批准的业务范围内从事保险经营活动。

第九十六条　经国务院保险监督管理机构批准，保险公司可以经营本法第九十五条规定的保险业务的下列再保险业务：

（一）分出保险；

（二）分入保险。

第九十七条 保险公司应当按照其注册资本总额的百分之二十提取保证金，存入国务院保险监督管理机构指定的银行，除公司清算时用于清偿债务外，不得动用。

第九十八条 保险公司应当根据保障被保险人利益、保证偿付能力的原则，提取各项责任准备金。

保险公司提取和结转责任准备金的具体办法，由国务院保险监督管理机构制定。

第九十九条 保险公司应当依法提取公积金。

第一百条 保险公司应当缴纳保险保障基金。

保险保障基金应当集中管理，并在下列情形下统筹使用：

（一）在保险公司被撤销或者被宣告破产时，向投保人、被保险人或者受益人提供救济；

（二）在保险公司被撤销或者被宣告破产时，向依法接受其人寿保险合同的保险公司提供救济；

（三）国务院规定的其他情形。

保险保障基金筹集、管理和使用的具体办法，由国务院制定。

第一百零一条 保险公司应当具有与其业务规模和风险程度相适应的最低偿付能力。保险公司的认可资产减去认可负债的差额不得低于国务院保险监督管理机构规定的数额；低于规定数额的，应当按照国务院保险监督管理机构的要求采取相应措施达到规定的数额。

第一百零二条 经营财产保险业务的保险公司当年自留保险费，不得超过其实有资本金加公积金总和的四倍。

第一百零三条 保险公司对每一危险单位，即对一次保险事故可能造成的最大损失范围所承担的责任，不得超过其实有资本金加公积金总和的百分之十；超过的部分应当办理再保险。

保险公司对危险单位的划分应当符合国务院保险监督管理机构的规定。

第一百零四条 保险公司对危险单位的划分方法和巨灾风险安排方案，应当报国务院保险监督管理机构备案。

第一百零五条 保险公司应当按照国务院保险监督管理机构的规定办理再保险，并审慎选择再保险接受人。

第一百零六条 保险公司的资金运用必须稳健，遵循安全性原则。

保险公司的资金运用限于下列形式：

（一）银行存款；

（二）买卖债券、股票、证券投资基金份额等有价证券；

（三）投资不动产；

（四）国务院规定的其他资金运用形式。

保险公司资金运用的具体管理办法，由国务院保险监督管理机构依照前两款的规定制定。

第一百零七条 经国务院保险监督管理机构会同国务院证券监督管理机构批准，保险公司可以设立保险资产管理公司。

保险资产管理公司从事证券投资活动，应当遵守《中华人民共和国证券法》等法律、行政法规的规定。

保险资产管理公司的管理办法，由国务院保险监督管理机构会同国务院有关部门制定。

第一百零八条 保险公司应当按照国务院保险监督管理机构的规定，建立对关联交易的管理和信息披露制度。

第一百零九条 保险公司的控股股东、实际控制人、董事、监事、高级管理人员不得利用关联交易损害公司的利益。

第一百一十条　保险公司应当按照国务院保险监督管理机构的规定,真实、准确、完整地披露财务会计报告、风险管理状况、保险产品经营情况等重大事项。

第一百一十一条　保险公司从事保险销售的人员应当品行良好,具有保险销售所需的专业能力。保险销售人员的行为规范和管理办法,由国务院保险监督管理机构规定。

第一百一十二条　保险公司应当建立保险代理人登记管理制度,加强对保险代理人的培训和管理,不得唆使、诱导保险代理人进行违背诚信义务的活动。

第一百一十三条　保险公司及其分支机构应当依法使用经营保险业务许可证,不得转让、出租、出借经营保险业务许可证。

第一百一十四条　保险公司应当按照国务院保险监督管理机构的规定,公平、合理拟订保险条款和保险费率,不得损害投保人、被保险人和受益人的合法权益。

保险公司应当按照合同约定和本法规定,及时履行赔偿或者给付保险金义务。

第一百一十五条　保险公司开展业务,应当遵循公平竞争的原则,不得从事不正当竞争。

第一百一十六条　保险公司及其工作人员在保险业务活动中不得有下列行为:

(一)欺骗投保人、被保险人或者受益人;

(二)对投保人隐瞒与保险合同有关的重要情况;

(三)阻碍投保人履行本法规定的如实告知义务,或者诱导其不履行本法规定的如实告知义务;

(四)给予或者承诺给予投保人、被保险人、受益人保险合同约定以外的保险费回扣或者其他利益;

(五)拒不依法履行保险合同约定的赔偿或者给付保险金义务;

(六)故意编造未曾发生的保险事故、虚构保险合同或者故意夸大已经发生的保险事故的损失程度进行虚假理赔,骗取保险金或者牟取其他不正当利益;

(七)挪用、截留、侵占保险费;

(八)委托未取得合法资格的机构从事保险销售活动;

(九)利用开展保险业务为其他机构或者个人牟取不正当利益;

(十)利用保险代理人、保险经纪人或者保险评估机构,从事以虚构保险中介业务或者编造退保等方式套取费用等违法活动;

(十一)以捏造、散布虚假事实等方式损害竞争对手的商业信誉,或者以其他不正当竞争行为扰乱保险市场秩序;

(十二)泄露在业务活动中知悉的投保人、被保险人的商业秘密;

(十三)违反法律、行政法规和国务院保险监督管理机构规定的其他行为。

第五章　保险代理人和保险经纪人

第一百一十七条　保险代理人是根据保险人的委托,向保险人收取佣金,并在保险人授权的范围内代为办理保险业务的机构或者个人。

保险代理机构包括专门从事保险代理业务的保险专业代理机构和兼营保险代理业务的保险兼业代理机构。

第一百一十八条　保险经纪人是基于投保人的利益,为投保人与保险人订立保险合同提供中介服务,并依法收取佣金的机构。

第一百一十九条　保险代理机构、保险经纪人应当具备国务院保险监督管理机构规定的条件,取得保险监督管理机构颁发的经营保险代理业务许可证、保险经纪业务许可证。

第一百二十条　以公司形式设立保险专业代理机构、保险经纪人,其注册资本最低限额适用《中华人民共和国公司法》的规定。

国务院保险监督管理机构根据保险专业代理机构、保险经纪人的业务范围和经营规模,可以调整其注册资本的最低限额,但不得低于《中华人民共和国公司法》规定的限额。

保险专业代理机构、保险经纪人的注册资本或者出资额必须为实缴货币资本。

第一百二十一条　保险专业代理机构、保险经纪人的高级管理人员,应当品行良好,熟悉保险法律、行政法规,具有履行职责所需的经营管理能力,并在任职前取得保险监督管理机构核准的任职资格。

第一百二十二条　个人保险代理人、保险代理机构的代理从业人员、保险经纪人的经纪从业人员,应当品行良好,具有从事保险代理业务或者保险经纪业务所需的专业能力。

第一百二十三条　保险代理机构、保险经纪人应当有自己的经营场所,设立专门账簿记载保险代理业务、经纪业务的收支情况。

第一百二十四条　保险代理机构、保险经纪人应当按照国务院保险监督管理机构的规定缴存保证金或者投保职业责任保险。

第一百二十五条　个人保险代理人在代为办理人寿保险业务时,不得同时接受两个以上保险人的委托。

第一百二十六条　保险人委托保险代理人代为办理保险业务,应当与保险代理人签订委托代理协议,依法约定双方的权利和义务。

第一百二十七条　保险代理人根据保险人的授权代为办理保险业务的行为,由保险人承担责任。

保险代理人没有代理权、超越代理权或者代理权终止后以保险人名义订立合同,使投保人有理由相信其有代理权的,该代理行为有效。保险人可以依法追究越权的保险代理人的责任。

第一百二十八条　保险经纪人因过错给投保人、被保险人造成损失的,依法承担赔偿责任。

第一百二十九条　保险活动当事人可以委托保险公估机构等依法设立的独立评估机构或者具有相关专业知识的人员,对保险事故进行评估和鉴定。

接受委托对保险事故进行评估和鉴定的机构和人员,应当依法、独立、客观、公正地进行评估和鉴定,任何单位和个人不得干涉。

前款规定的机构和人员,因故意或者过失给保险人或者被保险人造成损失的,依法承担赔偿责任。

第一百三十条　保险佣金只限于向保险代理人、保险经纪人支付,不得向其他人支付。

第一百三十一条　保险代理人、保险经纪人及其从业人员在办理保险业务活动中不得有下列行为:

(一) 欺骗保险人、投保人、被保险人或者受益人;

(二) 隐瞒与保险合同有关的重要情况;

(三) 阻碍投保人履行本法规定的如实告知义务,或者诱导其不履行本法规定的如实告知义务;

(四) 给予或者承诺给予投保人、被保险人或者受益人保险合同约定以外的利益;

(五) 利用行政权力、职务或者职业便利以及其他不正当手段强迫、引诱或者限制投保人订立保险合同;

(六) 伪造、擅自变更保险合同,或者为保险合同当事人提供虚假证明材料;

(七) 挪用、截留、侵占保险费或者保险金;

(八) 利用业务便利为其他机构或者个人牟取不正当利益;

(九) 串通投保人、被保险人或者受益人,骗取保险金;

(十) 泄露在业务活动中知悉的保险人、投保人、被保险人的商业秘密。

第一百三十二条　本法第八十六条第一款、第一百一十三条的规定,适用于保险代理机构和保险经纪人。

第六章　保险业监督管理

第一百三十三条　保险监督管理机构依照本法和国务院规定的职责,遵循依法、公开、公正的原则,对保险业实施监督管理,维护保险市场秩序,保护投保人、被保险人和受益人的合法权益。

第一百三十四条 国务院保险监督管理机构依照法律、行政法规制定并发布有关保险业监督管理的规章。

第一百三十五条 关系社会公众利益的保险险种、依法实行强制保险的险种和新开发的人寿保险险种等的保险条款和保险费率,应当报国务院保险监督管理机构批准。国务院保险监督管理机构审批时,应当遵循保护社会公众利益和防止不正当竞争的原则。其他保险险种的保险条款和保险费率,应当报保险监督管理机构备案。

保险条款和保险费率审批、备案的具体办法,由国务院保险监督管理机构依照前款规定制定。

第一百三十六条 保险公司使用的保险条款和保险费率违反法律、行政法规或者国务院保险监督管理机构的有关规定的,由保险监督管理机构责令停止使用,限期修改;情节严重的,可以在一定期限内禁止申报新的保险条款和保险费率。

第一百三十七条 国务院保险监督管理机构应当建立健全保险公司偿付能力监管体系,对保险公司的偿付能力实施监控。

第一百三十八条 对偿付能力不足的保险公司,国务院保险监督管理机构应当将其列为重点监管对象,并可以根据具体情况采取下列措施:

(一)责令增加资本金、办理再保险;

(二)限制业务范围;

(三)限制向股东分红;

(四)限制固定资产购置或者经营费用规模;

(五)限制资金运用的形式、比例;

(六)限制增设分支机构;

(七)责令拍卖不良资产、转让保险业务;

(八)限制董事、监事、高级管理人员的薪酬水平;

(九)限制商业性广告;

(十)责令停止接受新业务。

第一百三十九条 保险公司未依照本法规定提取或者结转各项责任准备金,或者未依照本法规定办理再保险,或者严重违反本法关于资金运用的规定的,由保险监督管理机构责令限期改正,并可以责令调整负责人及有关管理人员。

第一百四十条 保险监督管理机构依照本法第一百三十九条的规定作出限期改正的决定后,保险公司逾期未改正的,国务院保险监督管理机构可以决定选派保险专业人员和指定该保险公司的有关人员组成整顿组,对公司进行整顿。

整顿决定应当载明被整顿公司的名称、整顿理由、整顿组成员和整顿期限,并予以公告。

第一百四十一条 整顿组有权监督被整顿保险公司的日常业务。被整顿公司的负责人及有关管理人员应当在整顿组的监督下行使职权。

第一百四十二条 整顿过程中,被整顿保险公司的原有业务继续进行。但是,国务院保险监督管理机构可以责令被整顿公司停止部分原有业务、停止接受新业务,调整资金运用。

第一百四十三条 被整顿保险公司经整顿已纠正其违反本法规定的行为,恢复正常经营状况的,由整顿组提出报告,经国务院保险监督管理机构批准,结束整顿,并由国务院保险监督管理机构予以公告。

第一百四十四条 保险公司有下列情形之一的,国务院保险监督管理机构可以对其实行接管:

(一)公司的偿付能力严重不足的;

(二)违反本法规定,损害社会公共利益,可能严重危及或者已经严重危及公司的偿付能力的。

被接管的保险公司的债权债务关系不因接管而变化。

第一百四十五条 接管组的组成和接管的实施办法,由国务院保险监督管理机构决定,并予以公告。

第一百四十六条 接管期限届满,国务院保险监督管理机构可以决定延长接管期限,但接管期限最长不得超过二年。

第一百四十七条 接管期限届满,被接管的保险公司已恢复正常经营能力的,由国务院保险监督管理机构决定终止接管,并予以公告。

第一百四十八条 被整顿、被接管的保险公司有《中华人民共和国企业破产法》第二条规定情形的,国务院保险监督管理机构可以依法向人民法院申请对该保险公司进行重整或者破产清算。

第一百四十九条 保险公司因违法经营被依法吊销经营保险业务许可证的,或者偿付能力低于国务院保险监督管理机构规定标准,不予撤销将严重危害保险市场秩序、损害公共利益的,由国务院保险监督管理机构予以撤销并公告,依法及时组织清算组进行清算。

第一百五十条 国务院保险监督管理机构有权要求保险公司股东、实际控制人在指定的期限内提供有关信息和资料。

第一百五十一条 保险公司的股东利用关联交易严重损害公司利益,危及公司偿付能力的,由国务院保险监督管理机构责令改正。在按照要求改正前,国务院保险监督管理机构可以限制其股东权利;拒不改正的,可以责令其转让所持的保险公司股权。

第一百五十二条 保险监督管理机构根据履行监督管理职责的需要,可以与保险公司董事、监事和高级管理人员进行监督管理谈话,要求其就公司的业务活动和风险管理的重大事项作出说明。

第一百五十三条 保险公司在整顿、接管、撤销清算期间,或者出现重大风险时,国务院保险监督管理机构可以对该公司直接负责的董事、监事、高级管理人员和其他直接责任人员采取以下措施:

(一)通知出境管理机关依法阻止其出境;

(二)申请司法机关禁止其转移、转让或者以其他方式处分财产,或者在财产上设定其他权利。

第一百五十四条 保险监督管理机构依法履行职责,可以采取下列措施:

(一)对保险公司、保险代理人、保险经纪人、保险资产管理公司、外国保险机构的代表机构进行现场检查;

(二)进入涉嫌违法行为发生场所调查取证;

(三)询问当事人及与被调查事件有关的单位和个人,要求其对与被调查事件有关的事项作出说明;

(四)查阅、复制与被调查事件有关的财产权登记等资料;

(五)查阅、复制保险公司、保险代理人、保险经纪人、保险资产管理公司、外国保险机构的代表机构以及与被调查事件有关的单位和个人的财务会计资料及其他相关文件和资料;对可能被转移、隐匿或者毁损的文件和资料予以封存;

(六)查询涉嫌违法经营的保险公司、保险代理人、保险经纪人、保险资产管理公司、外国保险机构的代表机构以及与涉嫌违法事项有关的单位和个人的银行账户;

(七)对有证据证明已经或者可能转移、隐匿违法资金等涉案财产或者隐匿、伪造、毁损重要证据的,经保险监督管理机构主要负责人批准,申请人民法院予以冻结或者查封。

保险监督管理机构采取前款第(一)项、第(二)项、第(五)项措施的,应当经保险监督管理机构负责人批准;采取第(六)项措施的,应当经国务院保险监督管理机构负责人批准。

保险监督管理机构依法进行监督检查或者调查,其监督检查、调查的人员不得少于二人,并应当出示合法证件和监督检查、调查通知书;监督检查、调查的人员少于二人或者未出示合法证件和监督检查、调查通知书的,被检查、调查的单位和个人有权拒绝。

第一百五十五条 保险监督管理机构依法履行职责,被检查、调查的单位和个人应当配合。

第一百五十六条 保险监督管理机构工作人员应当忠于职守,依法办事,公正廉洁,不得利用职务便利牟取不正当利益,不得泄露所知悉的有关单位和个人的商业秘密。

第一百五十七条 国务院保险监督管理机构应当与中国人民银行、国务院其他金融监督管理机构建立监督管理信息共享机制。

保险监督管理机构依法履行职责,进行监督检查、调查时,有关部门应当予以配合。

第七章 法律责任

第一百五十八条 违反本法规定,擅自设立保险公司、保险资产管理公司或者非法经营商业保险业务的,由保险监督管理机构予以取缔,没收违法所得,并处违法所得一倍以上五倍以下的罚款;没有违法所得或者违法所得不足二十万元的,处二十万元以上一百万元以下的罚款。

第一百五十九条 违反本法规定,擅自设立保险专业代理机构、保险经纪人,或者未取得经营保险代理业务许可证、保险经纪业务许可证从事保险代理业务、保险经纪业务的,由保险监督管理机构予以取缔,没收违法所得,并处违法所得一倍以上五倍以下的罚款;没有违法所得或者违法所得不足五万元的,处五万元以上三十万元以下的罚款。

第一百六十条 保险公司违反本法规定,超出批准的业务范围经营的,由保险监督管理机构责令限期改正,没收违法所得,并处违法所得一倍以上五倍以下的罚款;没有违法所得或者违法所得不足十万元的,处十万元以上五十万元以下的罚款。逾期不改正或者造成严重后果的,责令停业整顿或者吊销业务许可证。

第一百六十一条 保险公司有本法第一百一十六条规定行为之一的,由保险监督管理机构责令改正,处五万元以上三十万元以下的罚款;情节严重的,限制其业务范围、责令停止接受新业务或者吊销业务许可证。

第一百六十二条 保险公司违反本法第八十四条规定的,由保险监督管理机构责令改正,处一万元以上十万元以下的罚款。

第一百六十三条 保险公司违反本法规定,有下列行为之一的,由保险监督管理机构责令改正,处五万元以上三十万元以下的罚款:

(一)超额承保,情节严重的;
(二)为无民事行为能力人承保以死亡为给付保险金条件的保险的。

第一百六十四条 违反本法规定,有下列行为之一的,由保险监督管理机构责令改正,处五万元以上三十万元以下的罚款;情节严重的,可以限制其业务范围、责令停止接受新业务或者吊销业务许可证:

(一)未按照规定提存保证金或者违反规定动用保证金的;
(二)未按照规定提取或者结转各项责任准备金的;
(三)未按照规定缴纳保险保障基金或者提取公积金的;
(四)未按照规定办理再保险的;
(五)未按照规定运用保险公司资金的;
(六)未经批准设立分支机构的;
(七)未按照规定申请批准保险条款、保险费率的。

第一百六十五条 保险代理机构、保险经纪人有本法第一百三十一条规定行为之一的,由保险监督管理机构责令改正,处五万元以上三十万元以下的罚款;情节严重的,吊销业务许可证。

第一百六十六条 保险代理机构、保险经纪人违反本法规定,有下列行为之一的,由保险监督管理机构责令改正,处二万元以上十万元以下的罚款;情节严重的,责令停业整顿或者吊销业务许可证:

（一）未按照规定缴存保证金或者投保职业责任保险的；
（二）未按照规定设立专门账簿记载业务收支情况的。

第一百六十七条 违反本法规定,聘任不具有任职资格的人员的,由保险监督管理机构责令改正,处二万元以上十万元以下的罚款。

第一百六十八条 违反本法规定,转让、出租、出借业务许可证的,由保险监督管理机构处一万元以上十万元以下的罚款；情节严重的,责令停业整顿或者吊销业务许可证。

第一百六十九条 违反本法规定,有下列行为之一的,由保险监督管理机构责令限期改正；逾期不改正的,处一万元以上十万元以下的罚款：
（一）未按照规定报送或者保管报告、报表、文件、资料的,或者未按照规定提供有关信息、资料的；
（二）未按照规定报送保险条款、保险费率备案的；
（三）未按照规定披露信息的。

第一百七十条 违反本法规定,有下列行为之一的,由保险监督管理机构责令改正,处十万元以上五十万元以下的罚款；情节严重的,可以限制其业务范围、责令停止接受新业务或者吊销业务许可证：
（一）编制或者提供虚假的报告、报表、文件、资料的；
（二）拒绝或者妨碍依法监督检查的；
（三）未按照规定使用经批准或者备案的保险条款、保险费率的。

第一百七十一条 保险公司、保险资产管理公司、保险专业代理机构、保险经纪人违反本法规定的,保险监督管理机构除分别依照本法第一百六十条至第一百七十条的规定对该单位给予处罚外,对其直接负责的主管人员和其他直接责任人员给予警告,并处一万元以上十万元以下的罚款；情节严重的,撤销任职资格。

第一百七十二条 个人保险代理人违反本法规定的,由保险监督管理机构给予警告,可以并处二万元以下的罚款；情节严重的,处二万元以上十万元以下的罚款。

第一百七十三条 外国保险机构未经国务院保险监督管理机构批准,擅自在中华人民共和国境内设立代表机构的,由国务院保险监督管理机构予以取缔,处五万元以上三十万元以下的罚款。

外国保险机构在中华人民共和国境内设立的代表机构从事保险经营活动的,由保险监督管理机构责令改正,没收违法所得,并处违法所得一倍以上五倍以下的罚款；没有违法所得或者违法所得不足二十万元的,处二十万元以上一百万元以下的罚款；对其首席代表可以责令撤换；情节严重的,撤销其代表机构。

第一百七十四条 投保人、被保险人或者受益人有下列行为之一,进行保险诈骗活动,尚不构成犯罪的,依法给予行政处罚：
（一）投保人故意虚构保险标的,骗取保险金的；
（二）编造未曾发生的保险事故,或者编造虚假的事故原因或者夸大损失程度,骗取保险金的；
（三）故意造成保险事故,骗取保险金的。

保险事故的鉴定人、评估人、证明人故意提供虚假的证明文件,为投保人、被保险人或者受益人进行保险诈骗提供条件的,依照前款规定给予处罚。

第一百七十五条 违反本法规定,给他人造成损害的,依法承担民事责任。

第一百七十六条 拒绝、阻碍保险监督管理机构及其工作人员依法行使监督检查、调查职权,未使用暴力、威胁方法的,依法给予治安管理处罚。

第一百七十七条 违反法律、行政法规的规定,情节严重的,国务院保险监督管理机构可以禁止有关责任人员一定期限直至终身进入保险业。

第一百七十八条 保险监督管理机构从事监督管理工作的人员有下列情形之一的,依法给予处分：
（一）违反规定批准机构的设立的；

（二）违反规定进行保险条款、保险费率审批的；
（三）违反规定进行现场检查的；
（四）违反规定查询账户或者冻结资金的；
（五）泄露其知悉的有关单位和个人的商业秘密的；
（六）违反规定实施行政处罚的；
（七）滥用职权、玩忽职守的其他行为。

第一百七十九条 违反本法规定，构成犯罪的，依法追究刑事责任。

第八章 附 则

第一百八十条 保险公司应当加入保险行业协会。保险代理人、保险经纪人、保险公估机构可以加入保险行业协会。

保险行业协会是保险业的自律性组织，是社会团体法人。

第一百八十一条 保险公司以外的其他依法设立的保险组织经营的商业保险业务，适用本法。

第一百八十二条 海上保险适用《中华人民共和国海商法》的有关规定；《中华人民共和国海商法》未规定的，适用本法的有关规定。

第一百八十三条 中外合资保险公司、外资独资保险公司、外国保险公司分公司适用本法规定；法律、行政法规另有规定的，适用其规定。

第一百八十四条 国家支持发展为农业生产服务的保险事业。农业保险由法律、行政法规另行规定。

强制保险，法律、行政法规另有规定的，适用其规定。

第一百八十五条 本法自 2009 年 10 月 1 日起施行。

附录 2 中华人民共和国投标招标法

(1999 年 8 月 30 日第九届全国人民代表大会常务委员会第十一次会议通过。根据 2017 年 12 月 27 日第十二届全国人民代表大会常务委员会第三十一次会议《全国人民代表大会常务委员会关于修改〈中华人民共和国招标投标法〉、〈中华人民共和国计量法〉的决定》修正)

第一章　总　　则

第一条　为了规范招标投标活动,保护国家利益、社会公共利益和招标投标活动当事人的合法权益,提高经济效益,保证项目质量,制定本法。

第二条　在中华人民共和国境内进行招标投标活动,适用本法。

第三条　在中华人民共和国境内进行下列工程建设项目包括项目的勘察、设计、施工、监理以及与工程建设有关的重要设备、材料等的采购,必须进行招标:

(一) 大型基础设施、公用事业等关系社会公共利益、公众安全的项目;

(二) 全部或者部分使用国有资金投资或者国家融资的项目;

(三) 使用国际组织或者外国政府贷款、援助资金的项目。

前款所列项目的具体范围和规模标准,由国务院发展计划部门会同国务院有关部门制订,报国务院批准。

法律或者国务院对必须进行招标的其他项目的范围有规定的,依照其规定。

第四条　任何单位和个人不得将依法必须进行招标的项目化整为零或者以其他任何方式规避招标。

第五条　招标投标活动应当遵循公开、公平、公正和诚实信用的原则。

第六条　依法必须进行招标的项目,其招标投标活动不受地区或者部门的限制。任何单位和个人不得违法限制或者排斥本地区、本系统以外的法人或者其他组织参加投标,不得以任何方式非法干涉招标投标活动。

第七条　招标投标活动及其当事人应当接受依法实施的监督。

有关行政监督部门依法对招标投标活动实施监督,依法查处招标投标活动中的违法行为。

对招标投标活动的行政监督及有关部门的具体职权划分,由国务院规定。

第二章　招　　标

第八条　招标人是依照本法规定提出招标项目、进行招标的法人或者其他组织。

第九条　招标项目按照国家有关规定需要履行项目审批手续的,应当先履行审批手续,取得批准。

招标人应当有进行招标项目的相应资金或者资金来源已经落实,并应当在招标文件中如实载明。

第十条　招标分为公开招标和邀请招标。

公开招标，是指招标人以招标公告的方式邀请不特定的法人或者其他组织投标。

邀请招标，是指招标人以投标邀请书的方式邀请特定的法人或者其他组织投标。

第十一条　国务院发展计划部门确定的国家重点项目和省、自治区、直辖市人民政府确定的地方重点项目不适宜公开招标的，经国务院发展计划部门或者省、自治区、直辖市人民政府批准，可以进行邀请招标。

第十二条　招标人有权自行选择招标代理机构，委托其办理招标事宜。任何单位和个人不得以任何方式为招标人指定招标代理机构。

招标人具有编制招标文件和组织评标能力的，可以自行办理招标事宜。任何单位和个人不得强制其委托招标代理机构办理招标事宜。

依法必须进行招标的项目，招标人自行办理招标事宜的，应当向有关行政监督部门备案。

第十三条　招标代理机构是依法设立、从事招标代理业务并提供相关服务的社会中介组织。

招标代理机构应当具备下列条件：

（一）有从事招标代理业务的营业场所和相应资金；

（二）有能够编制招标文件和组织评标的相应专业力量。

第十四条　招标代理机构与行政机关和其他国家机关不得存在隶属关系或者其他利益关系。

第十五条　招标代理机构应当在招标人委托的范围内办理招标事宜，并遵守本法关于招标人的规定。

第十六条　招标人采用公开招标方式的，应当发布招标公告。依法必须进行招标的项目的招标公告，应当通过国家指定的报刊、信息网络或者其他媒介发布。

招标公告应当载明招标人的名称和地址、招标项目的性质、数量、实施地点和时间以及获取招标文件的办法等事项。

第十七条　招标人采用邀请招标方式的，应当向三个以上具备承担招标项目的能力、资信良好的特定的法人或者其他组织发出投标邀请书。

投标邀请书应当载明本法第十六条第二款规定的事项。

第十八条　招标人可以根据招标项目本身的要求，在招标公告或者投标邀请书中，要求潜在投标人提供有关资质证明文件和业绩情况，并对潜在投标人进行资格审查；国家对投标人的资格条件有规定的，依照其规定。

招标人不得以不合理的条件限制或者排斥潜在投标人，不得对潜在投标人实行歧视待遇。

第十九条　招标人应当根据招标项目的特点和需要编制招标文件。招标文件应当包括招标项目的技术要求、对投标人资格审查的标准、投标报价要求和评标标准等所有实质性要求和条件以及拟签订合同的主要条款。

国家对招标项目的技术、标准有规定的，招标人应当按照其规定在招标文件中提出相应要求。

招标项目需要划分标段、确定工期的，招标人应当合理划分标段、确定工期，并在招标文件中载明。

第二十条　招标文件不得要求或者标明特定的生产供应者以及含有倾向或者排斥潜在投标人的其他内容。

第二十一条　招标人根据招标项目的具体情况，可以组织潜在投标人踏勘项目现场。

第二十二条　招标人不得向他人透露已获取招标文件的潜在投标人的名称、数量以及可能影响公平竞争的有关招标投标的其他情况。

招标人设有标底的，标底必须保密。

第二十三条　招标人对已发出的招标文件进行必要的澄清或者修改的，应当在招标文件要求提交投标文件截止时间至少十五日前，以书面形式通知所有招标文件收受人。该澄清或者修改的内容为招标文件的组成部分。

第二十四条 招标人应当确定投标人编制投标文件所需要的合理时间;但是,依法必须进行招标的项目,自招标文件开始发出之日起至投标人提交投标文件截止之日止,最短不得少于二十日。

第三章 投 标

第二十五条 投标人是响应招标、参加投标竞争的法人或者其他组织。

依法招标的科研项目允许个人参加投标的,投标的个人适用本法有关投标人的规定。

第二十六条 投标人应当具备承担招标项目的能力;国家有关规定对投标人资格条件或者招标文件对投标人资格条件有规定的,投标人应当具备规定的资格条件。

第二十七条 投标人应当按照招标文件的要求编制投标文件。投标文件应当对招标文件提出的实质性要求和条件作出响应。

招标项目属于建设施工的,投标文件的内容应当包括拟派出的项目负责人与主要技术人员的简历、业绩和拟用于完成招标项目的机械设备等。

第二十八条 投标人应当在招标文件要求提交投标文件的截止时间前,将投标文件送达投标地点。招标人收到投标文件后,应当签收保存,不得开启。投标人少于三个的,招标人应当依照本法重新招标。

在招标文件要求提交投标文件的截止时间后送达的投标文件,招标人应当拒收。

第二十九条 投标人在招标文件要求提交投标文件的截止时间前,可以补充、修改或者撤回已提交的投标文件,并书面通知招标人。补充、修改的内容为投标文件的组成部分。

第三十条 投标人根据招标文件载明的项目实际情况,拟在中标后将中标项目的部分非主体、非关键性工作进行分包的,应当在投标文件中载明。

第三十一条 两个以上法人或者其他组织可以组成一个联合体,以一个投标人的身份共同投标。

联合体各方均应当具备承担招标项目的相应能力;国家有关规定或者招标文件对投标人资格条件有规定的,联合体各方均应当具备规定的相应资格条件。由同一专业的单位组成的联合体,按照资质等级较低的单位确定资质等级。

联合体各方应当签订共同投标协议,明确约定各方拟承担的工作和责任,并将共同投标协议连同投标文件一并提交招标人。联合体中标的,联合体各方应当共同与招标人签订合同,就中标项目向招标人承担连带责任。

招标人不得强制投标人组成联合体共同投标,不得限制投标人之间的竞争。

第三十二条 投标人不得相互串通投标报价,不得排挤其他投标人的公平竞争,损害招标人或者其他投标人的合法权益。

投标人不得与招标人串通投标,损害国家利益、社会公共利益或者他人的合法权益。

禁止投标人以向招标人或者评标委员会成员行贿的手段谋取中标。

第三十三条 投标人不得以低于成本的报价竞标,也不得以他人名义投标或者以其他方式弄虚作假,骗取中标。

第四章 开标、评标和中标

第三十四条 开标应当在招标文件确定的提交投标文件截止时间的同一时间公开进行;开标地点应当为招标文件中预先确定的地点。

第三十五条 开标由招标人主持,邀请所有投标人参加。

第三十六条 开标时,由投标人或者其推选的代表检查投标文件的密封情况,也可以由招标人委托的公证机构检查并公证;经确认无误后,由工作人员当众拆封,宣读投标人名称、投标价格和投标文件的其他主要内容。

招标人在招标文件要求提交投标文件的截止时间前收到的所有投标文件,开标时都应当当众予以拆封、宣读。

开标过程应当记录,并存档备查。

第三十七条 评标由招标人依法组建的评标委员会负责。

依法必须进行招标的项目,其评标委员会由招标人的代表和有关技术、经济等方面的专家组成,成员人数为五人以上单数,其中技术、经济等方面的专家不得少于成员总数的三分之二。

前款专家应当从事相关领域工作满八年并具有高级职称或者具有同等专业水平,由招标人从国务院有关部门或者省、自治区、直辖市人民政府有关部门提供的专家名册或者招标代理机构的专家库内的相关专业的专家名单中确定;一般招标项目可以采取随机抽取方式,特殊招标项目可以由招标人直接确定。

与投标人有利害关系的人不得进入相关项目的评标委员会;已经进入的应当更换。

评标委员会成员的名单在中标结果确定前应当保密。

第三十八条 招标人应当采取必要的措施,保证评标在严格保密的情况下进行。

任何单位和个人不得非法干预、影响评标的过程和结果。

第三十九条 评标委员会可以要求投标人对投标文件中含义不明确的内容作必要的澄清或者说明,但是澄清或者说明不得超出投标文件的范围或者改变投标文件的实质性内容。

第四十条 评标委员会应当按照招标文件确定的评标标准和方法,对投标文件进行评审和比较;设有标底的,应当参考标底。评标委员会完成评标后,应当向招标人提出书面评标报告,并推荐合格的中标候选人。

招标人根据评标委员会提出的书面评标报告和推荐的中标候选人确定中标人。招标人也可以授权评标委员会直接确定中标人。

国务院对特定招标项目的评标有特别规定的,从其规定。

第四十一条 中标人的投标应当符合下列条件之一:

(一)能够最大限度地满足招标文件中规定的各项综合评价标准;

(二)能够满足招标文件的实质性要求,并且经评审的投标价格最低;但是投标价格低于成本的除外。

第四十二条 评标委员会经评审,认为所有投标都不符合招标文件要求的,可以否决所有投标。

依法必须进行招标的项目的所有投标被否决的,招标人应当依照本法重新招标。

第四十三条 在确定中标人前,招标人不得与投标人就投标价格、投标方案等实质性内容进行谈判。

第四十四条 评标委员会成员应当客观、公正地履行职务,遵守职业道德,对所提出的评审意见承担个人责任。

评标委员会成员不得私下接触投标人,不得收受投标人的财物或者其他好处。

评标委员会成员和参与评标的有关工作人员不得透露对投标文件的评审和比较、中标候选人的推荐情况以及与评标有关的其他情况。

第四十五条 中标人确定后,招标人应当向中标人发出中标通知书,并同时将中标结果通知所有未中标的投标人。

中标通知书对招标人和中标人具有法律效力。中标通知书发出后,招标人改变中标结果的,或者中标人放弃中标项目的,应当依法承担法律责任。

第四十六条　招标人和中标人应当自中标通知书发出之日起三十日内,按照招标文件和中标人的投标文件订立书面合同。招标人和中标人不得再行订立背离合同实质性内容的其他协议。

招标文件要求中标人提交履约保证金的,中标人应当提交。

第四十七条　依法必须进行招标的项目,招标人应当自确定中标人之日起十五日内,向有关行政监督部门提交招标投标情况的书面报告。

第四十八条　中标人应当按照合同约定履行义务,完成中标项目。中标人不得向他人转让中标项目,也不得将中标项目肢解后分别向他人转让。

中标人按照合同约定或者经招标人同意,可以将中标项目的部分非主体、非关键性工作分包给他人完成。接受分包的人应当具备相应的资格条件,并不得再次分包。

中标人应当就分包项目向招标人负责,接受分包的人就分包项目承担连带责任。

第五章　法　律　责　任

第四十九条　违反本法规定,必须进行招标的项目而不招标的,将必须进行招标的项目化整为零或者以其他任何方式规避招标的,责令限期改正,可以处项目合同金额千分之五以上千分之十以下的罚款;对全部或者部分使用国有资金的项目,可以暂停项目执行或者暂停资金拨付;对单位直接负责的主管人员和其他直接责任人员依法给予处分。

第五十条　招标代理机构违反本法规定,泄露应当保密的与招标投标活动有关的情况和资料的,或者与招标人、投标人串通损害国家利益、社会公共利益或者他人合法权益的,处五万元以上二十五万元以下的罚款,对单位直接负责的主管人员和其他直接责任人员处单位罚款数额百分之五以上百分之十以下的罚款;有违法所得的,并处没收违法所得;情节严重的,禁止其一年至二年内代理依法必须进行招标的项目并予以公告,直至由工商行政管理机关吊销营业执照;构成犯罪的,依法追究刑事责任。给他人造成损失的,依法承担赔偿责任。

前款所列行为影响中标结果的,中标无效。

第五十一条　招标人以不合理的条件限制或者排斥潜在投标人的,对潜在投标人实行歧视待遇的,强制要求投标人组成联合体共同投标的,或者限制投标人之间竞争的,责令改正,可以处一万元以上五万元以下的罚款。

第五十二条　依法必须进行招标的项目的招标人向他人透露已获取招标文件的潜在投标人的名称、数量或者可能影响公平竞争的有关招标投标的其他情况的,或者泄露标底的,给予警告,可以并处一万元以上十万元以下的罚款;对单位直接负责的主管人员和其他直接责任人员依法给予处分;构成犯罪的,依法追究刑事责任。

前款所列行为影响中标结果的,中标无效。

第五十三条　投标人相互串通投标或者与招标人串通投标的,投标人以向招标人或者评标委员会成员行贿的手段谋取中标的,中标无效,处中标项目金额千分之五以上千分之十以下的罚款,对单位直接负责的主管人员和其他直接责任人员处单位罚款数额百分之五以上百分之十以下的罚款;有违法所得的,并处没收违法所得;情节严重的,取消其一年至二年内参加依法必须进行招标的项目的投标资格并予以公告,直至由工商行政管理机关吊销营业执照;构成犯罪的,应依法追究刑事责任。给他人造成损失的,依法承担赔偿责任。

第五十四条　投标人以他人名义投标或者以其他方式弄虚作假,骗取中标的,中标无效,给招标人造成损失的,依法承担赔偿责任;构成犯罪的,依法追究刑事责任。

依法必须进行招标的项目的投标人有前款所列行为尚未构成犯罪的,处中标项目金额千分之五以上千分之十以下的罚款,对单位直接负责的主管人员和其他直接责任人员处单位罚款数额百分之五以上百分之十以下的罚款；有违法所得的，并处没收违法所得；情节严重的，取消其一年至三年内参加依法必须进行招标的项目的投标资格并予以公告，直至由工商行政管理机关吊销营业执照。

第五十五条　依法必须进行招标的项目，招标人违反本法规定，与投标人就投标价格、投标方案等实质性内容进行谈判的，给予警告，对单位直接负责的主管人员和其他直接责任人员依法给予处分。

前款所列行为影响中标结果的，中标无效。

第五十六条　评标委员会成员收受投标人的财物或者其他好处的，评标委员会成员或者参加评标的有关工作人员向他人透露对投标文件的评审和比较、中标候选人的推荐以及与评标有关的其他情况的，给予警告，没收收受的财物，可以并处三千元以上五万元以下的罚款，对有所列违法行为的评标委员会成员取消担任评标委员会成员的资格，不得再参加任何依法必须进行招标的项目的评标；构成犯罪的，依法追究刑事责任。

第五十七条　招标人在评标委员会依法推荐的中标候选人以外确定中标人的，依法必须进行招标的项目在所有投标被评标委员会否决后自行确定中标人的，中标无效。责令改正，可以处中标项目金额千分之五以上千分之十以下的罚款；对单位直接负责的主管人员和其他直接责任人员依法给予处分。

第五十八条　中标人将中标项目转让给他人的，将中标项目肢解后分别转让给他人的，违反本法规定将中标项目的部分主体、关键性工作分包给他人的，或者分包人再次分包的，转让、分包无效，处转让、分包项目金额千分之五以上千分之十以下的罚款；有违法所得的，并处没收违法所得；可以责令停业整顿；情节严重的，由工商行政管理机关吊销营业执照。

第五十九条　招标人与中标人不按照招标文件和中标人的投标文件订立合同的，或者招标人、中标人订立背离合同实质性内容的协议的，责令改正；可以处中标项目金额千分之五以上千分之十以下的罚款。

第六十条　中标人不履行与招标人订立的合同的，履约保证金不予退还，给招标人造成的损失超过履约保证金数额的，还应当对超过部分予以赔偿；没有提交履约保证金的，应当对招标人的损失承担赔偿责任。

中标人不按照与招标人订立的合同履行义务的，情节严重的，取消其二年至五年内参加依法必须进行招标的项目的投标资格并予以公告，直至由工商行政管理机关吊销营业执照。

因不可抗力不能履行合同的，不适用前两款规定。

第六十一条　本章规定的行政处罚，由国务院规定的有关行政监督部门决定。本法已对实施行政处罚的机关作出规定的除外。

第六十二条　任何单位违反本法规定，限制或者排斥本地区、本系统以外的法人或者其他组织参加投标的，为招标人指定招标代理机构的，强制招标人委托招标代理机构办理招标事宜的，或者以其他方式干涉招标投标活动的，责令改正；对单位直接负责的主管人员和其他直接责任人员依法给予警告、记过、记大过的处分，情节较重的，依法给予降级、撤职、开除的处分。

个人利用职权进行前款违法行为的，依照前款规定追究责任。

第六十三条　对招标投标活动依法负有行政监督职责的国家机关工作人员徇私舞弊、滥用职权或者玩忽职守，构成犯罪的，依法追究刑事责任；不构成犯罪的，依法给予行政处分。

第六十四条　依法必须进行招标的项目违反本法规定，中标无效的，应当依照本法规定的中标条件从其余投标人中重新确定中标人或者依照本法重新进行招标。

第六章　附　　则

第六十五条　投标人和其他利害关系人认为招标投标活动不符合本法有关规定的，有权向招标人提出异议或者依法向有关行政监督部门投诉。

第六十六条 涉及国家安全、国家秘密、抢险救灾或者属于利用扶贫资金实行以工代赈、需要使用农民工等特殊情况,不适宜进行招标的项目,按照国家有关规定可以不进行招标。

第六十七条 使用国际组织或者外国政府贷款、援助资金的项目进行招标,贷款方、资金提供方对招标投标的具体条件和程序有不同规定的,可以适用其规定,但违背中华人民共和国的社会公共利益的除外。

第六十八条 本法自 2000 年 1 月 1 日起施行。

附录3 中华人民共和国招标投标法实施条例

(2011年11月30日国务院第183次常务会议通过,自2012年2月1日起施行。根据2017年3月1日《国务院关于修改和废止部分行政法规的决定》第一次修订;根据2018年3月19日《国务院关于修改和废止部分行政法规的决定》第二次修订;根据2019年3月2日《国务院关于修改部分行政法规的决定》第三次修订)

第一章 总 则

第一条 为了规范招标投标活动,根据《中华人民共和国招标投标法》(以下简称招标投标法),制定本条例。

第二条 招标投标法第三条所称工程建设项目,是指工程以及与工程建设有关的货物、服务。

前款所称工程,是指建设工程,包括建筑物和构筑物的新建、改建、扩建及其相关的装修、拆除、修缮等;所称与工程建设有关的货物,是指构成工程不可分割的组成部分,且为实现工程基本功能所必需的设备、材料等;所称与工程建设有关的服务,是指为完成工程所需的勘察、设计、监理等服务。

第三条 依法必须进行招标的工程建设项目的具体范围和规模标准,由国务院发展改革部门会同国务院有关部门制订,报国务院批准后公布施行。

第四条 国务院发展改革部门指导和协调全国招标投标工作,对国家重大建设项目的工程招标投标活动实施监督检查。国务院工业和信息化、住房城乡建设、交通运输、铁道、水利、商务等部门,按照规定的职责分工对有关招标投标活动实施监督。

县级以上地方人民政府发展改革部门指导和协调本行政区域的招标投标工作。县级以上地方人民政府有关部门按照规定的职责分工,对招标投标活动实施监督,依法查处招标投标活动中的违法行为。县级以上地方人民政府对其所属部门有关招标投标活动的监督职责分工另有规定的,从其规定。

财政部门依法对实行招标投标的政府采购工程建设项目的政府采购政策执行情况实施监督。

监察机关依法对与招标投标活动有关的监察对象实施监察。

第五条 设区的市级以上地方人民政府可以根据实际需要,建立统一规范的招标投标交易场所,为招标投标活动提供服务。招标投标交易场所不得与行政监督部门存在隶属关系,不得以营利为目的。

国家鼓励利用信息网络进行电子招标投标。

第六条 禁止国家工作人员以任何方式非法干涉招标投标活动。

第二章 招 标

第七条 按照国家有关规定需要履行项目审批、核准手续的依法必须进行招标的项目,其招标范围、招标方式、招标组织形式应当报项目审批、核准部门审批、核准。项目审批、核准部门应当及时将审批、核准确定的招标范围、招标方式、招标组织形式通报有关行政监督部门。

第八条　国有资金占控股或者主导地位的依法必须进行招标的项目,应当公开招标;但有下列情形之一的,可以邀请招标:
(一)技术复杂、有特殊要求或者受自然环境限制,只有少量潜在投标人可供选择的;
(二)采用公开招标方式的费用占项目合同金额的比例过大。

有前款第二项所列情形,属于本条例第七条规定的项目,由项目审批、核准部门在审批、核准项目时作出认定;其他项目由招标人申请有关行政监督部门作出认定。

第九条　除招标投标法第六十六条规定的可以不进行招标的特殊情况外,有下列情形之一的,可以不进行招标:
(一)需要采用不可替代的专利或者专有技术;
(二)采购人依法能够自行建设、生产或者提供;
(三)已通过招标方式选定的特许经营项目投资人依法能够自行建设、生产或者提供;
(四)需要向原中标人采购工程、货物或者服务,否则将影响施工或者功能配套要求;
(五)国家规定的其他特殊情形。

招标人为适用前款规定弄虚作假的,属于招标投标法第四条规定的规避招标。

第十条　招标投标法第十二条第二款规定的招标人具有编制招标文件和组织评标能力,是指招标人具有与招标项目规模和复杂程度相适应的技术、经济等方面的专业人员。

第十一条　国务院住房城乡建设、商务、发展改革、工业和信息化等部门,按照规定的职责分工对招标代理机构依法实施监督管理。

第十二条　招标代理机构应当拥有一定数量的具备编制招标文件、组织评标等相应能力的专业人员。

第十三条　招标代理机构在招标人委托的范围内开展招标代理业务,任何单位和个人不得非法干涉。

招标代理机构代理招标业务,应当遵守招标投标法和本条例关于招标人的规定。招标代理机构不得在所代理的招标项目中投标或者代理投标,也不得为所代理的招标项目的投标人提供咨询。

第十四条　招标人应当与被委托的招标代理机构签订书面委托合同,合同约定的收费标准应当符合国家有关规定。

第十五条　公开招标的项目,应当依照招标投标法和本条例的规定发布招标公告、编制招标文件。

招标人采用资格预审办法对潜在投标人进行资格审查的,应当发布资格预审公告、编制资格预审文件。

依法必须进行招标的项目的资格预审公告和招标公告,应当在国务院发展改革部门依法指定的媒介发布。在不同媒介发布的同一招标项目的资格预审公告或者招标公告的内容应当一致。指定媒介发布依法必须进行招标的项目的境内资格预审公告、招标公告,不得收取费用。

编制依法必须进行招标的项目的资格预审文件和招标文件,应当使用国务院发展改革部门会同有关行政监督部门制定的标准文本。

第十六条　招标人应当按照资格预审公告、招标公告或者投标邀请书规定的时间、地点发售资格预审文件或者招标文件。资格预审文件或者招标文件的发售期不得少于5日。

招标人发售资格预审文件、招标文件收取的费用应当限于补偿印刷、邮寄的成本支出,不得以营利为目的。

第十七条　招标人应当合理确定提交资格预审申请文件的时间。依法必须进行招标的项目提交资格预审申请文件的时间,自资格预审文件停止发售之日起不得少于5日。

第十八条　资格预审应当按照资格预审文件载明的标准和方法进行。

国有资金占控股或者主导地位的依法必须进行招标的项目,招标人应当组建资格审查委员会审查资格预审申请文件。资格审查委员会及其成员应当遵守招标投标法和本条例有关评标委员会及其成员的规定。

第十九条 资格预审结束后,招标人应当及时向资格预审申请人发出资格预审结果通知书。未通过资格预审的申请人不具有投标资格。

通过资格预审的申请人少于3个的,应当重新招标。

第二十条 招标人采用资格后审办法对投标人进行资格审查的,应当在开标后由评标委员会按照招标文件规定的标准和方法对投标人的资格进行审查。

第二十一条 招标人可以对已发出的资格预审文件或者招标文件进行必要的澄清或者修改。澄清或者修改的内容可能影响资格预审申请文件或者投标文件编制的,招标人应当在提交资格预审申请文件截止时间至少3日前,或者投标截止时间至少15日前,以书面形式通知所有获取资格预审文件或者招标文件的潜在投标人;不足3日或者15日的,招标人应当顺延提交资格预审申请文件或者投标文件的截止时间。

第二十二条 潜在投标人或者其他利害关系人对资格预审文件有异议的,应当在提交资格预审申请文件截止时间2日前提出;对招标文件有异议的,应当在投标截止时间10日前提出。招标人应当自收到异议之日起3日内作出答复;作出答复前,应当暂停招标投标活动。

第二十三条 招标人编制的资格预审文件、招标文件的内容违反法律、行政法规的强制性规定,违反公开、公平、公正和诚实信用原则,影响资格预审结果或者潜在投标人投标的,依法必须进行招标的项目的招标人应当在修改资格预审文件或者招标文件后重新招标。

第二十四条 招标人对招标项目划分标段的,应当遵守招标投标法的有关规定,不得利用划分标段限制或者排斥潜在投标人。依法必须进行招标的项目的招标人不得利用划分标段规避招标。

第二十五条 招标人应当在招标文件中载明投标有效期。投标有效期从提交投标文件的截止之日起算。

第二十六条 招标人在招标文件中要求投标人提交投标保证金的,投标保证金不得超过招标项目估算价的2%。投标保证金有效期应当与投标有效期一致。

依法必须进行招标的项目的境内投标单位,以现金或者支票形式提交的投标保证金应当从其基本账户转出。

招标人不得挪用投标保证金。

第二十七条 招标人可以自行决定是否编制标底。一个招标项目只能有一个标底。标底必须保密。

接受委托编制标底的中介机构不得参加受托编制标底项目的投标,也不得为该项目的投标人编制投标文件或者提供咨询。

招标人设有最高投标限价的,应当在招标文件中明确最高投标限价或者最高投标限价的计算方法。招标人不得规定最低投标限价。

第二十八条 招标人不得组织单个或者部分潜在投标人踏勘项目现场。

第二十九条 招标人可以依法对工程以及与工程建设有关的货物、服务全部或者部分实行总承包招标。以暂估价形式包括在总承包范围内的工程、货物、服务属于依法必须进行招标的项目范围且达到国家规定规模标准的,应当依法进行招标。

前款所称暂估价,是指总承包招标时不能确定价格而由招标人在招标文件中暂时估定的工程、货物、服务的金额。

第三十条 对技术复杂或者无法精确拟定技术规格的项目,招标人可以分两阶段进行招标。

第一阶段,投标人按照招标公告或者投标邀请书的要求提交不带报价的技术建议,招标人根据投标人提交的技术建议确定技术标准和要求,编制招标文件。

第二阶段,招标人向在第一阶段提交技术建议的投标人提供招标文件,投标人按照招标文件的要求提交包括最终技术方案和投标报价的投标文件。

招标人要求投标人提交投标保证金的,应当在第二阶段提出。

第三十一条 招标人终止招标的,应当及时发布公告,或者以书面形式通知被邀请的或者已经获取资格预审文件、招标文件的潜在投标人。已经发售资格预审文件、招标文件或者已经收取投标保证金的,招标人应当及时退还所收取的资格预审文件、招标文件的费用,以及所收取的投标保证金及银行同期存款利息。

第三十二条 招标人不得以不合理的条件限制、排斥潜在投标人或者投标人。

招标人有下列行为之一的,属于以不合理条件限制、排斥潜在投标人或者投标人:

(一)就同一招标项目向潜在投标人或者投标人提供有差别的项目信息;

(二)设定的资格、技术、商务条件与招标项目的具体特点和实际需要不相适应或者与合同履行无关;

(三)依法必须进行招标的项目以特定行政区域或者特定行业的业绩、奖项作为加分条件或者中标条件;

(四)对潜在投标人或者投标人采取不同的资格审查或者评标标准;

(五)限定或者指定特定的专利、商标、品牌、原产地或者供应商;

(六)依法必须进行招标的项目非法限定潜在投标人或者投标人的所有制形式或者组织形式;

(七)以其他不合理条件限制、排斥潜在投标人或者投标人。

第三章 投 标

第三十三条 投标人参加依法必须进行招标的项目的投标,不受地区或者部门的限制,任何单位和个人不得非法干涉。

第三十四条 与招标人存在利害关系可能影响招标公正性的法人、其他组织或者个人,不得参加投标。

单位负责人为同一人或者存在控股、管理关系的不同单位,不得参加同一标段投标或者未划分标段的同一招标项目投标。

违反前两款规定的,相关投标均无效。

第三十五条 投标人撤回已提交的投标文件,应当在投标截止时间前书面通知招标人。招标人已收取投标保证金的,应当自收到投标人书面撤回通知之日起5日内退还。

投标截止后投标人撤销投标文件的,招标人可以不退还投标保证金。

第三十六条 未通过资格预审的申请人提交的投标文件,以及逾期送达或者不按照招标文件要求密封的投标文件,招标人应当拒收。

招标人应当如实记载投标文件的送达时间和密封情况,并存档备查。

第三十七条 招标人应当在资格预审公告、招标公告或者投标邀请书中载明是否接受联合体投标。

招标人接受联合体投标并进行资格预审的,联合体应当在提交资格预审申请文件前组成。资格预审后联合体增减、更换成员的,其投标无效。

联合体各方在同一招标项目中以自己名义单独投标或者参加其他联合体投标的,相关投标均无效。

第三十八条 投标人发生合并、分立、破产等重大变化的,应当及时书面告知招标人。投标人不再具备资格预审文件、招标文件规定的资格条件或者其投标影响招标公正性的,其投标无效。

第三十九条 禁止投标人相互串通投标。

有下列情形之一的,属于投标人相互串通投标:

（一）投标人之间协商投标报价等投标文件的实质性内容；
（二）投标人之间约定中标人；
（三）投标人之间约定部分投标人放弃投标或者中标；
（四）属于同一集团、协会、商会等组织成员的投标人按照该组织要求协同投标；
（五）投标人之间为谋取中标或者排斥特定投标人而采取的其他联合行动。

第四十条 有下列情形之一的，视为投标人相互串通投标：
（一）不同投标人的投标文件由同一单位或者个人编制；
（二）不同投标人委托同一单位或者个人办理投标事宜；
（三）不同投标人的投标文件载明的项目管理成员为同一人；
（四）不同投标人的投标文件异常一致或者投标报价呈规律性差异；
（五）不同投标人的投标文件相互混装；
（六）不同投标人的投标保证金从同一单位或者个人的账户转出。

第四十一条 禁止招标人与投标人串通投标。
有下列情形之一的，属于招标人与投标人串通投标：
（一）招标人在开标前开启投标文件并将有关信息泄露给其他投标人；
（二）招标人直接或者间接向投标人泄露标底、评标委员会成员等信息；
（三）招标人明示或者暗示投标人压低或者抬高投标报价；
（四）招标人授意投标人撤换、修改投标文件；
（五）招标人明示或者暗示投标人为特定投标人中标提供方便；
（六）招标人与投标人为谋求特定投标人中标而采取的其他串通行为。

第四十二条 使用通过受让或者租借等方式获取的资格、资质证书投标的，属于招标投标法第三十三条规定的以他人名义投标。
投标人有下列情形之一的，属于招标投标法第三十三条规定的以其他方式弄虚作假的行为：
（一）使用伪造、变造的许可证件；
（二）提供虚假的财务状况或者业绩；
（三）提供虚假的项目负责人或者主要技术人员简历、劳动关系证明；
（四）提供虚假的信用状况；
（五）其他弄虚作假的行为。

第四十三条 提交资格预审申请文件的申请人应当遵守招标投标法和本条例有关投标人的规定。

第四章 开标、评标和中标

第四十四条 招标人应当按照招标文件规定的时间、地点开标。
投标人少于3个的，不得开标；招标人应当重新招标。
投标人对开标有异议的，应当在开标现场提出，招标人应当当场作出答复，并制作记录。

第四十五条 国家实行统一的评标专家专业分类标准和管理办法。具体标准和办法由国务院发展改革部门会同国务院有关部门制定。
省级人民政府和国务院有关部门应当组建综合评标专家库。

第四十六条 除招标投标法第三十七条第三款规定的特殊招标项目外，依法必须进行招标的项目，其评标委员会的专家成员应当从评标专家库内相关专业的专家名单中以随机抽取方式确定。任何单位和个人不得以明示、暗示等任何方式指定或者变相指定参加评标委员会的专家成员。
依法必须进行招标的项目的招标人非因招标投标法和本条例规定的事由，不得更换依法确定的评标委员会成员。更换评标委员会的专家成员应当依照前款规定进行。

评标委员会成员与投标人有利害关系的,应当主动回避。

有关行政监督部门应当按照规定的职责分工,对评标委员会成员的确定方式、评标专家的抽取和评标活动进行监督。行政监督部门的工作人员不得担任本部门负责监督项目的评标委员会成员。

第四十七条 招标投标法第三十七条第三款所称特殊招标项目,是指技术复杂、专业性强或者国家有特殊要求,采取随机抽取方式确定的专家难以保证胜任评标工作的项目。

第四十八条 招标人应当向评标委员会提供评标所必需的信息,但不得明示或者暗示其倾向或者排斥特定投标人。

招标人应当根据项目规模和技术复杂程度等因素合理确定评标时间。超过三分之一的评标委员会成员认为评标时间不够的,招标人应当适当延长。

评标过程中,评标委员会成员有回避事由、擅离职守或者因健康等原因不能继续评标的,应当及时更换。被更换的评标委员会成员作出的评审结论无效,由更换后的评标委员会成员重新进行评审。

第四十九条 评标委员会成员应当依照招标投标法和本条例的规定,按照招标文件规定的评标标准和方法,客观、公正地对投标文件提出评审意见。招标文件没有规定的评标标准和方法不得作为评标的依据。

评标委员会成员不得私下接触投标人,不得收受投标人给予的财物或者其他好处,不得向招标人征询确定中标人的意向,不得接受任何单位或者个人明示或者暗示提出的倾向或者排斥特定投标人的要求,不得有其他不客观、不公正履行职务的行为。

第五十条 招标项目设有标底的,招标人应当在开标时公布。标底只能作为评标的参考,不得以投标报价是否接近标底作为中标条件,也不得以投标报价超过标底上下浮动范围作为否决投标的条件。

第五十一条 有下列情形之一的,评标委员会应当否决其投标:

(一)投标文件未经投标单位盖章和单位负责人签字;

(二)投标联合体没有提交共同投标协议;

(三)投标人不符合国家或者招标文件规定的资格条件;

(四)同一投标人提交两个以上不同的投标文件或者投标报价,但招标文件要求提交备选投标的除外;

(五)投标报价低于成本或者高于招标文件设定的最高投标限价;

(六)投标文件没有对招标文件的实质性要求和条件作出响应;

(七)投标人有串通投标、弄虚作假、行贿等违法行为。

第五十二条 投标文件中有含义不明确的内容、明显文字或者计算错误,评标委员会认为需要投标人作出必要澄清、说明的,应当书面通知该投标人。投标人的澄清、说明应当采用书面形式,并不得超出投标文件的范围或者改变投标文件的实质性内容。

评标委员会不得暗示或者诱导投标人作出澄清、说明,不得接受投标人主动提出的澄清、说明。

第五十三条 评标完成后,评标委员会应当向招标人提交书面评标报告和中标候选人名单。中标候选人应当不超过3个,并标明排序。

评标报告应当由评标委员会全体成员签字。对评标结果有不同意见的评标委员会成员应当以书面形式说明其不同意见和理由,评标报告应当注明该不同意见。评标委员会成员拒绝在评标报告上签字又不书面说明其不同意见和理由的,视为同意评标结果。

第五十四条 依法必须进行招标的项目,招标人应当自收到评标报告之日起3日内公示中标候选人,公示期不得少于3日。

投标人或者其他利害关系人对依法必须进行招标的项目的评标结果有异议的,应当在中标候选人公示期间提出。招标人应当自收到异议之日起3日内作出答复;作出答复前,应当暂停招标投标活动。

第五十五条　国有资金占控股或者主导地位的依法必须进行招标的项目,招标人应当确定排名第一的中标候选人为中标人。排名第一的中标候选人放弃中标、因不可抗力不能履行合同、不按照招标文件要求提交履约保证金,或者被查实存在影响中标结果的违法行为等情形,不符合中标条件的,招标人可以按照评标委员会提出的中标候选人名单排序依次确定其他中标候选人为中标人,也可以重新招标。

第五十六条　中标候选人的经营、财务状况发生较大变化或者存在违法行为,招标人认为可能影响其履约能力的,应当在发出中标通知书前由原评标委员会按照招标文件规定的标准和方法审查确认。

第五十七条　招标人和中标人应当依照招标投标法和本条例的规定签订书面合同,合同的标的、价款、质量、履行期限等主要条款应当与招标文件和中标人的投标文件的内容一致。招标人和中标人不得再行订立背离合同实质性内容的其他协议。

招标人最迟应当在书面合同签订后 5 日内向中标人和未中标的投标人退还投标保证金及银行同期存款利息。

第五十八条　招标文件要求中标人提交履约保证金的,中标人应当按照招标文件的要求提交。履约保证金不得超过中标合同金额的 10%。

第五十九条　中标人应当按照合同约定履行义务,完成中标项目。中标人不得向他人转让中标项目,也不得将中标项目肢解后分别向他人转让。

中标人按照合同约定或者经招标人同意,可以将中标项目的部分非主体、非关键性工作分包给他人完成。接受分包的人应当具备相应的资格条件,并不得再次分包。

中标人应当就分包项目向招标人负责,接受分包的人就分包项目承担连带责任。

第五章　投诉与处理

第六十条　投标人或者其他利害关系人认为招标投标活动不符合法律、行政法规规定的,可以自知道或者应当知道之日起 10 日内向有关行政监督部门投诉。投诉应当有明确的请求和必要的证明材料。

就本条例第二十二条、第四十四条、第五十四条规定事项投诉的,应当先向招标人提出异议,异议答复期间不计算在前款规定的期限内。

第六十一条　投诉人就同一事项向两个以上有权受理的行政监督部门投诉的,由最先收到投诉的行政监督部门负责处理。

行政监督部门应当自收到投诉之日起 3 个工作日内决定是否受理投诉,并自受理投诉之日起 30 个工作日内作出书面处理决定;需要检验、检测、鉴定、专家评审的,所需时间不计算在内。

投诉人捏造事实、伪造材料或者以非法手段取得证明材料进行投诉的,行政监督部门应当予以驳回。

第六十二条　行政监督部门处理投诉,有权查阅、复制有关文件、资料,调查有关情况,相关单位和人员应当予以配合。必要时,行政监督部门可以责令暂停招标投标活动。

行政监督部门的工作人员对监督检查过程中知悉的国家秘密、商业秘密,应当依法予以保密。

第六章　法　律　责　任

第六十三条　招标人有下列限制或者排斥潜在投标人行为之一的,由有关行政监督部门依照招标投标法第五十一条的规定处罚:

（一）依法应当公开招标的项目不按照规定在指定媒介发布资格预审公告或者招标公告；

（二）在不同媒介发布的同一招标项目的资格预审公告或者招标公告的内容不一致，影响潜在投标人申请资格预审或者投标。

依法必须进行招标的项目的招标人不按照规定发布资格预审公告或者招标公告，构成规避招标的，依照招标投标法第四十九条的规定处罚。

第六十四条 招标人有下列情形之一的，由有关行政监督部门责令改正，可以处 10 万元以下的罚款：

（一）依法应当公开招标而采用邀请招标；

（二）招标文件、资格预审文件的发售、澄清、修改的时限，或者确定的提交资格预审申请文件、投标文件的时限不符合招标投标法和本条例规定；

（三）接受未通过资格预审的单位或者个人参加投标；

（四）接受应当拒收的投标文件。

招标人有前款第一项、第三项、第四项所列行为之一的，对单位直接负责的主管人员和其他直接责任人员依法给予处分。

第六十五条 招标代理机构在所代理的招标项目中投标、代理投标或者向该项目投标人提供咨询的，接受委托编制标底的中介机构参加受托编制标底项目的投标或者为该项目的投标人编制投标文件、提供咨询的，依照招标投标法第五十条的规定追究法律责任。

第六十六条 招标人超过本条例规定的比例收取投标保证金、履约保证金或者不按照规定退还投标保证金及银行同期存款利息的，由有关行政监督部门责令改正，可以处 5 万元以下的罚款；给他人造成损失的，依法承担赔偿责任。

第六十七条 投标人相互串通投标或者与招标人串通投标的，投标人向招标人或者评标委员会成员行贿谋取中标的，中标无效；构成犯罪的，依法追究刑事责任；尚不构成犯罪的，依照招标投标法第五十三条的规定处罚。投标人未中标的，对单位的罚款金额按照招标项目合同金额依照招标投标法规定的比例计算。

投标人有下列行为之一的，属于招标投标法第五十三条规定的情节严重行为，由有关行政监督部门取消其 1 年至 2 年内参加依法必须进行招标的项目的投标资格：

（一）以行贿谋取中标；

（二）3 年内 2 次以上串通投标；

（三）串通投标行为损害招标人、其他投标人或者国家、集体、公民的合法利益，造成直接经济损失 30 万元以上；

（四）其他串通投标情节严重的行为。

投标人自本条第二款规定的处罚执行期限届满之日起 3 年内又有该款所列违法行为之一的，或者串通投标、以行贿谋取中标情节特别严重的，由工商行政管理机关吊销营业执照。

法律、行政法规对串通投标报价行为的处罚另有规定的，从其规定。

第六十八条 投标人以他人名义投标或者以其他方式弄虚作假骗取中标的，中标无效；构成犯罪的，依法追究刑事责任；尚不构成犯罪的，依照招标投标法第五十四条的规定处罚。依法必须进行招标的项目的投标人未中标的，对单位的罚款金额按照招标项目合同金额依照招标投标法规定的比例计算。

投标人有下列行为之一的，属于招标投标法第五十四条规定的情节严重行为，由有关行政监督部门取消其 1 年至 3 年内参加依法必须进行招标的项目的投标资格：

（一）伪造、变造资格、资质证书或者其他许可证件骗取中标；

（二）3 年内 2 次以上使用他人名义投标；

（三）弄虚作假骗取中标给招标人造成直接经济损失 30 万元以上；

（四）其他弄虚作假骗取中标情节严重的行为。

投标人自本条第二款规定的处罚执行期限届满之日起 3 年内又有该款所列违法行为之一的，或者弄虚作假骗取中标情节特别严重的，由工商行政管理机关吊销营业执照。

第六十九条　出让或者出租资格、资质证书供他人投标的，依照法律、行政法规的规定给予行政处罚；构成犯罪的，依法追究刑事责任。

第七十条　依法必须进行招标的项目的招标人不按照规定组建评标委员会，或者确定、更换评标委员会成员违反招标投标法和本条例规定的，由有关行政监督部门责令改正，可以处 10 万元以下的罚款，对单位直接负责的主管人员和其他直接责任人员依法给予处分；违法确定或者更换的评标委员会成员作出的评审结论无效，依法重新进行评审。

国家工作人员以任何方式非法干涉选取评标委员会成员的，依照本条例第八十条的规定追究法律责任。

第七十一条　评标委员会成员有下列行为之一的，由有关行政监督部门责令改正；情节严重的，禁止其在一定期限内参加依法必须进行招标的项目的评标；情节特别严重的，取消其担任评标委员会成员的资格：

（一）应当回避而不回避；

（二）擅离职守；

（三）不按照招标文件规定的评标标准和方法评标；

（四）私下接触投标人；

（五）向招标人征询确定中标人的意向或者接受任何单位或者个人明示或者暗示提出的倾向或者排斥特定投标人的要求；

（六）对依法应当否决的投标不提出否决意见；

（七）暗示或者诱导投标人作出澄清、说明或者接受投标人主动提出的澄清、说明；

（八）其他不客观、不公正履行职务的行为。

第七十二条　评标委员会成员收受投标人的财物或者其他好处的，没收收受的财物，处 3000 元以上 5 万元以下的罚款，取消担任评标委员会成员的资格，不得再参加依法必须进行招标的项目的评标；构成犯罪的，依法追究刑事责任。

第七十三条　依法必须进行招标的项目的招标人有下列情形之一的，由有关行政监督部门责令改正，可以处中标项目金额 10‰ 以下的罚款；给他人造成损失的，依法承担赔偿责任；对单位直接负责的主管人员和其他直接责任人员依法给予处分：

（一）无正当理由不发出中标通知书；

（二）不按照规定确定中标人；

（三）中标通知书发出后无正当理由改变中标结果；

（四）无正当理由不与中标人订立合同；

（五）在订立合同时向中标人提出附加条件。

第七十四条　中标人无正当理由不与招标人订立合同，在签订合同时向招标人提出附加条件，或者不按照招标文件要求提交履约保证金的，取消其中标资格，投标保证金不予退还。对依法必须进行招标的项目的中标人，由有关行政监督部门责令改正，可以处中标项目金额 10‰ 以下的罚款。

第七十五条　招标人和中标人不按照招标文件和中标人的投标文件订立合同，合同的主要条款与招标文件、中标人的投标文件的内容不一致，或者招标人、中标人订立背离合同实质性内容的协议的，由有关行政监督部门责令改正，可以处中标项目金额 5‰ 以上 10‰ 以下的罚款。

第七十六条　中标人将中标项目转让给他人的，将中标项目肢解后分别转让给他人的，违反招标投标法和本条例规定将中标项目的部分主体、关键性工作分包给他人的，或者分包人再次分包的，转让、分包无效,处转让、分包项目金额5‰以上10‰以下的罚款;有违法所得的,并处没收违法所得;可以责令停业整顿;情节严重的,由工商行政管理机关吊销营业执照。

第七十七条 投标人或者其他利害关系人捏造事实、伪造材料或者以非法手段取得证明材料进行投诉,给他人造成损失的,依法承担赔偿责任。

招标人不按照规定对异议作出答复,继续进行招标投标活动的,由有关行政监督部门责令改正,拒不改正或者不能改正并影响中标结果的,依照本条例第八十二条的规定处理。

第七十八条 国家建立招标投标信用制度。有关行政监督部门应当依法公告对招标人、招标代理机构、投标人、评标委员会成员等当事人违法行为的行政处理决定。

第七十九条 项目审批、核准部门不依法审批、核准项目招标范围、招标方式、招标组织形式的,对单位直接负责的主管人员和其他直接责任人员依法给予处分。

有关行政监督部门不依法履行职责,对违反招标投标法和本条例规定的行为不依法查处,或者不按照规定处理投诉,不依法公告对招标投标当事人违法行为的行政处理决定的,对直接负责的主管人员和其他直接责任人员依法给予处分。

项目审批、核准部门和有关行政监督部门的工作人员徇私舞弊、滥用职权、玩忽职守,构成犯罪的,依法追究刑事责任。

第八十条 国家工作人员利用职务便利,以直接或者间接、明示或者暗示等任何方式非法干涉招标投标活动,有下列情形之一的,依法给予记过或者记大过处分;情节严重的,依法给予降级或者撤职处分;情节特别严重的,依法给予开除处分;构成犯罪的,依法追究刑事责任:

(一)要求对依法必须进行招标的项目不招标,或者要求对依法应当公开招标的项目不公开招标;

(二)要求评标委员会成员或者招标人以其指定的投标人作为中标候选人或者中标人,或者以其他方式非法干涉评标活动,影响中标结果;

(三)以其他方式非法干涉招标投标活动。

第八十一条 依法必须进行招标的项目的招标投标活动违反招标投标法和本条例的规定,对中标结果造成实质性影响,且不能采取补救措施予以纠正的,招标、投标、中标无效,应当依法重新招标或者评标。

第七章 附 则

第八十二条 招标投标协会按照依法制定的章程开展活动,加强行业自律和服务。

第八十三条 政府采购的法律、行政法规对政府采购货物、服务的招标投标另有规定的,从其规定。

第八十四条 本条例自2012年2月1日起施行。

主要参考文献

中文部分

博尔奇. 保险经济学[M]. 庹国柱,王国军,丁少群,等译. 北京:商务印书馆,1999.
布兰查德,费希尔. 宏观经济学(高级教程)[M]. 刘树成,等译. 北京:经济科学出版社,1992.
陈欣. 保险法[M]. 第3版. 北京:北京大学出版社,2010.
楚军红. 通货膨胀与中国的人寿保险[M]. 北京:北京大学出版社,1998.
迪翁,哈林顿. 保险经济学[M]. 王国军,总译校. 北京:中国人民大学出版社,2005.
樊纲. 市场机制与经济效率[M]. 上海:上海三联书店,1995.
哈林顿,尼豪斯. 风险管理与保险:第2版[M]. 陈秉正,王珺,周伏平,译. 北京:清华大学出版社,2005.
亨德森,匡特. 中级微观经济理论:数学方法[M]. 苏通,译. 北京:北京大学出版社,1988.
侯伯纳. 人寿保险经济学[M]. 孟朝霞,等译. 北京:中国金融出版社,1997.
胡炳志. 保险数学:保险经营中的计算[M]. 北京:中国金融出版社,1991.
胡怡建. 国际贸易税收:理论·政策·制度[M]. 上海:上海财经大学出版社,2002.
考特,尤伦. 法和经济学[M]. 张军,等译. 上海:上海三联书店,1994.
拉丰,马赫蒂摩. 激励理论(第一卷):委托—代理模型[M]. 陈志俊,等译. 北京:中国人民大学出版社,2002.
拉斯缪森. 博弈与信息:博弈论概论:第2版[M]. 王晖,等译. 北京:北京大学出版社,2003.
刘茂山. 保险经济学[M]. 天津:南开大学出版社,2000.
马可-斯达德勒,佩雷斯-卡斯特里罗. 信息经济学引论:激励与合约[M]. 管毅平译. 上海:上海财经大学出版社,2004.
曼昆. 经济学原理:宏观经济学分册:第8版[M]. 梁小民,梁砾译. 北京:北京大学出版社,2020.
莫迪利亚尼. 莫迪利亚尼论文选[M]. 林少宫译. 北京:商务印书馆,1993.
平狄克,鲁宾费尔德. 微观经济学[M]. 第8版. 李彬,高远,等译. 北京:中国人民大学出版社,2013.
戚聿东. 中国现代垄断经济研究[M]. 北京:经济科学出版社,1999.
钱世明,童源轼. 公平分配:理论与战略[M]. 上海:上海社会科学出版社,1994.
斯凯博,等. 风险管理与保险:环境—管理分析[M]. 荆涛,等译. 北京:机械工业出版社,1999.
孙祁祥,等. 中国保险市场热点问题评析[M]. 北京:北京大学出版社,2004—2016.
孙祁祥,等. 中国保险业:矛盾、挑战与对策[M]. 北京:中国金融出版社,2000.
孙祁祥,郑伟,等. 经济社会发展视角下的中国保险业:评价、问题与前景[M]. 北京:经济科学出版社,2007.
孙祁祥,郑伟,等. 中国社会保障制度研究:社会保险改革与商业保险发展[M]. 北京:中国金融出版社,2005.
孙祁祥,郑伟,等. 中国养老年金市场:发展现状、国际经验与未来战略[M]. 北京:经济科学出版社,2013.

庹国柱,方明川. 年金保险[M]. 北京:北京大学出版社,2009.

庹国柱,王国军,朱俊生,等. 制度建设与政府责任:中国农村社会保障问题研究[M]. 北京:首都经济贸易大学出版社,2009.

庹国柱. 保险学[M]. 第10版. 北京:首都经济贸易大学出版社,2021.

万里虹. 人身保险欺诈及其防范[M]. 北京:中国金融出版社,1997.

王国军,庹国柱. 你为幸福保险了吗?[M]. 北京:外文出版社,1999.

王国军. 你为爱车保险了吗?[M]. 北京:北京大学出版社,2009.

王国军. 你为人生保险了吗?[M]. 北京:北京大学出版社,2009.

王国军. 你为员工保险了吗?[M]. 北京:北京大学出版社,2009.

王国军. 社会保障:从二元到三维——中国城乡社会保障制度的比较与统筹[M]. 北京:对外经济贸易大学出版社,2005.

王国军. 医疗保险,费用控制与医疗卫生体制改革[J]. 中国卫生经济,2000,2:6—7.

王国军. 中国社会保障制度一体化研究[M]. 北京:科学出版社,2011.

王黎明,刘国华. 对反垄断的思考[J]. 经济问题,2003,(1):1—3.

王晓刚,王则柯. 信息经济学[M]. 武汉:湖北人民出版社,2002.

魏华林,李开斌. 中国保险产业政策研究[M]. 北京:中国金融出版社,2002.

张维迎. 博弈论与信息经济学[M]. 上海:上海三联书店,1996.

张维迎. 产权、政府与信誉[M]. 北京:生活·读书·新知三联书店,2001.

张维迎. 信息、信任与法律[M]. 北京:生活·读书·新知三联书店,2003.

张维迎. 詹姆斯·莫里斯论文精选:非对称信息下的激励理论[M]. 北京:商务印书馆,1997.

张维迎. 中国未来金融稳定的三大潜在威胁[N]. 中国市场经济报,1998-07-10.

郑功成. 社会保障学[M]. 北京:中国劳动社会保障出版社,2005.

英文部分

ABEL A B, MISHKIN F S. An integrated view of tests of rationality, market efficiency and the short-run neutrality of monetary policy[J]. Journal of Monetary Economics,11(1):3—24.

BARBARA S. Profit cycles in property-liability insurance[M]// Long J D, ed. Issues in insurance. Malvern, PA: American Institute for Property-Liability Underwriters,1981.

BEAVER W, MANEGOLD J. The association between market-determined and accounting-determined measures of systematic risk: some further evidence[J]. Journal of Financial and Quantitative Analysis,1975,10(2):231—284.

CARTER R L. Economics and insurance[M]. New York: Prentice-Hall,1979.

CHIANG A C. Fundamental methods of mathematical economics[M]. New York: McGraw-Hill,1974.

CUMMINS J D, et al. Risk classification in life insurance[M]. Enschede: Springer Netherlands,1983.

CUMMINS J D, GRIEPENTROG G L. Forecasting automobile insurance paid claim costs using econometric and ARIMA models[J]. International Journal of Forecasting,1985,1(3):203—215.

CURRY H E. Investment income in fire and casualty rate making[J]. The Journal of Risk and Insurance,1969,36(4):447.

DOTY G E. Cash flow underwriting: a broader view[J]. Best's Review: Property and Casualty Edition,1982,82.

FAMA E F, MILLER M H. The theory of finance[M]. New York: Holt, Rinehart and Winston, 1972.

FERRARI J R. The relationship of underwriting, investment, leverage, and exposure to total return on owners' equity[J]. Proceedings of the Casualty Actuarial Society. 1968, 55: 295—302.

FISCHER B, JENSEN M C, SCHOLES M. The capital asset pricing model: some empirical tests [M]// Jensen M C. Studies in the theory of capital markets. New York: Praeger, 1972.

FLANIGAN G B. Investment income in rate-making and managerial investment attitudes[J]. The Journal of Risk and Insurance, 1974, June: 229.

FRECH H E, III, SAMPRONE J C, Jr. The welfare loss of excess nonprice competition: the case of property-liability insurance regulations[J]. The Journal of Law and Economics, 1980, 23(2): 429—440.

HARVEY A. Trends and cycles in macroeconomic time series[J]. Journal of Business & Economic Statistics, 1985, 3: 216—227.

HAUGEN R A, KRONCKE C O. Rate regulation and the cost of capital in the insurance industry [J]. Journal of Financial and Quantitative Analysis, 1971, 6(5): 1283—1305.

HEDGES B A. Insurance rates and investment earnings considered together[J]. Journal of Risk and Insurance, 1969, 36(4): 455—461

JENSEN M C. Capital markets: theory and evidence[J]. Bell Journal of Economics and Management Science, 1972, 3(2): 357—398.

JOSKOW P L. Cartels, competition and regulation in the property-liability insurance industry[J]. Bell Journal of Economics, 1973, 4(2): 375—427.

KROUSE C G. Portfolio balancing corporate assets and liabilities with specific application to insurance management[J]. Journal of Financial and Quantitative Analysis, 1970,5(1):77—104.

Lange J T. Application of a Mathematical Concept of Risk to Property-Liability Insurance Ratemaking[J]. The Journal of Risk and Insurance, 1969, 36 (4): 383—391.

MACAVOY P W. Federal-State regulation of the pricing and marketing of insurance[M]. Washington: American Enterprise Institute for Public Policy Research, 1977.

NATIONAL ASSOCIATION OF INSURANCE COMMISSIONERS. Subcommittee A-4 on the profitability and investment income in property and liability insurance—report of the Special Task Force [R]. National Association of Insurance Commissioners, 1973-06, 1973-09.

NATIONAL ASSOICATION OF INDEPENDENT INSURERS. Comment on report of Specific Task Force to the NAIC (A-4) Subcommittee on profitability and investment income in property and liability insurance[R]. National Assoication Of Independent Insurers, 1973-09.

NELSON C R, PLOSSER C R. Trends and random walks in macroeconomic time series: Some evidence and implications[J]. Journal of Monetary Economics, 1982, 10(2): 139—162.

PLOTKIN I. Prices and profits in the property and liability insurance industry[M]. New York: American Insurance Association, 1967.

PYLE D H. On the theory of financial intermediation[J]. Journal of Finance, 1971, 26 (3): 737—747.

SLUTZKY E. Summation of random causes as the source of cyclic processes[J]. Econometrica, 1932, 5: 105—146.

SMITH B D. The property and liability underwriting cycle: what lies ahead? [J]. CPCU Journal,

1982,9:138—142.

SMITH M L. Property-liability insurance markets, taxation, and interest rates: preliminary findings[R]. New Orleans, LA: Proceedings. International Insurance Seminar, 1984.

SZPIRO G G. Risk aversion and insurance: international comparisons and applications[D]. Jerusalem: The Hebrew University of Jerusalem, 1984.

教辅申请说明

北京大学出版社本着"教材优先、学术为本"的出版宗旨,竭诚为广大高等院校师生服务。为更有针对性地提供服务,请您按照以下步骤通过**微信**提交教辅申请,我们会在 1~2 个工作日内将配套教辅资料发送到您的邮箱。

◎扫描下方二维码,或直接微信搜索公众号"北京大学经管书苑",进行关注;

◎点击菜单栏"在线申请"—"教辅申请",出现如右下界面:

◎将表格上的信息填写准确、完整后,点击提交;

◎信息核对无误后,教辅资源会及时发送给您;
如果填写有问题,工作人员会同您联系。

温馨提示:如果您不使用微信,则可以通过以下联系方式(任选其一),将您的姓名、院校、邮箱及教材使用信息反馈给我们,工作人员会同您进一步联系。

联系方式:

北京大学出版社经济与管理图书事业部
通信地址:北京市海淀区成府路 205 号,100871
电子邮箱:em@pup.cn
电　　话:010-62767312 /62757146
微　　信:北京大学经管书苑(pupembook)
网　　址:www.pup.cn